भीष्म पितामह की धर्म-संचेतना

(विशेषतः शान्तिपर्व)

भीष्म पितामह की धर्म-संचेतना

(विशेषतः शान्तिपर्व)

कुसुम दत्ता

वाणी प्रकाशन

प्रकाशन के उत्कृष्टतम 63 वर्ष

सजिल्द पहला संस्करण : 2022
सजिल्द दूसरा संस्करण : 2026

vaniprakashan.com

वाणी प्रकाशन

4695, 21-ए, दरियागंज, नयी दिल्ली-110 002

फ़ोन : +91 11 23273167, 23275710

शाखाएँ

अशोक राजपथ, पटना-800 004, बिहार
कॉफ़ी हाउस कैम्पस, महात्मा गांधी मार्ग, प्रयागराज-211 001, उत्तर प्रदेश
महात्मा गांधी अन्तरराष्ट्रीय हिन्दी विश्वविद्यालय, वर्धा-442 001, महाराष्ट्र

sales@vaniprakashan.in
vaniprakashan@gmail.com

Bhishm Pitamah Ki Dharm-Sanchetna
by Kusum Dutta

ISBN : 978-93-5518-495-5
Criticism

मूल्य : ₹ 795

जी.एस. ऑफ़सेट, दिल्ली-110 095 में मुद्रित

वाणी प्रकाशन का लोगो मक़बूल फ़िदा हुसैन की कूची से

परमपिता परमात्मा शिव की

परम अनुकम्पा

एवं

पिता श्री ब्रह्मा बाबा के

शुभ आशीर्वाद से

सच्चे कर्मयोगी पिता श्री राधा कृष्ण दत्ता
एवं
प्रेरणादायिनी ममतामयी माता
श्रीमती अमृत भाषिणी जी
को सादर समर्पित

पुरोवाक्

नमो धर्माय महते नमः कृष्णाय वेधसे।

शान्तिपर्व, 56।10

भारतीय सभ्यता एवं संस्कृति का अजस्र स्रोत महाभारत भारतवर्ष के लिए ही नहीं अपितु सम्पूर्ण विश्व के लिए महर्षि वेदव्यास की एक अनुपम देन है। यह ज्ञान का अक्षय भण्डार है जिसमें इतिहास, धर्म, साहित्य, राजनीति एवं संस्कृति विषयक विविध विषयों की सामग्री उपलब्ध होती है। शाश्वत् सत्यों के प्रतिपादन के कारण इसको सार्वभौमिक एवं सार्वकालिक अमरकाव्य भी कहा गया है। धर्म, अर्थ, काम और मोक्ष इन चारों पुरुषार्थों का सर्वांगीण निरूपण होने के कारण यह उचित ही कहा है कि 'यदिहास्ति तदन्यत्र यन्नेहास्ति न तत्क्वचित्।' धर्म और तत्त्वज्ञान का भण्डार होने के कारण यह 'धर्मशास्त्र' के रूप में भी प्रसिद्ध है। इसमें अधर्म से देश के नाश तथा धर्म से राष्ट्र के अभ्युत्थान की चर्चा की गयी है। इतना ही नहीं, इसे अर्थशास्त्र और मोक्षशास्त्र भी कहा गया है। भारतीय सभ्यता एवं संस्कृति का रक्षक यह ग्रन्थ राष्ट्रीय महाकाव्य भी कहलाता है।

महाभारत का द्वादश पर्व शान्तिपर्व युद्ध की रोमांचकारी घटनाओं के अनन्तर अशान्त मन को शान्ति प्रदान करने वाला है। उत्तम व्यक्तित्व, सामाजिक सुव्यवस्था एवं शान्ति तथा राष्ट्र की समृद्धि सम्बन्धी सभी सुसमृद्ध विचार इसमें अनुस्यूत हैं। मानव हृदय में 'धर्म' के स्वरूप को सुदृढ़ एवं प्रतिष्ठित करने वाला तथा समाज को धारण करने वाला 'धर्म' जिसका प्रतिपाद्य हो वह पर्व तो निश्चय ही अन्य पर्वों से महान् है। सबको धारण करने वाले धर्म का सम्बन्ध व्यक्ति, समाज व राष्ट्र से तो है ही साथ ही मानव के अभ्युदय तथा निःश्रेयस् की सिद्धि भी इससे होती है।

जगत् में सुव्यवस्था, शान्ति एवं समृद्धि लानेवाले तथ्यों का प्रतिपादक यह शान्तिपर्व अपने में ही अपूर्व 'धर्मग्रन्थ' कहा जा सकता है। इसमें प्रतिपादित राजधर्म का सम्बन्ध केवल राजा से ही नहीं अपितु राष्ट्र, समाज तथा प्रत्येक व्यक्ति से है। आपद्धर्म आपद् काल में प्रश्नचिह्न बने धर्म की समस्याओं का समाधान प्रस्तुत करता है।

जीवन भर अपने कर्त्तव्यों के पालन के अनन्तर अन्तिम लक्ष्य मोक्ष ही है जिसका विशद विवेचन भी शान्तिपर्व के अन्तिम उपपर्व 'मोक्षधर्म पर्व' में उपलब्ध होता है। अतः अपने विशिष्ट धार्मिक व दार्शनिक विवेचन के कारण इस पर्व की महत्ता स्वतः सिद्ध है।

महाभारत जैसे विशाल ग्रन्थ का अब तक अनेक विद्वानों द्वारा सम्पादन, अनुसन्धानात्मक एवं आलोचनात्मक अध्ययन किया जा चुका है। जिनमें विशेष उल्लेखनीय हैं—डॉ. सुकथंकर, श्री वेलवेलकर, श्री चिन्तामणी विनायक वैद्य, श्री दामोदर सातवलेकर, श्रीमन् नीलकण्ठ आदि। डॉ. सुकथंकर ने भाण्डारकर प्राच्य-शोध संस्थान की ओर से महाभारत का प्रामाणिक संस्करण सम्पादित किया है। महाभारत एवं शान्तिपर्व पर आधारित अनेक शोध-प्रबन्ध एवं ग्रन्थ भी प्रकाशित हुए हैं परन्तु इनमें से एक भी ग्रन्थ ऐसा नहीं है जिसमें शान्तिपर्व के आधार पर 'धर्म' की अत्यन्त व्यापक एवं विश्लेषणात्मक समीक्षा की गयी हो। 'धर्म' के जिस व्यापक स्वरूप का प्रतिपादन शान्तिपर्व में उपलब्ध होता है उसका स्पष्ट विवेचन अन्यत्र भी कहीं हुआ हो ऐसा प्रतीत नहीं होता। अतः शान्तिपर्व के आधार पर 'धर्म' जैसे गहन एवं रहस्यमय विषय के विभिन्न दृष्टियों से विशद अध्ययन एवं अनुसंधान की आवश्यकता का अनुभव किया गया।

प्रस्तुत ग्रन्थ में 'धर्म' के जिस स्वरूप का विवेचन किया गया है वह धर्म वस्तुतः सार्वकालिक, सार्वदेशिक एवं सर्वजनोपयोगी है। यहाँ धर्म के सामाजिक एवं वैयक्तिक पक्ष पर ही अधिक बल दिया गया है, उसके विधि-विधान एवं यज्ञ क्रिया रूप (Ritualistic) अर्थ का विवेचन अपेक्षाकृत न्यून है। धारणात्मक 'धृ' धातु से निष्पन्न धर्म प्रजा की धारक शक्ति है, प्राणियों के कल्याण का हेतु यह धारक धर्म—व्यक्ति, समाज तथा राष्ट्र के सम्पूर्ण जीवन का संस्पर्श करता है। यहाँ धर्म का मुख्य अर्थ है—मानव के वे कर्त्तव्य-कर्म जो मानवता के आधार हैं, समाज के व्यवस्थापक हैं एवं राष्ट्र की समृद्धि के हेतु हैं। विशेष उल्लेखनीय तथ्य से यह ज्ञात होता है कि यद्यपि मौलिक रूप में 'धर्म' शाश्वत है तथापि उसका स्वरूप देश, काल एवं परिस्थिति से अनुरूप परिवर्तनशील है। यहाँ धर्म को देश काल सापेक्ष कहकर उसकी व्यावहारिकता का प्रतिपादन किया गया है।

लक्ष्यभेद के आधार पर शान्तिपर्व में धर्म के मुख्यतः दो रूप उपलब्ध होते हैं—प्रवृत्ति-लक्षण धर्म तथा निवृत्ति-लक्षण धर्म। प्रवृत्ति-लक्षण धर्म के अन्तर्गत सामान्य धर्म वे हैं जो सभी मनुष्यों द्वारा समान रूप से आचरणीय हैं तथा विशिष्ट धर्म वे हैं जो विशेष परिस्थिति, अवस्था व काल में विशिष्ट जन द्वारा आचरण करने योग्य हैं यथा वर्ण-धर्म, आश्रम-धर्म, नारी-धर्म, राजधर्म तथा आपद्धर्म। जीवन के चरम लक्ष्य मोक्ष की प्राप्ति कराने के साधनभूत ज्ञान, भगवद्भक्ति, निष्काम कर्म रूप धर्म को निवृत्ति-लक्षण-धर्म कहा गया है। इतना ही नहीं, वैदिक संहिताओं, ब्राह्मणग्रन्थों,

उपनिषदों, सूत्रग्रन्थों तथा वाल्मीकि रामायण में प्रतिपादित धर्म के स्वरूप पर भी एक विहंगम दृष्टि डाल कर उनका आकलन किया गया है।

धर्म के सामाजिक एवं वैयक्तिक स्वरूप के प्रतिपादन में वर्ण-धर्म, आश्रम-धर्म, नारी-धर्म, राजधर्म, मोक्ष-धर्म का विस्तृत विवेचन अपेक्षित है।

लक्ष्य भेद के आधार पर धर्म के प्रवृत्ति-लक्षण धर्म के अन्तर्गत जहाँ सत्य, अहिंसा, दान, अध्ययन यज्ञादि सामान्य धर्म हैं वहाँ वर्ण-धर्म, आश्रम-धर्म, नारी-धर्म, राजधर्म, आपद्धर्म आदि विशिष्ट धर्म हैं। गुण-कर्म-स्वभाव के आधार पर बनी वर्ण-व्यवस्था एवं विभिन्न वर्गों के विशिष्ट कर्त्तव्य कर्म मानव समाज को सुव्यवस्थित एवं समुन्नत बनाते हैं। समाज का विभाजन चाहे गुणों के आधार पर हो अथवा कर्म के आधार पर यही धर्म समाज का पोषक है।

आश्रम-धर्म मानव के वैयक्तिक जीवन को सुव्यवस्थित करने का मूल-आधार है। धर्म, अर्थ, काम, मोक्ष रूप पुरुषार्थ चतुष्टय की सिद्धि आश्रम-धर्म पालन द्वारा सम्भव है। स्वाध्याय एवं ज्ञान प्राप्ति का आधार ब्रह्मचर्याश्रम; अर्थ, काम एवं सन्तानवृद्धि का आधार गृहस्थाश्रम; त्याग, तप एवं संयम रूप वानप्रस्थ एवं संन्यासाश्रम वस्तुतः मानव को जीवन के परम पुरुषार्थ मोक्ष की ओर अग्रसर करते हैं।

पुरुष और नारी समाज रूपी रथ के दो पहिये हैं। अतः समाज को सुचारु रूप से चलाने के लिए पुरुष के साथ-साथ नारी का भी कर्त्तव्यपरायणा होना परम आवश्यक है। नारी के कन्या, भार्या एवं माता के रूप में वांछनीय विभिन्न कर्त्तव्य कर्म ही नारी-धर्म कहलाते हैं जिसका विशद विवरण शान्तिपर्व में उपलब्ध होता है।

राष्ट्र के सर्वोच्च पद कर आसीन राजा अथवा शासक का कर्त्तव्य ही 'राजधर्म' कहलाता है जो सम्पूर्ण समाज, राष्ट्र तथा वर्ण एवं आश्रम सभी का मूल आधार है। सत्वगुणावलम्बी, बुद्धिमान, दण्डनीतिज्ञ, राजनीतिज्ञ, धर्मनिष्ठ, बल एवं पौरुष सम्पन्न, समस्वभाव एवं सद्व्यवहार का आधार राजा ही मानवों में देवतुल्य पूज्य एवं प्रजा का रक्षक हो सकता है। प्रजापालन, प्रजारक्षण, दण्डधारण, आर्थिक, सामाजिक, राजनीतिक तथा प्रशासनिक सुव्यवस्था के लिए राजा के कर्त्तव्य कर्म ही वस्तुतः राजधर्म के नाम से अभिहित हैं।

मानव जीवन के चरम लक्ष्य मोक्ष प्राप्ति हेतु आचरित कर्त्तव्य कर्म निवृत्ति-लक्षण धर्म के अन्तर्गत वर्णित मोक्ष धर्म है। दुख रूप संसार के आवागमन रूप बन्धन से पूर्णतया निवृत्त हो जाना ही 'मोक्ष' है। मोक्ष धर्म के अन्तर्गत उन कर्त्तव्य-कर्मों अथवा साधनों का निरूपण है जो मोक्ष प्राप्ति में सहायक हैं। आत्मा के शुद्ध, बुद्ध नित्यमुक्त स्वरूप का ज्ञान एवं स्वरूप अवस्थिति ही मोक्ष का हेतु है। आत्मज्ञान के अतिरिक्त पूर्वकृत पाप कर्मों का क्षय करने वाला निष्काम कर्म भी मोक्ष का साधन है, ज्ञान, भगवद्भक्ति, निष्काम कर्मरूप साधनों के अतिरिक्त योग साधना भी मोक्ष प्राप्ति का हेतु है। इतना ही नहीं, शान्तिपर्व में दो प्रकार की मुक्ति—जीवन-मुक्ति

तथा विदेह-मुक्ति के भी सन्दर्भ उपलब्ध होते हैं। इस प्रकार शान्तिपर्व में धर्म का वह व्यापक रूप उपलब्ध होता है जो अन्यत्र दुर्लभ है। इसमें प्रतिपादित व्यष्टि रूप धर्म एवं समष्टि रूप धर्म के पालन द्वारा मानव इहलोक में कल्याण तथा इहलोक के अनन्तर मोक्ष को प्राप्त कर सकता है। अतः आधुनिक परिप्रेक्ष्य में शान्तिपर्व में प्रतिपादित धर्म की प्रासंगिकता एवं उपादेयता स्वयंसिद्ध है। आवश्यकता है उसके यथार्थ स्वरूप को जानने की तथा उसे जीवन में अपनाने की।

विशेष उल्लेखनीय यह है कि महाभारत के विभिन्न उपलब्ध संस्करणों में से भाण्डारकर प्राच्य-विद्या शोध संस्थान, पुण्यपत्तनम् (पूना) द्वारा प्रकाशित चिकित्सित पाठात्मिका महाभारत-संहिता को ही अध्ययन का मूल आधार माना गया है। जहाँ कहीं अन्य विचार व अर्थ स्पष्ट करना आवश्यक समझा गया वहाँ नीलकण्ठ कृत भारत भावदीप टीका, पुणे, दामोदर सातवलेकर द्वारा सम्पादित पारडी संस्करण तथा गीता प्रेस, गोरखपुर द्वारा प्रकाशित महाभारत का भी उपयोग किया गया है।

कृतज्ञता प्रकाशन

इस ग्रन्थ की पूर्णता में जिन-जिन संस्थाओं एवं महानुभावों का साक्षात् एवं असाक्षात् रूप से सक्रिय सहयोग, निर्देशन एवं सत्परामर्श प्राप्त हुआ उन सबके प्रति कृतज्ञता प्रकट करना मैं अपना परम कर्त्तव्य समझती हूँ।

कुरुक्षेत्र विश्वविद्यालय के संस्कृत विभाग के भूतपूर्व अध्यक्ष स्वर्गीय डॉ. गोपिकामोहन भट्टाचार्य जी के प्रति मैं अपने श्रद्धा-सुमन समर्पित करती हूँ जिन्होंने प्रस्तुत विषय का सूत्रपात मेरे हृदय में किया, संस्कृत एवं प्राच्य संस्थान के भूतपूर्व प्रोफ़ेसर डॉ. देवव्रत सेन शर्मा जी की भी मैं हृदय से आभारी हूँ जिन्होंने मुझे समय-समय पर अपने सत्परामर्शों से लाभान्वित किया।

इस ग्रन्थ का सम्पूर्ण श्रेय परम विदुषी आदरणीया डॉ. (श्रीमती) विजय रानी, रीडर, संस्कृत विभाग, कुरुक्षेत्र विश्वविद्यालय को है जिनके स्नेहपूर्ण एवं कुशल निर्देशन से ही मैं यह कार्य सम्पन्न कर सकी। मैं प्रो. डॉ. मानसिंह जी की हृदय से आभारी हूँ जिन्होंने अपने शुभ आशीर्वाद से मुझे अनुगृहीत किया।

प्रस्तुत ग्रन्थ का मुख्य उद्देश्य है—धर्म मर्मज्ञ पितामह भीष्म द्वारा श्रीकृष्ण की विशेष कृपा से जो वेद-वेदान्तोक्त धर्म, सदाचार, वर्णाश्रम-देश-जाति और कुल के धर्म जागृत हुए, उस धर्म के स्वरूप का विश्लेषणात्मक अध्ययन प्रस्तुत करना। जो धर्म व्यक्ति, समाज, राष्ट्र एवं सम्पूर्ण विश्व की धारक शक्ति है और उसका मूलाधार है महाभारत का शान्तिपर्व।

–डॉ. कुसुम दत्ता

2483, सेक्टर 17
जगाधरी–135003 (हरियाणा)

संकेत-सूची

अ.	:	अध्याय
अथर्व.	:	अथर्ववेद
अनुशासन.	:	अनुशासनपर्व
अयो.	:	अयोध्या काण्ड
अरण्य.	:	अरण्य काण्ड
आदि.	:	आदिपर्व
आप. धर्म.	:	आपस्तम्बधर्मसूत्र
आरण्यक.	:	आरण्यकपर्व
आश्रमो आश्रम. आश्रमवासिक पर्व	:	आश्रमोपनिषद्
आश्व.	:	आश्वमेधिकपर्व
आश्व. गृह्य.	:	आश्वलायन गृह्य-सूत्र
ईश.	:	ईशावास्योपनिषद्
उत्तर.	:	उत्तर काण्ड
उद्योग.	:	उद्योगपर्व
ऋक्.	:	ऋग्वेद
ऐ. आ.	:	ऐतरेय आरण्यक
ऐ. ब्रा.	:	ऐतरेय ब्राह्मण
कठ.	:	कठोपनिषद्
कर्ण.	:	कर्णपर्व
किष्कि.	:	किष्किन्धा काण्ड
केन.	:	केनोपनिषद्
गीता.	:	श्रीमद्भगवद्गीता
गो. ब्रा.	:	गोपथ ब्राह्मण
गौ. धर्म	:	गौतम धर्मसूत्र
छान्दोग्य.	:	छान्दोग्योपनिषद्

जाबालो.	:	जाबालोपनिषद्
टि.	:	टिप्पणी
ताण्ड्य ब्रा.	:	ताण्ड्य ब्राह्मण
तु.	:	तुलना कीजिए
तै. आ.	:	तैत्तिरीय आरण्यक
तै. उ.	:	तैत्तिरीयोपनिषद्
तै. ब्रा.	:	तैत्तिरीय ब्राह्मण
तै. सं.	:	तैत्तिरीय संहिता
द्र.	:	द्रष्टव्य
द्रोण.	:	द्रोण पर्व
पारस्कर गृह्य.	:	पारस्कर गृह्यसूत्र
पृ.	:	पृष्ठ
प्रश्न.	:	प्रश्नोपनिषद्
बाल.	:	बाल काण्ड
बृहद. उ.	:	बृहदारण्योपनिषद्
बौ. धर्म.	:	बौधायन धर्मसूत्र
भीष्म.	:	भीष्मपर्व
मनु.	:	मनुस्मृति
महाप्र.	:	महाप्रस्थानिक
महानारायण.	:	महानारायणोपनिषद्
महा.	:	महाभारत
मि.	:	मिलाइये
मुण्डक.	:	मुण्डकोपनिषद्
यजु.	:	यजुर्वेद
याज्ञ. स्मृ.	:	याज्ञवल्क्यस्मृति
युद्ध.	:	युद्ध काण्ड
यो. सू.	:	योगसूत्र
वसिष्ठ. धर्म.	:	वसिष्ठ धर्मसूत्र
वही	:	उपर्युक्त ग्रन्थ
वा. राम.	:	वाल्मीकि रामायण
विराट्.	:	विराट्पर्व
शत.ब्रा.	:	शतपथब्राह्मण
शल्य.	:	शल्यपर्व
श्वेता. उ.	:	श्वेताश्वतरोपनिषद्

शान्ति.	:	शान्तिपर्व
सभा.	:	सभापर्व
सुन्दर	:	सुन्दर काण्ड
p.	:	page
pp.	:	pages
Vol.	:	Volume
VWSC.	:	Fifth World Sanskrit Conference

अनुक्रम

प्रथम अध्याय

विषय-प्रवेश

"धारणाद्धर्मइत्याहुर्धर्मेण विधृताः प्रजाः।
यत्स्याद्धारणसंयुक्तं स धर्म इति निश्चयः।।"

शान्ति., 110/11

1.1 महाभारत–एक संक्षिप्त परिचय

महाभारत ज्ञान का अक्षय भण्डार है जिसमें इतिहास, धर्म, साहित्य, राजनीति, संस्कृति विषयक विविध विषयों की सामग्री उपलब्ध होती है। इसलिए इसे 'अग्निपुराण' के समान 'विश्वकोश' की संज्ञा प्रदान की गयी है।[1] शाश्वत् सत्यों के प्रतिपादन के कारण इसको सार्वभौमिक एवं सार्वकालिक अमरकाव्य भी कहा गया है।[2] सभी प्रकार की ज्ञानराशि इसमें उपलब्ध होती है। सम्भवतः इसीलिए स्वयं महाभारत के आदिपर्व में इसे हिमालय तथा समुद्र के समान 'रत्ननिधि' भी कहा गया है।[3]

महाभारत एक अपूर्व एवं अद्‌भुत काव्यमय इतिहास है जिसमें प्रत्येक प्राणी को अपनी रुचि के अनुकूल विषय-सामग्री प्राप्त हो सकती है। इसमें आस्तिक भगवद्‌भक्त भक्ति का मार्ग देख सकता है, वेदान्ती इसमें आत्म-प्रत्यय का ज्ञान प्राप्त कर सकता है; तार्किक-नैयायिक इसी में युक्तिवाद देख सकता है; शास्त्र-जिज्ञासु इसी में अनेक शास्त्रों के सिद्धान्त को जान सकता है; राजकारणपटु इसी में राजनीति देख सकता है; वीर को इससे वीरता मिल सकती है; गृहस्थी को उत्तम गृहस्थ जीवन की शिक्षा तथा ब्रह्मचारी को आदर्श ब्रह्मचर्य की प्राप्ति।[4] तात्पर्य यह है कि जिसकी जो जिज्ञासा है वह इस काव्यमय-ऐतिहासिक ग्रन्थ से पूर्ण हो सकती है। प्रसिद्ध विद्वान सुकथंकर ने भी महाभारत के साहित्यिक सौन्दर्य की भूरि-भूरि प्रशंसा की है। मुख्य रूप से अनुष्टुप् छन्द में विरचित यह उत्तम वीर काव्य है। प्रबन्ध और लक्ष्य की कलात्मक एकता ही महाभारत का अनन्त सौन्दर्य है।[5] अपनी साहित्यिक विशिष्टताओं के कारण आज भी यह परवर्ती कवियों का उपजीव्य-काव्य कहलाता है।[6]

इस प्रकार न केवल इतिहास और साहित्य की दृष्टि से अपितु सांस्कृतिक, धार्मिक तथा दार्शनिक दृष्टि से भी महाभारत का स्थान अक्षुण्ण है। भीष्म का ब्रह्मचर्य, धर्मराज की धर्मनिष्ठा तथा सत्यनिष्ठा, भीम की शक्ति, अर्जुन का पराक्रम, द्रौपदी, गान्धारी आदि आर्य स्त्रियों का अद्‌भुत चारित्र्य, श्रीकृष्ण का राजनीतिपटुत्व, धृतराष्ट्र का पुत्र प्रेम तथा कर्ण का औदार्य इत्यादि सभी तत्त्व भारतीय संस्कृति के परिपोषक हैं।[7]

धर्म, अर्थ, काम और मोक्ष इन चारों पुरुषार्थों का सर्वाङ्गीण निरूपण होने के कारण इसकी प्रशंसा करते हुए आदि पर्व में कहा गया है कि 'जो कुछ यहाँ है वही अन्यत्र है तथा जो यहाँ नहीं है, वह कहीं भी नहीं है।[8] आदिपर्व में इसे अर्थशास्त्र, धर्मशास्त्र तथा मोक्षशास्त्र कहा गया है।[9] पी.वी. काणे ने भी महाभारत में उपलब्ध धर्मशास्त्र सम्बन्धी विषयों का वर्णन किया है।[10] 'धर्म' और तत्त्वज्ञान का भण्डार होने के कारण यह 'धर्मशास्त्र' के रूप में भी प्रसिद्ध है।[11] इसमें अधर्म से देश के नाश तथा धर्म से राष्ट्र के अभ्युत्थान की चर्चा की गयी है। पाण्डवों के सत्पक्ष की विजय दर्शाने वाला यह ग्रन्थ अत्यन्त प्राचीन होते हुए भी आधुनिक युग के परिप्रेक्ष्य में भी सर्वथा नूतन प्रतीत होता है। इसीलिए भारतीय सभ्यता एवं संस्कृति का रक्षक यह ग्रन्थ 'राष्ट्रीय-महाकाव्य' भी कहलाता है।[12]

महाभारत को 'पंचम-वेद' की भी संज्ञा दी गयी है। वस्तुतः छान्दोग्योपनिषद् में इतिहास-पुराण को ही 'पंचम-वेद' कहा गया है तथा अथर्ववेद के अनन्तर इसकी गणना की गयी है।[13] 'वेद' शब्द ज्ञानार्थक 'विद्' धातु से निष्पन्न है जिसका अर्थ है ज्ञान। ज्ञान का भण्डार होने के कारण जिस प्रकार 'संहिताओं' को 'वेद' कहा गया है उसी प्रकार अमित ज्ञान-राशि महाभारत को भी 'पंचम-वेद' कहा गया है। इसके अतिरिक्त वेदार्थ का व्याख्याता होने के कारण भी महाभारत नामक इतिहास को 'पंचम वेद' पुकारा गया है।[14] स्वयं महाभारत में भी उसके रचयिता वेदव्यास का विचार है कि वेद-वेदाङ्ग तथा उपनिषदों का अध्ययन कर लेने पर भी इस आख्यान के ज्ञान के बिना मनुष्य विचक्षण नहीं बन सकता।[15]

इस प्रकार महाभारत जगत् में अपूर्व एवं अतुलनीय ग्रन्थरत्न के रूप में स्वीकार किया गया है। एक लाख श्लोकों के कारण 'शतसाहस्री-संहिता' के नाम से विख्यात, विशालाकार यह ग्रन्थ, स्पष्ट भाषा में निबद्ध, अनेक वृत्तान्तों से युक्त सर्वदेश, सर्वकाल तथा सर्वजनोपयोगी, विविध विषयज्ञान के कारण पंचमवेदस्वरूप, ब्रह्मपद प्राप्ति का साधन एवं धर्म का आगार है।

स्वरूप

अठारह पर्वों में विभक्त एक लाख श्लोकों में निबद्ध भरतवंशी कौरव तथा पाण्डवों के युद्ध का यह महान् आख्यान 'महाभारत' कहलाता है। स्वयं महाभारत के आदि

पर्व में यह स्पष्ट किया गया है कि प्रतिपाद्य विषय की महत्ता तथा विशाल आकार की भारवत्ता के कारण इसे 'महाभारत' नाम से पुकारा गया।[16]

महाभारत का वर्तमान उपलब्ध स्वरूप अपने मूल रूप में ऐसा नहीं था यह तथ्य लगभग सभी विद्वानों ने स्वीकार किया है। इस उपलब्ध रूप से पूर्व इसके दो अन्य नामों का उल्लेख मिलता है—'जय' और 'भारत'। महाभारत के प्रारम्भिक मंगल श्लोक से ही यह ज्ञात होता है कि इसका आरम्भिक नाम 'जय' था।[17] जिसके रचयिता कृष्ण द्वैपायन व्यास थे।[18] उन्होंने इस इतिहास को सुमन्तु, जैमिनि, पैल, अपने पुत्र शुक तथा वैशम्पायन को सुनाया था।[19] इसमें विवाद है कि इस 'जय' नामक मूल रूप में 8800 श्लोक थे या 24000। पाश्चात्य विद्वान् मैक्डानेल ने इसकी संख्या 8800 मानी है।[20] किन्तु डॉ. सी.वी. वैद्य का कहना है कि यह संख्या 'जय' में स्थित श्लोकों की नहीं है अपितु महाभारत में प्राप्त कूट श्लोकों (जटिल प्रश्न के रूप में श्लोक) की है।[21] सातवलेकर ने यह स्वीकार किया है कि मूल ग्रन्थ में 24000 श्लोक ही थे।[22]

यह 'जय' नामक इतिहास ही बाद में 'भारत' कहलाया, जब व्यास के शिष्य वैशम्पायन ने नागयज्ञ के समय इसे 'जनमेजय' के प्रति सुनाया था। इसकी श्लोक संख्या निश्चित नहीं है।[23] यद्यपि आदिपर्व के एक श्लोक से यह ज्ञात होता हे कि 'भारत' संहिता में 24000 श्लोक ही थे।[24]

इसी जय से परिवर्तित 'भारत' को जब उग्रश्रवा सौति ने नैमिषारण्य तीर्थ में द्वादश वर्षीय यज्ञ के अवसर पर शौनक तथा अन्य ऋषियों को सुनाया तो इसके परिवर्धित रूप के कारण इसे 'महाभारत' की संज्ञा दी गयी। अनेक उपाख्यान जोड़ दिये जाने पर एक लाख श्लोकों से युक्त यह ग्रन्थ 18 पर्वों में विभक्त हुआ।[25]

वर्ण्य-विषय

वर्तमान महाभारत में अठारह पर्व हैं। आदिपर्व में चन्द्रवंश का विस्तृत इतिहास तथा कौरव-पाण्डवों की उत्पत्ति का वर्णन है, सभापर्व में द्यूतक्रीड़ा, आरण्यकपर्व में पाण्डवों का बनवास, विराटपर्व में पाण्डवों का अज्ञातवास, उद्योगपर्व में श्रीकृष्ण का दूत बनकर कौरवों की सभा में जाना तथा शान्ति का उद्योग करना, भीष्मपर्व में अर्जुन को गीता का उपदेश, युद्ध का आरम्भ, भीष्म का युद्ध और शरशय्या पर शयन, द्रोणपर्व में अभिमन्यु-वध; द्रोणाचार्य का युद्ध और वध, कर्णपर्व में कर्ण का युद्ध और वध, शल्यपर्व में शल्य की अध्यक्षता में लड़ाई और अन्त में वध, सौप्तिकपर्व में पाण्डवों के सोये हुए पुत्रों का रात्रि में अश्वत्थामा द्वारा वध, स्त्रीपर्व में स्त्रियों द्वारा विलाप, शान्तिपर्व में भीष्मपितामह का युधिष्ठिर को मोक्षधर्म का उपदेश, अनुशासनपर्व में धर्म और नीति की कथायें, आश्वमेधिकपर्व में युधिष्ठिर का अश्वमेध यज्ञ करना,

आश्रमवासिक पर्व में धृतराष्ट्र, गान्धारी आदि का वानप्रस्थ-आश्रम में प्रवेश करना, मौसलपर्व में यादवों का मूसल के द्वारा नाश, महाप्रस्थानिकपर्व में पाण्डवों की हिमालय यात्रा तथा स्वर्गारोहणपर्व में पाण्डवों का स्वर्ग में जाना वर्णित है।

इस मूल कथा के साथ-साथ अनेक रोचक तथा शिक्षाप्रद उपाख्यानों[26] का भी प्रसंगवश समावेश किया गया है, जिनमें शकुन्तलोपाख्यान, मत्स्योपाख्यान, रामोपाख्यान, शिवि-उपाख्यान, सावित्री-उपाख्यान तथा नलोपाख्यान मुख्य हैं। ये उपाख्यान परवर्ती महाकवियों एवं नाटककारों के प्रेरणास्रोत रहे हैं और संस्कृत तथा अन्य भारतीय भाषाओं की साहित्यसर्जना के आधार बने हैं।

इन अठारह पर्वों में यथास्थान श्रीमद्‌भगवद्‌गीता, विष्णुसहस्रनाम, अनुगीता, भीष्मस्तवराज, गजेन्द्रमोक्ष नामक पंचरत्न तथा विदुरनीति जैसे तत्त्वज्ञान के बोधक उपग्रन्थ भी सम्बद्ध हैं।

'हरिवंश' को भी महाभारत का अंश माना जाता है, जिसे 'खिल-पर्व' अथवा परिशिष्ट पुराण कहा गया है।[27] इसमें श्रीकृष्ण के पूर्वजों, उनकी लीलाओं तथा कलियुग के प्रभाव का वर्णन है।

रचयिता एवं रचनाकाल

महाभारत के रचयिता कृष्णद्वैपायन व्यास हैं[28] जिनको वेदों का संकलन कर्ता तथा पुराणों का रचयिता भी माना जाता है। यह ऋषि न केवल महाभारत के पात्रों के समकालीन ही थे अपितु उनके निकट सम्बन्धी भी थे। ये पराशर के पुत्र होने के कारण 'पाराशर्य' तथा सत्यवती द्वारा यमुना के बीच स्थित द्वीप में उत्पन्न होने के कारण 'द्वैपायन' एवं कृष्ण वर्ण के होने से 'कृष्ण-द्वैपायन' कहलाये।[29] अनन्तर ऋक्, यजु, साम और अथर्व रूप में वेद का विभाजन करने के कारण वे ही 'वेदव्यास' नाम से भी प्रसिद्ध हुए।[30]

महर्षि वेदव्यास ने तीन वर्ष में महाभारत आख्यान को पूर्ण किया, ऐसा आदिपर्व[31] से संकेत मिलता है। उनके पाँच शिष्य हुए—सुमन्तु, जैमिनी, पैल, स्वपुत्र शुक तथा वैशम्पायन, जिनको उन्होंने चारों वेद तथा पंचमवेद महाभारत का अध्यापन कराया।[32] इस प्रकार यह स्वीकार किया जा सकता है कि मूल महाभारत 'जय' के रचयिता कृष्ण द्वैपायन व्यास ही हैं। वैशम्पायन तथा सौति इसके कर्ता नहीं, अनुगायक मात्र हैं जिन्होंने परवर्ती काल में महाभारत के स्वरूप में परिवर्तन एवं परिवर्धन कर दिया।

महाभारत के रचनाकाल के विषय में भारतीय और पाश्चात्य विद्वानों में व्यापक मतभेद पाया जाता है। पश्चिमी विद्वान् इसका रचनाकाल ई. पू. चौथी शताब्दी से लेकर ईसा की चौथी शताब्दी तक मानते हैं।[33] जबकि अधिकांश भारतीय विद्वान् ईसा पूर्व 3300 से 3000 स्वीकार करते हैं।[34] सर्वाधिक मान्य तथा प्रामाणिक मत

सी. वी. वैद्य, दामोदर सातवलेकर तथा अन्य भारतीय विद्वानों का प्रतीत होता है, जिन्होंने महाभारत के अन्तः एवं बाह्य साक्ष्यों के आधार पर भारत युद्ध का समय ईसा पूर्व 3300 से 3000 के मध्य निश्चित किया है।[35] इस मत की पुष्टि महाभारत के आदिपर्व से भी होती है, जहाँ कहा गया है समन्तपंचक क्षेत्र (कुरुक्षेत्र) में कौरव-पाण्डवों की सेनाओं का युद्ध कलियुग तथा द्वापर के सन्धिकाल में हुआ।[36] भारतीय गणना के अनुसार कलियुग को प्रारम्भ हुए लगभग 5084-5085 वर्ष हो चुके हैं। अतः इस आधार पर महाभारत युद्ध को भी इतना ही प्राचीन माना जा सकता है। इस प्रकार ईसा पूर्व के 3100 वर्ष तथा ईसा बाद के आज तक के वर्ष मिला कर लगभग 5084-85 वर्षों की काल गणना उचित प्रतीत होती है।[37]

1.2 शान्तिपर्व—महत्त्व एवं प्रतिपाद्य-विषय

महत्त्व

शान्तिपर्व महाभारत का द्वादश पर्व है। युद्ध की रोमांचकारी घटनाओं के अनन्तर अशान्त मन को शान्ति प्रदान करने वाला यह पर्व अपने नाम को सार्थक करता है। उत्तम व्यक्तित्व, सामाजिक सुव्यवस्था एवं शान्ति तथा राष्ट्र की समृद्धि सम्बन्धी सभी सुसमृद्ध विचार इसमें अनुस्यूत हैं। चारों पुरुषार्थ—धर्म, अर्थ, काम एवं मोक्ष में से धर्म और मोक्ष तो इसके मुख्य विवेच्य विषय हैं ही, साथ ही चारों वर्णों और चारों आश्रमों के सन्दर्भ में भी इनका विशद विवेचन किया गया है। समाज को धारण करने वाला 'धर्म' जिसका प्रतिपाद्य विषय हो वह पर्व अन्य पर्वों से अपेक्षाकृत महान् ही होना चाहिए।

धार्मिक, सामाजिक तथा राजनीतिक तत्त्वों का सांगोपांग ज्ञान सबसे अधिक शान्तिपर्व एवं अनुशासनपर्व के अध्ययन से होता है। मानव हृदय में 'धर्म' के स्वरूप तथा धर्म के आधारभूत तप, व्रत, उपवास, तीर्थ, दान, यज्ञ का शुद्ध विस्तृत स्वरूप दर्शाया गया है।

मानवता की महिमा के गायक महा-ग्रन्थ का नाम ही महाभारत है, शान्तिपर्व उसी का एक अंग है जिससे मानव-जीवन के प्रेरक तत्त्वों के साथ-साथ आध्यात्मिक तत्त्वों का भी ज्ञान प्राप्त होता है और जिसका यह उद्घोष है कि मानव जीवन से बढ़कर कुछ भी श्रेष्ठ नहीं है।[38] परमेश्वर के साथ सालोक्य-सामीप्य-सायुज्यभाव द्वारा अद्वयभाव में यदि कोई परिणत हो सकता है तो वैसा प्राणी सम्पूर्ण विश्व में एकमात्र मानव ही है।[39]

मानव के स्वरूप में अव्यक्त भावापन्न आत्मा, सौरी बुद्धि, चान्द्र मन, पार्थिव शरीर इन चार भावों की सत्ता सिद्ध होती है अर्थात् आत्मा-बुद्धि मन-शरीर इन चारों की समन्वित अवस्था का ही नाम मानव है।[40] इन चारों भावों में से किसी एक

के विकास की न्यूनता होने पर मानव की मानवता अपूर्ण रहती है। मानवता का मापदण्ड आत्मा, बुद्धि, मन, शरीर इन चारों का पूर्ण विकास है जिसकी स्थापना का एक सुन्दर प्रयास शान्तिपर्व में किया गया है।

शान्तिपर्व में 'धर्म' जैसे गहन विषय का सांगोपांग निरूपण किया गया है। सबको धारण करने वाले इस धर्म का सम्बन्ध व्यक्ति, समाज, राष्ट्र से तो है ही किन्तु मानव के अभ्युदय तथा निःश्रेयस् की सिद्धि भी इससे होती है। इसलिए इसमें अनेक उपाख्यानों द्वारा धर्म, सदाचार एवं नैतिकता के विविध मूल्यों की अवधारणा की गयी है। राजधर्म का सम्बन्ध केवल राजा से ही नहीं अपितु राष्ट्र, समाज और व्यक्ति सभी से है। आपद्धर्म आपद् काल में प्रश्नचिह्न बने धर्म की समस्याओं का समाधान प्रस्तुत करता है। जीवन-भर अपने कर्त्तव्यों के पालन करने के बाद अन्तिम लक्ष्य मोक्ष ही है जिसका वर्णन शान्तिपर्व के अन्तिम उपपर्व 'मोक्षधर्मपर्व' में है। अपने विशिष्ट धार्मिक तथा दार्शनिक विवेचन के कारण इस पर्व की महत्ता स्वतः प्रमाण है।

शान्तिपर्व में शान्ति और उसकी उपलब्धि के उपायों का अपूर्व शैली में प्रतिपादन किया गया है। अपने इसी विषय की उपयोगिता तथा महत्ता के कारण इसकी उत्तमांगता निर्विवाद रूप से मान्य है। तृष्णा और कामना को ही मनुष्य के दुख तथा बन्धन का कारण कहा गया है। इसलिए अनासक्त भाव द्वारा धर्मपालन ही शान्ति एवं शाश्वत सिद्धि प्राप्त करने में पूर्णतया सक्षम है। धर्माचरण से व्यक्ति का ऐहलौकिक तथा पारलौकिक कल्याण ही नहीं होता अपितु यह समस्त प्राणी जगत् का ही मूलाधार माना गया है। जगत् में सुव्यवस्था, शान्ति एवं समृद्धि लाने वाले तथ्यों का प्रतिपादक यह शान्तिपर्व अपने में ही अपूर्व–'धर्म ग्रन्थ' कहा जा सकता है। आदिपर्व में भी इसे प्राज्ञजनप्रिय तथा बुद्धिवर्धक कहा गया है।[41] अतः प्राज्ञजनप्रिय इस पर्व का धर्मज्ञान सार्वकालिक, सार्वदेशिक तथा सर्वजनोपयोगी है।

स्वरूप एवं प्रतिपाद्य-विषय

शान्तिपर्व का कलेवर 353 अध्यायों से तथा लगभग 14000 श्लोकों से विनिर्मित है।[42] अनुष्टुप् छन्दोबद्ध इस ग्रन्थ में कहीं-कहीं उपेन्द्रवज्रा छन्द भी दृष्टिगोचर होता है। यह तीन उपपर्वों में विभक्त है–राजधर्मानुशासन पर्व, आपद्धर्मपर्व तथा मोक्षधर्मपर्व। युद्धोपरान्त शोकाभिभूत युधिष्ठिर का भाई-बन्धुओं सहित शरशय्यास्थित भीष्म पितामह के पास जाना और उनके द्वारा राजधर्म, आपद्धर्म तथा मोक्षधर्म का विलक्षण ज्ञान प्रदान किया जाना ही शान्तिपर्व का मुख्य प्रतिपाद्य विषय है। इस पर्व का प्रारम्भ युद्धोपरान्त मृत जनों को दी गयी जलांजलि तथा कर्ण विषयक उपाख्यान से होता है। शोकाभिभूत युधिष्ठिर राज्य एवं संसार का त्याग कर यतियों

के समान शेष जीवन व्यतीत करने का विचार करते हैं। उनके भाई अर्जुन, भीम, नकुल, सहदेव, धर्मपत्नी द्रौपदी तथा गुरु स्थानीय व्यासमुनि उन्हें समझाने का प्रयत्न करते हैं तथा सर्वप्रथम राजा के कर्त्तव्य का पालन करने पर बल देते हैं। तदनन्तर युधिष्ठिर का राज्याभिषेक होता है तभी भीष्म पितामह 'धर्म' जैसे गूढ़ विषय का ज्ञान युधिष्ठिर को प्रदान करते हैं।

शान्तिपर्व में 'राजधर्म' को सब धर्मों का मूल कहा गया है। इतना ही नहीं राजधर्म के साथ-साथ विभिन्न वर्ण-धर्म तथा आश्रम-धर्म का भी प्रतिपादन किया गया है। 'धर्म' जैसे गूढ़ एवं सूक्ष्म विषय को विभिन्न उपाख्यानों, संवादों के माध्यम से स्पष्ट किया गया है।

सम्पूर्ण विषय-सामग्री की अभिव्यक्ति विभिन्न रूपों में की गयी है। इसमें अनेक प्रकार की गीता, संवाद, उपाख्यान, प्रशस्तिवचन, निन्दा, स्तुति आदि उपलब्ध होते हैं जिनके द्वारा धर्मशास्त्र, नीति-शास्त्र, राजनीति एवं मोक्ष-शास्त्र जैसे गहन विषयों को सुबोध्य बनाया गया है। इनका संक्षिप्त विवरण इस प्रकार है–

(क) गीता

शान्तिपर्व में लगभग पन्द्रह गीता प्राप्त होती हैं।

सेनजिद्गीता (अ. 26) में समबुद्धि पुरुष के गुणों की चर्चा की गयी है।

अश्मगीता (अ. 28) में प्रारब्ध की प्रबलता का प्रतिपादन किया गया है।

उतथ्यगीता (अ. 61, 62) में धर्माचरण के महत्त्व तथा राजा के धर्म का वर्णन किया गया है।

वामदेव गीता (अ. 63-65) में राजा एवं राज्य के लिए हितकर व्यवहार का वर्णन किया गया है।

ऋषभ गीता (अ. 125-126) में आशा का स्वरूप परिचय तथा आशा को त्यागने का उपदेश दिया गया है।

षड्गीता (अ. 163) में धर्म, अर्थ और काम के विषय में पाण्डवों के भिन्न-भिन्न विचार तथा युधिष्ठिर द्वारा मोक्ष की श्रेष्ठता का प्रतिपादन किया गया है।

पिङ्गलागीता (अ. 168) में पिंगला नामक वेश्या का कामना व आशा त्याग द्वारा उत्तम ज्ञान-प्राप्त वर्णित है।

शम्पाकगीता (अ. 170) में त्याग की महिमा के विषय में शम्पाक ब्राह्मण का उपदेश है।

बोध्य गीता (अ. 171) वैराग्य को लक्ष्य करके जनक को कहे गये बोध्य मुनि के वचन ही बोध्यगीता है। उनके द्वारा पिंगला, कुरर, सर्प, सारंग, इषुकार तथा कुमारी कन्या को गुरु कहना वर्णित है।

मङ्किगीता (अ. 171) में धन की तृष्णा से दुख तथा उसकी कामना के त्याग से परम सुख का वर्णन है।

विचख्नुगीता (अ. 257) में राजा विचख्नु द्वारा अहिंसा-धर्म की प्रशंसा की गयी है।

हारीतगीता (अ. 269) में हारीत मुनि द्वारा संन्यासी के स्वभाव, आचरण तथा धर्म का वर्णन किया गया है।

वृत्रगीता (अ. 270-271) में ब्रह्मा की प्राप्ति के उपाय तथा उस विषय में वृत्र-शुक्र संवाद हैं। वृत्रासुर को सनत्कुमार द्वारा अध्यात्म विषयक उपदेश दिया गया है।

पराशरगीता (अ. 279-287) में पराशरमुनि का राजा जनक को कल्याण प्राप्ति के साधनों का उपदेश, कर्मफल की अनिवार्यता, धर्मोपार्जित धन की महत्ता, अतिथि-सत्कार का महत्त्व, सत्संग-महिमा, चातुर्वर्ण्य-धर्मपालन की महत्ता, वर्णविशेष की उत्पत्ति के रहस्य, विभिन्न वर्णों के विशेष तथा सामान्य धर्म का प्रतिपादन किया गया है।

हंसगीता (अ. 288) में हंस रूपधारी ब्रह्मा का साध्यगणों को उपदेश दिया गया है जिसमें तप, इन्द्रिसंयम, सत्यभाषण तथा मनोनिग्रह को उत्तम धर्म कहा गया है।

(ख) संवाद

रामकर्णसंवाद, ऋषिशकुनिसंवाद, सुद्युम्नशङ्खलिखित संवाद, अश्मजनकसंवाद, शङ्खलिखितसंवाद, भीष्मकृष्णसंवाद, अजगरप्रह्लाद संवाद, जनकपंचशिख संवाद, इन्द्रबलिसंवाद, तुलाधारजाजलिसंवाद, सुलभा-जनक संवाद- अस्सी से अधिक इस प्रकार के संवादों ने प्रतिपाद्य विषय को और भी रोचक बना दिया है।

(ग) उपाख्यान

शान्तिपर्व में संवादों के अतिरिक्त हयग्रीवोपाख्यान, सेनजिदुपाख्यान, स्वर्णष्ठी-व्युपाख्यान, षोडशराजोपाख्यान, नारदपर्वतोपाख्यान, रामोपाख्यान, मुचुकुन्दोपाख्यान, धर्मोपाख्यान, चिरकारिकोपाख्यान, जापकोपाख्यान जैसे तीस के लगभग उपाख्यान संकलित हैं।

(घ) लक्षणावली

शान्तिपर्व में यत्र-तत्र विभिन्न सूक्ष्म विषयों के लक्षण प्रस्तुत किये गये हैं जैसे धर्म, नृशंसता, पापक्षय, सत्य, दान, शील, बुद्धि, वर्ण, युद्ध, सन्धि, विग्रह आदि।

(ङ) प्रशंसा एवं स्तुति

स्थान-स्थान पर विभिन्न तत्त्वों अथवा विषयों को लेकर प्रशंसात्मक श्लोक उपलब्ध होते हैं

यथा ईश्वर प्रशंसा, दण्डनीतिप्रशंसा, पुरोहित-प्रशंसा, शुभकर्म प्रशंसा आदि। इसी प्रकार स्तुतियों के रूप में कर्ण स्तुति, धर्मस्तुति, यज्ञ स्तुति, गार्हस्थ्य स्तुति, भीष्मस्तवराज जैसी स्तुतियाँ भी पायी जाती हैं जिनसे यह ग्रन्थ अत्यन्त महनीय बन गया है।

(च) निन्दा

जहाँ प्रशंसा वचन हैं वहाँ निन्दा-वचन भी शान्तिपर्व में उपलब्ध होते हैं जैसे अधर्मयज्ञनिन्दा, अन्यायप्रवृत्ति निन्दा, अर्थनिन्दा, हिंसानिन्दा, हिंसा सहित यज्ञ निन्दा आदि।

इस प्रकार शान्तिपर्व में प्रतिपाद्य विषय की अभिव्यक्ति विभिन्न साहित्यिक विधाओं के माध्यम से की गयी है।

1.3 धर्म एवं शान्तिपर्व

1.3.1 'धर्म' शब्द की व्युत्पत्ति एवं विभिन्न अर्थ

'धर्म' शब्द व्युत्पत्ति की दृष्टि से 'धृ' (धारणे) धातु से मन् प्रत्यय लगाने से निष्पन्न होता है।[43] जिसका अभिप्राय है 'ध्रियते लोकोऽनेन' 'धरति लोकं वा' अर्थात् जिसके द्वारा यह लोक धारण किया जाता है अथवा जो लोक को धारण करता है। तात्पर्य यह हुआ कि लोक की धारक शक्ति को ही 'धर्म' कहा गया है।

'धर्म' शब्द अर्थ की दृष्टि से अत्यन्त व्यापक है, जिसके भिन्न-भिन्न अर्थ उपलब्ध होते हैं। कुछ मुख्य कोश-ग्रन्थों[44] के अनुसार 'धर्म' शब्द के निम्नलिखित अर्थ हैं–

1. कर्त्तव्य, जाति-सम्प्रदाय आदि के प्रचलित आचार का पालन।
2. कानून, प्रचलन, दस्तूर, प्रथा, अध्यादेश, अनुविधि।
3. धार्मिक या नैतिक गुण।
4. मानव जीवन के चार पुरुषार्थों में से एक।
5. शास्त्रविहित आचरण-क्रम अथवा अभ्युदय-निःश्रेयस् का साधनभूत वेदविहित कर्म (जैसे यज्ञ), कल्याणकारी कर्म।
6. औचित्य, पवित्रता, शालीनता, सदाचार, मूल-गुण, लाक्षणिक गुण विशेषता आदि।
7. किसी वस्तु या व्यक्ति में सदा बनी रहने वाली सहज वृत्ति, स्वभाव, प्रकृति आदि।
8. शुभादृष्ट, पुण्य।
9. निश्चित नियम या व्यवस्था (ऋत)।

इन अर्थों के अतिरिक्त 'धर्म' शब्द का एक अन्य लोक प्रचलित अर्थ भी है–

ईश्वरोपासना की विभिन्न प्रणालियाँ। समस्त पृथ्वी में नाना जाति और नाना देशों में नाना प्रणालियों से ईश्वरोपासना की जाती है। ईश्वरोपासना की इन विभिन्न प्रणालियों को ही साधारणतः 'धर्म' की संज्ञा दी जाती है जैसे—जैन धर्म, बौद्ध धर्म, ईसाई धर्म इत्यादि। वस्तुतः व्यापक दृष्टि से विचार करें तो इन्हें 'धर्म' की संज्ञा न देकर 'पन्थ' मत या 'सम्प्रदाय' की संज्ञा देनी चाहिए, क्योंकि धर्म सार्वकालिक तथा सार्वभौमिक तत्त्व है जबकि ये विभिन्न 'पन्थ', 'मत' या 'सम्प्रदाय' एक विशेष काल और परिस्थितियों में अस्तित्व में आते हैं।[45]

'धर्म' शब्द उपरोक्त अर्थों के अतिरिक्त कुछ अन्य अर्थों में भी प्रयुक्त होता रहा है यथा—दयाधर्म आदि मनोवृत्तियाँ, चक्षु का दर्शन आदि इन्द्रिय धर्म, शीत का संकुचन आदि द्रव्य विशेष के गुण, चोर के चोर वृत्यनुसारिणी धर्म आदि[46] किन्तु ये अर्थ 'धर्म' के स्वरूप के द्योतक नहीं। अतः इनकी चर्चा यहाँ अभीष्ट नहीं है।

'धर्म' शब्द की परिभाषा विभिन्न दार्शनिक सम्प्रदायों के अनुसार भिन्न-भिन्न उपलब्ध होती है। जैमिनि कृत पूर्वमीमांसा[47] में वेदविहित प्रेरक विधिवाक्यों को धर्म कहा गया है अर्थात् वेद में प्रयुक्त अनुशासनों के अनुसार चलना ही धर्म है। इसके अतिरिक्त कर्मों से उत्पन्न पुण्य-अपुण्य रूप 'अपूर्व' को भी धर्म कहा गया है।[48] वैशेषिक सूत्रकार[49] के अनुसार धर्म वही है जिससे अभ्युदय (ऐहिक तथा पारलौकिक सुख) और मोक्ष रूप निःश्रेयस् की सिद्धि होती है। यह सामान्य रूप से प्रवृत्ति और निवृत्ति रूप धर्म का लक्षण है। जैनदर्शन[50] के अनुसार—गतिशील जीव तथा पुद्‌गल के सहकारी कारण द्रव्य-विशेष को धर्म कहते हैं। यहाँ जीव, आकाश, धर्म, अधर्म और पुद्‌गल इन पाँच तत्त्वों को अस्तिकाय माना है अर्थात् वह वस्तु जो किसी न किसी देश या काल में रहती है। बौद्ध दर्शन में बाह्य और आभ्यन्तर (भूत, भौतिक, चित्त चैत्त) सूक्ष्म तत्त्वों को 'धर्म' की संज्ञा दी गयी है। ये 'धर्म' अत्यन्त सूक्ष्म और क्षणिक होते हैं।[51] इस प्रकार दर्शन में 'धर्म' शब्द की व्याख्या सभी सम्प्रदायों ने अपनी-अपनी तत्त्व मीमांसा के आधार पर भिन्न-भिन्न की है।

उपरोक्त विवरण से यह ज्ञात होता है कि धर्म वह शक्ति है जो व्यक्ति, समाज तथा राष्ट्र को धारण करने की सामर्थ्य रखती है। इसके अन्तर्गत मनुष्य के वे सब कर्त्तव्य, आचार और नाना व्यापार समाहित हैं जिनसे उसके तथा समाज के जीवन का कल्याण होता है[52] एवं जिनका व्यावहारिक जीवन से घनिष्ठ सम्बन्ध है। इसके अतिरिक्त 'धर्म' के अन्तर्गत मानव के वे कर्म भी आ जाते हैं जिनके द्वारा ब्रह्म-प्राप्ति या मोक्ष रूप पुरुषार्थ की सिद्धि होती है। धर्म हमारी पूजा पद्धति, यज्ञ विधि, रीतिरिवाज, संस्कार आदि का ही द्योतक नहीं है अपितु हमारे खान-पान, वेशभूषा, सामाजिक व्यवहार अथवा संस्कृति का भी परिचायक है।[53] संक्षेपतः 'धर्म' मानव-जीवन के ऐहिक तथा पारलौकिक सभी पक्षों का स्पर्श करता हुआ जगत् को धारण करता है। धर्म नित्य है शास्त्र केवल उसके अभिव्यंजक हैं। धर्म ही मानव को एकता के सूत्र में बाँधने वाला तत्त्व है।[54]

1.3.2 वैदिक-वाङ्मय एवं वाल्मीकि रामायण में 'धर्म'

'वेद धर्म का मूल है।' वेद में प्रतिपादित धर्म ही परवर्ती समस्त वाङ्मय का आधार है। यह तथ्य प्राच्य और पाश्चात्य सभी विद्वानों ने स्वीकार किया है। अतः सर्वप्रथम हमें यह देखना है कि वेद में धर्म का क्या अर्थ और स्वरूप प्रतिपादित है।

वैदिक संहिताओं में धर्म के स्थान पर धर्मन् शब्द का प्रयोग हुआ है। ऋग्वेद में 'धर्मन्' शब्द या तो विशेषण के रूप में या संज्ञा के रूप में 56 बार प्रयुक्त हुआ है।[55] अधिकांशतः यह शब्द धार्मिक-विधियों (देवपूजा, याज्ञिक विधि-विधान), निश्चित नियम या व्यवस्था (ऋत) तथा आचरण-नियम अर्थ में प्रयुक्त हुआ है।[56] यही 'धर्मन्' शब्द लौकिक संस्कृत में धर्म कहलाया।[57]

वेद में 'धर्म' **देवोपासना** तथा यज्ञ के रूप में दृष्टिगोचर होता है। द्युस्थानीय, अन्तरिक्ष-स्थानीय तथा पृथ्वी-स्थानीय देवताओं[58] की स्तुतियाँ भक्ति और श्रद्धा-रूप धर्म की स्थापना करती हैं तो दूसरी ओर अपने कल्याण के लिए देवताओं के आह्वान द्वारा यज्ञ-रूप कर्मकाण्ड का भी प्रतिपादन किया गया है। वैदिक-युग के आर्य लौकिक अभ्युदय के लिए देवताओं की स्तुति करते थे तथा यज्ञ में उनका आह्वान करते थे। वे देवताओं से दीर्घायु, पुत्र, धन, समृद्धि आदि की प्रार्थना करते थे।[59] वेद में देवतावाद सम्बन्धी दो रूप मिलते हैं—प्रारम्भ में प्रकृति की विभिन्न शक्तियों के मूर्तरूप में अनेक देवताओं से सम्बन्धित बहुदेववाद का वर्णन मिलता है। तत्पश्चात उन सभी देवताओं में एक ही दिव्य शक्ति को स्वीकार करके एक देववाद (एकेश्वरवाद) की स्थापना की गयी है।[60]

'देवताओं ने **यज्ञ** के द्वारा यज्ञ पुरुष की पूजा की, ये प्रथम धर्म थे।[61] यहाँ धर्म शब्द यज्ञीय क्रिया-कलाप की ओर संकेत करता है। यास्क ने इस मन्त्र की व्याख्या में 'ज्ञानयुक्त-कर्म' को ही धर्म कहा है।[62] अधिकांश ऋचाओं में प्रयुक्त—तानि धर्माणि प्रथमान्यासन्, प्रथमा धर्माः, सनता धर्माणि आदि मन्त्रांश क्रमशः धार्मिक विधियों, प्रथम-विधियों तथा प्राचीन-विधियों के अर्थ के द्योतक हैं जो वस्तुतः यज्ञीय क्रिया-कलाप ही हैं।[63]

वेद में प्रतिपादित है—परमेश्वर ने आकाश के बीच में त्रिपाद-परिमित स्थान में त्रिलोक का निर्माण करके उनके भीतर धर्मों को स्थापित किया।[64] यहाँ 'धर्म' से अभिप्राय जगन्निर्वाहक उन नियमों से है जिनके द्वारा इस जगत् का धारण होता है।[65] यह अर्थ 'धर्म' के व्युत्पत्तिलभ्य अर्थ की ओर भी संकेत करता है। 'धर्म' शब्द जो प्रकृति या ईश्वर के नियमों के लिए प्रयुक्त हुआ है उसका वास्तविक शब्द **'ऋत्'** ऋग्वेद में ही उपलब्ध होता है जो सृष्टि के अखण्ड देश कालव्यापी नियमों के लिए प्रयुक्त हुआ है। देवपूजा तथा यज्ञधर्म की नियमितता तथा सत्यरूप नैतिक नियम का भी यह 'ऋत्' द्योतक बन गया, जिसका पालन तथा रक्षण मित्रावरुण करते हैं।[66]

धर्म के सामान्य स्वरूप की चर्चा में देवपूजन तथा यज्ञ के अतिरिक्त **आचार एवं कर्त्तव्य-पक्ष** पर भी बल दिया गया है। उनमें सत्य को सर्वोपरि कहा गया है। सत्य और असत्य की प्रतियोगिता में सोम सत्य की रक्षा तथा असत्य का हनन करता है।[67] यह सत्य हमारे अस्तित्व को नियंत्रित करने वाला एक नियम है जो हमारी सत्ता के विभिन्न स्तरों को बनाये रखता है।[68] ऋग्वेदादिभाष्य भूमिका में वेदोक्तधर्म के विषय में कहा गया है—जो पक्षपातरहित, न्याय, सत्याचरण से युक्त धर्म है, उसी को ग्रहण करो। उसके अनुसार धर्म का ज्ञान तीन प्रकार से होता है—एक तो धर्मात्मा विद्वानों की शिक्षा, दूसरा आत्मा की शुद्धि एवं सत्य को जानने की इच्छा तथा तीसरा परमेश्वर की कही वेद-विद्या। सत्य को धर्म तथा असत्य को अधर्म कहा गया है। सभी मनुष्यों को प्रेरणा दी गयी है कि वे परस्पर मिलकर प्रेम भाव से रहें, यही वेदों में ईश्वरोक्त धर्म है। वेदरीति से ईश्वरोपासना से ही धर्म में प्रवृत्ति होती है।[69]

अथर्ववेद में ओज, भयरहित-तेज, हर्षशोकादि त्याग रूप सहिष्णुता, ब्रह्मचर्य, सत्य व प्रिय-भाषण, इन्द्रियसंयम तथा श्री (सम्पन्नता) को ही धर्म कहा गया है।[70] घाटे के अनुसार वैदिक धर्म की प्रमुख विशेषता यह है कि इसका स्वरूप व्यावहारिक तथा उपयोगी है।[71]

निष्कर्षतः कहा जा सकता है कि वैदिक संहिताओं में 'धर्म' शब्द धारण करना, निश्चित-नियम, व्यवस्था, यज्ञादि धार्मिक-विधियों तथा आचरण नियम के अर्थ में प्रयुक्त हुआ है। आचार्य यास्क के अनुसार वैदिक ऋषियों को धर्म का साक्षात्कार हुआ था।[72]

वेदों के अनन्तर संहिताओं की व्याख्या करने वाले ब्राह्मण-ग्रन्थों में भी 'धर्म' का उल्लेख मिलता है। ऐतरेय-ब्राह्मण में 'धर्म' शब्द सकल धार्मिक कर्त्तव्यों के अर्थ में प्रयुक्त हुआ है।[73] ब्राह्मण-ग्रन्थों का मुख्य प्रतिपाद्य विषय है—यज्ञ विधि के प्रयोग सम्बन्धी नियमों का वर्णन करना तथा उपाख्यानों एवं प्रशंसात्मक कथाओं द्वारा प्रयोग के सूक्ष्म रहस्य को समझाना।[74] कर्मकाण्ड सम्बन्धी इन ग्रन्थों में कर्म का अर्थ यज्ञ समझा जाता था, क्योंकि आर्यों का प्रधान धार्मिक कृत्य यज्ञ ही था।[75] वहाँ देवताओं के यज्ञ रूप कर्म को कामनाओं की पूर्ति करने वाला कहा गया है। अमृतत्व की कामना वाला अमरत्व को प्राप्त हो जाता है। अश्वमेधयाजी देवयान मार्ग को तथा प्राजापत्य-याजी अपुनरावृत्ति के प्राप्त होता है।[76] यज्ञ को दीर्घायु प्रदान करने वाला[77] तथा सत्य को तप कहा गया है।[78] धर्म को अधिपति कहा गया है।[79] तैत्तिरीयारण्यक में पाँच प्रकार के यज्ञों का उल्लेख है। वे हैं—देवयज्ञ, पितृयज्ञ, भूतयज्ञ, मनुष्ययज्ञ, तथा ब्रह्मयज्ञ।[80] अग्नि में दी गयी आहुति को 'देवयज्ञ', पितरों के कल्याणार्थ दिये गये पिण्डदान आदि को 'पितृयज्ञ', भूतप्राणियों के हितार्थ वैश्वदेव बलि को 'भूत-यज्ञ' तथा ब्राह्मणों के प्रति दिये गये अन्न को 'मनुष्य-यज्ञ' कहा गया है।[81] ऋक्, साम, यजु के स्वाध्याय रूप यज्ञ को 'ब्रह्मयज्ञ' कहा गया है।[82] यहाँ शुभाशुभकर्म के फल

का प्रारम्भिक सूत्रपात भी दिखाई देता है। यह भावना कि मनुष्य अनेक कर्मों के अनुसार सुख अथवा दुख प्राप्त करता है नैतिक अथवा धार्मिक सिद्धान्त के रूप में प्रथम बार सामने आती है।[83]

उपनिषदों में 'धर्म' शब्द विभिन्न अर्थों में प्रयुक्त है। श्रुति को धर्म स्वरूप कहा गया है तथा 'धर्म' शब्द का प्रयोग आत्मा, तत्वज्ञान, आत्मज्ञान, वेद विहित कर्म तथा सत्य के अर्थ में किया गया है।[84] ईशावास्योपनिषद[85] में वर्णित है 'ज्योतिर्मय पात्र से सत्य का मुख आवृत्त है। पूषन् देव! सत्यधर्म के दर्शन के लिए उस आवरण को हटा दो।' धर्म शब्द आत्म-विषयक ज्ञान की ओर संकेत करता है, जिसे अत्यन्त सूक्ष्म एवं दुर्विज्ञेय माना गया है।[86] तैत्तिरीयोपनिषद् के ये वचन—सत्यं वद, धर्मं चर[87] सत्य वचन के साथ अनुष्ठेय-कर्म' के आचरण पर बल देते हैं। इस प्रकार उपरोक्त उपनिषद्वाक्य सत्य, आत्मज्ञान तथा अनुष्ठेय कर्म को 'धर्म' स्वीकार करते हैं।

बृहदारण्यकोपनिषद् में 'धर्म' की विस्तृत चर्चा उपलब्ध होती है। यहाँ प्रतिपादित है कि आरम्भ में यह एक ब्रह्म ही था। अकेले होने के कारण वह विभूतियुक्त कर्म करने में समर्थ नहीं हुआ तो उसने विभिन्न ब्राह्मणादि वर्णों की सृष्टि के साथ-साथ श्रेयोरूप 'धर्म' की भी सृष्टि की।[88] यहाँ सत्य को ही धर्म तथा धर्म को ही सत्य कहा गया है।[89] सत्य शास्त्रानुकूल अर्थ का नाम है। वह शास्त्रानुकूल अर्थ ही अनुष्ठान किये जाने पर धर्म कहलाता है।[90] अभिप्राय यह है कि ज्ञात होने वाला शास्त्र का तात्पर्य सत्य और आचरण में आने पर वही धर्म कहलाता है। इसी उपनिषद्[91] की एक उदात्त स्तुति है असत्य से सत्य की ओर, अन्धकार से प्रकाश की ओर तथा मृत्यु से अमरता की ओर ले चलो। इसी प्रकार मुण्डकोपनिषद् में भी सत्य रूप धर्म की महिमा गायी गयी है जिससे मोक्ष प्राप्त होता है।[92]

'तत्त्वमसि' का दार्शनिक विचार प्रत्येक व्यक्ति में एक ही आत्मा की अभिव्यक्ति का द्योतक है। इसी विचारधारा के कारण दया, अहिंसा, समता आदि उत्तम गुण विकसित होते हैं। इस प्रकार यहाँ नैतिक मानवीय-धर्म एवं तत्त्वदर्शन (अध्यात्म) दोनों को परस्पर सम्बद्ध माना गया है।[93]

छान्दोग्योपनिषद्[94] में धर्म का एक महत्त्वपूर्ण अर्थ मिलता है, जिसके अनुसार धर्म के तीन स्कन्ध माने गये हैं—1. यज्ञ, अध्ययन एवं दान, जिनका सम्बन्ध गृहस्थ धर्म से है, 2. तपस्या, जिसका सम्बन्ध वानप्रस्थ से है तथा 3. आचार्य के गृह में रहकर ब्रह्मचर्य-धर्म का पालन, जिसका सम्बन्ध ब्रह्मचर्याश्रम से है। यहाँ 'धर्म' शब्द आश्रमों के विलक्षण कर्त्तव्यों की ओर संकेत करता है। महानारायणोपनिषद्[95] में भी धर्म को ही समस्त जगत् का आधार एवं प्रतिष्ठा माना गया है। मैक्डानेल के अनुसार उपनिषद् वस्तुतः एक नवीन धर्म के प्रवर्त्तक हैं, जो कर्मकाण्ड के तत्त्वतः विरुद्ध हैं। उपनिषदों का लक्ष्य ऐहिक सुख प्राप्ति तथा विधिवत् यज्ञ द्वारा देवताओं को सन्तुष्ट कर परलोक में सुख प्राप्त करना नहीं, अपितु अपने भौतिक अस्तित्व

के यथार्थ ज्ञान द्वारा जीव-ब्रह्म ऐक्य की प्राप्ति है।[96] इसमें यागादि की निरर्थकता तथा अध्यात्मज्ञान की महत्ता प्रतिपादित है। इसीलिए वेदों में जहाँ कर्मपरक धर्म की प्रधानता है वहाँ उपनिषदों में ज्ञान विषयक धर्म का बाहुल्य है।[97]

कल्पसूत्रों के अन्तर्गत श्रौतसूत्र कर्मकाण्ड की प्रयोगविधि को प्रमुख मानते हैं। इनमें अग्न्याधेय, हविर्याग, अग्निहोत्र, दर्शपूर्णमास तथा अन्य नैमित्तिक इष्टियों का अत्यधिक सूक्ष्मता से वर्णन किया गया है।

गृह्यसूत्रों में दैनिक जीवन की धार्मिक-विधियों को नियमबद्ध करने का प्रयास किया गया है जिनमें जन्म से मृत्युपर्यन्त सभी संस्कार-विधियाँ अन्तर्हित हैं। यहाँ धर्म शब्द का प्रयोग रीति-रिवाज, संस्कार आदि अर्थों में किया गया है।

धर्मसूत्रों में प्रतिपादित 'धर्म' मानव-जीवन के व्यापक क्षेत्र का संस्पर्श करता है। धर्मसूत्रों के अन्तर्गत गौतमधर्मसूत्र, बौधायन धर्मसूत्र, आपस्तम्ब धर्मसूत्र, वशिष्ठ, विष्णु, हारीत धर्मसूत्र प्रमुख हैं जिनका सम्बन्ध आर्य-जाति के आचार नियमों से है।[98] इनमें धर्म के मूल स्रोत, वर्ण-धर्म, आश्रम-धर्म, राजधर्म, स्त्री धर्म की विशद विवेचना की गयी है। जिनका उल्लेख अग्रिम तत्सम्बन्धी अध्यायों में किया जा रहा है। धर्मसूत्र 'धर्म' के लिए वेद को ही प्रमाण मानते हैं।[99] स्मृति में प्रतिपादित धर्म को द्वितीय धर्म-प्रमाण कहा गया है।[100] शिष्टजनों द्वारा आचरित धर्म तृतीय स्रोत कहा गया है।[101] जिसकी प्रामाणिकता श्रुति और स्मृति के पश्चात् मानी गयी है। शिष्ट के लक्षण बताये हैं—जिन्होंने इतिहास पुराण सहित वेद का अध्ययन तथा अर्थ का बोध धर्मानुसार प्राप्त कर लिया है, जो श्रुति को ही धर्म का प्रत्यक्ष हेतु मानते हैं—वही शिष्ट कहलाते हैं।[102]

वाल्मीकि रामायण धर्म का आकर ग्रन्थ है। संसार में धर्म ही सबसे श्रेष्ठ है, वही परमगति है, धर्म में ही सत्य प्रतिष्ठित है।[103] श्रीराम को सर्वत्र धर्मज्ञ,[104] धर्मस्य परिरक्षिता,[105] धर्मनित्य,[106] धर्मात्मा,[107] धर्मवत्सल,[108] धर्मभृतांवरः[109] कहा गया है, इतना ही नहीं रामो विग्रहवान् धर्मः[110] कहकर श्री राम को धर्म का मूर्तिमान स्वरूप स्वीकार किया गया है। अधर्म पर धर्म की विजय दर्शाना ही इस धर्मग्रन्थ का मुख्य उद्देश्य है।

जगत् के धारण करने वाला धर्म यहाँ विभिन्न रूपों में दृष्टिगोचर होता है। सत्य, सच्चरित्रता, कर्त्तव्य, आचार, देवोपासना, यज्ञ-यागादि तथा नित्य नैमितिक धार्मिक-विधियाँ ही विभिन्न धर्म रूप हैं। सत्य को ही अविनाशी वेद, प्रणवरूप-शब्दब्रह्म, ईश्वर तथा परमपद कहा गया है। सत्य में धर्म को प्रतिष्ठित तथा सत्य के आधार पर धर्म की स्थिति स्वीकार करके सत्य को सबका मूल कहा है।[111] सत्यवादिता, प्रतिज्ञापालन, इन्द्रिय-संयम, पितृ-भक्ति, क्षमाशीलता आदि चारित्रिक आचार श्री राम को धर्मज्ञ बनाते हैं। यहाँ धर्म का व्यावहारिक रूप रामायण के पात्रों द्वारा मुखरित हुआ है। विग्रहवान् धर्म श्री राम, पातिव्रत्य धर्म परायणा सीता, स्वामिभक्त हनुमान, भ्रातृ-भक्त भरत, सत्त्वगुण सम्पन्न विभीषण, परजन हितकारी

धर्मात्मा जटायु आदि सभी चरित्र धर्म के आदर्श रूप को दर्शाते हैं। इसके विपरीत वेद-वेदाङ्गविद् परन्तु आचार तथा चरित्रहीन रावण अधर्म के साक्षात् रूप का प्रतिपादन करता है।

अन्य ग्रन्थों के समान रामायण में भी वेद को ही धर्म का मूल कहा गया है।[112] वेदोक्त धर्म सम्बन्धी सिद्धान्तों का यहाँ व्यावहारिक रूप से प्रतिपादन किया गया है।

1.3.3 शान्तिपर्व में 'धर्म' का स्वरूप

जैसा कि पूर्व अनुच्छेद में चर्चा की गयी है–'धर्म' शब्द **धारणात्मक** 'धृ' धातु से निष्पन्न होता है जिसका अर्थ है–धारण करने वाला। शान्तिपर्व में भी हमें धर्म का प्रधानतः यही अर्थ दृष्टिगोचर होता है। यहाँ स्पष्टतः कहा गया है–"धारण क्रिया के कारण ही इसे धर्म कहते हैं, धर्म ने ही सारी प्रजा को धारण किया हुआ है, जो धारण शक्ति सम्पन्न है निश्चित रूप से वही 'धर्म' हैं।"[113] यहाँ 'धर्म' को 'प्रजा का धारक' कहकर वस्तुतः उसके बहुत व्यापक क्षेत्र पर बल दिया गया है। वह सभी कुछ धर्म में समाहित है जिससे प्रजा एवं समस्त प्राणियों का कल्याण होता है इसीलिए शान्तिपर्व में कहा गया है कि प्राणियों के प्रभव (कल्याण या उन्नति) के लिए ही धर्म का सृजन एवं प्रवचन स्वयंभू-ब्रह्मा ने किया। जो कुछ भी अहिंसा से युक्त है निश्चित रूप से वही धर्म है।[114] धर्म की वृद्धि से ही प्राणियों की सर्वदा उन्नति होती है और धर्म का ह्रास होने से सबका क्षय होता है।[115] सबको धारण करने वाला वह धर्म निश्चित ही कार्य-अकार्यों की विभाजक रेखा है।[116]

(क) धर्मलक्षण के रूप में नौ गुण

शान्तिपर्व में धर्म के स्वरूप की चर्चा करते हुए मूलतः जिन गुणों को धर्म कहा है, वे हैं–अदत्तस्यानुपादान, दान, अध्ययन, तप, अहिंसा, सत्य, अक्रोध, क्षमा तथा इज्या।[117] धर्म के इन लक्षणों का विवेचन इस प्रकार है–

1. अदत्तस्यानुपादान

इसका अर्थ है–बिना दी हुई वस्तु को ग्रहण न करना अर्थात् चोरी न करना। जो किसी वस्तु की अधिकता की इच्छा नहीं करता, जीवन निर्वाह मात्र के लिए प्राप्त वस्तु से सन्तोष करता है, जो लोभरहित व जितेन्द्रिय है वही ज्ञानी होता है। जो सम्पूर्ण भोगों में स्पृहारहित है वही सन्तोष रूपी धन से युक्त होता है।[118] लोभ व कामना को ही दुख तथा बन्धन का कारण कहा गया है। तृष्णा रहित होकर ही व्यक्ति सुखी हो सकता है। अदत्ताग्रहण रूप धर्म का सुन्दर उदाहरण शान्तिपर्व के

शङ्खलिखितोपाख्यान में मिलता है। संयतव्रती शंख और लिखित दो भाई अपने-अपने रमणीय आश्रम में रहते थे जो फल-फूलों से सुशोभित थे। किसी समय 'लिखित' अपने भाई 'शंख' की अनुपस्थिति में उनके आश्रम में आये और उनके आश्रम से फलों को ग्रहण कर खाने में प्रवृत्त हुए। उसी समय शंख ने आश्रम में आकर पूछा कि उन्होंने फल कहाँ से प्राप्त किया है। तब लिखित द्वारा यह बताने पर उसी के आश्रम से लिया है, शंख ने बिना दिये फल ग्रहण करने के कारण उसे चोरी के दोष से युक्त माना तथा उसे राजा सुद्युम्न के पास जाकर अपना अपराध स्वीकार करने के लिए प्रेरित किया।[119]

2. दान

धर्म का द्वितीय लक्षण है दान। शुभकर्मों द्वारा उपार्जित धन को सद्पात्र के प्रति श्रद्धापूर्वक अर्पित करना ही दान कहलाता है।[120] दान के स्वरूप की चर्चा करते हुए कहा गया है कि यज्ञ तथा तपस्या से युक्त होकर ही द्रव्य दान करना चाहिए।[121] अतिथि, देवता, पितर, कुटुम्ब व आश्रितों को यथारीति अन्न प्रदान कर शेष अन्न खाने वाले 'विघसाशी' की ही प्रशंसा की गयी है।[122] द्रव्यदान, अन्नदान, यज्ञ में दक्षिणा के अतिरिक्त अभयदान को सभी दानों में उत्तम कहा गया है।[123] अभयदान ही सर्वश्रेष्ठ दान है जिससे प्राणी भयरहित होकर जीवनयापन कर सकते हैं। यश की अभिलाषा, भय या प्रत्युपकार के उद्देश्य से दिया गया दान उत्तम नहीं कहलाता।[124] सद्प्रयोजन से सद्पात्र को ही दान देना चाहिए। वेद-ज्ञानहीन कुपात्र को दिया गया दान आधार दोष से कपाल पात्र में स्थित जल व दूध के समान अपवित्र हो जाता है।[125] प्रियवचन युक्त दान पर बल दिया गया है जो प्राणियों की तृप्ति का हेतु है।[126]

वेदज्ञ, तपः स्वाध्यायशील, चरित्रवान् ब्राह्मण के पास जाकर उसकी तुष्टि के निमित्त दिया गया दान प्रशंसनीय कहलाता है। याचना करने पर दिया गया दान मध्यम श्रेणी का तथा अवज्ञा और अश्रद्धा से दिया गया दान अधम श्रेणी का दान है।[127] फल की दृष्टि से दान दो प्रकार का है—पारलौकिक तथा ऐहिक। साधुजनों को दिया गया दान परलोक में भी फल देने वाला है जबकि असत्पुरुषों को दिया गया दान ऐहिक फल देने वाला है।[128] मनुष्य जैसा दान देता है वैसा ही फलभोग करता है। इस प्रकार योग्य रीति से योग्य पुरुष को योग्य स्थान पर दिया गया दान ही उत्तम कहलाता है, चाहे वह द्रव्यदान हो अथवा अन्नदान अथवा सब से उत्तम अभयदान ही क्यों न हो। गीता में भी वर्णित है—दान देना ही कर्त्तव्य है इस भाव से जो दान देश, काल और पात्र के अनुसार प्रत्युपकार न करने वाले के लिए दिया जाता है वह दान सात्त्विक कहा गया है। इसके अतिरिक्त फल की कामना से प्रदत्त दान को राजस तथा असत्कृत व अपात्र को दिया गया दान तामस कहलाता है।[129]

3. अध्ययन

धर्म का तृतीय लक्षण 'अध्ययन' ही ज्ञान-प्राप्ति द्वारा उत्तम शान्ति प्राप्त करने का साधन है। यहाँ कहा गया है कि विद्या के समान कोई नेत्र नहीं तथा विद्या के समान कोई तप एवं बल नहीं।[130] विद्या, शौर्य, दक्षता, बल और धैर्य–ये पाँच मनुष्य के स्वाभाविक मित्र बताये गये हैं जिनकी सहायता से विद्वान् जगत् में सम्पूर्ण कार्य करने में समर्थ हो सकता है।[131] नित्य नियम पूर्वक वेदादि सदग्रन्थों का अध्ययन करने वाले, क्षमावान् तथा आचार्य की सेवा करने वाले व्यक्ति दुर्गम संकट को पार कर ब्रह्मलोक का फल प्राप्त करते हैं[132] इसके विपरीत वेदवाक्यों की अवज्ञा तथा शास्त्रों के वचन का उल्लंघन करने से सर्वत्र अव्यवस्था फैल जाती है जिससे विनाश की स्थिति उत्पन्न हो जाती है।[133] पुरुष प्रतिदिन जैसे-जैसे शास्त्रों का अध्ययन करता है वैसे-वैसे उसके ज्ञान की वृद्धि तथा विशेष ज्ञान में रुचि उत्पन्न होने पर वह दुखों से मुक्ति पा सकता है।[134] इसलिए ज्ञान ही कल्याण का श्रेष्ठ साधन है। विशेष बात यहाँ यह कही गयी है कि वेदशास्त्रों के यथार्थ तत्त्व को समझे बिना केवल स्मरण कर लेना ही पर्याप्त नहीं वह तो मात्र शास्त्रों का भार वहन करना है। यथार्थ तत्त्व को जानना ही वास्तविक अध्ययन है[135] और तदनुसार आचरण ही मुख्य कर्त्तव्य है।

4. तप

यद्यपि यज्ञ, दान, दया, वेदाध्ययन और सत्य मानव को पवित्र करने वाले कहे गये हैं तथापि उत्तम रीति से की गयी तपस्या को परम पवित्र माना गया है।[136] इन सबके अनुष्ठान से श्रेष्ठ लाभ होता है। ऋषिजन तप को ही जगत् का मूल कारण कहते हैं। प्रजापति ने तप से ही समस्त संसार की सृष्टि की, ऋषियों ने तप से वेद को प्राप्त किया।[137] फल, मूल, अन्नादि को विधाता ने तप से ही उत्पन्न किया है। तप से दुर्लभ वस्तु भी सुलभ हो सकती है।[138]

तप क्या है? इस विषय में कहा है–रजोगुण और तमोगुण का नाश करने वाला जो कर्म है, वही तप का असाधारण लक्षण है।[139] जिस तप का फल है ज्ञान। रजोगुण का पाप नियमपूर्वक युक्त आहार करने से शान्त होता है।[140] युक्ताहार से ही इन्द्रियाँ विषयों की ओर से विरक्त हो जाती हैं। इसलिए जीवन रक्षा के ही निमित्त नियमित आहार ग्रहण करना चाहिए। दैहिक सुखों के त्याग से ही तप की सिद्ध होती है और सर्वत्याग (अहंकार, ममता, आसक्ति, कामना-त्याग) ही उसकी पराकाष्ठा है।[141] इसीलिए तप को दम गुण में प्रतिष्ठित कहा गया है। ब्रह्मचर्य और अहिंसा को शारीरिक तप तथा वचन एवं मनोनिग्रह को मानस तप कहा गया है।[142]

उपवासादि से शरीर सुखाने वाले तप को साधुसम्मत नहीं कहा गया। त्याग और विनय ही उत्तम तप है। जीव के पक्ष में तपस्या ही मोक्ष का कारण है। मनोनिग्रह रूपी शम और बाह्येन्द्रिय निग्रह रूपी दम ही उस तपस्या के मूल हैं। मनुष्य मन ही मन जो कामना करता है तप के द्वारा वह सब प्राप्त कर सकता है। इस प्रकार इन्द्रियों तथा मन की एकाग्रता ही तप है।[143] तप का रहस्य है त्याग और त्याग का रहस्य है[144] सुख यही सब धर्मों में श्रेष्ठ परम-धर्म कहा गया है जो परमात्म दर्शन का भी साधन है।[145]

5. अहिंसा

अहिंसा से अभिप्राय है—मन, वचन और कर्म से किसी प्राणी को कष्ट न देना।[146] किसी के प्रति नृशंसता (क्रूरता) पूर्वक व्यवहार न करना ही परमं धर्म है।[147] शान्तिपर्व में कहा है कि प्राणी मात्र से द्रोह न करके जिस धर्म का पालन होता है वही धर्म साधुसम्मत है।[148] अद्रोह, सत्यवचन, संविभाग, धृति, क्षमा कोमलता, धैर्य को स्वयंभुवमनु ने उत्तम धर्म कहा है।[149] जो मन, वचन और कर्म से कभी पाप नहीं करते, प्राणियों की हिंसा नहीं करते वे दुखों को पार कर कर्मबन्धन से छूट ब्रह्मस्वरूप की प्राप्ति कर लेते हैं।[150] मन से समस्त जीवों का कल्याण चाहने वाला ही धर्माचरण करने में समर्थ है[151] क्योंकि मन के विचार ही वाणी तथा कर्म को प्रेरित करते हैं तथा कर्म का प्रभाव वाणी तथा मन पर भी पड़ता है। मन, वचन और कर्म को यहाँ साभिप्राय कहा गया है क्योंकि शरीर, मन तथा वाणी द्वारा किये गये कर्म के फल को मनुष्य शरीर, मन तथा वाणी द्वारा ही भोगता है। अहिंसा, सत्यवचन, सब प्राणियों के प्रति सरल व्यवहार, क्षमा—ये गुण जिसमें विद्यमान हैं वही सुखी है।[152]

वाणी के विषय में विशेष उल्लेखनीय बात यह कही गयी है कि वचन रूपी बाण मर्माहत करने वाले होते हैं।[153] इसलिए विद्वान को दूसरों पर वाग्बाण का प्रयोग नहीं करना चाहिए।[154] दूसरा कोई यदि कटुवचन रूपी बाण से चोट पहुँचाये तो भी उसे शान्त ही रहना चाहिए। ऐसा करने से वह उस कटुभाषी के सुकृत (पुण्य) ही ग्रहण करता है।[155]

शान्तिपर्व के अध्ययन से यह भी तथ्य उपलब्ध होता है कि आत्यन्तिक अहिंसा सम्भव नहीं। यद्यपि अहिंसा को धर्म कहा गया है तथापि आत्मरक्षा, वर्ण-संकर-दोष निवारण तथा दुर्ग (राजधानी) का नियमन करने के लिए शास्त्र-ग्रहण में भी दोष नहीं।[156] धर्माचरण से भ्रष्ट तथा अधर्म का आश्रय लेने वाले पर दण्ड विधान उचित है। पापाचारियों के वध से व्यक्ति पापग्रस्त नहीं होता।[157] कपटी को कपट व्यवहार से बाधित करने में दोष नहीं अन्यथा प्रजा में भय तथा अशान्ति फैलने लगती है।

तुलाधार-जाजलि संवाद में तुलाधार का कथन है—जीवों से द्रोह न करके अथवा अल्प द्रोह करके जो जीविका चलाई जाती है, वही परम धर्म है।[158] यहाँ आपद्‌काल में अल्पद्रोह को भी उचित माना गया है।[159]

शान्तिपर्व के अध्ययन से यह ज्ञात होता है कि यज्ञ में की जाने वाली हिंसा निन्दनीय होती है तथा अन्य सभी धर्मों में अहिंसा को ही श्रेष्ठ कहा गया है।[160]

6. सत्य

सत्य और असत्य दोनों ही संसार को आवृत्त करके स्थित हैं। सत्य-असत्य का विशेष रूप से निश्चय कर लेने वाला ही धर्मवित् होता है।[161] शान्तिपर्व में सत्यधर्म को ही परमधर्म तथा सहस्र अश्वमेध यज्ञ से भी बढ़कर कहा गया है।[162] सत्य में ही अमृतत्व, ब्रह्म, तप, स्वर्ग, सुख सभी प्रतिष्ठित हैं।[163] लोक में जो सत्य है वही धर्म है, जो धर्म है वही प्रकाश है और वही सुख है। इसके विपरीत मिथ्या को अधर्म कहा गया है जो अन्धकार रूप है और वही दुख है।[164] सत्य ने ही इस लोक को धारण किया है सत्य से ही मनुष्य स्वर्ग जाता है।[165]

अव्यय और अविकारी नित्य वस्तु को सत्य की संज्ञा दी गयी है।[166] उसके व्यापक स्वरूप का उल्लेख करते हुए उसे तेरह प्रकार का कहा गया है—सत्य, समता, दम, मत्सरहीनता (दान, धर्म विषय में संयम) क्षमा, लज्जा (शान्तिचित्त), तितिज्ञा (धर्मार्थ हेतु कष्ट सहन), अनसूयता (ईर्ष्या का अभाव), त्याग, ध्यान, आर्यत्व, धृति (धैर्य) और अहिंसा।[167] मन-वचन-कर्म से किसी को कष्ट न देना ही अहिंसा है, जो सत्यरूप है। वस्तुतः अहिंसा और सत्य एक ही सिक्के के दो पहलू हैं। अहिंसा के बिना सत्य को नहीं ढूँढ़ा जा सकता। अहिंसा साधन है तो सत्य साध्य।

वेद का सार है सत्य वचन और सत्य का सार है इन्द्रिय-संयम।[168] सत्य के विषय में एक विशेष बात यह कही गयी है कि जो प्राणियों के लिए हितकर है, वही सत्य है। हितकारी वचन सत्य से भी श्रेष्ठ होते हैं। इसलिए यहाँ सत्य एवं प्रिय वचन पर बल दिया गया है। बृहस्पति-इन्द्र संवाद से ज्ञात होता है कि सान्त्वना देना ही प्रिय वचन है जो प्राणियों को तृप्त करने वाला है। सत्य के साथ-साथ हिंसा रहित और परनिन्दा रहित वचन कहने चाहिए जिनमें शठता, कठोरता, क्रूरता, पिशुनता आदि दोषों का सर्वथा अभाव हो। उत्तम वाणी ही समस्त सांसारिक व्यवहार का आधार है, किन्तु विशेष उल्लेखनीय यह है कि शान्तिपर्व में सत्यधर्म को भी देश काल सापेक्ष माना गया है। यहाँ कहा गया है कि जहाँ किसी प्राणी की संकट से रक्षा होती हो, दूसरे के धन की रक्षा होती हो, विवाह हो सकता हो वहाँ असत्य भाषण में दोष नहीं होता,[169] किन्तु यहाँ विवाह अवसर पर उपदिष्ट असत्य भाषण सामाजिक दृष्टि से उचित नहीं प्रतीत होता। जिस सत्य से दूसरे का जीवन संकटग्रस्त होता हो वहाँ

भी सत्य नहीं कहना चाहिए। जिस प्रकार यदि कोई अन्याय से परधन हरण करना चाहता हो उसे धनी के विषय में कुछ न बताना ही धर्म है। उसे मौन रहना चाहिए, यदि कहना ही पड़े तो वहाँ सत्य की अपेक्षा मिथ्या कहना कल्याणकारी है क्योंकि पापाचारी को दिया गया धन दुख देने वाला होता है। इस प्रकार सत्य-असत्य का निर्णय विवेकपूर्वक करना ही धर्म कहा गया है।

7. अक्रोध

शान्ति पर्व में काम, क्रोध, लोभ, भय और स्वप्न को योगदोष कहा गया है जिनका समूल नाश करना ही धर्म है।[170] क्रोध को काम रूपी वृक्ष का महान् स्कन्ध कहा गया है। हृदय-भूमि में मोह रूपी बीज से उत्पन्न हुआ यह विचित्र वृक्ष है जिसका नाम है 'काम'। क्रोध, अभिमान उसके स्कन्ध हैं और अज्ञान है उसका मूल। इस प्रकार काम और लोभ, क्रोध का प्रभव-स्थल हैं। यह क्रोध दूसरों के दोष देखने से वर्धित तथा क्षमाशील होने से निवृत्त होता है। जो निन्दा करने वाले पर क्रोध नहीं करता और क्रुद्ध पुरुषों को भी शान्त करता है, सेवकों पर क्रोधित नहीं होता, वही दुस्तर विषयों का अतिक्रम करता है। क्रोध को वश में करने का एकमात्र उपाय दम ही है। जितेन्द्रिय व्यक्ति ही सन्तोष, श्रद्धा व सरलता से युक्त होता है। अक्रोध से ही व्यक्ति काम, लोभ, मोह और अभिमान को वश में कर सकता है क्योंकि ये परस्पर सम्बद्ध हैं।

8. क्षमा

दया, क्षमा, शान्ति, अहिंसा, सत्य, सरलता, अद्रोह और शम—इन्हें ब्रह्म प्राप्ति का उपाय कहा गया है।[171] दूसरों के द्वारा आक्रोश दिखाये जानेपर अथवा कष्ट पहुँचाये जाने पर जो उसे क्षमा कर देता है वही आचरण श्रेष्ठ कहा जाता है।[172] दयालुता को परम धर्म तथा क्षमा को परम बल कहा गया है।[173]

क्षमा गुण के अर्जन में इन्द्रिय-दमन को ही प्रधान कारण माना गया है।[174] ऐसे संयमी पुरुष का किसी प्राणी से विरोध नहीं होता। यद्यपि राजा दुष्टो को दण्ड देकर धर्म की रक्षा करता है[175] तथापि यह भी विधान है कि यदि पापी शरणागत होकर भविष्य में पाप कर्म न करने की प्रतिज्ञा करे तो उसे क्षमा कर देना चाहिए क्योंकि दुष्ट पुरुष भी किसी समय सुधर कर शीलवान् बन सकता है।[176]

यद्यपि क्षमा को धर्म का लक्षण कहा गया है तथापि धर्म की मर्यादा भंग करने वाले को अक्षम्य कहा है। यहाँ तक कि राजा का अपना पुत्र भी यदि अपराध करे तो उसे भी क्षमा न करके दण्ड देने का विधान है।[177] इसके विपरीत बालक, मन्दबुद्धि, बधिर तथा अपने से अधिक बलवान् द्वारा किये गये प्रतिकूल व्यवहार को क्षमा कर देना चाहिए।[178]

किन्तु शान्तिपर्व में अत्यधिक क्षमाशीलता को मनुष्य का एक दोष भी माना गया है क्योंकि अत्यधिक क्षमाशील होने पर अन्य जन उसे असमर्थ समझने लगते हैं।[179] अतः क्षमाशील होने के लिए भी एक मर्यादा आवश्यक है।

9. इज्या (यज्ञ)

जिस प्रकार वैदिक संहिताओं में यज्ञ को प्रधान माना गया है उसी प्रकार महाभारत काल में भी यज्ञ को धर्म का एक लक्षण स्वीकार किया गया है। इतना अवश्य है कि यहाँ यज्ञ के स्वरूप में यत्किंचित परिवर्तन दिखाई देता है। यहाँ राजाओं के लिए अश्वमेध, सर्वमेध,[180] राजसूय यज्ञ[181] के साथ-साथ स्वाध्याय यज्ञ, ज्ञान यज्ञ और ध्यान रूपी महायज्ञ का भी उल्लेख है।[182] यहाँ श्रद्धा रूप यज्ञ की विशेष प्रशंसा की गयी है जो सब वर्णों के लिए विहित धर्म है।[183] मोक्षधर्म प्रकरण में निवृत्तिमार्ग रूपी शान्तियज्ञ, इन्द्रियनिग्रह एवं उपनिषद् विचार रूपी ब्रह्मयज्ञ, प्रणवजप रूपी वाग्यज्ञ, परब्रह्म मनन रूपी मानस यज्ञ तथा स्नान, पवित्रता, गुरुसेवा रूपी कर्मयज्ञ का भी उल्लेख मिलता है।[184] क्षत्रियों के लिए युद्ध यज्ञ, वैश्यों के लिए हविर्यज्ञ, शूद्रों के लिए परिचर्या (सेवा) यज्ञ और द्विजातियों के लिए तपयज्ञ का वर्णन किया गया है।[185] यहाँ वस्तुतः कर्त्तव्य-कर्म को ही यज्ञ की संज्ञा दी गयी है। यज्ञ करने वालों में आत्मयाजी पुरुष को सर्वश्रेष्ठ कहा गया है। जिसमें मनुष्य अपने प्राण, इन्द्रिय तथा मन को आत्मा में लीन कर देता है वही आत्मयज्ञ है।[186] इस प्रकार यहाँ 'यज्ञ' शब्द त्याग, कर्त्तव्य कर्म तथा आत्मबोध अर्थ में प्रयुक्त हुआ है।

'यज्ञ के लिए प्रजापति ने प्रजा की सृष्टि की।' यह संकेत भी शान्तिपर्व में मिलता है कि प्रजा को इसी अभिप्राय से प्रजापति ने उत्पन्न किया कि वे दक्षिणायुक्त होकर विविध यज्ञों का अनुष्ठान करें।[187] यज्ञ का महत्त्व प्रतिपादित करते हुए कहा है कि इन्द्र ने विविध यज्ञानुष्ठान द्वारा ही इन्द्रत्व प्राप्त किया।[188] अतः यज्ञ इष्टसिद्धि के हेतु कहे गये हैं। स्वयं हंस रूप धारी इन्द्र भी यज्ञावशिष्ट अन्न को खाने वाले 'विघसाशी' की प्रशंसा करते हैं।[189]

असूयारहित तथा श्रद्धावान् होकर शास्त्रोक्त विधि से अपनी शक्ति तथा इच्छानुसार यज्ञ करना उत्तम कहा गया है।[190] जो पुरुष देव पितर तथा मनुष्यों की हवि द्वारा अर्चना नहीं करता, वेदविद् उसके धन को व्यर्थ कहते हैं।[191] तैत्तिरीयारण्यक तथा सूत्र-ग्रन्थों में भी पंचमहायज्ञ के अनुष्ठान का वर्णन मिलता है।[192] वस्तुतः यज्ञ त्याग का ही रूप है और त्याग ही पापों को दूर करने वाला है। यही देव-पितर मनुष्य गन्धर्व आदि सभी को तृप्त करने वाला है।[193]

पंचावयवात्मक यज्ञ उसे कहा गया है जो 'विधिपूर्वक मन्त्रोच्चारण, वेदोक्त विधि अनुसार यज्ञानुष्ठान, दक्षिणा, अन्नदान तथा मन की एकाग्रता से सम्पन्न होता है।[194]

यज्ञ में होने वाली पशु हिंसा के विषय में शान्तिपर्व में स्पष्ट कहा गया है कि यह हिंसा विमूढ़ एवं नास्तिकों द्वारा प्रवर्तित की गयी है।[195] यह कर्म काम, मोह व लोभ के वशीभूत होकर किया गया प्रतीत होता है। यज्ञ विषय में हिंसा कदापि हितकारिणी नहीं है। यज्ञ में भगवान् विष्णु की पूजा दूध और फलों से होती है। अहिंसामय कर्म ही उत्तम फल देने वाला है।[196]

इस प्रकार उपरिवर्णित नौ गुण दी गयी वस्तु को ग्रहण न करना, दान, अध्ययन, तप, अहिंसा, सत्य, अक्रोध, क्षमा और इज्या (यज्ञ) शान्तिपर्व में धर्मलक्षण के रूप में स्वीकार किये गए हैं। मनुस्मृति में भी धर्म के दस लक्षण स्वीकार किये गये हैं जो यहाँ प्रतिपादित लक्षणों से किंचित भिन्न रूप में हैं। वे दस लक्षण इस प्रकार हैं—धृति, क्षमा, दम, अस्तेय, शौच (पवित्रता), इन्द्रियों को वश में करना, ज्ञान, विद्या, सत्य तथा क्रोध का त्याग।[197] गीता[198] में दैवी सम्पदा युक्त पुरुषों के लक्षण में भी इन्हीं गुणों की चर्चा की गयी है। इस दैवी सम्पदा को ही मोक्ष का हेतु तथा आसुरी सम्पदा को बन्धन का कारण कहा गया है।[199]

(ख) सदाचार ही धर्म की निष्ठा है

सदाचार को धर्म का श्रेष्ठ लक्षण तथा धर्म की निष्ठा कहा गया है।[200] सदाचार का अर्थ है—सत्य, आचरण, जिसके अन्तर्गत सत्य, अहिंसा, दान, अक्रोध, अस्तेय, शम, दम, यज्ञ आदि पूर्वोक्त सभी गुण समाविष्ट हो जाते हैं। शान्तिपर्व में इसी शील की सर्वत्र प्रशंसा की गयी है जो वस्तुतः सदाचार से भिन्न नहीं है। शील के अभाव में धर्म, सत्य, बल और लक्ष्मी आदि गुण भी मनुष्य में नहीं रहते। इन्द्र-प्रह्लाद उपाख्यान[201] से भी इसी तथ्य की पुष्टि होती है, जहाँ ब्राह्मण वेशधारी इन्द्र प्रह्लाद से उनके शील को प्राप्त करने की इच्छा करते हैं। तब प्रह्लाद द्वारा अपना शील दिये जाने पर उनके शरीर से सत्य, बल, लक्ष्मी आदि गुण भी स्वयं ही निष्कासित हो जाते हैं।[202]

शील का लक्षण है—मन, वाणी और क्रिया द्वारा किसी प्राणी से द्रोह न करना, सब पर दया करना तथा यथाशक्ति दान देना।[203] जो कर्म दूसरों के लिए हितकर न हो अथवा जिस कार्य से लज्जित होना पड़े वह नहीं करना चाहिए।[204] शान्तिपर्व में धर्म सम्बन्धी इन समस्त गुणों को धर्मराज युधिष्ठिर में प्रतिष्ठित माना गया है जिसकी उद्घोषणा स्वयं धृतराष्ट्र भी दुर्योधन के प्रति करते हैं।[205]

सद्व्यवहार सदाचार का आधार है। अपने लिए अप्रिय व्यवहार को दूसरों के प्रति भी नहीं करना चाहिए।[206] इस प्रकार शान्तिपर्व में सदाचार एवं शील को धर्म का मुख्य आधार स्वीकार किया गया है।

(ग) कर्त्तव्य-कर्म ही धर्म है

शान्तिपर्व में धर्म का 'कर्त्तव्य' अर्थ अधिक दृष्टिगोचर होता है, जिसका सम्बन्ध मानव के वैयक्तिक, सामाजिक तथा राष्ट्रीय जीवन से होता है। इस पृथ्वी को कर्मभूमि कहा गया है और विधाता ने कर्म करने के निमित्त ही मनुष्य को उत्पन्न किया है।[207] इसलिए कर्म त्याग का अधिकार मनुष्य को नहीं। कर्म ही इहलोक और परलोक में सिद्धिदायक है।[208] कर्म से ही सुख का उदय होता है। स्वधर्म अर्थात् अपने कर्त्तव्य का पालन करना ही मनुष्य के लिए पूर्णतः विहित है।[209] कर्मों को सम्पूर्ण त्याग कर बाह्याडम्बर धर्म नहीं है, जैसा कि पक्षी रूपधारी इन्द्र भी संन्यासी ब्राह्मण बालकों को उपदेश देते हैं।[210] नकुल भी कहते हैं कि देवता भी कर्मों में विश्वास करते हैं।[211] शान्तिपर्व में स्पष्ट कहा गया है कि कर्म ही धर्म की गति है वही उसका जीवन है।[212]

कर्त्तव्य कर्म के अन्तर्गत जहाँ यज्ञादि कर्म आते हैं वहाँ माता-पिता और गुरु के प्रति कर्त्तव्य कर्मों को भी धर्म कहा गया है। मानव का मानव के प्रति अथवा मानव का जीव के प्रति कर्त्तव्य ही धर्म है। समाज व राष्ट्र का अभिन्न अंग होने के कारण व्यक्ति का यह धर्म सार्वभौम है। धर्म के द्वारा ही समाज में पूर्ण परिवर्तन आ सकता है।[213] ब्राह्मण, क्षत्रिय, वैश्य और शूद्र वर्णों से सम्बन्धित वर्ण धर्म मानव के सामाजिक कर्त्तव्य-कर्मों के द्योतक हैं। ब्रह्मचर्य, गृहस्थ, वानप्रस्थ और संन्यास आश्रम धर्म मानव के वैयक्तिक जीवन से सम्बन्धित कर्त्तव्य कर्म हैं तथा राजा के कर्त्तव्य कर्म जो 'राजधर्म' कहलाते हैं, राष्ट्र धर्म के द्योतक हैं। मानव जीवन के चरम लक्ष्य मोक्ष (निःश्रेयस्) की प्राप्ति मोक्षधर्म में ही निहित है। इस प्रकार यहाँ 'धर्म' केवल यज्ञादि विधिविधान अथवा ईश्वरोपासना की प्रणालियों तक ही सीमित नहीं अपितु वह मनुष्य के कर्त्तव्य-कर्म का निर्धारण करने वाला एक सामाजिक तत्त्व है। तुलाधार-जाजलि प्रसंग[214] में भी तुलाधार को अपने कर्त्तव्य कर्म को निष्ठापूर्वक करने के कारण 'धर्मज्ञ' कहा गया है।

(घ) भगवद्भक्ति ही परम धर्म है

भगवद्भक्ति से अभिप्राय है—सर्व शक्तिमान् ऐश्वर्यसम्पन्न भगवान् के प्रति अनन्य श्रद्धा एवं उसकी उपासना। उस अचिन्त्य शक्ति की दो रूपों में भक्ति की गयी है—सगुण रूप में तथा निर्गुण रूप में। सगुण भक्ति में उस शक्ति को विभिन्न गुणों से सम्पन्न मानकर उसे विभिन्न नाम दिये गये हैं तथा विभिन्न देवताओं जैसे इन्द्र, विष्णु, रुद्र, वासुदेव, ब्रह्मा आदि के रूप में उसकी उपासना की गयी है। द्वितीय रूप निर्गुण भक्ति है, जिसमें उसे निराकार, निर्विकार, निर्लेप और अनिर्वचनीय ब्रह्म की

संज्ञा देकर उसकी भक्ति की गयी है।[215] शान्तिपर्व में भगवद्भक्ति के दोनों ही रूप उपलब्ध होते हैं। अध्याय 322 से 336 तक भगवान् नारायण की विस्तृत वन्दना की गयी है तथा उन्हें सर्वेश्वर देवाधिदेव मानकर अन्य सभी देवताओं को उनमें ही प्रतिष्ठित माना गया है। महाभारत के मंगल श्लोक से ही नारायण भक्ति दृष्टिगोचर होती है।[216] शान्तिपर्व में नारायण का विराट् रूप प्रदर्शित करते हुए उनकी भक्ति को ही परमधर्म कहा गया है।

नारायण हरि की अनन्य भक्ति को ही भागवत एवं ऐकान्तिक धर्म[217] कहा गया है जो योगक्षेम को प्राप्त कराने वाला तथा परमपद की प्राप्ति का हेतु है।[218] इसी प्रसंग में राजा उपरिचर वसु[219] तथा नारद जैसे अनन्य भक्तों का भी उल्लेख मिलता है।[220] सत्त्व का आधार होने के कारण भगवान को ही सात्त्वत कहा गया है[221] और उनकी उपासना को ही सात्त्वत-धर्म कहा गया है। हरि सब देवताओं के देवता हैं अन्य सब देवता उनकी शक्तियों के प्रतीक हैं। उनकी आराधना के लिए न याज्ञिक कर्मकाण्ड की आवश्यकता है न तप की अपितु निष्काम भाव से उनकी अनन्य भक्ति ही उपासक का परम धर्म है। इसी का प्रतिपादन श्रीमद्भगवद्गीता में भी किया गया है।[222]

शान्तिपर्व से स्पष्ट होता है कि जो जन माता-पिता, गुरु, अतिथि, देवता, गौ, श्रेष्ठ-ब्राह्मण और पृथ्वी की मन, वचन और कर्म से पूजा करते हैं वे वस्तुतः भगवान् विष्णु की ही आराधना करते हैं क्योंकि भगवान् विष्णु समस्त प्राणियों की अन्तरात्मा हैं।[223] सभी वेद यज्ञ, तप, धर्म, वर्ण, श्री, लक्ष्मी, ऋत, देव तथा मुक्ति नारायणात्मक ही माने गये हैं।

इस प्रकार शान्तिपर्व में भगवद्भक्ति का, चाहे वह निर्गुण रूप में हो या सगुण रूप में, मातृ-पितृ भक्ति रूप में हो या देवपूजन तथा अतिथि सेवा के रूप में हो, सभी को भागवत धर्म, ऐकान्तिक धर्म या सात्त्वत धर्म का नाम देते हुए मानव का परम धर्म कहा गया है। शान्तिपर्व में कुरुक्षेत्र, पृथुदक, पुष्कर, प्रभास, गंगा आदि विभिन्न चित्त शुद्धि के हेतु तीर्थों की महिमा का भी वर्णन मिलता है[224] किन्तु यहाँ सब तीर्थों के बीच विशुद्ध हृदय रूप तीर्थ (आत्म-तीर्थ) को ही परम पवित्र कहा है।[225]

(ङ) धर्म का स्वरूप देशकालानुगामी है

शान्तिपर्व में धर्म को शाश्वत, सनातन व श्रेयकारी कहा गया है परन्तु यह तथ्य भी यहाँ उपलब्ध होता है कि देश, काल व परिस्थिति के अनुरूप धर्म का स्वरूप परिवर्तित हो सकता है। सत्य, अहिंसा, दान आदि धर्म देश काल व पात्र विशेष के अनुरूप परिवर्तनशील भी हैं। अवस्था विशेष में सत्य, दान, अहिंसा जैसे धर्म अधर्म कहलाते हैं तो अन्य अवस्था में असत्य, प्रतिग्रह और हिंसा जैसे अधर्म धर्म बन जाते हैं।[226]

प्राण रक्षा, धन रक्षा व धर्म रक्षा के निमित्त कहा गया असत्य भी धर्म है। अहित करने वाला, प्राण संकट में डालने वाला सत्य भी भयावह व अधर्म कहा जायेगा। बिना दिये किसी वस्तु को ग्रहण न करना यद्यपि धर्म है तथापि प्राण रक्षा के समय माँग कर लेना भी धर्म है क्योंकि प्राण रक्षा प्रथम धर्म है—यथा विश्वामित्र द्वारा अभक्ष्य अन्न का माँगना।[227] अहिंसा परम धर्म है किन्तु क्षत्रिय द्वारा धर्म की रक्षा के लिए युद्ध रूप में की गयी हिंसा भी धर्म कही जायेगी। इस प्रकार देश, काल, परिस्थिति के अनुरूप सत्यासत्य, दान-प्रतिग्रह, हिंसा-अहिंसा जैसे कर्त्तव्याकर्त्तव्य का विवेक ज्ञान ही धर्मज्ञता का लक्षण है। धर्म को शाश्वत और सनातन इसलिए कहा गया है कि धर्म सर्वत्र सर्वदा आचरणीय है परन्तु आपद्काल में उसके स्वरूप में परिवर्तन हो जाता है। इसलिए उसका स्वरूप देशकाल सापेक्ष भी है।[228] यही कारण है कि शान्तिपर्व में विभिन्न युगों में धर्म की विभिन्न प्रकार की स्थिति का वर्णन किया है। सत्ययुग, द्वापर, त्रेता व कलियुग में धर्म का स्वरूप भिन्न-भिन्न होता है। सत्ययुग में तपस्या ही मनुष्यों का परम धर्म था, त्रेता में ज्ञान ही श्रेष्ठ था, द्वापर में यज्ञ कर्म और कलियुग में केवल दान ही सबसे श्रेष्ठ धर्म माना गया है।[229] जैसे वर्षा ऋतु में अनेक प्रकार के स्थावर जंगम वर्षा से उत्पन्न होकर वृद्धि को प्राप्त होते हैं और वर्षा बीतने पर उनका ह्रास होने लगता है, उसी प्रकार प्रत्येक युग में धर्म-अधर्म की वृद्धि तथा ह्रास होता है।[230] वहाँ इसी युग धर्म का निरूपण किया गया है तथा धर्म के स्वरूप निर्धारण में देश काल की महत्ता दर्शायी गयी है।

उपरोक्त विवेचन से स्पष्ट है कि शान्तिपर्व में धर्म का स्वरूप विविध रूपों में प्रस्तुत किया गया है। यहाँ 'धर्म'—धारणकर्ता, कर्त्तव्य कर्म, वेदोक्त यज्ञादि कर्म, सत्य-अहिंसा, अद्रोह आदि सदाचरण, भगवद्भक्ति आदि रूपों में प्रतिपादित हुआ है। भीष्म ने जिस शाश्वत धर्म की चर्चा की है वह व्यापक रूप से व्यक्ति, समाज व राष्ट्र के अभ्युदय तथा निःश्रेयस् का मूलाधार है।

1.3.4 शान्तिपर्व के अनुसार 'धर्म' के विभिन्न स्रोत

अब प्रश्न यह उपस्थित होता है कि धर्म ज्ञान के मूल स्रोत क्या हैं जिनके आधार पर धर्म के स्वरूप का ज्ञान होता है। वेद को ही धर्म का मूल स्वीकार किया गया है। परवर्ती वाङ्मय में भी वेद को तथा उसका प्रतिपादन करने वाले स्मृति ग्रन्थों को भी धर्म के विषय में प्रमाण माना गया है।[231] शान्तिपर्व में धर्म के जिन मूल स्रोतों का उल्लेख किया गया है वे चार हैं—वेद, स्मृति, शिष्टजन-आचार[232] एवं हृदयानुमोदन।[233]

1. महर्षि व्यास यहाँ स्पष्ट कहते हैं—जो वेद-प्रमाण के युक्त धर्म है उसे ही मैं तुमको कहता हूँ।[234] यहाँ धर्म के स्वरूप का प्रतिपादन वेदोक्त विधि से ही किया गया है। यज्ञ, सत्य, दान सभी धर्म वेद प्रतिपादित हैं। वेदोक्त धर्म का परित्याग करने

वाले को नास्तिक कहा गया है[235] तथा स्पष्टतः कहा है—वेदोक्त विधि को परित्याग करके कोई भी विप्र देवयान मार्ग से स्वर्ग की पृष्ठभूमि में चरण नहीं रख सकता।[236]

2. यद्यपि वेद धर्म का मूल कहा गया है तथापि ऐसा नहीं है कि समस्त धर्मों का वहाँ विधान कर दिया गया हो। इसीलिए धर्म को स्रोत के रूप में वेद के अनन्तर 'स्मृति' की चर्चा की गयी है।[237] यहाँ 'स्मृति' शब्द से अभिप्राय धर्म विषयक उन सभी शास्त्र-ग्रन्थों से है जिनमें धर्म के स्वरूप की विशद व्याख्या की गयी है—यथा षड् वेदांग, धर्मशास्त्र, इतिहास, पुराण तथा मनुस्मृति आदि नीति सम्बन्धी ग्रन्थ।[238] 'स्मृति' का अर्थ मानव रचित परम्परा प्राप्त ग्रन्थ भी है। ये पूर्णतया श्रुतियों पर आधारित हैं और केवल उसी अवस्था में प्रामाणिक मानी जाती हैं, जब तक कि वे श्रुतिमूलक रहें।[239] धर्म विषय के अत्यन्त सूक्ष्म होने के कारण उपरोक्त शास्त्रों के वचनों का अनुशीलन करने से उसका बोध होता है।[240] धर्म के विषय में संशय होने पर शास्त्रज्ञ को ही प्रमाण माना गया है।[241]

3. वेद एवं स्मृति के अतिरिक्त शान्तिपर्व में सदाचार को भी धर्म का मूल कहा गया है। अपने से पूर्व तथा उससे भी पूर्व समय के साधुजनों द्वारा आचरित शिष्टाचार और शास्त्राचार को ही 'धर्म' का स्रोत कहा गया है।[242] शिष्ट के लक्षण बताये हैं कि जो वैषयिक सुख में आसक्त नहीं होता, प्रिय अप्रिय वस्तु में द्वेष नहीं रखता, समबुद्धि, सत्याचरणरत, दया व दानशील, देव पितृ अतिथि पूजक तथा धर्ममार्ग से कभी विचलित नहीं होता, उसी से धर्म जिज्ञासा करनी चाहिए।[243] शान्तिपर्व में भीष्म पितापह को भी 'सर्वज्ञ 'सर्वधर्मवित्' कहा गया है जो युधिष्ठिर के धर्म सम्बन्धी सभी संशयों का समाधान करने में समर्थ हैं।[244] यहाँ सदाचार को ही धर्म की निष्ठा कहा गया है जिसका आश्रय लेकर धर्म को जाना जा सकता है।[245] आपस्तम्बधर्मसूत्र में भी यही कहा गया है कि वेद के अक्षरों का ज्ञान प्राप्त कर लेने भर से धर्म का बोध करना कठिन है, किन्तु उसके द्वारा लक्षित कर्मों के आचरण से धर्म का पालन सरलता से होता है।[246]

4. 'हृदयानुमोदन' को भी धर्मज्ञान का एक साधन कहा गया है। हृदयानुमोदन का अर्थ है—किये जाने वाले कर्म के प्रति अपने हृदय की सहमति या पुष्टि। तात्पर्य यह है कि हम उसी कर्म को धर्म कहेंगे जिसको करने के लिए हमारी बुद्धि और मन सत्कार्य के रूप में अनुमोदन करे और जिसको करने से हमें आत्मतोष का अनुभव हो। वेदोक्त धर्म, शास्त्रवचन, शिष्टजनाचार तभी ग्राह्य बनता है जब कर्ता के अपने हृदय द्वारा उसका अनुमोदन हो, जो कर्म सज्जनों द्वारा सद्कर्म के रूप में मान्य हो तथा जो हृदय द्वारा अनुमोदित भी हो, वही धर्म है।[247] यहाँ स्पष्ट कहा गया है कि गतानुगतिक होकर लोकव्यवहार करना उचित नहीं। धर्म के अन्धानुकरण की अपेक्षा बुद्धि निपुणता से विचार करके ही धर्माचरण करना चाहिए। कर्म का कारण या हेतु जानकर उसके अनुसार धर्माचरण करना ही उचित है।[248]

इस प्रकार शान्तिपर्व से ज्ञात होता है कि धर्मज्ञान का मूल स्रोत वेदशास्त्र होने के साथ-साथ वे स्मृति ग्रन्थ भी हैं जिनमें वेदोक्तधर्म का विशद् प्रतिपादन किया गया है। इनके अतिरिक्त सदाचरण करने वाले वेदशास्त्रज्ञ शिष्ट जन, एवं हृदयानुमोदन भी धर्म के मूल स्रोत कहे गये हैं। ये मूल स्रोत परस्पर भिन्न न होकर एक-दूसरे के पूरक हैं।

1.3.5 शान्तिपर्व में 'धर्म' के विभिन्न प्रकार (Kinds)

पूर्व अनुच्छदों से स्पष्ट है कि शान्तिपर्व में धर्म के व्यापक स्वरूप का प्रतिपादन किया गया है। लक्ष्य की भिन्नता के आधार पर यहाँ मुख्यतः धर्म के दो प्रकार दृष्टिगत होते हैं—प्रवृत्ति लक्षण रूपधर्म एवं निवृत्ति लक्षण रूप धर्म।[249]

प्रवृत्ति-लक्षण-रूप धर्म

प्रवृत्ति-लक्षण रूप धर्म से अभिप्राय है, वह धर्म जो मानव को संसार में प्रवृत्त कराने वाला है। कर्मनिष्ठ मनुष्यों को प्रवृत्ति लक्षण धर्म अभिलषित होता है। शान्तिपर्व में कहा गया है कि प्रजापति ब्रह्मा ने प्रवृत्ति रूप धर्म का उपदेश दिया।[250] नारायण ऋषि ने जिस प्रवृत्ति रूप धर्म का प्रतिपादन किया है उसी पर चराचर प्राणियों सहित समस्त त्रिलोकी प्रतिष्ठित है।[251] प्रवृत्ति रूप धर्म वस्तुतः कर्म मार्ग है और इस धर्म की आवश्यकता इसलिए है क्योंकि जगत् की व्यावहारिक सत्ता होने के कारण मनुष्य को कर्म में प्रवृत्त रहना पड़ता है। परन्तु साथ ही यह भी स्वीकार किया गया है कि प्रवृत्ति अर्थात् वेदविहित यज्ञ, दान आदि कर्म बार-बार जन्म-मृत्यु के कारण संसार में संसरण के हेतु हैं अर्थात् प्रवृत्ति रूप धर्म पुनरावृत्ति प्रदान करने वाला धर्म होता है।[252]

प्रवृत्ति रूप धर्म के भी पुनः दो भेद माने जा सकते हैं—सामान्य धर्म एवं विशिष्ट धर्म। सामान्य धर्म से अभिप्राय उन कर्त्तव्य कर्मों से है जिनका सम्बन्ध मानव मात्र से होता है। धर्म के जिस रूप का प्रतिपादन पूर्व पृष्ठों में किया गया है वह वस्तुतः धर्म का सामान्य रूप है जो सभी मनुष्यों द्वारा समान रूप से पालनीय है। इसीलिए इसे साधारण[253] सार्ववर्णिक[254], सनातन,[255] एवं शाश्वत धर्म कहा गया है। इसके विपरीत विशिष्ट अवस्था एवं विशिष्ट काल में विशिष्ट व्यक्ति द्वारा आचरण करने योग्य कर्म विशिष्ट धर्म कहलाता है जिसे शान्तिपर्व में विशेष धर्म कहा गया है।[256] यथा वर्ण धर्म, आश्रम धर्म, राजधर्म, नारीधर्म आदि। जो धर्म विभिन्न वर्णों तथा विभिन्न आश्रमों के लिए कहे गये हैं, वे उन वर्णों व आश्रमों के व्यक्तियों के लिए विशिष्ट महत्त्व रखते हैं। राजनीति एवं राजा से सम्बन्धित राजधर्म का भी अपना विशेष महत्त्व है। नारी, जो समाज की अभिन्न अंग है, की दृष्टि से चर्चित धर्म भी विशिष्ट धर्मों के अन्तर्गत आते हैं। इस प्रकार वर्ण धर्म,

आश्रम धर्म, राजधर्म, नारी-धर्म ये सभी प्रवृत्ति लक्षण रूप धर्म विशिष्ट धर्म है। इन्हीं धर्मों के अन्तर्गत विधान किये गए आपद्धर्म तथा प्रायश्चितादि धर्म भी इसी कोटि में आते हैं।

निवृत्ति लक्षण रूप धर्म

धर्म का उद्देश्य एक ओर जहाँ मानव की ऐहलौकिक तथा पारलौकिक उन्नति कराना है वहाँ दूसरी ओर उसका लक्ष्य 'निःश्रेयस्' प्राप्ति भी है। इसीलिए निवृत्ति लक्षण रूप धर्म का फल तत्त्वज्ञान एवं ब्रह्मप्राप्ति कराना कहा गया है। यही धर्म रूप जीव को अक्षयपद की प्राप्ति कराने में समर्थ है।[257] निवृत्ति लक्षण धर्म ही मोक्षधर्म है जिसके पालन से अविनाशी ब्रह्मधाम की प्राप्ति होती है।[258] इस धर्म रूप का जीवन में सर्वाधिक महत्त्व होता है। क्योंकि इस धर्म रूप को जानने तथा पालन करने से ही संसार सागर से पार जाया जा सकता है। अन्यथा मोक्षधर्म से अनभिज्ञ जीव संसार में बद्ध होकर जन्म-मृत्यु के चक्र में ही भ्रमण करता रहेगा।[259]

धर्म के इन विभिन्न प्रकारों (Kinds) को निम्नलिखित रेखाचित्र से स्पष्टतः समझा जा सकता है–

धर्म

- **प्रवृत्ति लक्षण धर्म**
  - सामान्य (मानव मात्र के लिए निर्दिष्ट धर्म सत्य, अहिंसा, अक्रोध, दान, यज्ञ आदि)
  - विशिष्ट (विशिष्ट व्यक्ति, देश काल में निर्दिष्ट धर्म–जैसे नारी-धर्म, ब्राह्मण-धर्म, आपद्धर्म, प्रायश्चितधर्म आदि)
- **निवृत्ति लक्षण धर्म**
  - मोक्ष प्राप्ति के साधन रूप धर्म जैसे शम, दम, ज्ञान योग, भक्ति योग आदि

इस प्रकार शान्तिपर्व में धर्म प्रवृत्ति लक्षण एवं निवृत्ति लक्षण–इन दोनों रूपों में उपलब्ध होता है। मानव को अपनी सर्वाङ्गीण उन्नति के लिए धर्म के इन दोनों ही रूपों का ज्ञान आवश्यक है। इसीलिए पितामह भीष्म ने युधिष्ठिर को धर्म के सर्वांग रूप का उपदेश दिया। प्रस्तुत ग्रन्थ का उद्देश्य भी शान्तिपर्व के आधार पर धर्म के इन सभी रूपों का अध्ययन एवं विवेचन करना है।

सन्दर्भ

1. द्र., सातवलेकर–महाभारत की समालोचना, पृ. 6
2. द्र., Sukthankar–On the Meaning of the Mahabharta, p. 60
3. (क) यथा समुद्रो भगवान्यथा च हिमवान्गिरिः।
   ख्यातावुभौ रत्ननिधि तथा भारतमुच्यते।। आदि. 56/27
   (ख) द्र., महाभारतम् नीलकण्ठकृतभारतभावदीपटीका, महाभारतस्योपक्रमणिका, पृ. 3
4. द्र., सातवलेकर-महाभारत की समालोचना, पृ. 1
5. द्र., Sukthankar–On the Meaning of the Mahabharata, p. 20, 34-37
6. इदं सर्वैः कविवरैराख्यानमुपजीव्यते। आदि., 2/241
7. द्र., सातवलेकर, महाभारत की समालोचना, पृ. 10
8. धर्म चार्थे च कामे च मोक्षे च भरतर्षभ।
   यदिहास्ति तदन्यत्र यन्नेहास्ति न तत्क्वचित्।। आदि., 56/33
9. अर्थशास्त्रमिदं पुण्यं धर्मशास्त्रमिदं परम्।
   मोक्षशास्त्रमिदं प्रोक्तं व्यासेनामितबुद्धिना।। वही, 56/21
10. द्र., काणे–धर्मशास्त्र का इतिहास, प्रथम भाग, पृ. 48
11. द्र., V. Vardachari–A History of the Samskrta literature, p. 52, 54
12. (क) C. V. Vaidya–The Mahabharata : A Criticism, p. 40
    (ख) सातवलेकर महाभारत की समालोचना, पृ. 22
13. (क) ऋग्वेदं भगवोऽध्येमि यजुर्वेदं सामवेदमाथर्वणं चतुर्थमितिहासपुराणं पंचम
    वेदानां वेदं, ...छान्दोग्य., 7/1/2
    (ख) वही, 3/4/1
14. (क) इतिहासपुराणाभ्यां वेदार्थमुपबृंहयेत्। आदि., 1/204
    (ख) वेदानध्यापयामास महाभारतपंचमान्। वही, 57/74
    (ग) द्र., विश्वबन्धु, सम्पादकीय, विश्व-ज्योति, महाभारत अंक, अप्रैल, 1970, पृ. 6
15. यो विद्याच्चतुरो वेदान्साङ्गोपनिषदान्द्विजः।
    न चाख्यानमिंदं विद्यान्नैव स स्याद्विचक्षणः।। आदि., 2/235
16. (क) महत्त्वाद्भारवत्त्वाच्च महाभारतमुच्यते। आदि., 1/209
    (ख) द्र., महाभारतम्, नीलकण्ठ टीका, महाभारत भूमिका, पृ. 53
    (ग) P.V. Kane–The Tow Epics, ABORI Vol. XLVII, 1966, Pt. I-IV, p. II
17. (क) नारायणं नमस्कृत्य नरं चैव नरोत्तमम्।
    दैवीं सरस्वतीं चैव ततो जयमुदीरयेत्।। महाभारत, मंगल श्लोक
    (ख) जयो नामेतिहासोऽयं श्रोतव्यो विजिगीषुणा। आदि., 56/19
    (ग) C.V. Vaidya–The Mahabharata, A Criticism, p. 2

18. (क) कृष्ण द्वैपायनं व्यासं विद्धि नारायणं प्रभुम्।
को ह्यन्यः पुरुषव्याघ्र महाभारतकृद्भवेत। शान्ति., 334/9
(ख) T.V. Varadachari–A History of the Samkrta Lit., p. 48
19. वेदानध्यापयामास महाभारतपंचमान्।
सुमन्तुं जैमिनिं पैलं शुकं चैव स्वमात्मजम्।। आदि., 57/74
20. Macdonell–A History of Sanskrit Literature, p. 239
21. C.V. Vaidya–The Mahabharata : A Criticism, p. 146
22. सातवलेकर–भूमिका, महाभारत आदिपर्व, पृ. 8
23. वही, पृ. 8
24. चतुर्विंशतिसाहस्रीं चक्रे भारतसंहिताम्।
उपाख्यानैर्विना तावद्भारतं प्रोच्यते बुधैः।। आदि., 1/61
25. (क) एकं शतसहस्रं तु मानुषेषु प्रतिष्ठितम्। महाभारत, नीलकण्ठ टीका, आदि., 1/107
(ख) अस्मिंस्तु मानुषे लोके वैशंपायन उक्तवान्।।
शिष्यो व्यासस्य धर्मात्मा सर्ववेदविदा वरः।
एकं शतसहस्रं तु मयोक्तं वै निबोधत। वही, आदि., 1/108, 109
(ग) C.V. Vaidya–The Mahabharata : A Criticism, p.5
26. टि., उपाख्यान का अर्थ है छोटी कथा अथवा सुसंगत कहानी जिसे आख्यायिका भी कहते हैं। आप्टे–संस्कृत-हिन्दी कोश, पृ. 214
27. (क) हरिवंशस्ततः पर्व पुराणं खिलसंज्ञितम्। आदि., 2/82 नीलकण्ठ टीका
(ख) Harivamsa is a Khila Parva, i.e. a Parva borrowed from another place. The Harivamsa, it follows, did not form part of Vyasa's work, and was brought in by Vaisampayana. C.V. Vaidya–The Mahabharata : A Cirticism, p. 6
28. (क) द्र., विण्टरनिट्ज़–प्राचीन भारतीय साहित्य, प्रथम खण्ड, भाग 2, पृ. 11
(ख) कृष्णद्वैपायनेनेदं कृतं पुण्यचिकीर्षुणा।।
कीर्तिं प्रथयता लोके पाण्डवानां महात्मनाम्।। आदि., 56/25, 26
तपसा ब्रह्मचर्येण व्यस्य वेदं सनातनम्।
इतिहासमिमं चक्रे पुण्यं सत्यवती सुतः।। वही, 1/52
29. (क) द्र., विण्टरनिट्ज़–प्राचीन भारतीय साहित्य, प्रथम खण्ड, भाग 2, पृ. 11
(ख) C.V. Vaidya–The Mahabharata : A Criticism, p. 7, 8
30. विव्यास वेदान्यस्माच्च तस्माद् व्यास इति स्मृतः।। आदि., 57/73
31. त्रिभिर्वर्षैः सदोत्थायी कृष्णद्वैपायनो मुनिः।
महाभारतमाख्यानं कृतवानिदमुत्तमम्।। वही, 56/32

32. (क) वही, 57/74

(ख) C.V. Vaidya–The Mahabharata : A Criticism, p. 7, 8

33 विण्टरनिट्ज़–प्राचीन भारतीय साहित्य, प्रथम खण्ड, भाग 2, पृ. 140

34. Shri Ram Sathe–Search for the year of Bharata War, p. 88

35. (क) C.V. Vaidya–The Mahabharata : A Criticism, p. 56

(ख) सातवलेकर–भूमिका, महाभारत आदि, पृ. 13

(ग) बालगंगाधर तिलक, के. वी. अभयंकर, गौरीशंकर आचार्य, कैगे, उदयवीर शास्त्री, युधिष्ठिर मीमांसक प्रभृति के लिए द्र.

Shri Ram Sathe–Search for the year of Bharta War, pp. 39-45

36. अन्तरे चैव संप्राप्ते कलिद्वापरयोरभूत।
समन्तपंचके युद्धं कुरु-पाण्डव-सेनयोः।। आदि., 2/9

37 (क) सातवलेकर–भूमिका, महाभारत आदि., पृ. 13

(ख) Moropant Pingley–Foreword, Search for the year of Bharat War, p.5

38. गुह्यं ब्रह्म तदिदं वो ब्रवीमि
न मानुषाच्छ्रेष्ठतरं हि किंचित्। शान्ति., 288/20

39. द्र., मोतीलाल शर्मा, सांस्कृतिक–व्याख्यानपंचक, पृ. 90

40. द्र., (क) वही, पृ. 92

(ख) राधाकृष्णनूपूर्व और पश्चिम्, पृ. 8

41. अतः परं शान्तिपर्व द्वादशं बुद्धिवर्धनम्।
शान्तिपर्वणि धर्माश्च व्याख्याताः शरतल्पिकाः।
राजाभिर्वेदितव्या ये सम्यङ्नयबुभुत्सुभिः।।
आपद्धर्माश्च तत्रैव कालहेतुप्रदर्शकाः।
यान्बुद्ध्वा पुरुषः सम्यक्सर्वज्ञत्वमवाप्नुयात्।
मोक्षधर्माश्च कथिता विचित्रा बहुविस्तराः।।
द्वाद्वशं पर्व निर्दिष्टमेतत्प्राज्ञजनप्रियम्। आदि., 2/196-199

42. टि., सातवलेकर संस्करण के अनुसार श्लोक संख्या 12866 है।
भण्डारकर संस्करण की श्लोक संख्या हरिवंश अनेजा के ग्रन्थ के आधार पर 13942 है।

43. (क) ध+अर्तिस्तुहूम्रिति' मनू, हलायुध कोश, पृ. 300

(ख) शब्दकल्पद्रुम, द्वितीयभाग, पृ. 786

44. (क) आप्टे–संस्कृत-हिन्दी कोश, पृ. 489

(ख) ज्ञान शब्द कोश, पृ. 379, 380

(ग) वसु, हिन्दी विश्वकोश, भाग 11, पृ. 100-129

(घ) हलायुध कोश, पृ. 370

(ङ) संस्कृत शब्दार्थ कौस्तुभ, पृ. 564

(च) वाचस्पत्यम्, पंचम भाग, पृ. 3850-3854

(छ) Monier Williams–Sanskrit-English Dictionary, p. 510

(ज) Encyclopedia of Religion and Ethics, Vol. 4, p. 702

(झ) K. Satchidananda Murty–Ethics and Values : A Hindu View in 'ब्रह्मविद्या' Golden Jubilee Vol. 1986, pp. 314-315.

45. (क) द्र., वसु, हिन्दी विश्वकोश, भाग 11, पृ. 100-129

(ख) Encyclopedia of Religion and Ethics, Vol. 6, p. 699

46. द्र., वसु, हिन्दी विश्वकोश, भाग 11, पृ. 100-129

47. अथातो धर्मजिज्ञासा। चोदनालक्षणोऽर्थो धर्मः।। जैमिनीय मीमांसा सूत्र, 1/1/1

48. द्र., बलदेव उपाध्याय, भारतीय दर्शन, पृ. 309

49. (क) अथातो धर्म व्याख्यास्यामः। यतोऽभ्युदयनिः श्रेयससिद्धि स धर्मः।
वैशेषिक सूत्र, 1/1/1, 2
मि. धर्मे मतिर्भवतु वः सततोत्थितानां
सह्येक एव परलोकगतस्य बन्धुः। बृहद्धर्मपुराण, 1/32

50. (क) बलदेव उपाध्याय–भारतीय दर्शन, पृ. 112

(ख) जीवाकाशधर्माधर्मपुद्गलास्तिकाय। सर्वदर्शन संग्रह, पृ. 149

51. द्र., बलदेव उपाध्याय–भारतीय दर्शन, पृ. 141, 142

52. (क) धार्मिको यत्र तत्तीर्थं स देशो निरुपद्रवः।
नाधर्में रमता बुद्धिर्यतो धर्मस्ततो जयः।।
पाति लोकानिमान् मूर्त्तेस्तस्मै धर्माय वै नमः।। बृहद्धर्मपुराण, 1/42, 43

(ख) स्वल्पमस्य धर्मस्य त्रायते महतो भयात्। गीता, 2/40, बृहद्धर्मपुराण, 1/47

(ग) द्र., चक्रवर्ती राजगोपालाचार्य–हिन्दी विश्वकोश, खण्ड 6, पृ. 167, 168

(घ) सत्यपाल गुप्त–'धार्मिक-नैतिक शिक्षा', विश्व-ज्योति, अप्रैल-मई, 1987, नयी राष्ट्रीय शिक्षा नीति अंक 1

53. (क) J.P. Atreya–'Religion and Culture', Darshana International, Vol. VII., No. 1-4, 1967] p.p I-IV

(ख) The History of Religion consists of two prominent elements, religious ideas and acts. Dogma and rituals are not religion. They are only its necessary menifestations.
P.N. Mullick, The Mahabharata, As it was is and Ever shall be, p. 287

54. (क) द्र., Dharma is always there, scriptures only express it. It is eternal, it is what unifies and sustains humanity. It results in happiness here and thereafter.
K. Satchidanand Murty–Ethics and Values : A Hindu View in Brahma Vidya, Golden Jubilee, Vol. 1986, pp. 314-315

(ख) Dharma is essentially neither retualistic not theistic but numanistic. It is the real Indian concept of Dharma. It is also the true Manava Dharma (The Religion of Man) because it preserves mankind, and leads man to the realisation of the higher ideals of his life.
Dr. Satya Pal Verma–The Indian Concept of Dharma in Research Journal Vol. IX June, 1975, Kurukshetra Univ., Kurukshetra.

55. द्र., काणे, धर्मशास्त्र का इतिहास, प्रथम भाग, पृ. 3
56. (क) द्र., वही
(ख) द्र., घाटे द्वारा ऋग्वेद पर व्याख्यान, पृ. 102-136
57. द्र., दयानन्द भार्गव–'धर्म' शब्द का अर्थ, दार्शनिक त्रैमासिक, V 15, 1969, पृ. 33-38
58. (क) देवताओं का यह विभाजन यास्कीय निरुक्त के अनुसार किया गया है।
तिस्र एवं देवता इति नैरुक्ताः। अग्नि पृथिवीस्थानः
वायुर्वेन्द्रोवान्तरिक्ष स्थानः। सूर्यो द्युस्थानः। निरुक्त, 7/2/1
(ख) द्र., सूर्यकान्त–वैदिक देवशास्त्र, पृ. 37
59. द्र., घाटे द्वारा ऋग्वेद पर व्याख्यान, पृ. 103, 104
(ख) द्र., एन.एन. दासगुप्त–भारतीय दर्शन का इतिहास, भाग 1, पृ. 26-27
60. (क) इन्द्रं मित्रं वरुणमग्निमाहुरथो दिव्यः स सुपर्णो गरुत्मान्।
एक सद्विप्रा बहुधा वदन्त्यग्निं यमं मातरिश्वानमाहुः।। ऋक्, 1/60/46
(ख) द्र., घाटे–ऋग्वेद पर व्याख्यान, पृ. 134
(ग) द्र., मैक्डानेल–संस्कृत साहित्य का इतिहास, वैदिक युग, पृ. 58
(घ) द्र., दिनकर–संस्कृति के चार अध्याय, पृ. 87
61. यज्ञेन यज्ञमयजन्त देवास्तानि धर्माणि प्रथमान्यासन्। ऋक्., 1/164/50/10/90/16
62. निरुक्त, द्वादश अ., पृ. 577
63. (क) काणे–धर्मशास्त्र का इतिहास, प्रथम भाग, पृ. 3
(ख) द्र., दिनकर–संस्कृति के चार अध्याय पृ. 83, 90
64. त्रीणि पदा विचक्रमे विष्णुर्गोपा अदूभ्यः।
अतो धर्माणि धारयन्।। ऋक्, 1/22/18, अथर्व., 7/26/5
65. द्र., वासुदेवशरण अग्रवाल–'नमो धर्माय महते', कल्याण, धर्मांक, पृ. 89
66. (क) द्र., घाटे–ऋग्वेद पर व्याख्यान पृ. 121
(ख) ऋतस्य गोपावधि तिष्ठतो रथं सत्यधर्म्माणा परमे व्योमनि। ऋक्., 5/63/1
(ग) धर्मणा मित्रावरुणा विपश्चिता व्रता रक्षेथे असुरस्य मायया। ऋक्., 5/67/7
(घ) द्र., राधाकृष्णन्–पूर्व और पश्चिम, पृ. 20

67. ऋक्., 7/104/12
68. राधाकृष्णन्—पूर्व और पश्चिम, पृ. 20
69. द्र., ऋग्वेदादिभाष्यभूमिका, पृ. 92-99
70. (क) ओजश्च तेजश्च सहश्च बलं च वाक् चेन्द्रियं च श्रीश्च धर्मश्च। अथर्व. 12/5/7
    (ख) ऋवेदादि भाष्य भूमिका, पृ. 102, 103
    (ग) विद्यानन्द विदेह—'धर्म के लक्षण', कल्याण, धर्मांक, पृ. 40, 41
71. घाटे—ऋग्वेद पर व्याख्यान, पृ. 103
72. (क) साक्षात्कृतधर्माण ऋषयो बभूवुः। निरुक्त, 1/20
    (ख) द्र., घाटे—ऋग्वेद पर व्याख्यान, पृ. 18
73. द्र., काणे—धर्मशास्त्र का इतिहास, प्रथम भाग, पृ. 4
74. द्र., मैक्डानेल—संस्कृत साहित्य का इतिहास, प्रथम भाग (वैदिक युग), पृ. 188
75. (क) द्र., दिनकर—संस्कृति के चार अध्याय, पृ. 84
    (ख) समिध्यमानः प्रथमो नु धर्मः।। तै. ब्रा., 1/2/1/10
76. यज्ञेन यज्ञमयजन्त देवाः। कामप्रं यज्ञमकुर्वत, तेऽमृतत्वमकामयन्त।
    तेऽमृतत्वमगच्छन्। योऽश्वमेधेन यजते। देवानामैवायनेनेति।।
    प्राजापत्येनैय यज्ञेन यजते कामप्रेण। अपुनर्मारमेव गच्छति।
    तै.ब्रा., 3/9/22/81, 82 भट्टभास्कर भाष्य, पृ. 154, 155
77. एष वै दीर्घो नाम यज्ञः। दीर्घायुषो ह वै तत्र मनुष्या भवन्ति। वही, 3/9/19/72
78. सत्यं तपो नाम। तै. ब्रा., 3/10/6/10
79. धर्मो वा अधिपतिः। वही, 3/9/16/60
80. पंच वा एते महायज्ञाः सतति प्रतायन्ते सतति सन्तिष्ठन्ते।
    देवयज्ञः पितृयज्ञो भूतयज्ञो मनुष्ययज्ञो ब्रह्मयज्ञ इति-इति। तै.आ., 2/10
81. वही, 2/10 सायण भाष्य, पृ. 143-144
82. यत्स्वाध्यायमधीयीतैकामप्यृंचं यजुः साम
    वा तद्ब्रह्वयज्ञः सन्तिष्ठते—इति। वही, 2/10
83. द्र., एस.एन. दासगुप्त—भारतीय दर्शन का इतिहास, पृ. 27
84. द्र., सीताराम ओंकारनाथ—'धर्म', कल्याण, धर्मांक, पृ. 21,22
85. हिरण्मयेन पात्रेण सत्यस्यापिहितं मुखम्।
    तत्त्वं पूषन्नपावृणु सत्यधर्माय दृष्टये।। ईश., 15
86. देवेरत्रपि विचिकित्सितं पुरा
    न हि सुज्ञेयमणुरेष धर्मः।। कठ., 1/1/21
87. तै.उ., 1/11/1
88. स नैव व्यभवत् तच्छ्रेयो रूपमत्यसृजत धर्मं...। बृहद. उ., 1/4/14
89. स धर्मः सत्यं वै तत्तस्मात्सत्यं वदन्तमाहुर्धर्मं वदतीति धर्मं
    वा वदन्तं सत्यं वदतीत्येतद् ध्येवैतदुभयं भवति। बृहद. उ., 1/4/14

90. द्र., बृहद. उ., 1/4/14, शांकरभाष्य, पृ. 293

91. असतो मा सद्गमय। तमसो मा ज्योतिर्गमय मृत्योर्माऽमृतं गमयेति। बृहद. उ., 1/3/28

92. सत्यमेव जयति (जयते) नानृतं
सत्येन पन्था विहतो देवयानः।
येनाक्रमन्त्यृषयो ह्याप्तकामा
यत्र तत् सत्यस्य परमं निधानम्।। मुण्डक., 3/1/6

93. द्र., काणे, धर्मशास्त्र का इतिहास, प्रथम भाग, पृ. 104

94. (क) अथ यत्तपो दानमार्जवमहिंसा सत्यवचनमिति ता अस्यदक्षिणाः। छान्द., 3/17/4
(ख) त्रयो धर्मस्कन्धा यज्ञेऽध्ययनं दानमिति प्रथमस्तप एवं द्वितीयो
ब्रह्मचार्याचार्य कुलवासी तृतीयो—वही, 2/23

95. धर्मो विश्वस्य जगतः प्रतिष्ठा लोके धर्मिष्ठं प्रजा उपसर्पन्ति धर्मेण
पापमपनुदन्ति धर्म सर्वं प्रतिष्ठितं तस्माद्धर्मं परमं वदन्ति। महानारायण., 22/1

96. द्र., मैक्डानेल—संस्कृत साहित्य का इतिहास, वैदिक युग, पृ. 202

97. द्र., दिनकर—संस्कृति के चार अध्याय, पृ. 85, 91

98. द्र., काणे, धर्मशास्त्र का इतिहास, प्रथम भाग, पृ. 9

99. (क) वेदो धर्ममूलम्। गौ. धर्म., 1/1/1
(ख) उपदिष्टो धर्मः प्रतिवेदम्। बौ. धर्म, 1/1/1/1
(ग) वेदाश्च।। आप. धर्म, 1/3

100. स्मार्तो द्वितीयः। बौ. धर्म, 1/1/1/1/3

101. तृतीयः शिष्टागमः।। वही, 1/1/1/4

102. धर्मेणऽधिगतो येषां वेदस्सपरिबृंहणः।
शिष्टस्तदनुमानज्ञाः श्रुतिप्रत्यक्षहेतवः।। बौ. धर्म., 1/1/1/6

103. (क) धर्मो हि परमो लोके धर्मे सत्यं प्रतिष्ठितम्।
धर्मसंश्रितमप्येतत् पितुर्वचनमुत्तमम्।। वा. राम., 2/21/4
(ख) धर्मो हि परमा गतिः। वही, 7/3/10

104. धर्मज्ञः सत्यसंधश्च प्रजानां च हिते रतः।
यशस्वी ज्ञानसम्पन्नः शुचिर्वश्यः समाधिमान्।। वही, 1/1/12

105. वा. राम., 1/1/13

106. वही, 2/37/19

107. वही, 5/90/69

108. वही, 2/28/9

109. वही, 2/37/14

110. वही, 3/30/13

111. (क) सत्यमेकपदं ब्रह्म सत्ये धर्मः प्रतिष्ठितः।
सत्यमेवाक्षया वेदाः सत्येनावाप्यते परम्।। वा. राम. 2/14/7
(ख) सत्यमेवाक्षरो लोके सत्ये धर्मः सदाश्रितः।
सत्यमूलानि सर्वाणि सत्यान्नास्ति परं पदम्।। वही, 2/109/13

112. (क) रामायणं वेद समं। वा. राम., 7/111/4
(ख) हृदयेष्ववतिष्ठन्ते वेदा ये नः परं धनम्। वही, 2/45/15

113. धारणाद्धर्म इत्याहुधर्मेण विघृताः प्रजाः।
यत्स्याद्धारणसंयुक्तं स धर्म इति निश्चयः।। शान्ति., 110/11

114. (क) प्रभावार्थाय भूतानां धर्मप्रवचनं कृतम्।
यत्स्यादहिंसा संयुक्तं स धर्म इति निश्चयः।
(ख) प्रभवार्थं हि भूतानां धर्मः सृष्टः स्वयंभुवा।
तस्मात्प्रभवर्धयेद्धर्मं प्रजानुग्रहकारणात।।
तस्माद्धि राजशानदल धर्मः श्रेष्ठः इति स्मृतः।। वही, 91/16, 17

115. धर्मे वर्धति वर्धन्ति सर्वभूतानि सर्वदा।
तस्मिन्ह्रसति हीयन्ते तस्माद्धर्मं प्रवर्धयेत्।। शान्ति., 91/14

116. धनात्स्रवति धर्मो हि धारणाद्वेति निश्चयः।
अकार्याणां मनुष्येन्द्र स सीमान्तकरः स्मृतः।। वही, 91/15

117. अदत्तस्यानुपादानं दानमध्ययनं तपः।
अहिंसा सत्यमक्रोधः क्षमेज्या धर्मलक्षणम्।। वही, 37/7
तु., सत्यं दया तथा शान्तिरहिंसा चेति कीर्तिताः।
धर्मस्यावयवास्तात चत्वारः पूर्णतां गताः।। बृहद् धर्मपुराणम्, 1/44

118. समः सर्वेषु भूतेषु ब्रह्मणमभिवर्तते।
नैवेच्छति न चानिच्छो यात्रामात्रव्यवस्थितः।।
अलोलुपोऽव्यथो दान्तो न कृती न निराकृतिः।
नास्येन्द्रिमनेकाग्रं नातिक्षिप्तमनोरथः।
अहिंस्रः सर्वभूतानामीदृक्सांख्यो विमुच्यते।। शान्ति., 228/35, 36

119. शान्ति., 24/4-10

120. शुभेन विधिना लब्धमर्हाय प्रतिपादयेत्।
क्रोधमुत्सृज्य दत्त्वा च नानुतप्येन्न कीर्तयेत्।। वही, 297/13

121. वही, 11/18

122. दत्त्वातिथिभ्यो देवेभ्यः पितृभ्यः स्वजनस्य च।
अवशिष्टानि येऽश्नन्ति तानाहुर्विघसाशिनः।। वही, 11/24

123. (क) शान्ति., 185/4
(ख) दानं भूताभयस्याहुः सर्वदानेभ्यः उत्तमम्। वही, 254/33

124. न दाद्याद्यशसे दानं न भयान्नोपकारिणे। वही, 254/33

125. (क) अश्रोत्रिये मृतं दानं ब्राह्मणे ब्रह्मवादिनि।। वही, 37/31
(ख) वही, 37/25, 38
(ग) दाता नापात्रवर्षी। वही, 71/4

126. शान्ति., 85/7

127. अभिगम्य दत्तं तुष्टया यद्धन्यमाहुरभिष्टुतम्।
याचितेन तु यद्दतं तदाहुर्मध्यमं बुधाः।।
अवज्ञया दीयते यत्तथैवाश्रद्धयापि च।
तदाहुरधर्मं दानं मुनयः सत्यवादिनः।। शान्ति., 282/18, 19

128. दानं तु द्विविधं प्राहुः परत्रर्थमिहैव च।
सद्भ्यो यद्दीयते किंचित्तत्परत्रोपतिष्ठति।।
असत्सु दीयते यत्तु तद्दानमिह भुज्यते।
यादृशं दीयते दानं तादृशं फलमाप्यते।। वही, 184/3, 4

129. (क) दातव्यमिति यद्दानं दीयतेऽनुपकारिणे।
देश काले च पात्रे च तद्दानं सात्त्विकं स्मृतम्। गीता, 17/20
(ख) वही, 17/21, 22

130. (क) स्वाध्याये शान्तिरुत्तमा। शान्ति., 184/2
(ख) नास्ति विद्यासमं चक्षुर्नास्ति विद्यासमं बलम्। वही, 169/33
(ग) नास्ति विद्यासमं चक्षुर्नास्ति विद्यासमं तपः। वही, 316/6

131. विद्या शौर्यं च दाक्ष्यं च बलं धैर्यं च पंचकम्।
मित्राणि सहजान्याहुर्वर्तयन्तीह यैर्बुधाः।। वही, 137, 81

132. (क) नित्यं स्वाध्यायशीलाश्च दुर्गाण्यतितरन्ति ते। वही, 111/4
(ख) वेदाध्ययननित्यत्वं क्षमाथाचार्यपूजनम्।
तथोपाध्यायश श्रूषा ब्रह्माश्रमपदं भवेत्।। वही, 66/10

133. (क) वही, 81/10
(ख) अप्रामाण्यं च वेदानां शास्त्राणां चातिलङ्घनम्।
अव्यवस्था च सर्वत्र तद्वैनाशमात्मनः।। वही, 80/18

134. शान्ति., 128/9

135. यो हि वेदे च शास्त्रे च ग्रन्थधारणतत्परः।
न च ग्रन्थार्थतत्त्वज्ञस्तस्य तद्धारणं वृथा।। वही, 293/24

136. (क) यज्ञो दानं दया वेदाः सत्यं च पृथिवीपते।
पंचेतानि पवित्राणि षष्ठं सुचरितं तपः।। वही, 148/6

137. (क) सर्वमेतत्तपोमूलं कवयः परिचक्षते।
प्रजापतिरिदं सर्वं तपसेवासृजत्प्रभुः।
तथैव वेदानृषयस्तपसा प्रतिपेदिरे।। शान्ति., 155/1, 2

(ख) वही, 224/55

(ग) मि., तपसः तत् महिना अजायत एकम्। ऋक्. 10/129/3

(घ) मि., सोऽकामयत बहुः स्यां प्रजायेयेति स तपोऽतप्यत स
तपस्तप्वेदं सर्वमसृजत यदिदं किंच। तै. आ., 8/6

138. शान्ति., 155/3-5

139. रजस्तमोघ्नं यत्कर्म तपस्तत्स्वलक्षणम्।। वही, 210/16

140. (क) आहारनियमेनास्य पाप्मा नश्यति राजसः।। वही, 210/18
(ख) मि., युक्ताहार विहारस्य युक्तचेष्टस्य कर्मसु।
युक्त स्वप्नावबोधस्य योगो भवति दुखहा।। गीता, 6/17

141. आनृशंस्यं परो धर्मो। वही, 220/109

142. अद्रोहेणैव भूतानां यो धर्मः सः सतां मतः।। वही, 21/10

143. अद्रोहः सत्यवचनं संविभागो धृतिः क्षमा।
प्रजनः स्वेषु दारेषु मार्दवं हीरचापलम्।।
धनं धर्मप्रधानेष्टं मनुः स्वायंभुवोऽब्रवीत्। वही, 21/11, 12

144. (क) ये पापानि न कुर्वन्ति कर्मणा मनसा गिरा।
निक्षिप्तदण्डा भूतेषु दुर्गाण्यतितरन्ति ते।। वही, 111/9
(ख) यदा न कुरुते धीरः सर्वभूतेषु पापकम्।
कर्मणा मनसा वाचा ब्रह्म संपद्यते तदा।। वही, 168/44
(ग) न हिंसयति यः प्राणान्मनोवा क्कायहेतुभिः।
जीवितार्थापनयनैः कर्मभिर्न स बध्यते।। वही, 169/25

145. (क) द्र., हुकुम चन्द पटयाल, वेदों में अहिंसा, ऋतम् (RTAM)
Bhartiya Sanskrit Parisad, V. VIII, July 1976, Jan. 77, No. I & III, p. 39-49

146. शान्ति., 194 18, 21

147. अहिंसा सत्यवचनं सर्वभूतेषु चार्जवम्।
क्षमा चैवाप्रमादश्च यस्यैते स सुखी भवेत्।। वही, 208/6

148. शान्ति., 288/9-10

149. ब्राह्मणस्त्रिषु कालेषु शस्त्रं गृह्णन्न दुष्यति।
आत्मत्राणे वर्णदोषे दुर्गस्य नियमेषु च।। वही, 79/33

150. शठः स्वधर्ममुत्सृज्य तमिच्छेदुपजीवितुम्।
सर्वोपायैर्निहन्तव्यः पापो निकृतिजीवनः।।
तथागतं च वो हन्यान्नासौ पापेन लिप्यते।। वही, 110/20, 24

151. अद्रोहेणैव भूतानामल्पद्रोहेण वा पुनः।
या वृत्तिः स परो धर्मस्तेन जीवामि जाजले।। शान्ति., 254/6

152. अहिंसैव हि सर्वेभ्यो धर्मेभ्यो ज्यायसी मता।। वही, 257/6

153. सत्यं चैवानृतं चोभे लोकानावृत्य तिष्ठतः।
सत्यानृते विनिश्चित्य ततो भवति धर्मवित्।। वही, 110/2, 6

154. (क) सत्यं सत्सु सदा धर्मः सत्यं धर्मः सनातनः।
सत्यमेव नमस्येत सत्यं हि परमा गतिः।। वही, 156/4
(ख) वही, 110/4, 156/24
(ग) अश्वमेध सहस्रं च सत्यं च तुलया धृतम्।
अश्वमेधसहस्राद्धि सत्यमेवातिरिच्यते।। वही, 156/26

155. वही, 156/5

156. (क) तत्र यत्सत्यं स धर्मो यो धर्मः स प्रकाशो यः प्रकाशस्तत्सुखमिति।
तत्र यदनृतंऽसोऽधर्मो योऽधर्मस्तत्तमो यत्तमस्तद्दुः खमिति। वही, 183/5
(ख) तु.–Satya (truth) is a complex concept in Indian thought. As an ethical categary, it is in traditioanl Hinduism equivalent to Dharma, the performance of duties common to all me, as well as, those pertaining to one's Varna (Caste) and Ashrama (stage of life)...
Marvyn C.D.' Souza–'Religious Traditions and Truth' Journal of Dharma, Vol. VI, No. 4, Oct.-Dec. 1981, p. 365-383

157. सत्येन धार्यते लोकः स्वर्गं सत्येन गच्छति।। शान्ति., 183/1

158. सत्यं नामाव्ययं नित्यमविकारि तथैव च। शान्ति., 156/10

159. सत्यं त्रयोदशविधं सर्वलोकेषु भारत।
सत्यं च समता चैव दमश्चैव न संशयः।
आमत्सर्यं क्षमा चैव ह्स्तितिक्षानसूयता।
त्यागो ध्यानथार्यत्वं धृतिश्च सततं स्थिरा।
अहिंसा चैव राजेन्द्र सत्याकारस्त्रयोदश।। वही, 156/7-9

160. द्र., Mervyan C.D., Souza, 'Religious Traditions and Truth', Journal of Dharma, Vol. VI, No. 4, Oct.-Dec. 1981, p. 365-383

161. वेदस्योपनिषत्सत्यं सत्यस्योपनिषद्दमः।। शान्ति., 243/10, 288/13

162. (क) सत्यस्य वचनं श्रेयः सत्यादपि हितं भवेत्।
यद्भूतहितमत्यन्तमेतत्सत्यं मतं मम।। वही, 316/13
(ख) प्रियं ब्रूयात्.......वही, 71/4

163. वही, अ., 85

164. वही, 208/9, 10

165. प्राणात्यये विवाहे च वक्तव्यमनृतं भवेत्।
अर्थस्य रक्षणार्थाय परेषां धर्मकारणात्।। शान्ति., 110/18

166. वही, 110/13-16

167. योगदोषान्समुच्छिद्य पंच यान्कवयो विदुः।
कामं क्रोधं च लोभं च भयं स्वप्नं च पंचमम्।। वही, 232/4

168. (क) वही, 246/1, 2
मि., गीता 2/62, 63

169. लोभात्क्रोधः प्रभवति परदोषैरुदीर्यते।
क्षमया तिष्ठते राजश्रीमांश्च विनिवर्तते।। शान्ति., 157/7

170. शान्ति., 112/20

171. आनृशंस्यं क्षमा शान्तिरहिंसा सत्यमार्जवम्।
अद्रोहो नाभिमानश्च हीस्तितिक्षा शमस्तथा।।
पन्थानो ब्रह्मणस्त्वेते एतैः प्राप्नोति यत्परम्। शान्ति., 262/37, 38

172. वही, 288/12

173. आनृशंस्यं परो धर्मः क्षमा च परमं बलम्। वही, 316/12

174. वही, अ., 154

175. शान्ति., 256/14, 15

176. पुत्रस्यापि न मृष्येच्च स राज्ञो धर्म उच्यते।। वही, 92/31

177. तस्मात्क्षमेत बालाय जडाय बधिराय च।
बलाधिकाय राजेन्द्र तदृष्टं त्वयि शत्रुहन्।। शान्ति. 151/31

178. एक एव दमे दोषो द्वितीयो नोपपद्यते।
यदेनं क्षमया युक्तमशक्तं मन्यते जनः।। वही, 154/34

179. वही, 8/34, 36 12, 25

180. वही, 12/26, 25/7

181. (क) स्वाध्याययज्ञा ऋषयो ज्ञानयज्ञास्तथापरे।
अथापरे महायज्ञान्मनसैव वितन्वते।। वही, 12/23
(ख) तस्मात्पार्थ महायज्ञैर्यजस्व बहुदक्षिणैः।
स्वाध्याययज्ञा ऋषयो ज्ञानयज्ञास्तथापरे।। वही, 20/5

182. (क) अतो हि सर्ववर्णानां श्रद्धायज्ञो विधीयते।
दैवतं हि महच्छ्रद्धा पवित्रं यजतां च यत्।। वही, 60/39
(ख) तस्मात्सर्वेषु वर्णेषु श्रद्धायज्ञो विधीयते।। वही, 660/43
तु., अश्रद्धया हुतं दत्तं तपस्तप्तं कृतं च यत्।
असदित्युच्यते पार्थ न च तत्प्रेत्य नो इह।। गीता, 17/28

183. शान्तियज्ञरतो दान्तो ब्रह्मयज्ञे स्थितो मुनिः।
वाङ्मनः कर्मयज्ञश्च भविष्याम्युदगायते।। शान्ति, 169/30
अर्थ के लिए द्रष्टव्य पारडी संस्करण।

184. आरम्भयज्ञाः क्षत्रस्य हविर्यज्ञा विशस्तथा।
परिचारयज्ञाः शूद्रास्तु तपोयज्ञा द्विजातयः।। शान्ति, 224/61 तथा 230/21

185. वही, 237/27

186. (क) असृजद्धि प्रजा राजन्प्रजापतिरकल्मषः।
मां यक्ष्यन्तीति शान्तात्मा यज्ञैर्विविधदक्षिणैः।। वही, 12/19, 20
(ख) मि., सहयज्ञा प्रजाः सृष्टवा पुरोवाच प्रजापतिः।
अनेन प्रसविष्यध्यमेष वोऽस्त्विष्टकामधुक्।। गीता, 3/10

187. शान्ति., 21/11

188. वही, 11/5
मि., यज्ञशिष्टाशिनः सन्तो मुच्यन्ते सर्वकिल्बिषैः।
भुंजते ते त्वघं पापा ये पचन्त्यात्मकारणात्।। गीता, 3/13

189. तस्माद्यष्टव्यमित्याहुः पुरुषेणानसूयता।।
श्रद्धापवित्रमाश्रित्य यथाशक्तिं प्रयच्छता।। शान्ति., 60/52

190. यो वै न देवान्न पितॄन्न मर्त्यान्हविषार्चति।
आनन्तिकां तां धनितामाहुर्वेदविदो जनाः।। वही, 134/5

191. (क) पंच वा एते महायज्ञाः सततिप्रतायन्ते सतति संतिष्ठन्ते।
देवयज्ञः पितृयज्ञो भूतयज्ञो मनुष्ययज्ञो ब्रह्मयज्ञ इति।। तै.आ., 2/10
(ख) देवपितृमनुष्यभूतिर्विपूजकः।। गौ. धर्म, 1/5/3
(ग) अथेमे पंच महायज्ञा—देवयज्ञः पितृयज्ञो भूतयज्ञो मनुष्ययज्ञो ब्रह्मयज्ञ इति। बौ.धर्म., 2/6/11/1

192. शान्ति., 73/21/22

193. कृत्स्नस्तु मन्त्रो विधिवंत्प्रयुक्तो
यज्ञा यथोक्तस्त्वथ दक्षिणाश्च।
अन्नप्रदानं मनसः समाधिः
पंचात्मकं कर्मफलं वदन्ति।। वही, 194/15
तु., विधिहीनमसृष्टान्नं मन्त्रहीनमदक्षिणम्।
श्रद्धाविरहितं यज्ञं तामसं परिचक्षते।। गीता, 17/13

194. अव्यवस्थितमर्यादैर्विमूढैर्नास्तिकैर्नरैः।
संशयात्मभिरव्यक्तैर्हिंसा समनुकीर्तिता।। शान्ति., 257/4

195. (क) कामान्मोहाच्च लोभाच्च लौल्यमेतत्प्रवर्तितम्।
विष्णुमेवाभिजानन्ति सर्वयज्ञेषु ब्राह्मणाः।
पायसैः सुमनोभिश्च तस्यापि यजनं स्मृतम्।। शान्ति., 257/10
(ख) अहिंसा सकलो धर्मो हिंसा यज्ञेऽसमाहिता।। वही, 264/19
मि. पत्रं पुष्पं फलं तोयं यो मे भक्त्या प्रयच्छति।
तदहं भक्त्युपहृतमश्नामि प्रयतात्मनः।। गीता, 9/26
(ग) द्र., महाभारत-मीमांसा, पृ. 462

196. धृतिः क्षमा दमोऽस्तेयं शौचमिन्द्रियनिग्रहः।
धीर्विद्या सत्यमक्रोधो दशकं धर्मलक्षणम्।। मनु., 6/92

197. अभयं सत्त्वसंशुद्धिर्ज्ञानयोगव्यवस्थितिः।
दानं दमश्च यज्ञश्च स्वाध्यायस्तप आर्जवम्।।
अहिंसा सत्यमक्रोधस्त्यागः शान्तिरपैशुनम्।
दया भूतेष्वलोलुप्त्वं मार्दवं ह्रीरचापलम्।।
तेजः क्षमाधृतिः शौचमद्रोहो नातिमानिता।
भवन्ति संपदं दैवीमभिजातस्य भारत।। गीता, 16/1-3

198. दैवी संपद्विमोक्षायनिबन्धायासुरी मता। वही, 16/4

199. (क) आचारमेव मन्यन्ते गरीयो धर्मलक्षणम्। शान्ति., 130/15
(ख) धर्मस्य निष्ठा स्वाचारः। वही, 251/6
(ग) महाभारत-मीमांसा, पृ. 463

200. शान्ति., अ. 124

201. धर्मः सत्यं तथा वृत्तं बलं चैव तथा ह्यहम्।
शील मूला महाप्राज्ञ सदा नास्त्यत्र संशयः।। शान्ति., 124/60

202. अद्रोहः सर्वभूतेषु कर्मणा मनसा गिरा।
अनुग्रहश्च दानं च शीलमेतत्प्रशस्यते।। शान्ति., 124/64

203. वही, 124/65, 66

204. शान्ति., 124।

205. न तत्परेषु कुर्वीत जानन्नप्रियमात्मनः। वही, 251/19

206. (क) कर्मभूमिरियं लोक—शान्ति., 185/19
(ख) यथा सृष्टोऽसि कौन्तेय धात्रा कर्मसु तत्कुरु।। वही, 27/32

207. शान्ति., 23/12
मि., कर्मणैव हि संसिद्धिमास्थिता जनकादयः। गीता, 3/20

208. (क) स्वधर्मं चर धर्मज्ञ यथाशास्त्रं यथाविधि। शान्ति., 23/3
(ख) तस्मात्स्वधर्ममास्थाय सुव्रताः सत्यवादिनः।
लोकस्य गुरवो भूत्वा ते भवन्त्यनुपस्कृताः।। वही, 11/25

209. शान्ति., अ. 11

210. (क) देवान्कर्मपथि स्थितान्। वही, 12/3
(ख) मि., देवा वै दुष्करं कृत्वा विभूतिं परमां गताः। वही, 11/20

211. कर्मणा व्यज्यते धर्मो। वही, 65/10

212. द्र., Dr. Bhupendra Nath, Religion and Social Change. 'The Vedic Path' Vol. XI, V, No. 3, 1982

213. शान्ति., अ. 245

214. शान्ति. 321/28, 30

215. नारायणं नमस्कृत्य नरं चैव नरोत्तमम्।
देवीं सरस्वती चैव ततोजयमुदीरयेत्।। महाभारत, मंगल श्लोक

216. नूनमेकान्त धर्मोऽयं श्रेष्ठो नारायणप्रियः। शान्ति., 336/4

217. मनीषिणो हि ये केचिद्यतयो मोक्षकाङ्क्षिणः।
तेषां वै छिन्नतृष्णानां योगक्षेमवहो हरिः।। वही, 336/67
मि., अनन्याश्चिन्तयन्तो मां ये जना पर्युपासते।
तेषां नित्याभियुक्तानां योगक्षेमं वहाम्यहम्।। गीता., 9/22

218. राजोपरिचरो नाम बभूवाधिपतिर्भुवः।
आखण्डलसखः ख्यातो भक्तो नारायणं हरिम्।। शान्ति., 322/17

219. टि., नारद द्वारा भगवान् नारायण की 200 नामों से की गयी स्तुति का भी वर्णन शान्तिपर्व अ. 325 में मिलता है।

220. शान्ति., 330/12, 13

221. द्र., सत्यकेतु विद्यालंकार–प्राचीन भारतीय इतिहास का वैदिक युग, पृ. 302-303

222. ये यजन्ति पितृन्देवान्गुरुश्चैवातिर्थीस्तथा।
गाश्चैव द्विजमुख्यांश्च पृथिवीं मातरं तथा।
कर्मणा मनसा वाचा विष्णुमेव यजन्ति ते।।
अन्तर्गतः स भगवान्सर्वसत्त्वशरीरगः। शान्ति., 333/24, 25

223. शान्ति., 1/2, 8, 148/11

224. (क) तीर्थानां हृदयं तीर्थ शुचीनां हृदयं शुचि। वही, 186/17
(ख) सर्वा नद्यः सरस्वत्यः सर्वे पुण्याः शिलोच्चयाः।
जाजले तीर्थमात्मैव मा स्म देशातिथिर्भव।। वही, 255/39

225. (क) य एव धर्मः सोऽधर्मोऽदेशेऽकाले प्रतिष्ठितः।
अदानमनृतं हिंसा धर्मो व्यावस्थिकः स्मृतः। शान्ति., 37/8
(ख) स एव धर्मः यो धर्मस्तं तं प्रतिनरं भवेत्।
पात्रकर्मविशेषेण देशकालाववेक्ष्य च। वही, 297/16

226. वही, अ. 139

227. Each religion is a living organisation of doctrine, worship and practice, has an uniqueness and individuality of its own and changes as a whole in response to the needs of the age. S. Radhakrishnan–The Spirit of Religion, p. 31.

228. तपः परं कृतयुगे त्रेताया ज्ञानमुत्तमम्।
द्वापरे यज्ञमेवाहुर्दानमेव कलौ युगे।। शान्ति., 224/27

229. यथा विश्वानि भूतानि वृष्ट्यो भूयांसि प्रावृषि।
सृज्यन्ते जंगमस्थानि तथा धर्मा युगे युगे। शान्ति., 224/69

230. (क) वेदो धर्ममूलम् तद्विदां च स्मृतिशीले। गौ. धर्म., 1/1/1, 2
(ख) श्रुति स्मृति विहितो धर्मः। वसिष्ठ धर्म., 1/4/6
(ग) वेदोऽखिचालो धर्ममूलम्। मनु., 2/6
(घ) वेदः स्मृति सदाचारः स्वस्य च प्रियमात्मना। मनु., 2/12

231. सदाचारः स्मृतिर्वेदास्त्रिविधं धर्मलक्षणम्। शान्ति., 251/3

232. हृदयेनाभ्यनुज्ञातो यो धर्मस्तं व्यवस्यति।। वही, 130/18

233. वेद प्रमाणविहितं तं धर्मं प्रब्रवीमि ते।। वही, 35/18

234. वेदवादापविद्धांस्तु तान्विद्धि भृशनास्तिकान्। शान्ति., 12/4

235. न हि वेदोक्तमुत्सृज्य विप्रः सर्वेषु कर्मसु।
देवयानेन नाकस्य पृष्ठमाप्नोति भारत। वही, 12/5

236. (क) श्रुतिधर्म इति ह्येके नेत्याहुरपरे जनाः।
न तु तत्प्रत्यसूयामो न हि सर्वं विधीयते।। वही, 110/12
(ख) काणे–धर्मशास्त्र का इतिहास, भाग प्रथम, पृ. 5, 7

237. द्र., रामदास गौड़, हिन्दुत्व, पृ. 449

238. द्र., घाटे, ऋग्वेद पर व्याख्यान, पृ. 19

239. धर्मो ह्यणीयान्वचनाद्बुद्धेश्च भरतर्षभ। शान्ति., 128/9

240. दश वा वेदशास्त्रज्ञास्त्रयो व धर्मपाठकाः।
यद्ब्रूयूः कार्य उत्पन्ने स धर्मो धर्मसंशये।। वही, 37/15
मि., तद्भावे दशावरा परिषत्।। बौ. धर्म. 1/1/7

241. (क) पन्था निषेवितः सद्भिः स निषेव्यो विजानता। शान्ति., 13/8
(ख) शिष्टाचारश्च शिष्टश्च धर्मो धर्मभृतां वर।
सेवितव्यो नरव्याघ्र प्रेत्य चेह सुखार्थिना।। वही, 36/44

242. वही, 152/20-32

243. वही, 38/7, 16

244. धर्मस्य निष्ठा स्वाचारस्तमेवाश्रित्य भोत्स्ये।। वही, 251/6

245. द्र., आप. धर्म. 2/11/13 उज्ज्वला वृत्ति

246. (क) सर्वतः सत्कृतः सद्भिर्भूति प्रथवकारणेः।
हृदयेनाभ्यनुज्ञातो यो धर्मस्तं तं व्यवस्यति।। वही, 130/18
(ख) विद्वद्भिः सेवितः यद्भिर्नित्यमद्वेषरागिभिः।
हृदयोनाभ्यनुज्ञातो यो धर्मस्तं निबोधत।। मनु., 2/1
वेदोऽखिलो धर्ममूलं स्मृतिशीले च तद्विदाम्।
आचारश्चैव साधूनामात्मनस्तुष्टिरेव च।। वही, 2/6

247. शान्ति., 254/51, 52

248. (क) शान्ति., 37/9, 192/39, 210/3-5

(ख) द्वाविमावथ पन्थानौ यत्र वेदाः प्रतिष्ठिताः।

प्रवृत्ति लक्षणो धर्मो निवृत्तौ च सुभाषितः।। शान्ति, 233/6

(ग) वही, 335/2

249. प्रवृत्ति लक्षणं धर्मं प्रजापतिरथाब्रवीत्। वही, 210/4

250. (क) प्रवृत्ति लक्षणं धर्मं प्रजापतिरथाब्रवीत्। शान्ति., 210/4

(ख) प्रवृत्ति लक्षणं धर्मं मृषिनारायणयोऽब्रवीत्।।

अत्रैवावस्थितं सर्वं त्रैलोक्यं सचराचरम्। वही, 210/2, 3

251. प्रवृत्तिः पुनरावृत्तिर्निवृत्तिः परमा गतिः।। वही, 210/4

252. शान्ति., 285/24

253. वही, 60/2, 8

254. वही, 156/4

255. द्र., शान्ति., 285/19, 20, 22

256. (क) निवृत्तिलक्षणो धर्मस्तथानान्त्याय कल्पते। शान्ति. 199/15

(ख) निवृत्तिः परमा गतिः। वही, 210/4

मि., अभ्युदय चाहने वाले कर्ममार्ग की ओर तथा निःश्रेयस् चाहने वाले ज्ञानमार्ग की ओर झुकते हैं।

द्र., एस.एन. दासगुप्त, भारतीय दर्शन का इतिहास, पृ. 32

257. शान्ति., 222/2

258. (क) शान्ति., 233/7, 11

(ख) मरण जन्मनि प्रोक्तं जन्म वै मरणाश्रितम्।

अविद्वान्मोक्षधर्मेषु बद्धौ भ्रमति चक्रवत्।। वही, 287/19

259. (क) मनोवाक्कर्मके धर्मे कुरु श्रद्धां समाहितः।

निवृत्तो च प्रवृतै वा संप्रधार्य गुणागुणान्।। शान्ति., 297/11

(ख) धर्मद्वयं हि यो वेद स सर्वः सर्वधर्मविद्। वही, 229/21

द्वितीय अध्याय

वर्ण-विवेचन

"अक्रोधः सत्यवचनं संविभागः क्षमा तथा।
प्रजनः स्वेषु दारेषु शौचमद्रोह मेव च।।
आर्जवं भृत्यभरणं नवैते सार्ववर्णिकाः।"

शान्ति., 60/7,8

वर्ण-व्यवस्था हिन्दू-धर्म और हिन्दू समाज की एक ऐसी विशेषता है जिसका वर्णन अन्य किसी देश में नहीं मिलता। अन्य देशों में समाज का विभाजन मिलता है किन्तु उस विभाजन का ऐसा धार्मिक तथा सांस्कृतिक आधार नहीं है, जैसा कि हिन्दू समाज की परम्परा में रहा है। भारतवर्ष में कुछ विशेष परिस्थितियों तथा विशेष कारणों से वर्ण-विभाजन एक अत्यन्त सूक्ष्म, जटिल एवं कठोर व्यवस्था के रूप में स्थापित हो गया।[1] प्राचीन काल से वर्ण-व्यवस्था भारतीय सामाजिक जीवन को अनेक प्रकार से प्रभावित करती आयी है। प्रश्न होता है कि 'वर्ण' एवं 'वर्ण-धर्म' से क्या अभिप्राय है? धर्मशास्त्रों में 'वर्ण' शब्द का प्रयोग किन अर्थों में हुआ है तथा वर्णोत्पत्ति विषयक विभिन्न आधार कौन-कौन से हैं?

2.1 'वर्ण' एवं 'वर्ण-धर्म' से अभिप्राय

संस्कृत साहित्य में 'वर्ण' शब्द शुक्लादि रंग, ब्राह्मण-क्षत्रियादि वर्ण, शोभा, अक्षर, व्रत, गीतक्रम, वेष आदि विविध अर्थों में प्रयुक्त हुआ है।[2] व्याकरण की दृष्टि से 'वर्ण' शब्द 'वृ' संवरणे तथा आच्छादने, वृञ् वरणे तथा आवरणे एवं 'वर्ण' प्रेरणे तथा वर्णने धातुओं से निष्पन्न होता है।[3] इनके अतिरिक्त सम्भजनार्थक 'वृङ्' प्रीणनार्थक वृण' तथा ईप्सार्थक 'वर' धातुओं से भी वर्ण शब्द की निष्पति मानी गयी है।[4] तात्पर्य यह है कि 'वर्ण' शब्द विभिन्न स्थलों पर आच्छादित करना, चुनना, आवृत करना, प्रेरित करना, वर्णन करना, रंजित करना, विस्तारण, गुण-कथन अथवा स्तुति आदि

अर्थों का द्योतक रहा है।[5] प्रस्तुत अध्ययन में इसका मुख्य अर्थ ब्राह्मण, क्षत्रिय, वैश्य, शूद्र—इन चार वर्णों से है तथा वर्ण-धर्म से तात्पर्य है—उनके विशिष्ट कर्त्तव्य-कर्म।

वैदिक वाङ्मय में 'वर्ण' शब्द का प्रयोग सर्वप्रथम ऋग्वेद[6] में मिलता है, जिसमें इसका अर्थ 'रंग', 'रूप' एवं 'प्रकाश' किया गया है।[7] तत्पश्चात् तैत्तिरीय-ब्राह्मण में वर्णित है कि ब्राह्मण दैवी वर्ण हैं और शूद्र असुर्य-वर्ण।[8] इससे स्पष्ट होता है कि ऋग्वैदिक काल में 'वर्ण' शब्द उस प्रकार से वर्ण व्यवस्था के अर्थ में प्रयुक्त नहीं होता था जिस अर्थ में परवर्ती काल में किया जाने लगा,[9] लेकिन इतिहासकारों ने एक यह भी विचार प्रकट किया है कि उस समय भी आर्य एवं अनार्य (दास, दस्यु) नामक दो वर्ग अवश्य थे जो रंग, गुण तथा स्वभाव के कारण परस्पर विरोधी थे।[10] आर्यों में यज्ञ की प्रधानता थी और इन्द्र इनके प्रमुख देवता थे जबकि अनार्यों को अव्रत[11] (देवों को न मानने वाले), अक्रतु, अयज्ञान[12] (यज्ञ न करने वाले) और अनिन्द्र[13] (इन्द्र को न मानने वाले) कहा गया है।

शान्तिपर्व में भी 'वर्ण' शब्द अनेकशः आया है लेकिन यहाँ इसका प्रयोग ब्राह्मणदि चारों वर्णों एवं उनसे सम्बन्धित गुण-कर्म तथा रंग के अर्थ में मिलता है। ब्राह्मणों का रंग 'श्वेत', क्षत्रियों का 'लाल', वैश्यों का 'पीत' तथा शूद्रों का 'कृष्ण माना गया है।[14] वर्णों के इन चार रंगों का सम्बन्ध उनके गुण स्वभाव एवं कर्म से है। 'श्वेत' वर्ण स्वच्छ होने के कारण प्रकाश स्वरूप एवं शम-दमादि स्वभाव वाले सत्त्वगुण का प्रतीक है। 'रक्त' वर्ण प्रवृत्ति स्वरूप रजोगुण का प्रतीक है जिसके कारण शौर्य—तेजादि स्वभाव दृष्टिगत होते हैं। 'पीत' वर्ण रजस् और तमस् का मिश्रण होते हुए कृषि आदि हीन कर्मों का प्रवर्तक कहा गया है तथा 'असित'—कृष्ण' वर्ण आवरण स्वरूप वाले तमोगुण का प्रतीक है जो स्वयं प्रकाशन एवं प्रवर्तन से रहित होता हुआ शकटवत् दूसरों से प्रेरित होता है। इन्हीं भिन्न-भिन्न गुण और स्वभावों के कारण रक्त वर्ण क्षत्रिय का, पीत वर्ण वैश्य का तथा कृष्ण वर्ण शूद्र का माना गया है।[15] अतः शान्तिपर्व में 'वर्ण' शब्द ब्राह्मणादि चारों वर्णों तथा उनमें स्थित सत्त्वादि विशिष्ट गुणों एवं श्वेतादि रंगों के अर्थ में प्रयुक्त हुआ है।

2.2 वर्णोत्पत्ति सम्बन्धी विभिन्न आधार

संस्कृत वाङ्मय में वर्णों की उत्पत्ति से सम्बन्धित विभिन्न आधार एवं धारणाएँ उपलब्ध होती हैं यथा—वर्णों की पुरुष या ब्रह्मा के विभिन्न अवयवों से उत्पत्ति, मन्त्रों से उत्पत्ति यज्ञ से अथवा यज्ञ के लिए उत्पत्ति तथा गुण-कर्म के आधार पर उत्पत्ति।

संस्कृत वाङ्मय का सर्व प्राचीन ग्रन्थ ऋग्वेद में ब्राह्मण, राजन्य, वैश्य एवं शूद्र का उल्लेख पुरुष-सूक्त में मिलता है किन्तु उनके साथ 'वर्ण' शब्द का प्रयोग नहीं है। यहाँ इन चारों को 'विराट् पुरुष' के मुख, बाहू, ऊरू एवं पाद के रूप में स्वीकार किया गया है।[16]

ऐसा प्रतीत होता है कि ऋग्वेद में समाज को एक विराट् पुरुष का रूप देते हुए ब्राह्मणदि चारों वर्णों को उसके भिन्न-भिन्न अंग स्वीकार किया गया है। जिस प्रकार आधुनिक समाजशास्त्री मानव समाज को एक जीवित शरीर मानते हैं।[17] तैत्तिरीय-संहिता में भी इसी मत की पुष्टि होती है कि प्रजापति ने इच्छा की कि मैं सन्तान की सृष्टि करूँ तथा उसने अपने विभिन्न अवयवों से विभिन्न वर्णों की सृष्टि की।[18] शतपथ-ब्राह्मण में भी हमें प्रजापति से लोकों की सृष्टि का प्रसंग मिलता है।[19]

मन्त्रों से वर्णों की उत्पत्ति हुई—यह विचार भी दैवी उत्पत्ति सम्बन्धी धारणा पर ही आधारित है। जैसा कि शतपथ-ब्राह्मण में कहा गया है—'भूः' कहकर प्रजापति ने 'ब्राह्मण' को उत्पन्न किया, 'भुवः' कहकर 'क्षत्र' को तथा 'स्वः' कहकर उसने 'विशः' को उत्पन्न किया। सम्पूर्ण विश्व इतना ही है जितने में ब्राह्मण, क्षत्रिय और विश हैं।[20] इसी मत का समर्थन तैत्तिरीय-ब्राह्मण में भी मिलता है।[21]

वैदिक-संहिताओं में प्रतिपादित वर्णों की दैवी-उत्पत्ति के विचार का ही समर्थन मनुस्मृति[22], पुराण[23] एवं वाल्मीकि रामायण[24] में भी यत्किंचिद् अभिव्यक्ति भेद से प्राप्त होता है।

वर्णोत्पत्ति का द्वितीय आधार गुण-कर्म स्वीकार किया गया है जिसका अभिप्राय है कि सत्त्व, रजस् और तमस् तीनों गुणों में से किसी एक का आधिक्य होने पर जैसे कर्म प्राणी द्वारा किये जायेंगे, तदनुसार उसे ब्राह्मणदि वर्ण की प्राप्ति होगी। मनुस्मृति में कहा गया है कि जिस मनुष्य में जिस गुण की प्रधानता रहती है, उसकी आत्मा उसी गुण से युक्त हो जाती है। उसके अनुसार ज्ञान सत् का, अज्ञान तम का तथा राग-द्वेष रजोगुण का लक्षण है।[25] विष्णु-पुराण में भी इसी मत का समर्थन है कि सत्यसंकल्प ब्रह्मा ने सत्त्वगुण-प्रधान ब्राह्मण को मुख से, रजोगुण प्रधान-क्षत्रिय को वक्ष से, रजोगुण-तमोगुण प्रधान वैश्य को जंघा से तथा तमोगुण-प्रधान शूद्रों को पैरों से उत्पन्न किया।[26] इन्हीं गुणों को आधार मानकर यह भी प्रतिपादित है कि ब्रह्मा ने यज्ञों के अनुष्ठान के लिए ही यज्ञ के उत्तम साधन रूप चातुर्वर्ण्य की रचना की। यज्ञ से तृप्त होकर देवता जल बरसा कर प्रजा को तृप्त करते हैं।[27] भगवद्गीता से भी इसी तथ्य की पुष्टि होती है।[28] यज्ञ के अतिरिक्त गुण कर्म के आधार पर चातुर्वर्ण्य की सृष्टि का भी यहाँ उल्लेख मिलता है।[29]

उपरोक्त विवेचन के आधार पर यह निष्कर्ष निकाला जा सकता है कि प्राचीन काल में वर्णों की उत्पत्ति विराट् पुरुष—ब्रह्मा या प्रजापति के विभिन्न अवयवों से मानी जाती थी। चारों वर्णों की उत्पत्ति यज्ञ से अथवा यज्ञ के लिए पुरुष ने की इसका तात्पर्य विचारणीय है। सम्भवतः पुरुष ने जो विश्व का सृजन रूप यज्ञ किया, उसकी व्यवस्था के लिए ही चारों वर्णों के विभाजन की आवश्यकता पड़ी और यही

'यज्ञ से यज्ञ के लिए सृजन' माना जा सकता है। गुण-कर्म के आधार पर चारों वर्णों का सृजन ब्रह्मा ने किया, यह द्वितीय मत माना जा सकता है। तात्पर्य यह कि सत्त्व, रजस् और तमस् तीनों गुणों के आधार पर जिस प्रकार के कर्म किसी प्राणी ने किये उसी के अनुरूप ब्राह्मण, क्षत्रिय, वैश्य तथा शूद्र में से कोई एक वर्ण उसको प्राप्त हुआ।

शान्तिपर्व में भी वर्णोत्पत्ति सम्बन्धी विभिन्न धारणाएँ उपलब्ध होती हैं

प्रथम धारणा के अनुसार वर्णात्मक् पुरुष के विभिन्न अंगों का आश्रय लेकर चारों वर्णों का प्रकटीकरण हुआ। भीष्मपितामह ने श्रीकृष्ण के धर्मात्मक, वेदात्मक, यज्ञात्मक, स्तोत्रात्मक, अक्षरात्मक, ज्ञेयात्मक आदि विभिन्न ईश्वर रूपों के साथ-साथ 'वर्णात्मक्' स्वरूप की भी वन्दना की है—'उस वर्णात्मक् पुरुष को हमारा प्रणाम है कि ब्राह्मण जिसके मुख, क्षत्रिय जिसकी दोनों भुजाओं, वैश्य जिसके उरूस्थलों तथा शूद्र जिसके दोनों चरणों के आश्रय से प्रकट होकर स्थित हैं।[30] इस धारणा का सम्बन्ध दैवी उत्पत्ति पर आधारित कहा जा सकता है।

द्वितीय धारणा के अनुसार **एक मात्र ब्रह्मा (प्रजापति) से जिस वर्ण की उत्पत्ति हुई उसमें कोई भेदभाव नहीं था** अर्थात क्षत्रियादि विभिन्न वर्ण नहीं थे। यह सब जगत् ब्रह्मा से उत्पन्न होने के कारण ब्राह्म (ब्राह्मण) कहलाया, किन्तु बाद में कर्मों की विभिन्नता के कारण वही एक वर्ण विविध वर्णता को प्राप्त हुआ।[31] अन्यत्र भी कहा गया कि प्रजापति ब्रह्मा ने अपने तेज से सूर्य और अग्नि के समान कान्तिमान् ब्राह्मणों को ही उत्पन्न किया था।[32] ब्राह्मणों से ही बाद में इतर तीन वर्णों की सृष्टि हुई है।[33] अतः ब्रह्मा द्वारा सर्वप्रथम ब्राह्मण की रचना हुई तदनन्तर क्षत्रिय, वैश्य व शूद्र—तथा अन्य सब प्राणी समूह का अपने-अपने गुण-कर्म के अनुसार सृजन हुआ। जो जन अपने ब्राह्मणोचित धर्म को त्याग कर कामभोग में अनुरक्त, तीक्ष्णस्वभाव वाले, क्रोधी तथा साहसी हो गये और इसी कारण रजो गुण के प्राधान्य से रक्त वर्ण (रंग) वाले हो गये वे ब्राह्मण ही क्षत्रियत्व को प्राप्त हुए।[34] जो ब्राह्मण स्वधर्म त्याग कर गो-पालन तथा कृषि-कर्म से जीविका निर्वाह करने लगे तथा पीत वर्ण वाले हो गये, वे ही वैश्यत्व को प्राप्त हुए।[35] इसी प्रकार जो ब्राह्मण सब प्रकार की पवित्रता व सदाचार से भ्रष्ट हो गये, हिंसा, मिथ्या कर्म एवं लोभ में रत होकर सब प्रकार के निन्द्य कर्मों से जीविका चलाने लगे वे कृष्ण वर्ण वाले शूद्र कहलाये।[36] अतः सारी सृष्टि प्रजापति ब्रह्मा द्वारा निर्मित होने से ब्राह्मण, तदनन्तर भिन्न-भिन्न गुण-स्वभाव तथा कर्म के आधार पर क्षत्रिय आदि वर्ण-भेद को प्राप्त हुई।[37]

तृतीय धारणा के अनुसार ब्रह्म या प्रजापति के विभिन्न अवयवों से सर्वप्रथम तीन वर्णों की उत्पत्ति हुई। मुख से ब्राह्मण, भुजाओं से क्षत्रिय तथा ऊरू से वैश्य उत्पन्न हुए तदनन्तर इन तीनों वर्णों की सेवा के निमित्त चतुर्थ वर्ण शूद्र भी उनके चरणों

से उत्पन्न हुआ।[38] इस धारणा का सम्बन्ध दैवी-उत्पत्ति से है किन्तु प्रथम धारणा से इसका अन्तर यह है कि वहाँ मूलतः एक ही वर्ण था, गुण-कर्म के कारण वह विभिन्नता को प्राप्त हुआ किन्तु यहाँ ब्रह्मा या प्रजापति ने प्रारम्भ में तीन वर्णों की ही सृष्टि की, तदनन्तर आवश्यकता अनुभव होने पर चतुर्थ वर्ण भी बना दिया गया।

यज्ञ-सम्बन्धी चतुर्थ धारणा भी शान्तिपर्व में उपलब्ध होती है। पापरहित धर्मात्मा शान्तात्मा प्रजापति ने इस अभिप्राय से प्रजा को उत्पन्न किया कि वे नाना भाँति की दक्षिणाओं से युक्त होकर यज्ञ द्वारा प्रजापति की पूजा-अर्चना करेंगे।[39] अर्थात विश्व के सम्पूर्ण मनुष्यों को प्रजापति ने यज्ञ करने के लिए उत्पन्न किया। गीता में भी देवों तथा मनुष्यों को परस्पर आदान-प्रदान एवं तुष्टि का साधन यज्ञ को ही माना गया है।[40] शान्तिपर्व में प्रतिपादित है कि विधाता ने यज्ञ के लिए ही धन, लता, वृक्ष, औषधि आदि सम्पूर्ण सामग्री को तथा पुरुष को उस धन की रक्षा एवं यज्ञादिक कर्म के अनुष्ठान के लिए उत्पन्न किया है।[41] इसीलिए सभी वर्णों के लिए यज्ञ रूपी धर्म का निर्देश किया गया है।

उपरोक्त विविध धारणाओं के विश्लेषण से यह ज्ञात होता है कि ब्रह्मा, प्रजापति या वर्णात्मक् पुरुष वस्तुतः समाज पुरुष के ही विभिन्न नाम हैं, जिसमें उत्पन्न जीव मूलतः समान थे किन्तु बाद में अपने-अपने गुणों, कर्मों एवं स्वभाव के कारण विभिन्न वर्णता को प्राप्त हो गये। मूलतः वर्ण-व्यवस्था गुण-कर्म पर ही आधारित थी,[42] किन्तु समय के साथ-साथ वह रूढ़ि होती चली गयी और आनुवांशिक मानी जाने लगी। इसी से जाति तथा उपजातियों का सृजन हुआ अतः यहाँ वर्ण और जाति के भेद को स्पष्ट करना भी अनुपयुक्त न होगा।

2.3 'वर्ण' एवं 'जाति'

आधुनिक युग में सामान्यतः 'वर्ण' एवं 'जाति' को समानार्थक समझा जाता है किन्तु दोनों शब्दों के अर्थ में मौलिक भिन्नता है। 'वर्ण' शब्द का सीधा सम्बन्ध 'वरण' करने अथवा चुनने से है जबकि 'जाति' शब्द का सम्बन्ध व्युत्पत्ति की दृष्टि से 'जन्म' अथवा 'उत्पत्ति' से है। 'वर्ण' का आधार सत्त्वादि गुणों अथवा मनुष्य के स्वभाव के आधार पर कर्त्तव्य-कर्मों का चुनाव एवं तदनुकूल वृत्ति निर्धारण करना है।[43] अर्थात् 'वर्ण' के अन्तर्गत मनुष्य गुण-कर्म और स्वभाव के अनुसार समाज में अपनी वृत्ति का चुनाव करता है, आवश्यक नहीं कि वह अपनी वंशानुवृत्ति को ही अपनाये। प्राचीन काल में भारतवर्ष का मानव इसी आधार पर चार वर्णों—ब्राह्मण, क्षत्रिय, वैश्य और शूद्र में विभक्त था। ब्राह्मण वर्ण—बौद्धिक कार्य करने वाला, क्षत्रिय—सैनिक तथा प्रशासकीय कार्य करनेवाला, वैश्य—उत्पादन में लगा हुआ सामान्य प्रजावर्ग तथा शूद्र श्रमिक वर्ग था।[44]

इसके विपरीत जाति-व्यवस्था जन्म एवं आनुवंशिकता पर बल देती है तथा मनुष्य को, उसकी सम्बन्धित जाति के विशिष्ट कर्त्तव्य-कर्मों को न करने पर भी, उसे उस जाति के विशेषाधिकार प्रदान करती है।[45] अब प्रश्न यह है कि 'जाति' की उत्पत्ति कैसे हुई? ऐसा प्रतीत होता है कि वर्ण-व्यवस्था ही कालक्रमानुसार जाति-व्यवस्था में परिवर्तित हो गयी। जब एक वर्ण के पुरुष ने दूसरे वर्ण की स्त्री से सम्बन्ध सथापित किया तो उस वर्णसंकरता से जातियाँ अस्तित्व में आयीं जिनसे बाद में अनेक उपजातियाँ भी उत्पन्न हुईं। इसी कारण वर्ण केवल चार तथा जातियाँ, उपजातियाँ असंख्य हैं।[46] यह तथ्य शान्तिपर्व में भी मिलता है। महाबली कर्ण अपनी सूत जाति का परिचय देते हुए महर्षि परशुराम को बताते हैं–'ब्राह्मण और क्षत्रिय के मेल से सूत जाति की उत्पत्ति हुई है, उसी सूत जाति में उत्पन्न हुआ तुम मुझको जानो।[47] इससे स्पष्ट होता है। सूत जाति ब्राह्मण और क्षत्रिय के मेल का परिणाम है। शान्तिपर्व में एक अन्य स्थल पर इसी वर्ण और जाति के अन्तर को स्पष्ट किया गया है–ब्राह्मणादि का जन्म प्रजापति ब्रह्मा से हुआ अतः वे सब 'वर्ण' कहलाये, इनके अतिरिक्त जो सभी दूसरी जातियाँ हैं वे इन्हीं चार वर्णों के संकर या मेल से उत्पन्न हुई हैं। इसी कारण उन्हें वर्णसंकर कहा गया है।[48]

महाभारत में एक स्थल पर 'जाति' शब्द का प्रयोग मनुष्यमात्र के अर्थ में भी किया गया है। नहुषोपाख्यान में युधिष्ठिर नहुष को स्पष्टतः कहते हैं कि यहाँ 'जाति' शब्द का प्रयोग सामान्य मानव के लिए किया गया है क्योंकि सभी वर्णों का इतना रांकर (मिश्रण) हो चुका है कि किसी व्यक्ति के मूल वर्ण की परीक्षा करना कठिन है। सभी वर्णों के पुरुष सभी वर्णों की स्त्रियों के साथ सन्तान उत्पन्न करते रहे हैं। इसलिए तत्त्वदर्शी पुरुषों ने 'शील' को ही प्रधान माना है 'जाति' को नहीं।[49]

अतः कहा जा सकता है कि गुण-कर्म एवं आचरण के आधार पर बनी वर्ण-व्यवस्था जन्म एवं अनुवंश के आधार पर बनी जाति-व्यवस्था से भिन्न है। 'वर्ण' सैद्धान्तिक अथवा वैचारिक संस्था है जबकि 'जाति' का आधार जन्म अथवा प्रजाति है। 'वर्ण' समाज का संयोजक तत्त्व है जबकि 'जाति' समाज को विघटित करने वाली है।

2.4 वैदिक-वाङ्मय एवं वाल्मीकि रामायण में चातुर्वर्ण्य धर्म

(क) ब्राह्मण-वर्ण धर्म

ब्राह्मण शब्द से तात्पर्य–वैदिक संहिताओं में ब्रह्मन् एवं ब्राह्मण शब्द का प्रयोग मिलता है किन्तु यह किसी जाति के अर्थ में प्रयुक्त नहीं हुआ है।[50] यहाँ ब्रह्मन् शब्द ही अधिक उपलब्ध होता है जिसका अर्थ है–'प्रार्थना' या 'स्तुति।[51] अथर्ववेद में ब्रह्म

शब्द ब्राह्मण वर्ग के अर्थ में भी मिलता है।[52] 'ब्रह्म' शब्द का क्रमशः ब्राह्मणों के लिए प्रयुक्त हो जाना स्वभाविक ही है क्योंकि ब्राह्मण ही स्तुतियों एवं प्रार्थनाओं के प्रणेता माने गये हैं। ऋग्वेद में 'ब्रह्म' एवं 'क्षत्र' शब्द क्रमशः 'स्तुति' तथा 'शक्ति' के अर्थ में भी प्रयुक्त हुए हैं। कहीं-कहीं ये शब्द क्रम से ब्राह्मणों एवं क्षत्रिय के लिए भी मिलते हैं।[53]

वैदिक कोश के अनुसार 'ब्राह्मण' शब्द का अर्थ है—'ब्रह्मन्' नामक पुरोहित का वंशज, जो अर्थ ऋग्वेद में कुछ ही बार मिलता है। यह शब्द अथर्ववेद और उसके परवर्ती ग्रन्थों में 'पुरोहित' के अर्थ में अत्यन्त प्रचलित हुआ।[54] ऋग्वेद के पुरुष सूक्त में यह चतुर्वर्ग में से प्रथम—ब्राह्मण वर्ग के लिए प्रयुक्त हुआ है।[55] यास्क के अनुसार होतृ, उद्गातृ, ब्रह्मन् और अध्वर्यु चार ऋत्विज् हैं तथा उनमें से ब्रह्मन् को सभी शास्त्रों का ज्ञान प्राप्त कर सर्वज्ञ होना चाहिए।[56]

अतः कहा जा सकता है कि ब्रह्मन् अथवा 'ब्राह्मण' शब्द मूल रूप में स्तुति एवं प्रार्थनाओं के लिए प्रयोग किया गया था जो बाद में उनके प्रणेता ऋषियों व कवियों के अर्थ में भी प्रयोग किया जाने लगा। इसके अतिरिक्त 'पुरुष' द्वारा निर्मित चतुर्वर्ग में से प्रथम वर्ण भी ब्राह्मण कहलाया। यज्ञ कराने वाले चार प्रकार के ऋत्विजों में से एक विशेष प्रकार के ऋत्विज् को भी ब्रह्मन् (ब्रह्मा) संज्ञा से पुकारा गया।

ब्राह्मण वर्ण-धर्म

उपरोक्त विवेचन के आधार पर यह कहा जा सकता है कि ब्राह्मण का सम्बन्ध ब्रह्म से है।[57] वेद में ब्राह्मण नाम से उन व्यक्तियों को सम्बोधित किया है जिनका जीवन ब्रह्म-प्राप्ति या सत्य की ही खोज में व्यतीत होता था। वहाँ उनके लिए मैत्री भाव से यज्ञ करने का उल्लेख मिलता है[58] **ब्राह्मण-ग्रन्थों** के अनुसार—ब्रह्म अर्थात वेद ही ब्राह्मण हैं। तात्पर्य यह है कि वहाँ वेदों की रक्षा करने वाले वेद का अध्ययन-अध्यापन कराने वाले को ही ब्राह्मण कहा गया है,[59] यहाँ उन्हें 'ब्रह्मवर्चसी' अर्थात ब्रह्म (वेद) के समान तेजसम्पन्न भी कहा गया है।[60] उसे 'आदायी' एवं 'आपायी' कहा गया है अर्थात् वह दान ग्रहण करने के अधिकारी हैं।[61] उसके विशेषाधिकारों में—अर्चा (आदर), दान, अज्येयता (किसी प्रकार से जिसे कष्ट न दिया जाये) तथा अवध्यता का उल्लेख मिलता है। उसके कर्तव्य-कर्म (धर्म) हैं—ब्राह्मण्य, प्रतिरूप चर्या तथा लो-कपक्ति। 'ब्राह्मण्य' का अभिप्राय है—आनुवंशिक पवित्रता अर्थात् ब्रह्म-भाव। 'प्रतिरूप-चर्या' का अर्थ है—ब्राह्मण जातिगत कर्त्तव्यों के प्रति निष्ठा एवं पवित्राचरण तथा 'लोक-पक्ति' से तात्पर्य है—जन-समाज को वेद-विद्या द्वारा शिक्षित करना।[62]

यज्ञ करना ब्राह्मण का मुख्य कर्त्तव्य कहा गया है।[63] यहाँ ब्राह्मणों के लिए गर्भाधान से लेकर व्रतचर्या पर्यन्त सभी संस्कारों का विधान मिलता है।[64]

ब्राह्मणों का उपयुक्त भोजन सोम होने के कारण उसे 'सोमप' कहा गया है।[65] सुरा व मांस-भक्षण उसके लिए वर्जित है।[66] इस प्रकार वेद व ब्राह्मण-ग्रन्थों के अनुशीलन से ज्ञात होता है कि वेदाध्ययन, अध्यापन, दान एवं प्रतिग्रह तथा यज्ञ करना ब्राह्मणों के प्रमुख धर्म थे।

सूत्र-ग्रन्थों में भी द्विजातियों[67] (ब्राह्मण, क्षत्रिय, वैश्य) के लिए अध्ययन, यज्ञ करना व दान देना सामान्य-धर्म तथा उनके अतिरिक्त प्रवचन, याजन व प्रतिग्रह को ब्राह्मण का विशिष्ट धर्म कहा है।[68] जो उसकी जीवन वृत्ति के सहायक कर्म हैं।[69] कहा गया है कि ब्रह्म ने वेदों के रक्षार्थ अपनी महिमा को ब्राह्मणों में इन षट्कर्मों द्वारा प्रतिष्ठित किया। षट्कर्मों के अतिरिक्त दायाद (धन को उत्तराधिकार रूप में प्राप्त करना) तथा शिल व उछंवृत्ति (खेतों से अन्न कणों को चुनना) को भी ब्राह्मण के लिए विहित माना गया है।[70] कभी-कभी परिस्थितियों के कारण व्यक्ति स्वधर्म के पालनमात्र से अपना जीवन-यापन नहीं कर पाता है, ऐसे संकट और विपत्ति के समय में उसके लिए वर्णेतर-कर्म की व्यवस्था की गयी है जिसे आपद्धर्म कहा गया है। सूत्र-ग्रन्थों में ब्राह्मण के इसी आपद्धर्म के विषय में कहा है कि ब्राह्मण अपनी वृत्ति के अभाव में क्षत्रिय वृत्ति से निर्वाह करे।[71] यदि क्षत्रियोचित कर्म द्वारा भी लाभ न हो तो वैश्य वृत्ति द्वारा जीवन निर्वाह करे[72] किन्तु जब उपरोक्त वृत्तियों से भी जीवन निर्वाह सम्भव न हो वह शूद्र कर्म के अतिरिक्त अन्य किसी भी कर्म से जीवन-यापन कर सकता है।[73] अर्थात् शूद्रवृत्ति ब्राह्मण के लिए सर्वथा निषिद्ध है, यहाँ तक कि आपदकाल में भी।

वाल्मीकि रामायण में भी सूत्र-ग्रन्थों के समान ब्राह्मण को चारों वर्णों में प्रमुख स्थान दिया गया है। यहाँ ब्राह्मण का लक्षण बताया है कि जो व्यक्ति ब्राह्मण माता-पिता से उत्पन्न हो अथवा वेदशास्त्रादि का ज्ञाता विद्वान हो, अथवा जो ब्राह्मणों के विहित कर्मों को करने वाला हो वही व्यक्ति ब्राह्मण कहा गया है।[74] यहाँ यह विशेषता दृष्टिगत होती है कि जन्म के साथ-साथ गुण-कर्म को भी ब्राह्मणत्व का आधार माना गया है। विश्वामित्र यद्यपि जन्म से क्षत्रिय थे तथापि उन्होंने ब्राह्मण विहित कर्म-तपस्या आदि द्वारा ब्राह्मणत्व को प्राप्त किया।[75] वाल्मीकि के अनुसार यज्ञ को ही ब्राह्मण-धर्म कहा गया है। इसीलिए ब्राह्मण को हवन-विधि का ज्ञाता, तपस्वी, बुद्धिमान्, विनय-सम्पन्न, बहुश्रुत, सरल-स्वभाव युक्त, शास्त्रोक्त धर्माचरण रत तथा परदोष अद्रष्टा होना चाहिए।[76] विभिन्न कर्मों के आधार पर ब्राह्मणों के विभिन्न वर्ग भी रामायण में दृष्टिगोचर होते हैं यथा नगरवासी ब्राह्मण, वनवासी ब्राह्मण, ब्रह्मवादी ब्राह्मण, शस्त्रोपजीवी ब्राह्मण आदि।[77]

(ख) क्षत्रिय-वर्ण-धर्म

'क्षत्रिय' शब्द से तात्पर्य—व्युत्पत्ति की दृष्टि से 'क्षत्रिय' शब्द 'क्षत्र' से 'घ' प्रत्यय लगाकर निष्पन्न होता है। क्षत्र का अर्थ है—अधिराज्य, शक्ति, प्रभुता, सामर्थ्य तथा क्षत्रिय का अर्थ है इन गुणों से सम्पन्न सैनिक अथवा क्षत्रिय जाति का पुरुष।[78] अमरकोश में क्षत्रिय के लिए 'मूर्धाभिषिक्त' (राज्याभिषेक का अधिकारी), राजन्य (राजा का पुत्र), बाहुजः (बाहू से उत्पन्न), विराट् (विशेष रूप से प्रकाशमान्) तथा क्षत्रिय इन नामों का उल्लेख मिलता है।[79] ऋग्वेद में प्रयुक्त क्षत्रिय शब्द 'क्षत्र' से उद्भूत तथा 'शक्ति' (ऐश्वर्य, बल, वीर्य) का परिचायक माना गया है।[80] वेदों में 'राजन्य' शब्द भी शासन करने वाले क्षत्रिय के अर्थ में आया है। पुरुष सूक्त में 'राजन्य' को विराट् पुरुष के भुजा के रूप में प्रतिष्ठित माना है।[81]

क्षत्रिय-वर्ण-धर्म

ऋग्वैदिक काल में क्षत्रिय तथा ब्राह्मण में कर्म सम्बन्धी कोई विशेष विभाजक रेखा दृष्टिगोचर नहीं होती। वहाँ ऋष्टिषेण के दो पुत्रों देवापि और शन्तनु का उल्लेख है जिनमें शन्तनु तो राजा बना तथा देवापि उसका पुरोहित हुआ।[82] विराट् पुरुष की भुजाओं से उत्पन्न होने का प्रतीकात्मक अर्थ है—भुजाएँ बल की द्योतक हैं इसलिए भुजाओं से उत्पन्न क्षत्रियों को राज्य की रक्षा करने के लिए शस्त्र धारण करना होता है।[83] दयानन्द सरस्वती के अनुसार पुरुष सूक्त के 'बाहू राजन्यः कृतः' मंत्रांश का अर्थ है—ईश्वर ने बल, पराक्रम आदि गुणों से युक्त क्षत्रिय वर्ण को उत्पन्न किया है।[84]

ब्राह्मण-ग्रन्थों के अनुसार युद्ध ही क्षत्रिय का बल कहा गया है।[85] साथ ही क्षत्रिय के युद्ध सम्बन्धी आयुधों का भी उल्लेख है कि घोड़ा, रथ, कवच, तीर और धनुष क्षत्रिय के शस्त्र हैं।[86] 'क्षत्र' (शक्ति) ही क्षत्रिय का वह विशेष गुण था जिसके द्वारा वह लोक में प्रभुत्व स्थापित कर सकता था।[87] तथापि ज्ञान के क्षेत्र में ब्रह्मविद् क्षत्रियों का भी उल्लेख शतपथ-ब्राह्मण एवं उपनिषदों[88] में मिलता है वे हैं—जनक, प्रवाहण जैवलि (जाबाल), अश्वपति कैकेय तथा अजातशत्रु। उपनिषदों के अनुसार 'ब्रह्म' जब पराक्रमयुक्त कर्म करने में असमर्थ रहे तो 'क्षत्र' अथवा क्षत्रिय की आवश्यकता अनुभव हुई तभी क्षत्रिय की रचना की गयी।[89] उपनिषद काल में क्षत्रियों का महत्त्व अपनी पराकाष्ठा पर पहुँच गया था। वे अपने शक्ति-कर्म के अतिरिक्त वेदाध्ययन के बल पर ब्राह्मणों से उच्च पद के अधिकारी हो गये थे। यद्यपि नियमानुसार विधाध्ययन के लिए क्षत्रिय ही ब्राह्मण के पास जाया करते थे, किन्तु उपनिषद् काल में इसके विपरीत उदाहरण भी मिलते हैं अर्थात् ब्राह्मण भी ज्ञान प्राप्ति के लिए क्षत्रिय के पास जा सकते थे।[90]

सूत्र-ग्रन्थों के अनुसार अध्ययन, यज्ञ करना, दान देना यह द्विजातियों के लिए समान रूप से विहित धर्म थे लेकिन क्षत्रिय के लिए इनके अतिरिक्त दण्ड और युद्ध करना उनके विशिष्ट कर्म कहे गये हैं।[91] ब्राह्मण के लिए विहित विशिष्ट धर्म—अध्यापन, याजन और दान लेना क्षत्रिय के लिए निषिद्ध माने गये हैं।

रामायण के अनुसार भी चारों वर्णों की रक्षा करना क्षत्रिय का मुख्य कर्त्तव्य कहा गया है।[92]

अतः कहा जा सकता है कि वैदिक वाङ्मय एवं वाल्मीकि रामायण में क्षत्रिय के लिए—दान देना, वेदाध्ययन एवं यज्ञ करना सामान्य धर्म तथा प्रजा का पालन करना, दण्ड धारण कर दुष्टों का संहार करना एवं पृथ्वी की रक्षा करना उसके विशिष्ट धर्म थे। क्षत्रिय शक्ति, शूरवीरता एवं रक्षा का प्रतीक थे अतः प्रजा की रक्षा-व्यवस्था उनका प्रमुख कर्त्तव्य था।

(ग) वैश्य-वर्ण-धर्म

'वैश्य' शब्द से तात्पर्य—व्याकरण की दृष्टि से वैश्य शब्द 'विश' से 'ष्यञ' प्रत्यय लगाकर निष्पन्न होता है जिसका अर्थ है तृतीय वर्ण का पुरुष, जिसका व्यवसाय व्यापार और कृषि है।[93] वैश्य के विभिन्न पर्याय मिलते हैं यथा ऊरव्य, ऊरज, अर्य, वैश्य, भृमिस्पृक् तथा विट्।[94] विराट् पुरुष के ऊरू से उत्पन्न मानने के कारण उसे ऊरव्य अथवा ऊरज कहा गया है।[95] मुख्य रूप से भूमि (कृषि) पर आश्रित होने के कारण ही सम्भवतः उसे 'भूमिस्पृक्' कहा गया है।[96] समाज में सम्मान भाजन होने के कारण उसे 'अर्य' (आर्य) कहा गया है।[97]

ऋग्वेद[98] में 'वैश्य' शब्द केवल पुरुष सूक्त में आया है जहाँ उसे विराट् पुरुष के ऊरू स्वरूप अथवा ऊरू माना गया है। यजुर्वेद[99] तथा अथर्ववेद[100] में भी 'वैश्य' शब्द का प्रयोग मिलता है। ऋग्वेद में 'विश्' शब्द अनेक बार आया है जिसका अभिप्राय है 'जन-दल' अर्थात सर्व-साधारण। अतः 'विश्' शब्द ऋग्वेद की सभी स्तुतियों में 'वैश्य' वर्ण का बोधक नहीं, प्रत्युत 'जन' या 'आर्य-जन' का द्योतक हैं।[101] अथर्ववेद[102] में भी वैश्यों के लिए 'आर्य' शब्द का प्रयोग मिलता है। ऐतरेय-ब्राह्मण के अनुसार 'विशः' का अर्थ है 'राष्ट्रिणी' अथवा 'देश'।[103] प्रस्तुत अध्ययन में 'वैश्य' शब्द तृतीय वर्ण के लिए प्रयोग किया गया है।

वैश्य-वर्ण-धर्म

वैदिक संहिताओं के अनुसार यज्ञ, पशु पालन, कृषि एवं व्यापार वैश्य के धर्म कहे गये हैं। पुरुष सूक्त के 'ऊरू तदस्य यद्वैश्य' के दयानन्द भाष्य के अनुसार कृषि, व्यापार एवं पशुपालन आदि मध्यम गुणों से युक्त जो वैश्य वर्ण हुआ उसको विराट्

पुरुष ने अपने ऊरू भाग से उत्पन्न किया।[104] तैत्तिरीय संहिता में भी इसी बात का संकेत मिलता है कि पशुओं की कामना करने वाले वैश्य पशुपालन और अन्नोत्पादन के साथ-साथ यज्ञ करने के अधिकारी भी थे।[105] एतेरेय ब्राह्मण[106] के अनुसार वैश्य को 'अन्यस्य बलिकृत्' एवं 'अन्यस्यद्य' कहा गया है अर्थात् वह करदाता तथा दूसरों का उपजीव्य था। ब्राह्मण-ग्रन्थों में प्रतिपादित है कि वैश्य की उत्पत्ति ऋक् से हुई,[107] अतः वह यज्ञ कर सकता था। पशुपालन उसका कर्म था। उसे कर भी देना पड़ता था तथा ब्राह्मणों एवं क्षत्रियों की आज्ञा का पालन भी करना होता था।[108] 'विश' (वैश्य) का विस्तार क्षत्रिय शासक के लिए राष्ट्र समृद्धि को देने वाला माना जाता था। तात्पर्य यह है कि ब्राह्मण, क्षत्रिय और वैश्य परस्पर के सेवा-भाव से राष्ट्रीय वृद्धि को प्राप्त करते थे।[109] सूत्र-ग्रन्थों में वैश्य की गणना द्विजातियों (ब्राह्मण, क्षत्रिय, वैश्य) में की गयी है अतः ब्राह्मण तथा क्षत्रिय की भाँति उसे उपनयन आदि संस्कारों का अधिकार भी था किन्तु तीनों वर्णों के उपनयन संस्कार की भिन्न-भिन्न अवस्था बताई गयी है। वैश्य बालकों के लिए 12 वर्ष की अवस्था का विधान मिलता है।[110]

रामायणकालीन समाज में वैश्य क्षत्रियों की आज्ञा का पालन करते थे।[111] समाज व देश की अर्थ-व्यवस्था का संचालन करना वैश्यों का धर्म था। इसी हेतु कृषि, पशुपालन (गोपालन) तथा व्यापार वैश्य के कर्त्तव्य-कर्म एवं आजीविका के साधन कहे गये हैं।[112] वैश्य कर भी प्रदान करते थे इसी कारण वे राजकीय संरक्षण के अधिकारी थे। वाणिज्य (व्यापार) अधिकांशतः वैश्य की आजीविका का प्रमुख साधन था इसलिए वे वणिक् कहलाते थे।[113] परन्तु उसके लिए मद्य, मांस, लोहे और चर्म का व्यापार करना वर्जित था।[114] द्विजों में गणना होने का कारण उसे भी वेदाध्ययन का अधिकार दिया गया था।[115]

(घ) शूद्र-वर्ण-धर्म

'शूद्र' शब्द से तात्पर्य–'शूद्र' शब्द 'शुच्' से 'रक्' प्रत्यय लगाकर निष्पन्न होता है जो चौथे वर्ण के पुरुष के लिए प्रयुक्त होता है। ब्राह्मणादि चार मुख्य वर्णों में से अन्तिम वर्ण के पुरुष को ही शूद्र कहा गया है।[116] अमरकोश में शूद्र के लिए अवरवर्ण, वृषल, जघन्यज तथा शूद्र ये चार पर्याय मिलते हैं।[117] वायु पुराण के अनुसार जो शोकाकुल होकर इधर-उधर दौड़ता है, निर्बल एवं निस्तेज है तथा परिचर्या में संलग्न है वही शूद्र है।[118] दीर्घ निकाय के अनुसार शूद्र नाम उसके क्षुद्र आचरण के कारण पड़ा।[119]

शूद्र शब्द का उल्लेख ऋग्वेद में केवल एक बार पुरुष सूक्त में मिलता है। जिसमें उसे विराट् पुरुष के पाद से उत्पन्न माना गया है।[120] इतिहासकारों ने यह स्वीकार किया है कि सम्भवतः ऋग्वेद काल में जो दो परस्पर विरोधी दल-आर्य एवं दस्यु थे वे दस्यु ही कालान्तर में शूद्र कहलाये।[121]

शूद्र-वर्ण-धर्म

ऋग्वैदिक समाज में शूद्र को सबसे निम्न स्थान प्राप्त था जैसा कि पुरुष सूक्त में मन्त्र से संकेत मिलता है। वहाँ उसको विराट् पुरुष के पाँव से उत्पन्न स्वीकार किया गया है।[122] शरीर के निम्न भाग में स्थित पादेन्द्रिय के समान शूद्र को भी मूर्खता आदि निम्न गुणों के कारण समाज में निम्न स्थान दिया गया है।[123] वैदिक काल में शूद्र को यज्ञ करने का अधिकार नहीं था वे केवल पालकी ढोने वाले सेवक थे।[124] तैत्तिरीय-संहिता[125] में स्पष्ट कहा गया है कि जैसे पशुओं में घोड़ा होता है वैसे मनुष्यों में शूद्र है अतः वह यज्ञ के योग्य नहीं है। किन्तु इतना होने पर भी तैत्तिरीय संहिता[126] से ही हमें यह भी ज्ञात होता है कि उस समय तक शूद्र समाज के एक आवश्यक अंग हो चुके थे और अन्य वर्णों के समान ही वे परमात्मा के परम प्रकाश को पाने के अधिकारी थे। दास होने पर भी यह वर्ण सामाजिक जीवन में अपना महत्त्व रखता था।

ब्राह्मण-ग्रन्थों में भी हमें शूद्रों के लगभग वही धर्म वर्णित मिलते हैं जो वैदिक संहिताओं में हैं। यहाँ भी उसे सेवक वृत्ति वाला तथा वेदाध्ययन एवं यज्ञ के अधिकारों से रहित माना गया है।[127] शतपथ ब्राह्मण[128] में उसे तप अर्थात् श्रम का पर्याय कहा गया है साथ ही 'तैत्तिरीय ब्राह्मण' में उसे असूर्य्य अर्थात अज्ञानता का प्रतीक भी घोषित किया है। अतः उस आधार पर हमें शूद्रों में श्रमपरायणता, सेवा वृत्ति किन्तु बुद्धिमान्द्य (अज्ञानता) का आभास होता है।

ब्राह्मण-ग्रन्थों में शूद्र को 'अन्यस्य प्रेष्य', 'पर-प्रेष्य', 'कामोत्थाप्य' एवं 'यथाकामवध्य' कहा गया है।[129] जिसका तात्पर्य है कि शूद्र दूसरों द्वारा अनुशासित थे, दूसरों के सेवक थे तथा स्वामी की इच्छानुसार निष्कासन एवं ताड़न के योग्य भी थे। शूद्रों से उनका स्वामी दिन रात में कभी भी स्वेच्छानुसार काम ले सकता था।[130] अतः कह सकते हैं कि भृत्यकर्म ही उनका प्रधान धर्म था।

उपरोक्त शूद्रधर्म के कुछ अपवाद भी मिलते हैं। कहीं-कहीं उनकी महती विद्वत्ता के उदाहरण उपलब्ध होते हैं। ऐतरेय-ब्राह्मण के कर्त्ता महर्षि ऐतरेय शूद्राभार्या इतरा के पुत्र थे। महर्षि रैक्व से प्राण व वायु का ज्ञान प्राप्त करने वाले जानश्रुति भी जन्मना शूद्र थे।[131]

सूत्रकालीन समाज में शूद्रों का स्थान अत्यन्त निम्न और हेय था। उसका मुख्य धर्म अपने से ऊँचे सभी वर्णों की सेवा-परिचर्या था।[132] उनके द्वारा त्यक्त पदत्राण, आतपत्र, वस्त्र, आसनादि को ही वह ग्रहण कर सकता था।[133] उसे उपनयन, वेदाध्ययन एवं यज्ञ का अनधिकारी घोषित कर द्विजातियों से भिन्न माना गया है।[134] शूद्र के समक्ष वेदपाठ निषिद्ध माना गया क्योंकि उसे श्मशान की भाँति अपवित्र समझा जाता था।[135] फिर भी शूद्र के लिए सत्य, अक्रोध एवं आचार की पवित्रता आवश्यक मानी गयी है।[136]

उसके लिए किसी प्रकार का संग्रह वर्जित था। स्वामी के धनहीन होने पर भी उसकी सेवा करना शूद्र का धर्म माना गया। यद्यपि द्विजाति की सेवा ही शूद्र का मुख्य धर्म कहा गया है तथापि चित्रकारी आदि शिल्पगत कर्मों से भी वह अपनी आजीविका चला सकता था,[137] व्यापार एवं अन्य स्वतन्त्र व्यवसाय भी उसके लिए वर्जित नहीं थे।[138]

वाल्मीकि रामायण में शूद्र के धर्मों से सम्बन्धित वही तथ्य उपलब्ध होते हैं जो ब्राह्मण एवं सूत्र ग्रन्थों में प्रतिपादित हैं अर्थात् तीन वर्णों की सेवा।[139] उनकी आज्ञापालन, यज्ञ, वेदाध्ययन और उपनयन का अनधिकार ही शूद्र के लिए निर्दिष्ट हैं। घोर तपस्या शूद्र के लिए वर्जित थी। इसका संकेत शम्बूक नामक शूद्र के प्रसंग में मिलता है।[140]

2.5 शान्तिपर्व में वर्ण-धर्म-विवेचन

मानव के वैयक्तिक एवं सामाजिक जीवन को सुव्यवस्थित बनाने के लिए जिस वर्ण-व्यवस्था का सूत्रपात एवं विस्तार श्रुति तथा उसके परवर्ती वाङ्मय में दृष्टिगोचर होता है उसका महाभारतकाल तक आते-आते क्या स्वरूप परिवर्तन हुआ उसका विश्लेषण करना प्रस्तुत अनुच्छेद का विषय है, विशेष रूप से शान्तिपर्व के सम्बन्ध में।

2.5.1 वर्णों के सामान्य धर्म

वर्णों के सामान्य धर्म से तात्पर्य है—वे कर्त्तव्य-कर्म जो सभी वर्णों के द्वारा समान रूप से पालन करने योग्य हैं। सामान्य धर्म देश, काल व पात्र के परिवर्तित होने पर भी अपरिवर्तित रहते हैं जबकि विशिष्ट धर्म या कर्त्तव्य देश, काल व पात्र के अनुरूप परिवर्तित हो सकते हैं। यथा गुण कर्म व स्वभाव के आधार पर भिन्नता को प्राप्त हुए ब्राह्मण, क्षत्रिय, वैश्य आदि के द्वारा किये जाने वाले भिन्न-भिन्न कर्त्तव्य-कर्म।

अक्रोध, सत्यवचन, धन को बाँटकर उपभोग करना, क्षमा, निज स्त्री से सन्तानोत्पत्ति, पवित्रता, अद्रोह, विनीतता और सेवकों का पालन—शान्तिपर्व में ये नौ सभी वर्णों के लिए साधारण अथवा सामान्य धर्म कहे गये हैं।[141] साथ ही अनृशंसता (दया) अहिंसा, अप्रमाद, संविभाग—देवता व पितरों को उनका भाग अर्पित करना, श्राद्धकर्म, अतिथि-सत्कार, अपनी ही पत्नी में सन्तुष्ट रहना, पवित्रता, सदा अनसूयता, आत्मज्ञान और सहनशीलता ये धर्म सब वर्णों एवं आश्रमों में साधारण हैं।[142] अर्थात् सभी मनुष्यों के लिए इन कर्त्तव्यों का अनुपालन समान रूप से विहित है चाहे वह किसी भी वर्ण अथवा आश्रम से सम्बन्ध रखता हो। दूसरे शब्दों में यह कहा जा सकता है कि ये शुद्ध आचरण के ही नियम हैं।

इनके अतिरिक्त श्रद्धायुक्त यज्ञ में सभी वर्णों का समान अधिकार कहा गया है। यज्ञ-कर्म ऋषियों द्वारा प्रशंसित एवं यज्ञ कर्त्ता को पवित्र करने वाला है।[143]

यज्ञ के उद्देश्य से ही प्रजापति ने सभी वर्णों की सृष्टि की।[144] यज्ञ द्वारा ही संकल्प करके देवताओं के निमित्त द्रव्यत्याग किया जाता है। इतना ही नहीं यह यज्ञ कर्म असूया रहित एवं श्रद्धावान् होकर शास्त्रीय विधि से सम्पन्न किया जाना चाहिए।[145] इस प्रकार वर्णों के सामान्य धर्म के अन्तर्गत शुद्ध व पवित्र आचरण तथा यज्ञ द्वारा त्याग भावना पर बल दिया गया है।

2.5.2 वर्णों के विशिष्ट धर्म

विशिष्ट धर्म से तात्पर्य है वे कर्म जिन्हें वर्ण विशेष के व्यक्ति को अपने वर्णानुकूल करने चाहिए। निम्नलिखित पंक्तियों में चारों वर्णों के अपने-अपने विशिष्ट कर्त्तव्य-कर्मों का विवेचन शान्तिपर्व के आधार पर किया जाना अभीष्ट है–

(क) ब्राह्मण-वर्ण-धर्म

शान्तिपर्व में ब्राह्मणों की सर्वाधिक महत्ता का प्रतिपादन किया गया है। जैसे पशुओं में गाय श्रेष्ठ है, धातुओं में स्वर्ण श्रेष्ठ है तथा शब्दों में मन्त्र श्रेष्ठ है उसी प्रकार मनुष्यों में ब्राह्मण श्रेष्ठ है।[146]

मोक्षधर्म प्रकरण में कहा गया है कि सभी जीवों में मनुष्य श्रेष्ठ है, मनुष्यों में ब्राह्मण श्रेष्ठ है तथा द्विजों में मन्त्रज्ञ ब्राह्मण श्रेष्ठ हैं।[147] वे ही ब्राह्मण सभी प्राणियों में विशिष्ट, सर्वज्ञ और सर्वदर्शी होते हैं जो वेद तत्त्वों को जानने वाले हैं तथा यथार्थ वस्तु के निश्चय को जानते हैं।[148] जैसे नेत्रहीन मनुष्य मार्ग में अकेला होने पर अत्यन्त क्लेश जाता है, वैसे ही ज्ञानहीन मनुष्य भी इस संसार में अनेक दुख भोगता है,[149] अभिप्राय यह है कि ब्रह्मा द्वारा सर्वप्रथम मुख जैसे उत्तम स्थान से सृष्ट होने से ही ब्राह्मण का महत्त्व नहीं अपितु वेदज्ञान, सर्वज्ञता धर्मज्ञता ही उसकी श्रेष्ठता के आधार हैं।[150]

ब्राह्मणों की महत्ता एवं शक्ति का स्तवन स्वयं भगवान् वासुदेव ने किया है कि इस भूमण्डल पर ब्राह्मण सब प्रकार से पूजनीय हैं क्योंकि ब्राह्मणों के विनीत होने पर वे सभी विनयी भक्तों की मंगलकामना सिद्ध करते हैं। इतना ही नहीं, जो दुष्टात्मा अभिमान के वश होकर ब्राह्मणों की अवज्ञा करते हैं, वे उस ही समय वज्र सदृश ब्राह्मणों की शापरूपी अग्नि में भस्म हो जाते हैं। इसलिए ब्राह्मणों को इस जगत् में 'वाक्‌वज्र' एवं 'भूदेव' कहकर प्रसिद्धि प्राप्त हुई है।[151] इस प्रसंग में अभिमानी चार्वाक का उदाहरण मिलता है जिसे ब्रह्मा द्वारा अभयदान का वरदान मिला था, परन्तु ब्राह्मणों की अवमानना करने से वह उनकी वाग्बल शक्ति से मृत्यु को प्राप्त हुआ।[152] इस प्रकार ब्राह्मण धर्म-रूप कोश की रक्षा, वेदों के ज्ञान, वस्तु के यथार्थ ज्ञान तथा अपने तप व त्याग के कारण यह पद प्राप्त करता है।

दान्त—(इन्द्रियों का दमन करने वाला), शीलसम्पन्न, दयालु, सर्वसह, इच्छारहित, ऋजु, मृदु, अनृशंस और क्षमावान् पुरुष ही ब्राह्मण कहलाता है।[153] पवित्रता और सदाचार से युक्त, पूर्ण रीति से यज्ञशिष्ट (यज्ञ से बचे हुए) अन्न का भोजन करने वाला, गुरुजनों का प्रियपात्र, नित्यव्रती और सत्यपरायण को ही ब्राह्मण कहा गया है।[154] तपस्या, यज्ञ, दान, सत्यवचन, विद्या, भिक्षावृत्ति, इन्द्रियसंयम, ध्यान, एकान्तवास आदि सभी ब्रह्मज्ञान के साधन हैं इसलिए ब्राह्मणों के लिए सिद्धिकारक हैं।[155] ब्राह्मणों के लिए जातकर्मादि सभी षोडश संस्कारों का विधान मिलता है। इसके अतिरिक्त वेदाध्ययन एवं प्रतिदिन सन्ध्या, स्नान, जप, होम, देवपूजा, आतिथ्य एवं बलि वैश्वदेव कर्मों को भी उसके लिए आवश्यक माना गया है।[156]

ब्राह्मण के लिए वेदाध्ययन-वेदाध्यापन, यजन-याजन, दान एवं प्रतिग्रह (दान लेना) ये छः प्रमुख कर्त्तव्य-कर्म कहे गये हैं।[157] अनेक प्रसंगों में दान, अध्ययन और तप को ब्राह्मण का सर्वश्रेष्ठ धर्म कहा गया है।[158] यह धर्म ब्राह्मण के तेज को बढ़ाते तथा पापों को दूर करते हैं।[159] इतना ही नहीं, वेदाध्ययन, यज्ञ, दान आदि से युक्त स्थिर चित्त वाले ब्रह्मस्वरूप ब्राह्मणों के संसर्ग में रहने के लिए देवता लोग भी अभिलाषा करते हैं।[160] वेदज्ञान से हीन ब्राह्मण काठ के बने हुए हाथी एवं चमड़े के बने हुए मृग के समान निष्प्रयोजन होता है।[161]

वेदांगों सहित वेदत्रयी का अध्ययन ब्राह्मण के लिए अनिवार्य धर्म कहा गया है। वेदवाद को जानने वाले अध्यात्मविद्या में निपुण, सत्त्वशील महाभाग ब्राह्मण ही उस परमात्मा को देखने में समर्थ होते हैं, जो परमात्मा उत्पत्ति और प्रलय का कारण है।[162] उसे ही गुरुपूजक त्यागी कहा गया है।[163] केवल वेदाध्ययन ही नहीं अपितु वेदोक्त कर्म का पालन ही ब्राह्मण का सच्चा धर्म है। नकुल अपने भाई युधिष्ठिर से कहते हैं कि सब कर्मों में वेदोक्त विधि को परित्याग करके कोई भी ब्राह्मण देवयान मार्ग से स्वर्ग की पृष्ठभूमि में पैर नहीं रख सकता।[164]

वेदाध्ययन के अनन्तर ब्राह्मण को **वेदाध्यापन** में भी कुशल होना चाहिए।[165] वेदों को धर्म का कोश कहा गया है कि जिसकी रक्षा का भार ब्राह्मण को सौंपा गया है। उस धर्म रूप कोश का पोषण एवं संर्वधन ब्राह्मण के वेदाध्ययन एवं वेदाध्यापन धर्म द्वारा होता है। स्वार्जित ज्ञान को जिज्ञासु एवं सुपात्र जनों में वितरित करना ही ब्राह्मण का अध्यापन रूप धर्म है। यही कारण है कि राजा के लिए भी वेदज्ञान युक्त एवं वेदोपदेश देने में कुशल राजपुरोहित ब्राह्मण की आवश्यकता पर बल दिया गया है। वेदाध्यापन में विख्यात आचार्यों का उल्लेख महाभारत में मिलता है जिनमें शुक्राचार्य, बृहस्पति, धौम्य, व्यास, अगस्त्य, कण्व, द्रोणाचार्य आदि प्रमुख हैं।

ब्राह्मण ही यज्ञ द्वारा विभिन्न देवताओं को प्रसन्न करने में समर्थ हैं। सृष्टि रूप यज्ञ के अनन्तर ब्रह्मा आदि देवताओं की तुष्टि के लिए यज्ञ का विधान किया गया,[166] जिससे देवता अपनी पूजा, अर्चना आदि से सन्तुष्ट मनुष्यों की कामनाओं की पूर्ति कर सकें।

ब्राह्मण के लिए पंच-महायज्ञों का विधान है। साथ ही यह भी कहा गया है कि यह यज्ञ कर्म श्रद्धावान् होकर ही सम्पन्न किये जायें।[167] वही ब्राह्मण ब्रह्मपद का अधिकारी हो सकता है जो अग्निहोत्र करता है, देवताओं को प्रणाम करता है, मृदुभाषी है तथा हिंसा व अधर्मयुक्त कर्मों से विरत है।[168] स्वयं यज्ञ सम्पन्न करने के अतिरिक्त यज्ञ कराना भी ब्राह्मण का धर्म है। महाभारत में यज्ञ करवाने वाले अनेक ब्राह्मण पुरोहितों का उल्लेख मिलता है यथा संवर्तन,[169] च्यवन,[170] सोमश्रवा[171] आदि। यज्ञ-सम्पादन द्वारा ब्राह्मणों को दक्षिणा स्वरूप प्रभूत धन की प्राप्ति होती थी, जिनसे उनकी जीविका चलती थी।

ब्राह्मणों के षट्कर्मों में अध्ययन-अध्यापन, यजन-याजन के अनन्तर दान का भी विशेष महत्त्व है। 'दान' त्याग का प्रतीक है। अर्जित धन का स्वयं उपभोग न करके दूसरों के लिए भी उस धन का त्याग, 'दान' कहलाता है, चाहे वह देवताओं की पूजा के लिए हो, ऋषियों के लिए हो अथवा पितरों को तर्पण के लिए हो या गुरु की सेवा के निमित्त हो, यही कठिन तपस्या है।[172] दान की महत्ता का प्रतिपादन नकुल के इस कथन से भी होता है कि जो लोग दान नहीं देते, शरणागतों की रक्षा नहीं करते वे पाप के भागी होते हैं, वे सदा दुख भोगा करते हैं।[173] ब्राह्मण के लिए दान देना व दान लेना दोनों का ही विधान मिलता है। दान ग्रहण करने के विशेष अवसर यज्ञ ही होते थे जिनमें ब्राह्मणों को राजा लोग दक्षिणा के रूप में भूमि, पशु, स्वर्ण, अन्न, वस्त्र, पात्र व दास-दासियाँ तक देते थे। शान्तिपर्व में महातेजस्वी राजा भरत का उदाहरण मिलता है जिन्होंने एक सहस्र अश्वमेध तथा एक सौ राजसूय यज्ञों का अनुष्ठान करके कण्व मुनि को एक सहस्र से अधिक अर्बुद घोड़े तथा एक सहस्र सुवर्ण निर्मित कमल दान रूप में दिये थे।[174] राज्याभिषेक के अवसर पर धर्मराज युधिष्ठिर ने भी वेदाध्ययन सम्पन्न धैर्यवान् एवं शीलवृत्ति से युक्त स्वस्तिवाचन करने वाले ब्राह्मणों का विधिवत् पूजन कर उन्हें एक-एक हजार स्वर्णमुद्राएँ दान में दी थीं। इतना ही नहीं, अपने पुरोहित धौम्य मुनि को दस हजार गो, सोना, चाँदी, मणिरत्न व वस्त्र दान में दिये।[175] इतनी बात प्रतिग्रह के विषय में अवश्य स्पष्ट होती है कि ब्राह्मणों का दान लेना केवल उनके वेदाध्यापन, यज्ञानुष्ठान आदि उत्तम कर्मों के फलस्वरूप दक्षिणा रूप में ही था। ब्राह्मण का यह प्रतिग्रह-कर्म संग्रह के लिए न होकर परोपकार के लिए ही था। प्राप्त किये गये धन को अकेले उपभोग करना ब्राह्मण के लिए निषिद्ध कहा गया है,[176] यहाँ तक कि वृथा प्रतिग्रह और वृथा दान भी उसके लिए वर्जित था।[177]

दान लेने का अधिकारी वही ब्राह्मण है जो विद्वान, तपस्वी एवं त्यागी है। मूर्ख, अयोग्य तथा भ्रष्ट ब्राह्मण दान प्राप्ति के पात्र नहीं हैं।[178] स्वाध्याय, तपस्या और सच्चरित्रता से हीन तेजरहित ब्राह्मण को दिया गया दान उसी प्रकार, फल नहीं देता जिस प्रकार गीली लकड़ियों से कभी अग्नि नहीं जलती।[179]

ब्राह्मण के लिए इन षटकर्मों के अतिरिक्त सभी आश्रमों का पालन भी आवश्यक माना गया है।[180] ब्रह्मचर्य आश्रम के धर्मों का विधिवत् पालन करता हुआ ब्राह्मण ब्रह्मचारी, काम और क्रोध को वश में करके, जितेन्द्रिय बने।[181] सन्तोषयुक्त होकर त्याग व नम्रता रूपी उत्तम तप का आचरण करे। मुनि तुल्य रहकर सदा देवताओं की उपासना किया करे।[182] ब्रह्मचर्याश्रम के अनन्तर गृहस्थ आश्रम में प्रवेश कर तत्सम्बन्धी धर्मों के पालन मे रत रहे।[183] गृहस्थाश्रम में रहकर वेदशास्त्र विहित कर्म करने वाले ब्राह्मण का कभी विनाश नहीं होता। संयम, इन्द्रियसंयम, त्याग व तपस्यापूर्ण वानप्रस्थ तथा संन्यास रूप चतुर्थ आश्रम का पालन ब्राह्मण के लिए शास्त्रोक्त कहा गया है।[184]

निषिद्ध कर्म

शान्तिपर्व में ब्राह्मण के कर्त्तव्यकर्मों के विस्तृत विवेचन के साथ-साथ उन कर्मों का भी निर्देश किया गया है जो उसके लिए निषिद्ध कर्म माने जाते थे। ब्राह्मण को अमांसाशी कहकर मांस भक्षण उसके लिए निषिद्ध कर्म कहा गया है। दिन में सोना भी उसके लिए निषिद्ध था, विशेष रूप से ब्रह्मचर्याश्रम की अवस्था में।[185] ब्राह्मण 'सदोपवासी' तभी कहला सकता था जब वह दिन व रात्रि में भोजन के विहित समय के अतिरिक्त समय में भोजन न करे।[186] ब्रह्मचर्य काल में स्त्रियों की वार्ता सुनना व उन्हें वस्त्रहीन अवस्था में देखना सर्वथा वर्जित कहा गया है।[187]

ब्राह्मण भिन्न कर्म जैसे—धनुष चढ़ाना, शत्रुओं का वध करना, कृषि, वाणिज्य, पशुपालन तथा धन प्राप्ति के लिए दूसरों की सेवा करना आदि ब्राह्मणों के लिए अकार्य कहे गये हैं।[188] ब्राह्मण कुल में जन्म लेकर यदि कोई पुरुष क्षत्रिय, वैश्य और शूद्रों के कर्त्तव्य-कर्मों का आचरण करे तो वह मन्दबुद्धि इस लोक में निन्दित तथा परलोक में नरकगामी होता है।[189] निज धर्म को त्यागने वाले ब्राह्मण को शूद्र की संज्ञा दी गयी है।[190]

ब्राह्मण के आपद्-धर्म

कभी-कभी विषम-परिस्थितियों में जब व्यक्ति स्वधर्म के पालन मात्र से अपना जीवन निर्वाह नहीं कर पाता तथा ऐसे संकट और आपत्ति से बचने के लिए उसे वर्णेतर कर्त्तव्य-कर्मों का पालन करना पड़ता है तो उन्हें आपद्-धर्म कहते हैं। शान्तिपर्व में कहा गया है कि ब्राह्मण भी यदि अपने लिए विहित अध्यापन, याजन व प्रतिग्रह रूप कर्मों से अपना व अपने परिवार का भरण-पोषण करने में असमर्थ हो तो वह क्षत्रियोचित वृत्ति को भी अपना सकता था।[191] ब्राह्मण पूर्णतया आजीविका-रहित होने पर अनधिकारी पुरुष के यज्ञ को भी सम्पन्न करा सकता था, तथा अभक्ष्य अन्न

भी ग्रहण कर सकता था।[192] उस प्रसंग में हमें विश्वामित्र का उदाहरण मिलता है जिसने भीषण अकाल की अवस्था में जीवन-निर्वाह निमित्त व्याध से अभक्ष्य अन्न (मांस) की याचना की थी।[193]

इस प्रकार शान्तिपर्व में ब्राह्मणों की महत्ता तथा उनके गुण-लक्षण का विस्तृत वर्णन करने के साथ-साथ उनके लिए जिन कर्त्तव्य-कर्मों का विधान किया गया है, वे हैं—वेदाध्ययन, वेदाध्यापन, यजन-याजन, दान देना और दान लेना, चारों आश्रमों का यथोचित पालन। इसके अतिरिक्त उनके लिए कुछ निषिद्ध कर्म भी कहे गये हैं—मांस भक्षण, अनियत समय पर भोजन, ब्राह्मणेतर कर्मों का आचरण। किन्तु आपत्ति काल के उपस्थित होने पर कुछ आपद्धर्मों का भी विधान मिलता है जैसे—प्राण रक्षा हेतु अभक्ष्य अन्न ग्रहण, वर्णेतर धर्म का ग्रहण आदि।

(ख) क्षत्रिय-वर्ण-धर्म

ब्राह्मणों एवं प्रजा को किसी भी प्रकार के भय या शत्रु परित्राण करने वाला वर्ग क्षत्रिय कहलाया।[194] क्षत्रिय का समाज में अत्यन्त महत्त्वपूर्ण स्थान था। सुसंस्कृत एवं संयत जीवन जीने वाला क्षत्रिय ही वास्तव में 'समाज का रक्षक' होता था।[195] सज्जनों की रक्षा तथा दुर्जनों को दण्डित करने से वह 'सर्वलोकहितकारी' भी कहलाता था।[196] शान्तिपर्व में उसे 'प्रजापति' भी कहा गया है क्योंकि वह शान्ति एवं सुव्यवस्था के साथ-साथ आततायियों से प्रजा की रक्षा करता है। इतना ही नहीं, सभी लौकिक तथा वैदिक धर्म, चारों आश्रमों के धर्म तथा यतिधर्म क्षात्रधर्म में ही स्थित माने गये हैं।[197] प्रारम्भ में भगवान् विष्णु ने क्षात्रधर्म का अवलम्बन करके ही शत्रुओं का पराभव तथा देवताओं और ऋषियों की रक्षा की थी।[198] क्षत्रिय द्वारा सम्पन्न क्षात्रधर्म इसलिए महान् एवं ज्येष्ठ कहा गया है क्योंकि क्षत्रिय के स्वधर्म पालन द्वारा प्रजा पुत्र की भाँति रक्षित होकर निर्भय चित्त से पृथ्वी पर निवास करती है और इस ही से सभी वर्णों व आश्रमों का मनुष्य सद्धर्म का आचरण करते हैं।[199] इस प्रकार क्षात्रधर्म की महत्ता का प्रतिपादन शान्तिपर्व में किया गया है।

क्षत्रिय के गुण एवं लक्षण की चर्चा करते हुए शान्तिपर्व में कहा गया है—वे ब्राह्मण ही क्षत्रियत्व को प्राप्त हुए जिन्होंने अपनी ब्राह्मणोचित शान्तवृत्ति को परित्याग कर तीक्ष्णस्वभाव, क्रोध एवं साहस पूर्ण वृत्ति का आश्रय लिया तथा जो कामोपभोग प्रिय भी थे।[200] भारद्वाज-भृगु संवाद से ज्ञात होता है कि अपने कर्मों, रुचि तथा वृत्ति के आधार पर ही मनुष्य क्षत्रियत्व को प्राप्त होता है। जो युद्ध आदि क्षत्रियोचित कार्य करता है, वेदाध्ययन में अनुरक्त रहता है, ब्राह्मणों को अर्थदान तथा प्रजा समूह से धनग्रहण करता है, उसे ही क्षत्रिय कहा जाता है।[201] इस प्रकार युद्ध आदि शूरवीरता के कर्म करने वाला सामान्य-वर्ग 'क्षत्रिय' कहलाया और उन्हीं में से वह

वर्ग जो प्रजा का शासक बना 'राजन्य' कहलाया। यह वर्ग धर्म की स्थापना कर के प्रजापुंज के मन का रंजन करने वाला था।[202]

क्षत्रियों के मुख्य **कर्त्तव्य कर्म** (धर्म) की विशद व्याख्या शान्तिपर्व में उपलब्ध होती है—सज्जनों की रक्षा एवं दुर्जनों के विनाश के लिए युद्धभूमि में पराक्रम प्रदर्शन, सभी प्राणियों पर अनुकम्पा, सभी प्रजाजनों की यथार्थ अवस्था का ज्ञान, प्रजा का पालन व रक्षण तथा दुखी और पीड़ित मनुष्यों को क्लेश से मुक्त करना क्षत्रिय के मुख्य धर्म थे।[203] यद्यपि क्षमा, दया, करुणा, कोमलता आदि सभी वर्णों के लिए आचरणीय धर्म माने गये हैं तथापि क्षत्रिय को यह भी आदेश दिया गया है कि विशेष परिस्थिति में वह अपने स्वजनों पर भी क्षमा, दया, करुणा तथा कोमलता का व्यवहार न करे।[204] युद्धोपरान्त युधिष्ठिर द्वारा अपने स्वजनों के प्रति दर्शायी गयी इसी करुणा तथा दया की भावना को भीम ने कार्पण्यता ही कहा है। क्षत्रिय-धर्म के ज्ञाताओं का यही मत है कि राज्य ग्रहण के अवसर पर यदि कोई शत्रुता का आचरण करे, तो राजा के लिए उसी समय उसका वध करना उचित होता है।[205] पराक्रमी भीम ने भी युधिष्ठिर को यही कहा कि आपने धर्मयुक्त कार्य किया है क्योंकि शत्रु कौरव भी राज्यापहरण के दोष के कारण मारे गये हैं।[206] अतः शत्रुरहित होकर धर्मपूर्वक प्रजापालन एवं पृथ्वी का उपभोग करना क्षत्रिय का धर्म है। इसी पराक्रम एवं शत्रु के वध के कारण क्षत्र-धर्म को 'महारौद्र' कहा गया है।[207]

यद्यपि **युद्ध** को जन-धन का संहारक मानने के कारण हेय कहा जाता है तथापि यहाँ क्षत्रिय द्वारा युद्ध की सोद्देश्यता को भी सिद्ध किया गया है। अधर्मियों का नाश व धर्म की स्थापनाके लिए तथा ब्राह्मणों व प्रजा की रक्षा के लिए युद्ध अनिवार्य हो जाता है। शान्तिपर्व में स्पष्ट कहा गया है कि पिता, पितामह, पुत्र, गुरु, सम्बन्धी-बान्धव आदि कोई क्यों न हो, यदि वे असत्य के मार्ग पर चलते हैं तो उसी समय युद्ध में उनका वध करना क्षत्रियों का धर्म है।[208] यहाँ तक कि शत्रुओं से युद्ध करते हुए वीरगति को प्राप्त होना भी पारलौकिक सुख का साधन कहा गया है।[209] क्षत्रिय का युद्ध में अपने-पराये का विचार छोड़कर प्रवृत्त होना ही स्वर्ग प्राप्ति में सहायक एवं जगत् में यशदायक माना गया है।[210] इसी क्षत्रिय धर्म का उपदेश भगवान कृष्ण ने अर्जुन को भी भगवद्गीता में दिया है। युद्ध के उपरान्त अपने बन्धु-बान्धवों की युद्ध में हत्या कर दिये जाने के कारण युधिष्ठिर शाप के भय से भीष्म पितामह के सम्मुख नहीं जाना चाहते। श्रीकृष्ण द्वारा इस बात को जानकर भीष्म पितामह इसी क्षत्रिय धर्म का उपदेश देते हैं तथा युधिष्ठिर को धर्मात्मन्, धर्मज्ञ, धर्म में रत आदि कहकर उसके क्षत्रियोचित धर्म पालन की प्रशंसा करते हैं।[211] अतः क्षत्रिय का युद्ध कर्म रौद्र होने पर भी ब्राह्मणों की रक्षा, धर्म की स्थापना, अधर्मियों के नाश तथा आततायियों के वध के कारण उत्तम कहा गया है। उसकी उपमा एक धार्मिक यज्ञ से भी दी गयी है।[212] योद्धा उस पुरुष रूपी यज्ञ की अग्नि में अगणित शत्रुओं की

आहुति देकर, पाप रहित होकर, अन्त में अपना प्राण होम कर यज्ञ समाप्ति रूपी अवभृथ स्नान करके देवलोक में सुख भोगते हैं।[213]

इसका अभिप्राय यह नहीं कि युद्ध ही क्षत्रिय का एकमात्र धर्म है। क्षत्रिय की गणना द्विजातियों में भी की गयी है। इसलिए क्षत्रिय के लिए **अनुष्ठान विद्याध्ययन, वेदज्ञान, तपस्या सच्चरित्रता, धनोपार्जन तथा दान** का भी विधान है। अध्ययन-अध्यापन, यजन-याजन, दान-प्रतिग्रह इन षट्कर्मों के पालन में जहाँ ब्राह्मण को पूर्ण अधिकार है वहाँ क्षत्रिय को केवल तीन कर्म (अध्ययन, यजन और दान) करने की अनुमति है।[214] याचना करना अथवा दान लेना क्षत्रिय के लिए उपयुक्त नहीं क्योंकि उसके लिए उद्यम ही जीवन है।[215] क्षत्रिय का जीवन पुरुषार्थ से युक्त होता है और पुरुषार्थ करने से ही सभी समारम्भ पूर्ण होते हैं, भाग्य अनुकूल होता है तथा पुरुषार्थी को पाप भी स्पर्श नहीं करता।[216] शत्रु-वध रूपी कर्म हिंसायुक्त तो है ही इसलिए यज्ञ व दान की आवश्यकता पर भी बल दिया गया है। पापियों को दण्ड देना और साधुओं की रक्षा करना तथा यज्ञ दान आदि कर्म क्षत्रिय को पवित्र करने वाले हैं।[217] शान्तिपर्व में एक सुन्दर उदाहरण देकर उसे स्पष्ट किया गया है जिस प्रकार खेत का परिष्कार करने वाला किसान खेत को साफ करने के लिए तृण आदि के साथ अनावश्यक पौधों को भी काट देता है, उससे धान्य नष्ट नहीं होता अपितु धान्य की वृद्धि ही होती है, उसी प्रकार क्षत्रिय आदि राजसैनिक अस्त्र-शस्त्रों का प्रहार करके वध्य शत्रुओं का वध करते हैं ताकि राज्य के लोगों की फिर उन्नति हो सके।[218]

क्षत्रिय के लिए आश्रम-धर्म पालन का भी विधान मिलता है। धर्म की इच्छा रखने वाला क्षत्रिय—ब्रह्मचारी, शास्त्रों का अध्ययन, गुरु की सेवा-शुश्रूषा व दूसरे की सेवा करता हुआ सनातन धर्म रूप ब्रह्मचर्य आश्रम का पालन करे, ऐसा निर्देश शान्तिपर्व में मिलता है।[219] धर्मपूर्वक राजशास्त्र एवं वेदों का अध्ययन करके सन्तानोत्पत्ति आदि कर्म करके यज्ञ में सोमपान करे।[220]

क्षत्रिय के निषिद्ध कर्म

पराक्रम एवं पुरुषार्थ के बल पर जीवन-यापन करने वाले क्षत्रिय के लिए त्याग, याचना, तप एवं पराश्रयता निषिद्ध धर्म हैं।[221] अध्यापन, याजन व प्रतिग्रह भी क्षत्रिय के लिए वर्जित हैं।[222] क्षत्रिय के लिए भैक्षचर्य अर्थात् संन्यास रूप चतुर्थ आश्रम का विधान नहीं कहा गया है। परन्तु इसे विकल्प के रूप में स्वीकार करने का भी निर्देश मिलता है।[223]

आपद्धर्म—पूर्ण रीति से आजीविका से हीन होने पर क्षत्रिय तपस्वी तथा ब्राह्मण का धन छोड़कर अन्य सभी का धन ले सकता है।[224]

संक्षेप में कहा जा सकता है कि ब्राह्मण एवं समस्त प्रजा की किसी प्रकार के भय या शत्रु से रक्षा करने के कारण क्षत्रिय वर्ण का समाज में अत्यन्त महत्त्व था। क्षत्रिय जन तीक्ष्ण स्वभाव वाले, क्रोधयुक्त एवं साहसी होते थे, जिनका प्रमुख धर्म जनरक्षणार्थ युद्ध भूमि में पराक्रम प्रदर्शन था। इसके अतिरिक्त वे वेदाध्ययन, यजन एवं दान कर्म भी उसके लिए विहित थे। संन्यास आश्रम को छोड़कर शेष तीनों आश्रमों का पालन उसके लिए उपयुक्त बताया गया है।

(ग) वैश्य-वर्ण-धर्म

वैश्य-वर्ण का महत्त्व दर्शाते हुए कहा गया है कि वैश्य राष्ट्र की समृद्धि का मूलाधार होता है। क्योंकि उसके कर्म कृषि, पशु-पालन एवं वाणिज्य ही प्राणियों का जीवन होता है।[225] वैश्य वर्ग द्वारा उत्पन्न किये गये तथा प्रदान किये गये अन्न से ही देवता, पितर, मनुष्य, सर्प, राक्षस, पशु और पक्षी सभी का भरण-पोषण होता है।[226] यही कारण है कि शान्तिपर्व में राज्य के बृहत् भार को उठाने वाले तथा सभी भरण-पोषण करने वाले वैश्य वर्ग को करभार से मुक्त रखने का आदेश दिया गया है।[227]

'धन-संग्रह' वैश्य का प्रधान धर्म है किन्तु साथ ही पवित्रतापूर्वक धन-संग्रह पर विशेष बल दिया गया है। उत्तम साधनों एवं सन्मार्ग से धनोपार्जन करने वाले वैश्य को तपस्वी से श्रेष्ठ गाना गया है। तुलाधार-जाजलि प्रसंग में तुलाधार वैश्य, जो मन-वचन तथा कर्म से हितकार्य रहता है तथा पक्षपात व द्वेष रहित होकर निरभिमान होकर पवित्रतापूर्वक अपना कार्य करता है उसे जाजलि मुनि की तपस्या से श्रेष्ठ माना गया है। यद्यपि जाजलि मुनि की समाधिस्थ अवस्था में उनकी जटाओं में चिड़ियों ने अण्डे दिये, बच्चे निकले व बड़े हुए। तथापि उन्हें अपनी तपस्या का बहुत अभिमान था। इस अभिमान के कारण ही जाजलि को तुलाधार वैश्य से हीन माना गया है। अतः निरभिमान होकर तथा पवित्र भाव से वैश्य द्वारा किया गया धनोपार्जन तप से भी श्रेयस्कर है।[228]

कृषि, गो-पशुपालन और व्यापार कर्म करने वाले तथा पवित्रता एवं वेदाध्ययन युक्त व्यक्ति को ही वैश्य की संज्ञा दी गयी है।[229] वैश्य के सामान्य-धर्म हैं—अग्निहोत्र करना, दान देना, स्वाध्यायशील होना, अतिथि सत्कार करना, सदाचार-पालन, आश्रितों की रक्षा करना, उद्यमी बनना तथा धन द्वारा वेदोक्त कर्मों का सम्पादन करना।[230] वैश्यों की गणना भी द्विजों में की गयी है अतः वेदाध्ययन व दान देने का अधिकार वैश्य को भी दिया गया है।[231]

कृषि, पशुपालन तथा वाणिज्य वैश्य के आजीविका सम्बन्धी धर्म हैं। पशुपालन के विषय में कहा गया है कि प्रजापति ने पशुओं की सृष्टि करके उनके पालन का भार वैश्य को प्रदान किया।[232] पशुपालन का कार्य वैश्य उसी प्रकार करे जिस प्रकार

एक पिता अपनी सन्तान का पालन-पोषण करता है।[233] पशुपालन द्वारा उसकी आजीविका चलती है इस विषय में वर्णित है कि वैश्य यदि छः गौओं का पालन करता है तो वह वेतन के रूप में एक गाय के दूध का अधिकारी है। सौ गौओं की रक्षा करने वाला वार्षिक वेतन के रूप में एक गो-मिथुन का अधिकारी है। उन पशुओं के दूध तथा सींग बेचने से प्राप्त धन के सातवें भाग को तथा खुर विक्रय से प्राप्त धन के सोलहवें भाग को वह ग्रहण कर सकता है। इसी प्रकार कृषि कर्म करने पर वह सब प्रकार के शस्य तथा बीज का सातवाँ भाग अपने अंश के रूप में ग्रहण कर सकता है और यही उसका एक वर्ष का वेतन है।[234] वैश्य के मन में यह विचार कभी नहीं आना चाहिए कि मैं पशुपालन नहीं करूँगा।[235] व्यापार द्वारा पवित्रतापूर्वक धनार्जन पर विशेष बल दिया गया है।[236] अतः वैश्य के लिए व्यापार ब्याज लेने की वृत्ति, कृषि-कर्म महान् है। जिस प्रकार ब्राह्मण इन्द्रिय-दमन से तथा क्षत्रिय विजय प्राप्त करने से शोभित होता है उसी प्रकार वैश्य भी न्यायोचित ढंग से धनार्जन द्वारा शोभा को प्राप्त करता है।[237] वैश्य का न्याय से प्राप्त हुआ अति अल्प धन ही प्रशंसित होता है और धर्मार्थ में लगाने पर वह महाफलदायक होता है।[238] धनधान्य से तीनों वर्णों का भरण-पोषण करना भी उसका धर्म है।[239]

ब्राह्मण और क्षत्रिय के समान वैश्य के लिए गृहस्थाश्रम के पश्चात् वानप्रस्थ ग्रहण करने का भी विधान है। परिश्रम के साथ कृषि पशुपालन रूप में अपने वर्ण-धर्मों का आचरण करने वाला वैश्य गृहस्थाश्रम में कृतकृत्य होकर अधिक अवस्था हो जाने पर राजा की आज्ञानुसार वानप्रस्थ आश्रम ग्रहण कर सकता है।[240]

अनुचित रूप से धनसंग्रह वैश्य के लिए वर्जित माना गया है, यहाँ तक कि व्यापार में तिल, रस और चन्दन का विक्रय भी उसके लिए निषिद्ध माना गया है।[241] सर्वत्र महाभारत में सत्य-पथ का आश्रय लेकर उचित ढंग से धनार्जन पर बल दिया गया है। शान्तिपर्व में भी 'शोचेन धनसंचय'[242] में भी यही भाव स्पष्ट दृष्टिगोचर होता है।

आपद्धर्म

सभी वर्णों के लिए यद्यपि स्वधर्म पालन का ही महत्त्व है तथापि आपत्तिकाल में अपने जीवन की रक्षा निमित्त अन्य वर्ण के धर्म को भी ग्रहण किया जा सकता है। वैश्य के लिए कहा गया है कि गाय तथा ब्राह्मणों के हित के लिए एवं अपने परित्राण के लिए वह शस्त्र भी ग्रहण कर सकता है।[243] अपने जीवन की रक्षा परम धर्म है। स्वशरीर रक्षा के अनन्तर ही मनुष्य स्वधर्म पालन में समर्थ होता है इसलिए अपने परित्राण के लिए किया गया वर्णेत्तर धर्म पालन भी उचित माना गया है।

धनोपार्जन वैश्य का प्रधान धर्म है जिसके लिए वह कृषि, पशुपालन तथा वाणिज्य में से किसी भी वृत्ति को अपना सकता है किन्तु सत्य और पवित्रतापूर्वक

धनोपार्जन करना ही वैश्य के लिए विहित माना गया है। संन्यासाश्रम का ग्रहण वैश्य के लिए उपयुक्त नहीं माना गया।

(घ) शूद्र-वर्ण-धर्म

तीनों वर्णों की परिचर्या के कारण शूद्र का भी चातुर्वर्ण्य में एक विशेष स्थान है।

जो द्विज हिंसा, असत्य एवं लोभप्रिय होते हैं, अन्य सभी वर्णों के उपजीवी होते हैं, जिन्होंने पवित्रता का परित्याग किया होता है तथा जो कृष्ण वर्ण होते हैं वह ही शूद्रत्व को प्राप्त होते हैं।[244] तात्पर्य यह है कि निन्द्य कर्मों से जीविका निर्वाह करने वाले असत्यभाषी अपवित्र कर्मीजन, जो तमोगुण प्रधान होने के कारण कृष्ण वर्ण वाले माने गये हैं, पूर्ववर्ती तीनों वर्णों की सेवा ही जिनका कार्य है, वे जन शूद्र कहलाते हैं।

शूद्र का प्रमुख धर्म सब वर्ण वालों की सेवा करना है। उनकी सेवा से ही उसे महत् सुख की प्राप्ति होती है।[245] सेवा-कर्म अत्यन्त कठिन कार्य है जो शूद्र का शास्त्र-विहित धर्म कहा गया है। शूद्र ईर्ष्या न करते हुए ब्राह्मण, क्षत्रिय और वैश्य इन तीन वर्णों की सेवा में नियुक्त रहे।[246] यही उसकी वृत्ति व आजीविका का साधन है। उसी सेवा वृत्ति के फलस्वरूप ब्राह्मणादि वर्ण शूद्र का भरण पोषण करें यह अन्य वर्णों को आदेश दिया गया है।[247] सेवा-कर्म के अतिरिक्त धार्मिक शूद्र को धर्म-कार्य करने की भी अनुमति प्रदान की गयी है। धार्मिक शूद्र राजा की आज्ञा प्राप्त करके इच्छानुसार धर्म प्रधान कार्य कर सकता है।[248] इससे सिद्ध होता है कि धर्म के आचरण एवं पालन में सभी वर्णों को समान अधिकार प्राप्त है किन्तु उनके स्वरूप में भिन्नता अवश्य है जिसका मूल कारण उस वर्ण-विशेष के गुण-कर्म-स्वभाव आदि को स्वीकार किया गया है। शान्तिपर्व में शूद्र को स्वाहाकार, नमस्कार और वैदिक मन्त्रों में अधिकार दिया गया है।[249] शूद्र को पाकयज्ञों (ग्रहशान्ति, वैश्वदेवादि) तथा दान देने का भी अधिकार है। इस प्रसंग में पैजवन नामक शूद्र का उदाहरण मिलता है जिसने यज्ञ कर के दक्षिणा स्वरूप एक लाख पूर्णपात्र दान किये थे।[250] इस आधार पर सभी वर्णों के लिए, चाहे वह ब्राह्मण हो अथवा शूद्र, श्रद्धारूप यज्ञ का ही विधान है यह सबको पवित्र करने वाला है।[251] यह स्पष्ट कहा गया है कि संकल्प करके देवताओं के निमित्त द्रव्यत्यागरूपी यज्ञ में सब वर्ण वालों का अधिकार है, अधम शूद्र भी यदि वैसा यज्ञ करे तो देवता लोग तथा उत्तम वर्ण वाले भी उसके यज्ञ भाग को ग्रहण करते हैं। इसलिए सभी वर्णों के लिए श्रद्धायज्ञ को स्वीकार किया गया है।[252]

शूद्र के लिए किसी प्रकार का भी धन संग्रह निषिद्ध माना है।[253] उसका कारण स्पष्ट करते हुए कहा है कि यदि वह अधिक धनसंचय करेगा तो धनवान् होकर वह अपने से श्रेष्ठ पुरुषों को वशीभूत करने तथा पाप कर्म में प्रवृत्त होगा।[254] पवित्र आचरण से रहित व्यक्ति सदा ही धन आ जाने पर कुमार्ग की ओर ही प्रवृत्त होते हैं।

उसी प्रवृत्ति के नियन्त्रण के लिए ही अति धन संचय को निषिद्ध माना गया है। धन-संग्रह न करके सेवा-कर्म द्वारा ही वह जीविका निर्वाह कर सकता है क्योंकि ब्राह्मण आदि तीनों वर्णों का धर्म शूद्र का भरण-पोषण करना भी कहा गया है।[255]

धनहीन स्वामी को दीन अवस्था में त्यागना शूद्र के लिए उचित नहीं है।[256] सेवा-वृत्ति के कारण शूद्र का महत्त्व न्यून होते हुए नगण्य नहीं था। उसका मुख्य धर्म ब्राह्मण, क्षत्रिय और वैश्य की सेवा द्वारा जीवन-यापन करना था। प्रत्युपकार में उन तीनों वर्णों का कर्त्तव्य था कि वे शूद्र का भरण-पोषण करें। इसके अतिरिक्त शूद्र धर्म कार्य (यज्ञादि) में भी राजा की अनुमति से प्रवृत्त हो सकता था।[257]

निष्कर्ष

वर्ण-धर्म के उपरोक्त विवेचन से कुछ मुख्य तथ्य सम्मुख आते हैं। वर्ण शब्द अनेक अर्थों का द्योतक है—रंग, प्रकाश, वरण, आच्छादन आदि तथापि गुण-कर्म-स्वभाव के आधार पर कर्त्तव्य-कर्म का चयन अथवा वरण ही वर्ण-व्यवस्था का आधार कहा जा सकता है।

वर्णोत्पत्ति के सम्बन्ध में विभिन्न मत उपलब्ध होते हैं जिनमें मुख्य दो हैं—दैवी उत्पत्ति का आधार तथा गुण-कर्म-स्वभाव का आधार। 'वर्ण' एवं 'जाति' समानार्थक नहीं है जैसा कि सामान्यतः आधुनिक युग में समझा जाता है। गुण-कर्म और स्वभाव के आधार पर चार 'वर्ण' अस्तित्व में आये किन्तु 'जाति' जन्म अथवा आनुवंशिकता के आधार पर उत्पन्न हुई।

अक्रोध, सत्यवचन आदि नौ गुणों को सभी वर्णों का सामान्य-धर्म कहा है। साथ ही चारों वर्णों के अपने-अपने विशिष्ट धर्मों की भी विशद चर्चा उपलब्ध होती है। ब्राह्मण का मुख्य धर्म अध्ययन-अध्यापन, यजन-याजन, दान-प्रतिग्रह वे षट्कर्म कहे गये हैं। शक्ति एवं पराक्रम की प्रतिमूर्ति क्षत्रिय का मुख्य धर्म आततायियों का वध तथा धर्म की रक्षा हेतु शस्त्र ग्रहण माना गया है। राष्ट्र की आर्थिक उन्नति के लिए वैश्य वर्ण के मुख्य धर्म, कृषि, पशुपालन और वाणिज्य कहे गये हैं। शूद्र-वर्ण का प्रधान धर्म अन्य तीन वर्णों की सेवा-परिचर्या करना था। इस प्रकार वर्ण-व्यवस्था और उनके द्वारा अपने-अपने धर्म का पालन समाज की शान्ति एवं सुव्यवस्था का आधार कहा जा सकता है।

सन्दर्भ

1. द्र., राधाकृष्णन्—भारतीय दर्शन, भाग 1, पृ. 102, 103
2. शुक्लादौ ब्राह्मणादौ च शोभायामक्षरे व्रते।
   गीतक्रमें स्तुतौ वेषे वर्णशब्दं प्रचक्षते।। हलायुध कोश, 5/860

3. (क) वैयाकरण सिद्धान्त कौमुदी, सूत्रांक 934, 1254, 1490, 1814, 1552
   (ख) वर्णो वृणोतेः। निरुक्त, 2/4
   (ग) वर्ण—वर्णक्रियाविस्तारगुणवचनेषु। वैदिक पदानुक्रम कोशः, चतुर्थ खण्ड, पृ. 2152
4. वैयाकरण सिद्धान्त कौमुदी, सूत्रांक 1509, 1330, 1853
5. (क) अमरकोश, 2/7/1
   (ख) वैदिक कोश, पृ. 459
   (ग) ऋग्वेदादिभाष्यभूमिका, (वर्णाश्रमविषय), पृ. 246
6. ऋक्., 1/73/7, 2/3/5, 7/77/2, 9/97/15
   मि. अथर्व. 1/221.2, 1/33/1, 11/3/8
7. (क) ऋक्. 2/3/5, 7/77/2, दयानन्द भाष्य
   (ख) काणे—धर्मशास्त्र का इतिहास, प्रथम भाग, पृ. 110
   (ग) वैदिक कोश, पृ. 459
8. दैवयो वे वर्णो ब्राह्मणः। असुर्यश्शूद्रः 11 तै. ब्रा., 1/2/6/50
9. द्र., विण्टरनिट्ज़, प्राचीन भारतीय साहित्य, प्रथम खण्ड, प्रथम भाग, पृ. 50, 51
10. (क) काणे—धर्मशास्त्र का इतिहास, प्रथम भाग, पृ. 110
    (ख) हिन्दू धर्मकोश, पृ. 320
    (ग) वाचस्पति गैरोला—वैदिक साहित्य और संस्कृति, पृ. 314
11. ऋक्., 1/51/8, 1/175/3
12. वही, 7/6/2
13. वही, 10/27/6
14. ब्राह्मणानां सितो वर्णः क्षत्रियाणां तु लोहितः।
    वैश्यानां पीतको वर्णः शूद्राणामसितस्तथा।। शान्ति., 181/5
15. वर्णाः सात्त्विकं राजसं तामसं मिश्रं चेति स्वच्छत्वादिसाम्यात् गुणवृत्तं वर्णशब्देनोच्यते। सितः स्वच्छः सत्त्वगुणः प्रकाशात्मा शमदमादिस्वभावः। लोहितो रजोगुणः प्रवृत्त्यात्मा शौर्यतेज आदिस्वभावः। पी तकः रजस्तमो—व्यामिश्र कृष्यादिनिहीन कर्म प्रवर्तकः। असितः कृष्णः आवरणात्मा तमोगुणः स्वतः प्रकाशप्रवृत्तिहीनः शकटवत् परप्रैर्यः।। वही, 188/4, 5 नीलकण्ठ टीका, पृ. 325, 326
16. ब्राह्मणोऽस्य मुखमासीद् बाहू राजन्यः कृतः।
    ऊरू तदस्य यद्वैश्यः पद्भयां शूद्रो अजायतः।। ऋक्., 10/90/12
    मि. यजु., 31/11 अथर्व., 19/6/6, तै. आ., 3/12/5
17. आद्यादत ठाकुर—वेदों में भारतीय संस्कृति, पृ. 208
18. प्रजापतिर् अकामयत 'प्रजायेय' इति। वै. सं., 7/1/1/4
19. शत. ब्रा., 2/1/4/12, 11/5/8/1
20. ब्रह्माजनयत भुव इति क्षत्रं स्वरिति व्विशमेतावद्वा इदं सर्व
    यावद्ब्रह्म क्षत्रं व्विट्सर्वेणेवीधीयते। शत. ब्रा., 2/1/4/12

21. तै.ब्रा., 1/1/9/70, 71

22. लोकानां तु विवृद्धयर्थ मुखबाहूरूपादतः।
ब्राह्मणं क्षत्रियं वैश्यं शूद्रं च निरवर्तयत्।। मनु., 1/31
दैव्या च शक्त्या मुखादिभ्यो ब्राह्मणादि निर्माणं ब्रह्मणो न
विशङ्कनी। श्रुतिसिद्धत्वात्। तथा च श्रुति ब्राह्मणोऽस्य मुखमासीत्। वही; कुल्लूक भट्ट टीका।

23. (क) विप्रक्षत्रियविट्शूद्रा मुखबाहूरूपादजाः।
वैराजात् पुरुषाज्जाता यः आत्माचारलक्षणाः।। भागवत्, पृ. 11/17/13
(ख) ब्राह्मणाः क्षत्रिया वैश्याः शूद्राश्चद्विजसत्तम।
पादोरूवक्षः स्थलतो मुखतश्च समुद्गताः।। विष्णु पुराण, 1/6/6

24. मनुर्मनुष्यांजनयत् कश्यपस्य महात्मनः।
ब्राह्मणान् क्षत्रियान् वैश्यांशूद्रांश्च मनुजर्षभ।
मुखतो ब्राह्मणा जाता उरसः क्षत्रियास्तथा।
ऊरूभ्या जज्ञिरे वैश्याः पद्भयां शूद्रा इति श्रुतिः वा. राम., 3/14/29, 30

25. यो यदैषां गुणो देहे साकल्येनातिरिच्यते।
स तदा तद्गुणप्रातं करोति शरीरिणम्।।
सत्त्वं ज्ञान तमोऽज्ञानं रागद्वेषौ रजः स्मृतम।
एतद्वयाप्तिमदेतेषां सर्वभूताश्रितं वपुः।। मनु., 12/25, 26

26. विष्णु पुराण, 1/3/3-5

27. यज्ञनिष्पत्तये सर्वमेतद् ब्रह्मा चकार वै।
चातुर्वर्ण्य महाभाग यज्ञसाधनमुत्तपम्।।
यज्ञैराप्यायिता देवा वृष्ट्युत्सर्गेण वे प्रजाः।
उपायूयायन्ते धर्मज्ञ यज्ञाः कल्याण हेतवः।। विष्णु पु., 1/6/7, 8

28. सहयज्ञाः प्रजाः सृष्टवा पुरोवाच प्रजापतिः।
अनेन प्रसविष्यध्वमेष वोऽस्त्विष्टकामधुक्।। गीता, 3/10

29. चातुर्वर्ण्य मया सृष्टं गुणकर्मविभागशः।
तस्य कर्तारमपि मां विद्धयकर्त्तारमव्ययम्।। वही, 4/13

30. (क) ब्रह्म वक्त्रं भुजौ क्षत्रं कृत्स्नमूरूदरं विशः।
पादौ यसयाश्रिताः शूद्रास्तस्मै वर्णात्मने नमः।। शान्ति., 47/43
(ख) मुखजां ब्राह्मणास्तात बाहुजाः क्षत्रबन्धवः।
ऊरूजा धनिनो राजन्पादजाः परिचारकाः।। वही, 285/6
(ग) वही, 285/5,7

31. न विशेषोऽस्ति वर्णानां सर्व ब्रह्ममिदं जगत्।
ब्रह्मणा पूर्वसृष्टं हि कर्मभिवर्णतां गतम्।। शान्ति., 181/10 नीलकण्ठ टीका, पृ. 326

32. असृजद्ब्राह्मणानेव पूर्व ब्रह्मा प्रजापतिः।
आत्मतेजाभिनिर्व्रत्तान्धास्कराग्नि समप्रभान्।। वही, 181/1
33. संसृष्टा ब्राह्मणरेव त्रिषु सृष्टयः।। वही, 60/41
34. कामभोगप्रियास्तीक्ष्णाः क्रोधना प्रियसा हसाः।
त्यक्तस्वधर्मा रक्ताङ्गास्ते द्विजाः क्षत्रतां गताः।। वही, 181/11
35. गोषु वृत्तिं समाधाय पीताः कृष्युप जीविनः।
स्वधर्म नानुतिष्ठन्ति ते द्विजा वैश्यतां गताः।। वही, 181/12
36. हिंसानृतप्रिया लुब्धाः सर्वकर्मोप जीविनः।
कृष्णाः शौचपरिभ्रष्टास्ते द्विजाः शूद्रतां गताः।। शान्ति., 181/13
37. इत्येतः कर्मभिर्व्यस्ता द्विजा वर्णान्तरं गताः। शान्ति., 181/14
38. ब्राह्मणो मुखतः सृष्टो ब्राह्मणो राजसत्तम्।
बाहुभ्यां क्षत्रियः सृष्ट ऊरूभ्या वैश्य उच्यते।। वही, 73/4
वर्णानां परिचर्यार्थ त्रयाणां पुरुषर्षभ।
वर्णश्चतुर्थः पश्चान्तु पद्भयां शूद्रो विनिर्मितः।। वही, 73/5
39. असृजद्धि प्रजा राजन्प्रजापतिरकल्मषः।
मां यक्षयन्तीति शान्तात्मा यज्ञैर्विविधदक्षिणैः। वही, 12/19
40. गीता, 4/10, शांकरभाष्य, पृ. 89
41. यज्ञाय सृष्टानि धनानि धात्रा।
यष्टादिष्टः पुरुषो रक्षिता च।
तस्मात्सर्वे यज्ञ एवोपयोन्यं।
धनं ततोऽनन्तर एव कामः।। शान्ति., 20/10
42. द्र., धर्मदेव विद्यामार्तण्ड, महाभारत में वर्ण-व्यवस्था, विश्व-ज्योति, महाभारत अंक, अप्रैल, 1970, पृ. 108-110
43. हिन्दू धर्मकोश, पृ. 278
44. हिन्दू धर्मकोश, पृ. 575
45. काणे—धर्मशास्त्र का इतिहास, प्रथम भाग, पृ. 119
46. (क) राधाकुमुद मुकर्जी, हिन्दू सभ्यता, पृ. 61
(ख) सत्यकेतु विद्यालंकार, प्राचीन भारतीय इतिहास का वैदिक युग, पृ. 196
47. ब्रह्मक्षत्रान्तरे सूतं जातं मां विद्धि भार्गव। शान्ति., 3126
48. चतुर्णामेव वर्णानामागमः पुरुषर्षभ।
अतोऽन्ये त्वतिरिक्ता ये ते वे संकरजाः स्मृताः।। वही, 285/7
49. आरण्यक., 177/26-28
50. ऋक्. 1/108/7, 4/50/8, 8/7/20, 8/45/39, 8/53/7, 8/81/30, 9/112/1, 10/85/29, 10/90/12, 10/106/6, 10/125/5, यजु. 30/5 द्र., काणे—धर्मशास्त्र का इतिहास, प्रथम भाग, पृ. 110

51. (क) त्वं नो अग्ने अग्निर्भिर्बह्म यज्ञं च वर्ध। ऋक्., 10/141/6

(ख) काणे–धर्मशास्त्र का इतिहास, प्रथम भाग, पृ. 110

(ग) वैदिक कोश, पृ. 340

52. यथा ब्रह्म च क्षत्रं च न बिभी तो न रिष्यतः। एवा मे प्राण मा बिभेः। अथर्व. 2/15/4, दयानन्द भाष्य

53. (क) ब्रह्म वै ब्राह्मणः। क्षत्रं राजन्यः। तै. ब्रा. 3/9/14/53

(ख) काणे–धर्मशास्त्र का इतिहास, प्रथम भाग, पृ. 110

54. (क) वैदिक कोश, पृ. 342, 460

(ख) मैक्डानेल एवं कीथ–वैदिक इण्डेक्स, पृ. 88

55. ऋक्. 10/90/12

56. निरुक्त, 1/8

57. ब्रह्म वेदं शुद्धं चैतन्यं वा वेत्यधीते वा-अण्। आप्टे, संस्कृत-हिन्दी कोश, पृ. 724

58. हृदा तष्टे मनसो जवेषु यद् ब्राह्मणाः संयजन्ते सखायः।
अत्राह त्वं वि जहुर्वेद्याभिरोह ब्राह्मणो वि चरन्त्यु त्वे।। ऋक्., 10/71/8

59. (क) ब्रह्म हि ब्राह्मणः। शत. ब्रा., 5/1/52

(ख) भगवद्दत्त–वैदिक वाङ्मय का इतिहास, भाग 2, पृ. 205

60. ब्राह्मणेनैष्टव्यं यद्ब्रह्मवर्चसी स्यात्।। शत. ब्रा., 1/7/4/16

61. ऐ. ब्रा., 7/29

62. (क) शत. ब्रा., 11/5/7/1

(ख) काणे–धर्मशास्त्र का इतिहास, प्रथम भाग, 113

(ग) मेक्डोनेल एवं कीथ–वैदिक इण्डेक्स, भाग 2, पृ. 90

(घ) वैदिक कोश, पृ. 343

63. (क) य उ वे कश्च यजते ब्राह्मणीभूयेवेव यजते। शत. ब्रा., 13/4/1/3

(ख) सा वा एष ब्राह्मणस्य चैव राजन्यस्य च यज्ञः। तै. ब्रा., 1/3/2/10

64. यस्य गर्भाधानपुसंवनसी मन्तोन्नयन जा तकर्मनामकरणनिष्क्रमणान्नप्राशन–गोदानचूड़ाकरणोपनयनाप्लवनाग्निहोत्रव्रतचर्यादी नि कृतानि भवन्ति... गो. ब्रा. 2/23

65. शत. ब्रा., 12/7/2/2, ऐ. ब्रा. 7/29, 7/34/1

66. अशिव इव वा एष भक्षो यत्सुरा ब्राह्मणस्य...शत. ब्रा., 12/8/1/5

67. टि.–ब्राह्मण, क्षत्रिय, वैश्य को द्विज चाद्विजाति कहा गया है जिसका अर्थ है–दो जन्म वाला। इनका प्रथम जन्म तो माता के गर्भ से तथा द्वितीय जन्म जातकर्मादि संस्कारों से माना गया है।

68. (क) द्विजातीनामध्ययनभिज्यादानम्।। ब्राह्मणस्याधिकाः प्रवचनया जनप्रतिग्रहाः। गौ. धर्म. 2/1/1-2

(ख) आप. धर्म, 1/6

(ग) द्र., कुन्दनलाल शर्मा, कल्पसूत्र, वैदिक वाङ्मय का बृहद् इतिहास, पृ. 539

69. पूर्वेषु नियमस्तु गौ. धर्म., 2/1/3 मिताक्षरावृत्ति।

70. ब्रह्म वै स्वं महिमानं ब्राह्मणेष्वदधादध्ययनाध्यापनय जनया जनदान प्रतिग्रहसंयुक्तं वेदानां गुप्त्ये।। बौ. धर्म., 1/10/2

71. तदलाभे क्षत्रवृत्तिः। गौ. धर्म., 1/7/6 मि., मनु. 10/81

72. तदलाभे वैश्यवृत्तिः। गौ. धर्म, 1/7/7 मि., मनु. 10/82

73. सर्वथा वृत्तिरशक्तावशोद्रण।। गौ. धर्म., 1/7/2,2

74. जगदीश चन्द्र भट्ट—रामायणकालीन समाज एवं संस्कृति, पृ. 94

75. विश्वामित्रोऽपि धर्मात्मा लब्ध्वा ब्राह्मण्युमुत्तपम्। वा. राम., 1/65/27

76. वा. राम., 1/6/13, 1/12/4, 5, 2/100/11, 12

77. S.N. Vyas, India in the Ramayana Age, p. 62
(क) आप्ट—संस्कृत-हिन्दी कोश, पृ. 315
(ख) वाचस्पत्यम्—तृतीय भाग, पृ. 2361
(ग) Monier Williams–Sanskrit-English Dictionary, p. 325

78. अमरकोश 2/8/1 सुधाव्याख्या

79. (क) ऋक्. 4/12/3, 4/42/1, 5/69/1, 7/64/2, 8/25/8, 10/109, 3
(ख) क्षत्रं क्षत्रियकुलम्, यः पुरुष इन्द्रः परमेश्वयूर्यवान् शत्रूणां क्षयकरणा— युद्धोत्सुकत्वाच्च प्रजापालनतत्परः क्षत्रियो भवितुमर्हति। ऋग्वेदादिभाष्य भूमिका, पृ. 246
(ग) काणे—धर्मशास्त्र का इतिहास, प्रथम भाग, पृ. 111
(घ) वैदिक कोश, पृ. 116

80. बाहू राजन्यः कृतः। ऋक्, 10/90/12, अथर्व., 5/17/9
मि., क्षत्रं राजन्यः। ऐ. ब्रा., 8/6, तै. ब्रा., 3/9/14/53

81. (क) ऋक्., 10/98
(ख) निरुक्त, 2/10
(ग) काणे—धर्मशास्त्र का इतिहास, प्रथम भाग, पृ. 111

82. जे. मूइर—मूल संस्कृत उद्धरण, पृ. 18

83. बलवीर्यूर्यादिलक्षणान्वितो राजन्यः क्षत्रियस्तेन कृत आज्ञप्त आसीदुत्पन्नो भवति। ऋग्वेदादिभाष्यभूमिका, पृ. 126

84. (क) युद्धं वै राजन्यस्य वीर्यम्। शत. ब्रा., 13/1/5/6
(ख) युद्धं वै राजन्यस्य। युद्धैनैवं स सुमर्धयति। तै. ब्रा., 3/9/14/55

85. एतानि क्षत्रस्यायुधानि यदश्वरथः कवच इषुधन्व....ऐ. ब्रा., 7/19

86. शत. ब्रा., 11/8/4/5

87. वही, 11/6/3/1, 10/6/1/2, छान्दोग्य., 4/4/1, बृहद. उ., 2/1, 3/1

88. बृहद. उ., 1/4/11

89. वही, 2/1/15

90. (क) एतानयेव क्षत्रियस्याऽध्यापनयाजन प्रतिग्रहणनीति परिहाप्य दण्ड–युद्धाधिकानि– आप धर्म., 2/5/7

(ख) द्विजातीनामध्ययनमिज्यादानम्। राज्ञोऽधिकं रक्षणसर्वभूतानाम्। गौ.धर्म., 2/1/1/7

91. (क) एष हि प्रथमो धर्मः क्षत्रियस्याभिषेचनम्।
येन शक्यं महाप्राज्ञ प्रजानां परिपालनम्।। वा. राम., 2/106/19

(ख) अथ क्लेशजमेव त्वं धर्मंचरितुमिच्छसि।
धर्मेण चतुरो वर्णान् पालयन् कलेशमाप्नुहि।। वही, 2/106/21

92. (क) आप्टे–संस्कृत-हिन्दी कोश, पृ. 982

(ख) वाचस्पत्यम्, भाग षष्ठम्, पृ. 4978

(ग) Monier Williams–Sanskrit-English Dictionary, p. 1026

93. द्र., अमरकोश 2/9/1 सुधा व्याख्या

94. द्र., अमरकोश 2/9/1 सुधा व्याख्या

95. Monier Williams, Sanskrit-English Dictionary, p. 1026

96. आप्टे–संस्कृत-हिन्दी कोश, पृ. 982

97. ऊरू तदस्य यद्वैश्य, ...ऋक्. 10/90/12

98. यजु., 31/10, 11, वै. सं. 2/5/10/2, 2/3/7/1, 7/1/1/5

99. अथर्व., 5/17/9

100. काणे–धर्मशास्त्र का इतिहास, प्रथम भाग, पृ. 111, 112

101. प्रियं मा दर्भ कृणु ब्रह्मराजन्याभ्यां शूद्राय चार्याय च। अथर्व., 19/32/8

102. (क) राष्ट्राणि वै विशः। ऐ. ब्रा., 8/29

(ख) काणे–धर्मशास्त्र का इतिहास, प्रथम भाग, पृ. 111

103. कृषिव्यापारादयो गुणा मध्यमास्तेभ्यो वैश्यो वणिग्जनोऽस्य पुरुषस्यपोपदेशादुत्पन्ना भवतीति वेद्यम्। ऋग्वेदादिभाष्य भूमिका, पृ. 123

104. पशुकाभः खलु वैश्यो यजते। तै. सं., 2/5/10/2

105. ऐ. ब्रा., 7/29 वैदिक कोश, पृ. 496

106. ऋग्भ्यो जातं वैश्यं वर्णमाहुः। वै. ब्रा., 3/12/9/50

107. काणे–धर्मशास्त्र का इतिहास, पृ. 114

108. अत्ता वै क्षत्रियो अन्नं विट् यत्रवा अत्तुरन्नं भूयो भवति
तद्राष्ट्रं समृद्धं भवति तदेधते......शत. ब्रा., 6/1/2/25

109. एकादशद्वादशयोः क्षत्रियवैश्ययोः। गौ. धर्म., 1/1/12

110. क्षत्रं ब्रह्ममुखं चासीद् वैश्या क्षत्रमनुवृताः।
शूद्राः स्वकर्मनिरतास्त्रीन् वर्णानुपचारिणः।। वा. राम., 1/6/19

111. (क) नाराजके जनपदे धनवन्तः सुरक्षिताः।
शेरते विवृतद्वारा कृषिगोरक्ष जीविनः।। वही, 2/97/18

(ख) कच्चित् ते दयिता सर्वे कृषिगोरक्षजीविनः।
वार्तायां संश्रितस्तात लोकोऽयं सुखमेधते।। वही, 2/100/47

112. वा. राम., 2/67/22

113. लाक्षया मधुमांसेन लोहेन च विषेण च।
सदैव बिभृयाद् भृत्यान् यस्यार्थोऽनुमते गतः। वही, 2/75/38

114. द्र., S.N. Vyas, India in the Ramayana Age, p. 66

115. (क) आप्टे—संस्कृत-हिन्दी कोश, पृ. 1026
(ख) वाचस्पत्यम्, भाग षष्ठम्, पृ. 5131

116. अमरकोश, 2/10/1

117. शोचन्तश्च द्रवन्तश्च परिचर्यासु ये रताः।
निस्तेजसोऽल्पवीर्याश्च शूद्रास्तानब्रवीतु सः।। वायु पुराण, 1/8/158

118. दीर्घ निकाय, 3/95

119. पद्भ्यां शूद्रोऽजायत। ऋक्., 10/90/12

120. (क) काणे—धर्मशास्त्र का इतिहास, प्रथम भाग, पृ. 116
(ख) वैदिक कोश, पृ. 521

121. ऋक्., 10/90/12

122. पद्भयां पादेन्द्रियनी चत्वमर्थाज्जडबुद्धि त्वादिगुणेभ्यः शूद्र सेवागुणविशिष्टः पराधीनतया प्रवर्त्तमानोऽजायत।। ऋग्वेदादिभाष्यभूमिका, पृ. 126

123. काणे—धर्मशास्त्र का इतिहास, प्रथम भाग, पृ. 112

124. शूद्रो मनुष्याणामश्वः पशूनां तस्मात् तौ भूतसङ्क्रामिणावश्वश्च शूद्रश्च तस्माच्छूद्रो यज्ञेऽनवलृप्तः... तै. सं. 7/1/1/6

125. रुचं नो धेहि ब्राह्मणेषु रुच राजसु नस्कृधि।
रुचं विश्येषु शूद्रेषु मयि धेहि रुचा रुचम्।। तै. सं. 5/7/6/3-4

126. (क) ताण्डय. ब्रा., 6/1/11 (ख) शत. ब्रा., 3/1/1/10

127. तपो वै शूद्रः। शत. ब्रा., 13/6/2/10

128. असुर्यरशूद्रः तै. ब्रा., 1/2/6/50

129. शूद्रकल्पस्ते प्रजायामाननिष्यतेऽनयस्य प्रेष्यः कामोत्थाप्यो यथाकाम वध्यो....ऐ. ब्रा., 7/29

130. (क) ऐ.ब्रा., सायण भाष्य,
(ख) निरुक्त, 2/3, 5/16, 10/11
(ग) वैदिक कोश, पृ. 521

131. छान्दोग्य., 3/16/7, 4/1/1

132. (क) परिचर्या चोत्तरेषां। गो. धर्म., 2/1/57, 68
(ख) शुश्रूषा शूद्रस्येतरेषां वर्णानाम्।। आप. धर्म., 1/1/7

133. गो. धर्म., 10/60

134. (क) शूद्रश्चतुर्थो वर्ण एकजातिः। गो. धर्म., 2/1/51

(ख) अशूद्राणामदुष्टकर्मणामुपायनं वेदाध्ययनमग्नयायं। फलवन्ति च कर्माणि। आप. धर्म., 1/1/6

(ग) विण्टरनिट्ज़–प्राचीन भारतीय साहित्य, प्रथम खण्ड, प्रथम भाग, पृ. 174

135. श्मशानवच्छूद्रपतितौ।। आप. धर्म., 1/3/9

136. तस्यापि सत्यमक्रोधः शौचम्।। गो. धर्म., 2/1/52

137. शिल्पवृत्तिश्च। गो. धर्म., 2/1/62

138. वैदिक कोश, पृ. 522

139. त्रीन वर्णानुपचारिणः। वा. राम., 1/6/19

140. वही, 7/73/1-4

141. अक्रोधः सत्यवचनं संविभागः क्षमा तथा।
प्रजनः स्वेषु दारेषु शोचमद्रोह एव च।।
आर्जवं भृत्यभरणं नवैते सार्ववर्णिकाः। शान्ति., 60/7, 8

142. आनृशंस्यमहिंसा चाप्रमादः संविभागिता।
श्राद्धकर्मातिथे यं च सत्यमक्रोध एव च।।
स्वेषु दारेषु सन्तोषः शोचं नित्यानसूयता।
आत्मज्ञानं तितिक्षा च धर्माः साधारणनृप।। वही, 285/23, 24

143. ऋषयस्तं प्रशंसन्ति साधु चैतदसंशयम्।
सर्वथा सर्ववर्णेर्हि यष्टव्यमिति निश्चय।। शान्ति., 60/51

144. असृजद्धि प्रजा राजन्प्रजापतिरकल्मषः।
मां यक्षयन्तीति शान्तात्मा यज्ञैर्विविधदक्षिणैः।। वही, 12/19

145. वही, 60/39, 43, 52

146. चतुष्पदां गौः प्रवरा लोहानां कांचनं वरम्।
शब्दानां प्रवरो मन्त्रो ब्राह्मणो द्विपदां वरः।। शान्ति., 11/11

147. सर्वेषामेव भूतानां पुरुषः श्रेष्ठ उच्यते।
पुरुषेभ्यो द्विजानाहुर्द्विजेभ्यो मन्त्रवादिनः।। वही, 207/2

148. सर्वभूतविशिष्टास्ते सर्वज्ञाः सर्वदर्शितः।
ब्राह्मणा वेदतत्त्वज्ञा स्तत्त्वार्थगति निश्चयाः।। वही, 207/3

149. नेत्रहीनो यथा हेकः कृच्छढ138णि लभतेऽधिकाः।। वही, 207/4

150. ब्राह्मणो जातमात्रस्तु पृथिवी मन्वजायत।
ईश्वरः सर्वभूतानां धर्मकोशस्य गुप्तये।। शान्ति. 73/6

151. ब्राह्मणास्तात लोकेऽस्मिन्नर्चनी याः सदामम।
एते भूमिचरा देवा वाग्विषाः सुप्रसादकाः।। वही, 39/38

152. शान्ति., अ. 39

153. (क) यः स्याद्दान्तः सोमप आर्यशीलः सानुक्रोशः सर्वसहो निराशीः।
ऋजुर्मृदुनृशंसः क्षमावा न्सवै विप्रो नेतरः पापकर्मा।। वही, 638
(ख) सत दानं दमोऽद्रोह आनृशंस्य। क्षमाघृणा।
तपश्च दृश्यते यत्र स ब्राह्मण इति स्मृतः।। वही, 182/4

154. शौचाचारिस्थतः सम्यग्विघसाशी गुरुप्रियः।
नित्यव्रती सत्यपरः स वै ब्राह्मण उच्यते।। शान्ति., 182/3

155. शान्ति., 23/7

156. जातकर्मादिभिर्यस्तु संस्कारैः संस्कृतः शुचि।
वेदाध्ययनसम्पन्नः षट्सु कर्मस्ववस्थिताः।। वही, 182/2

157. (क) अधीयन्तेऽध्यापयन्ति यजन्ते याजयन्ति च।
ददति प्रतिगृहणीयन्ति षट्सु कर्मस्ववस्थिताः।। वही, 78/11
(ख) अध्यपयेदधीयीत याजयेत यजेत च।
न वृथा प्रतिगृह्णीयान्न च दद्यात्कथंचन।। वही, 226/11

158. (क) ब्राह्मणानां यथा धर्मो दानमध्ययनं तपः। वही, 55/14
(ख) स्वाध्यायोऽध्यापनं चैव तत्र कर्म समाप्यते।। वही, 60/9
(ग) परिनिष्ठितकार्यस्तु स्वाध्यायेनेव ब्राह्मणः।। वही, 60/12

159. वही, 227/7

160. एवं दानसमाधानं मार्गमातिष्ठतो नृप।
द्विजातेर्ब्रह्मभूतस्य स्पृह्यन्ति दिवोकसः।। वही, 12/24

161. वही, 37/39

162. त्रयीविद्यामवेक्षेत वेदेसूक्तामथाङ्गतः।
ऋक्सामवर्णाक्षरतो यजुषोऽथर्वण स्तथा।।
वेदवादेषु कुशला ह्यध्यात्मकुशलाश्च ये।
सत्त्ववन्तो महाभागाः पश्यन्ति प्रभवाप्ययौ।। शान्ति., 227/1, 2

163. विप्रो वेदानधीते यः स त्यागी गुरुपूजकः।। वही, 12/10

164. न हि वेदोक्तमुत्सृज्य विप्रः सर्वेषु कर्मसु।
देवायानेन नाकस्य पृष्ठमाप्नोति भारत।। वही, 12/5

165. वेदवादेषु कुशलाः वही, 227/2

166. वही, 12/19

167. पंचभिः सततं यज्ञैः श्रद्दधानो यजेत च। शान्ति., 227/5

168. वही, 227/8, 9

169. आश्व., अ. 10

170. वही, 9/31

171. आदि., 3/13

172. देववंशान्पितृवंशान्ब्रह्मवंशाश्च शाश्वतान्। संविभज्य गुरोश्चर्या तद्वै दुष्करमुच्यते।। शान्ति., 11/19

173. अदातारोऽशरण्याश्च राजकिल्बिषभागिनः।
दुखानामेव भोक्तारो न सुखानां कदाचन।। वही, 12/30

174. परं सहस्राद्यौ बद्ध्वा हयान्वेदीं विचित्य च।
सहस्रं यन्न पद्मानां कण्वाय भरतो ददौ।। शान्ति., 29/44

175. पुरोहिताय धौम्याय प्रदादयुतशः स गाः।
धनं सुवर्णं रजतं वासांसि विविधानि च।। वही, 45/7

176. यद्यागच्छेद्यतेद्दद्यान्नेकोऽश्नी यात्कर्थचन।। वही, 226/12

177. न वृथा प्रतिगृह्णीयान्न न दद्यत्कथंचन।। वही, 226/11

178. न दुर्जने दौष्कुले वा व्रतेर्वा यो न संस्कृतः।
अश्रोत्रिये मृतं दानं ब्राह्मणेऽब्रह्मवादिनी।। वही, 37/31

179. काष्ठैरार्द्रेयथा वह्निरुपस्तीर्णो न दीप्यते।
तपः स्वाध्यायचरित्रैरेवं हीनः प्रतिग्रही।। वही, 37/34

180. ब्राह्मणस्येह चत्वार आश्रमा विहिताः प्रभो। शान्ति., 62/2

181. कामक्रोधो वशे कृत्वा ब्रह्मचारी जितेन्द्रियः। वही, 213/18

182. सदोपवासीच भवेद्ब्रह्मचारी सदैव च।
मुनिश्च स्यात्सदा विप्रो देवतं च सदा भजेत्।। वही, 214/5

183. वही, 214/12

184. वही, 12/34

185. (क) अमांसाशी सदा च स्यात्पवित्रं च सदा जपेत्।। वही, 214/6
(ख) अभक्षयन्वृथामांसममांसाशी भवत्युत।। वही, 214/11

186. वही, 214/11

187. अन्तरा प्रातराशं च सायमाशं तथैव च।
सदोपवासी च भवेद्यो न मुङ्क्ते कंथंचन।। वही, 214/9

188. शान्ति., 207/12

189. ज्याकर्षणं शत्रुनिबर्हणं च कृषिर्वणिज्या पशुपालनं च।
शुश्रूषणं चापि तथार्थहेतोरकार्यमेतत्परमं द्विजस्य।। शान्ति. 63/1

190. क्षात्राणि वैश्यानि च सेवमानः शौद्राणि कर्माणि च ब्राह्मणः सन्।
अस्मिँलल्लोके निन्दितो मन्दचेताः परे च लोके निरयं। प्रयाति।। वही, 62/4

191. वही, 63/4, 5

192. व्याख्याता क्षत्रधर्मेण वृत्तिरापत्सु भारत। वही, 79/1

193. यथा वै ब्राह्मणः सीदन्नयाज्यमपि याजयेत्। अभोज्यान्नानि चाश्नीयान्तथेदं नात्र संश्य।। वही, 128/21

194. आपद तेन धर्माणामन्यायेनोपजीवनम्।
अपि ह्येतद्ब्राह्मणेषु दृष्टं वृत्तिपरिक्षये।। वही, 128/25

195. ब्राह्मणानां क्षतत्राणात्ततः क्षत्रिय उच्यते। शान्ति., 59/128

196. वही, 13/3

197. (क) असतां प्रतिषेधश्च सतां च परिपालनम्।
एष राज्ञां परो धर्मः समरे चापलायनम्।। वही, 14/16
(ख) सर्वलोकहितं धर्म क्षत्रियेषु प्रतिष्ठितम्।। वही, 64/5

198. चातुराश्रम्यधर्माश्च जातिधर्माश्च पाण्डव।
लोकपालोत्तराश्चैव क्षात्रे धर्मे व्यवस्थिताः।। वही, 64/1

199. कर्मणा वै पुरा देवा ऋषयश्चामितौजसः।
त्राताः सर्वे प्रमथ्यारी-क्षत्रधर्मेण विष्णुना।। वही, 64/22

200. शान्ति., 64/27-29

201. कामभोगप्रियास्तीक्ष्णाः क्रोधनाः प्रियसाहसाः।
त्यक्तस्वधर्मा रक्ताङ्गास्ते द्विजाः क्षत्रतां गताः।। वही, 181/11

202. क्षत्रजं सेवते कर्म वेदाध्ययन संमतः।
दानादानरतिर्यश्च स वै क्षत्रिय उच्यते।। वही, 182/5

203. तेन धर्मोत्तरश्चायं। कृतो लोको महात्मना।
रंजिताश्च प्रजाः सर्वास्तेन राजेति शब्यते।। वही, 56/127

204. आत्मत्यागः सर्वभूतानुकम्पा लोकज्ञानं मोक्षणं पालनं च।
विषण्णानां मोक्षणं पीडितानां क्षात्रे धर्मे विद्यते पार्थिवानाम्।। शान्ति., 64/26

205. क्षमानुकम्पा कारुण्यमानृशंस्य। न विद्यते।
क्षात्रमाचरतो मार्गमपि बन्धोस्त्वदन्तरे।। शान्ति., 10/3

206. आददानस्य चेद्राज्यं। ये केचित्परिपन्थिनः।
हन्तव्यास्त इति प्राज्ञाः क्षत्रधर्मविदो विदुः।। वही, 10/7

207. ते सदोषा हतास्माभिः राज्यस्य परिपन्थिनः।
तान्हत्वा भुङ्क्ष्व धर्मेण युधिष्ठिर महीमिमामूं वही, 10/8

208. क्षत्रधर्मो महारौद्रः शस्त्रनित्य इति स्मृतः।
वधश्च भरतश्रेष्ठ काले शस्त्रेण संयुगे।। वही, 22/5

209. वही, 22/3, 4, 55/14

210. आहूतेन रणे नित्यं। योद्धव्यं क्षत्रबन्धुना।
धर्म्यं स्वर्ग्यं च लोक्यं। च युद्धं हि मनुरब्रवीत्। शान्ति., 55/17

211. वही, अ. 55

212. वही, 22/26, 27

213. (क) हुत्वा तस्मिन्यज्ञवद्धाधारी—न्पापान्मुक्तो राजसिंहस्तरखी। प्राणान्हुत्वा चावभृथे रणे स वाजिग्रीवो मोदते देवलोके।। वही, 25/27

(ख) वही, 26/32

214. दानमध्ययनं यज्ञो योगः क्षेमो विधीयते।
तस्माद्राज्ञा विशेषेण योद्धव्यं धर्ममीप्सता।। वही, 60/28

215. क्षत्रियस्यापि यो धर्मस्तं वे वक्ष्यामि भारत।
दद्याद्राजा न याचेत यजेत न तु याजयेत्।। वही, 60/13

216. उद्यमो जीवन क्षत्रे बाहुवीर्यादिति श्रुतिः।। शान्ति., 128/19

217. विपद्यन्ते समारम्भाः सिध्यन्त्यपि च दैवतः।
कृते पुरुषकारे तु नैनः स्पृशति पार्थिवम्।। वही, 25/21

218. वही, 98/3

219. यथैव क्षेत्रनिर्दाता निर्दन्वै क्षेत्रमेकदा। हिनस्ति कक्षं धान्यं च न च धान्यं। विनश्यति।। एवं शास्त्राणि मुंचन्तो ध्नन्ति वध्यानथैकदा। तस्यैषा निष्कृतिः कृत्स्ना भूतानां भावनं पुनः।। वही, 98/6, 7

220. बहुश्रुत्या गुरुशुश्रूषया वा परस्य वा संहननाद्वदन्ति।
नित्यं धर्म क्षत्रियो ब्रह्मचारी चरेदेको ह्याश्रमं धर्मकामः।। 65/4

221. वेदानधीत्य धर्मेण राजशास्त्राणि चानघ।
सन्तानदीनि कर्माणि कृत्वा सोमं निषेव्य च।। वही, 63/16

222. न त्यागो न पुनर्याचा न तपो मनुजेश्वर।
क्षत्रियस्य विधीयन्तो न परस्वोपजीवनग्।। शान्ति., 22/7

223. (क) दद्याद्राजा न याचेत यजेत न तु याजयेत्। वही, 60/13

(ख) नाध्यापयेदधीयीत प्रजाश्च परिपालयेत्।। वही, 60/14

224. (क) भैखयर्चां न तु प्राहुस्तस्य तद्धर्मचारिणः।
तथा वैश्यस्य राजेन्द्र राजपुत्रस्य चैव हि।। वही, 63/14

(ख) न चैतन्नैष्ठिकं कर्म त्रयाणां भरतवर्षभ।
चतुर्णां राजशार्दूल प्राहुराश्रमवासिनाम्।। वही, 63/23

225. क्षत्रियो वृत्तिसंरोधे कस्य नादातुर्महति।
अन्यत्र तापसस्वाच्च ब्राह्मणस्वाच्च भारत। वही, 128/20

226. कृषिगोरक्ष्यवाणिज्यं लोकानामिह जीवनम्। शान्ति., 90/7

227. इतो दत्तेन जीवन्ति देवाः पितृगणास्तथा।
मनुष्योरगरक्षांसि वयांसि पशवस्तथा। वही, 90/24

228. वही, 90/23

229. शान्ति., अ. 253-256

230. कृषिगोरक्ष्यवाणिज्यं यो विशत्यनिशं शुचिः।
वेदाध्ययनसम्पन्नः स वैश्य इति संज्ञितः।। वही, 182/6

231. वैश्यस्यापीह यो धर्मस्तं वे वक्ष्यामि भारत।
दानमध्ययनं यज्ञः शौचेन धनसंचयः।। शान्ति., 60/21

232. ब्राह्मणाः क्षत्रिया वैश्यास्त्रयो वर्णा द्विजातयः। वही, 285/25

233. प्रजापतिर्हि वैश्याय सृष्ट्वा परिददे पशून्। वही, 60/23

234. पितृवत्पालयेद्वैश्यो युक्तः सर्वपशूनिह। वही, 60/22

235. षण्णामेकां पिबेद्धेनुं शताच्च मिथुनं हरेत्। लये च सप्तमो भागस्तथा शृंगे कला खुरे।
सस्यस्य सर्ववीजानामेषा सांवत्सरी भृतिः।। वही, 60/24, 25

236. न च वैश्यस्य कामः स्यान्न रक्षेयं। पशूनिति। वही, 60/23

237. (क) शौचेन धनसंचयः। वही, 60/21
(ख) वही, 62/9, 282/14, 15

238. दमेन शोभते विप्रः क्षत्रियो विजयेन तु।
धनेन वैश्यः शूद्रस्तु नित्यं दाक्ष्येण शोभते।। शान्ति., 282/21

239. वैश्ये न्यायार्जिताश्चैव शूद्रे शुश्रूषयार्जिता।
स्वल्पाप्यर्थाः प्रशस्यन्ते धर्मस्यार्थे महाफलाः।। वही, 283/1

240. वैश्यस्तु धनधान्येन त्रीन्वर्णान्बिभृयादिमान्। वही, 73/8

241. कृतकृत्यो वयोती ता राज्ञः कृतपरिश्रमः।
वैश्यो गच्छेदनुज्ञातो नृपेणाश्रममण्डलम्।। वही, 63/15

242. तिलान् गन्धान् रसांश्चैव न विक्रीणीते वै क्वाचित्।
वणिकूपथमुपासीनो वैश्यः सत्पथमाश्रितः। अनुशासन., 128/55

243. शान्ति., 60/21

244. गोब्राह्मणहितार्थं च वर्णानां संकरेषु च।
गृहणीयात्तुधनुर्वेश्यः परित्राणाय चात्मनः।। शान्ति., 156/31

245. हिंसानृतप्रिया लुब्धाः सर्वकर्मोपजीविनः।
कृष्णाः शौचपरिभ्रष्टास्ते द्विजाः शूद्रतो गताः।। वही, 181/13

246. (क) तस्माच्छूद्रस्य वर्णानां परिचर्या विधीयते।
तेषां शुश्रूषणाच्चैव महत्सुखमवाप्नुयात्।। वही, 60/28
(ख) प्रजापतिर्हि वर्णाना दासं शूद्रमकल्पयत्।। वही, 60/27

247. शूद्र एतान्परिचरेत्त्रीवर्णाननसूयकः। शान्ति., 60/29, 282/1, 2

248. (क) तस्य वृतिं प्रवक्ष्यामि यच्च तस्योपजीवनम्। अवश्यभरणीयो हि वर्णानां शूद्र उच्यते।। वही, 60/31
(ख) छत्रं वैष्टनमौशीरमुपानवयजनानि च। यातयामानि देयानि शूद्राय परिचारिणे।। वही, 60/32

249. राज्ञा वा समनुज्ञातः कामं कुर्वीत धार्मिक। वही, 60/30

250. स्वाहाकारनमस्कारो मन्त्रः शूद्रे विधीयते।। वही, 60/36

251. शूद्रः पैजवनो नाम सहस्राणां शतं ददौ।
ऐण्द्राग्नेन विधानेन दक्षिणामिति नः श्रुतम्।। वही, 60/38

252. अतो हि सर्ववर्णानां श्रद्धायज्ञो विधीयते। वही, 60/39

253. (क) यज्ञो मनीषया तात सर्ववर्णेषु भारत।
नास्य यज्ञहनो देवा ईहन्ते नेतरे जनाः।
तस्मात्सर्वेषु वर्णेषु श्रद्धायज्ञो विधीयते।। शान्ति., 60/43
(ख) सर्वथा सर्ववर्णैर्हि यष्टव्यमिति निश्चयः।

254. संचयांश्च न कुर्वीत जातु शूद्रः कथंचन। वही, 60/29
हि यज्ञसमं किंचित्त्रिषु लोकेषु विद्यते। वही, 60/51

255. पापीयान्हि धनं लब्ध्वा वशे कुर्याद्गरीयसः।
राज्ञा वा समनुज्ञातः कामं कुर्वीत धार्मिकः।। वही, 60/30

256. अवश्यभरणीयो हि वर्णानां शूद्र उच्यते। वही, 60/31

257. शूद्रेण च न हातव्यो भर्ता कस्याचिदापदि।। वही, 60/35

तृतीय अध्याय

आश्रम-धर्म विवेचन

"गृहस्थो ब्रह्मचारी च वानप्रस्थोऽथ भिक्षुकः।
यथोक्तकारिणः सर्वे गच्छन्ति परमां गतिम्।।"

शान्ति., 243।13

वर्ण-व्यवस्था जहाँ मानव के सामाजिक जीवन को सुव्यवस्थित एवं सुनियोजित बनाती है वहाँ आश्रम-व्यवस्था मानव के स्वजीवन अथवा वैयक्तिक जीवन को सुव्यवस्थित एवं विकसित करती है। व्यक्ति की उन्नति पर ही समाज और राष्ट्र की उन्नति निर्भर करती है। अतः समष्टि रूप समाज व राष्ट्र के योगक्षेम के लिए तथा व्यक्ति की व्यक्तिगत आत्मशक्तियों के विकास के लिए आश्रम-व्यवस्था प्रचलित हुई। आश्रम-मर्यादा का अनुगमन किये बिना वर्ण-व्यवस्था का स्वरूप रक्षित नहीं रह सकता।[1] अतः अग्रिम अनुच्छेदों में 'आश्रम' एवं 'आश्रम-धर्म' से तात्पर्य, विभिन्न आश्रम एवं तत्सम्बन्धी कर्त्तव्य-कर्मों का निरूपण प्रस्तुत किया गया है।

3.1 आश्रम एवं आश्रम-धर्म से अभिप्राय

'आश्रम' शब्द 'आ' उपसर्ग पूर्वक 'श्रम'[2] धातु से 'घञ्' प्रत्यय द्वारा निष्पन्न होता है जिसका तात्पर्य है—पर्णशाला, कुटिया, संन्यासियों का आवास या कक्ष तथा ब्राह्मण के धार्मिक जीवन की चार अवस्थाएँ-ब्रह्मचर्य, गार्हस्थ्य, वानप्रस्थ तथा संन्यास।[3] वैदिक कोश के अनुसार आश्रम का अर्थ है—विश्राम करने का स्थान।[4] धर्मशास्त्र में प्रतिपादित है—'आश्रम' शब्द 'श्रम्' से बना है (आश्राम्यन्ति अस्मिन् इति आश्रमः) अर्थात् एक ऐसा जीवन स्तर जिसमें व्यक्ति खूब श्रम करता है।[5] यहाँ आश्रम से अभिप्राय ब्रह्मचर्य, गार्हस्थ्य, वानप्रस्थ एवं संन्यास ही लिया गया है तथा आश्रम-धर्म का अर्थ है—

आश्रमविहित धर्म अर्थात् ब्रह्मचारी, गृहस्थ, वानप्रस्थ एवं संन्यासी के विशेष धर्म या कर्त्तव्य।[6]

3.2 आश्रम-व्यवस्था सम्बन्धी विभिन्न आधार

आश्रम-व्यवस्था व्यक्ति के आध्यात्मिक लक्ष्य को प्राप्त करने में मानव-जीवन को प्रेरित करती है।[7] जीवन को इन चार आश्रमों में विभक्त करने के विभिन्न आधार धर्मग्रन्थों में इस प्रकार उपलब्ध होते हैं—

तैत्तिरीय संहिता[8] के अनुसार उत्पन्न होने पर ब्राह्मण तीन प्रकार से ऋणी होता है—ऋषि ऋण, देव ऋण एवं पितृ ऋण से। ब्रह्मचर्यपालन द्वारा वह ऋषि-ऋण से, यज्ञ द्वारा देव-ऋण से तथा सन्तानोत्पत्ति द्वारा पितृऋण से उऋण हुआ जा सकता है। इस प्रकार इन तीन ऋणों से उऋण होने के लिए आश्रम-धर्म पालन आवश्यक माना गया।

उपनिषदों के अनुसार आश्रम-व्यवस्था का आधार 'धर्म के तीन स्कन्ध' हैं। यज्ञ, अध्ययन एवं दान प्रथम स्कन्ध है जिसका सम्बन्ध गृहस्थाश्रम से माना गया है, द्वितीय स्कन्ध तप है जिसका सम्बन्ध वानप्रस्थाश्रम से तथा तृतीय स्कन्ध ब्रह्मचर्य है जिसका निर्वाह आचार्य कुल में निवास करते हुए ब्रह्मचारी ब्रह्मचर्याश्रम में करता है।[9] जाबालोपनिषद्[10] में इन आश्रमों का क्रमपूर्वक वर्णन मिलता है कि ब्रह्मचर्य के पश्चात् गृहस्थ का पालन करे, गृहस्थ के पश्चात् वन का एवं तत्पश्चात् संन्यास का पालन करे। आश्रमोपनिषद्[11] में भी इन चार आश्रमों का वर्णन किया गया है।

धर्मशास्त्रों में मनुष्य के चार पुरुषार्थों—धर्म, अर्थ, काम तथा मोक्ष के आधार पर भी चारों आश्रमों की व्याख्या की गयी है। मानव जीवन की आयु की कल्पना सौ वर्ष की गयी है जैसा कि वेदों में भी ऋषियों ने सौ वर्ष तक जीने की कामना की है।[12] इसकी आयु को चार भागों में बाँटा गया है, परन्तु यह निश्चित नहीं कि प्रत्येक प्राणी सौ वर्ष ही जीयेगा।[13] मनु के अनुसार मनुष्य के जीवन का प्रथम भाग ब्रह्मचर्य है जिसमें व्यक्ति गुरुगेह में रहकर विद्याध्ययन करता है, दूसरे भाग में वह विवाह करके गृहस्थी हो जाता है[14] सन्तानोत्पत्ति द्वारा पूर्वजों के ऋण से तथा यज्ञ आदि द्वारा देवों के ऋण से मुक्ति पाता है।[15] जब व्यक्ति अपने सिर पर उजले बाल तथा शरीर पर झुर्रियाँ देखता है तब वह वानप्रस्थी हो जाता है, इस प्रकार वन में जीवन का तृतीयांश बिता कर शेष भाग को संन्यासी के रूप में व्यतीत करता है।[16] अतः सर्वोत्तम लक्ष्य मोक्ष की प्राप्ति के लिए व्यक्ति को निर्वेद या वैराग्य धारण करना चाहिए। ब्रह्मचर्याश्रम में व्यक्ति को अनुशासन में रहकर आज्ञाकारिता, आदर, 'सादा जीवन-उच्चविचार' आदि सद्गुण सीखने के लिए गुरु के पास वेदाध्ययन कराया जाता है।

तत्पश्चात् गृहस्थाश्रम में प्रवेश कर विवाहोपरान्त धनार्जन कर काम-भोगों का सुख प्राप्त करता है। गृहस्थाश्रम के निर्वाह के बाद चरमलक्ष्य मोक्ष की प्राप्ति हेतु अन्य भौतिक सुख त्याग वन में प्रवेश कर आत्मनिग्रही, तपस्वी जीवन व्यतीत करता हुआ मनुष्य वानप्रस्थी बनता है तथा अन्त में जीवन के अन्तिम लक्ष्य मोक्ष के लिए प्रयत्न करता है।[17]

उपरोक्त विवरण से स्पष्ट है कि आश्रम व्यवस्था के विभिन्न आधार माने गये हैं—यथा देव, पितृ और ऋषि ऋण से उऋण होने के लिए, धर्म, अर्थ, काम, मोक्ष रूप चार पुरुषार्थों की प्राप्ति के लिए; सौ वर्ष के सम्पूर्ण जीवन को सुव्यवस्थित रखने के लिए तथा धर्म के तीन स्कन्धों की सम्पन्नता के लिए विभाजन। इस प्रकार धर्मसूत्रों[18] स्मृति ग्रन्थों[19] एवं रामायण[20] आदि धर्मग्रन्थों में स्पष्ट रूप से चार आश्रमों का वर्णन मिलता है।

3.3 आश्रम-धर्म पालन सम्बन्धी त्रिविध सिद्धान्त

समुच्चय, विकल्प एवं बाध—ये तीन सिद्धान्त आश्रम धर्म पालन के सम्बन्ध में धर्मशास्त्रों में उपलब्ध होते हैं। समुच्चय-सिद्धान्त से अभिप्राय है कि प्रत्येक आश्रम का अनुसरण अनुक्रम से होता है। सर्वप्रथम ब्रह्मचर्य, तत्पश्चात् गृहस्थ, उसके उपरान्त वानप्रस्थ तथा अन्त में संन्यारा। इस सिद्धान्त के अनुसार कोई ब्रह्मचर्य के उपरान्त तुरन्त संन्यास नहीं ग्रहण कर सकता।[21] विकल्प-सिद्धान्त के अनुसार ब्रह्मचर्याश्रम के पश्चात् व्यक्ति के समक्ष यह चयनात्मक विकल्प रहता है कि वह गृहस्थाश्रम का पालन करे अथवा सीधे संन्यास-आश्रम में प्रवेश कर मोक्ष प्राप्ति के लिए प्रयत्न करे।[22] बाध सिद्धान्त के अनुसार वास्तव में एक ही आश्रम है—वह है गृहस्थाश्रम। अन्य सभी आश्रम इसी में अन्तर्भूत हैं अतः इससे कम महत्त्वपूर्ण हैं।[23] इस प्रकार 'विकल्प सिद्धान्त' में गृहस्थ-आश्रम की उपेक्षा की गयी है जबकि 'बाध-सिद्धान्त' के अनुसार गृहस्थाश्रम को सर्वोपरि माना गया है। 'समुच्चय-सिद्धान्त' तो जीवन के विभिन्न स्तरों में सामंजस्य स्थापित करने के कारण प्रचलित रहा है। अग्रिम अनुच्छेदों में वैदिक वाङ्मय एवं वाल्मीकि रामायण के आधार पर इन चारों आश्रमों के धर्म का निरूपण करना अभीष्ट है।

3.4 वैदिक-वाङ्मय एवं वाल्मीकि रामायण में आश्रम-धर्म

(क) ब्रह्मचर्याश्रम धर्म

'ब्रह्मचर्य' से तात्पर्य है ब्रह्मवत् आचरण करना अथवा वेदार्थ के अनुसार आचरण।[24] ब्रह्मचर्याश्रम में ब्रह्मचारी ब्रह्म व सत्य की प्राप्ति के लिए प्रयत्न करता है।

ऋग्वेद[25] एवं अथर्ववेद[26] में ब्रह्मचर्य एवं ब्रह्मचारी के महत्त्व का प्रतिपादन किया गया है। ब्रह्मचारी अपनी मेखला, समिधा एवं श्रमशीलता से संसार को तपोमय कर देता है।[27] वह कृष्ण अजिन धारण करता है तथा दीर्घश्मश्रु (दाड़ी-मूँछ) धारण करता है।[28] भिक्षा आदि नियमों का पालन, इन्द्रिय-संयम तथा ज्ञान ग्रहण ही ब्रह्मचर्य का लक्ष्य माना गया है। यहाँ तक कि कन्याओं के लिए भी ब्रह्मचर्य पालन का विधान मिलता है।[29]

ब्राह्मण-ग्रन्थों के अनुसार समिधा-संग्रह एवं भिक्षावृत्ति प्रत्येक ब्रह्मचारी का धर्म कहा गया है।[30] उपनिषदों में भी नैष्ठिक ब्रह्मचारी के रूप में सत्यकाम जाबाल एवं श्वेतकेतु का उदाहरण मिलता है।[31] यहाँ ब्रह्मचारी के लिए अन्तेवासी[32] शब्द का प्रयोग हुआ है जिसका अभिप्राय है कि शिष्य गुरु के समीप रहकर ज्ञानार्जन करता है। आश्रमोपनिषद् में गायत्रः, ब्राह्मण, प्राजापत्य तथा नैष्ठिक इन चार प्रकार के ब्रह्मचारियों का उल्लेख मिलता है।[33]

सूत्र-ग्रन्थों के अनुसार ब्रह्मचारी का धर्म है कि वह आचार्य के अधीन रहे[34] गुरु से नीचे आसन पर शयन करे।[35] मधु, मांस न भक्षण करे।[36] एकान्तवासी क्षमावान्, लज्जाशील एवं धैर्यवान हो।[37] प्रतिदिन प्रातः सायं भिक्षा माँगे और गुरु की आज्ञा लेकर उस भिक्षान्न का भोजन करे।[38] गुरु को प्रसन्न करने के लिए स्वस्तिवाचन, अध्ययन एवं पठित वेद का अभ्यास करे।[39] अतः आचमन, गुरु-शुश्रूषा, वाक्संयम एवं समिधाधान ब्रह्मचारी के धर्म हैं।[40]

वाल्मीकि रामायण में तीन प्रकार के ब्रह्मचारियों का उल्लेख मिलता है—विद्यास्नातक,[41] व्रत-स्नातक[42] एवं विद्या व्रत-स्नातक।[43]

इस प्रकार ब्रह्मचर्याश्रम धर्म पालन द्वारा ब्रह्मचारी नियम एवं संयमपूर्वक गुरु-शुश्रूषा युक्त होकर विद्याध्ययन करता हुआ स्वयं को भावी जीवन के लिए तैयार करता था।

(ख) गार्हस्थ्याश्रम धर्म

गार्हस्थ्याश्रमधर्म से तात्पर्य उन कर्त्तव्य-कर्मों से है जिनको विवाह के उपरान्त व्यक्ति दारा सहित गृह में स्थित रहकर सम्पन्न करता है। ऋग्वेद[44] का विवाह सूक्त इसी आश्रम की ओर संकेत करता है। इतना ही नहीं, अनेक स्थलों में प्रयुक्त 'गृहपति'[45] शब्द भी इसी आश्रम का बोधक है। सन्तानोत्पत्ति करना गृहस्थ का प्रमुख धर्म माना गया है। इसीलिए नवविवाहिता कन्या को सुपुत्रों की माता बनने का आशीर्वाद दिया गया है।[46] सन्तानोत्पत्ति के अतिरिक्त अतिथि सत्कार का भी प्रतिपादन किया गया है।[47] वेदों के अनुसार देवों के लिए यज्ञ करना, दान देना आतिथ्य-सत्कार, सन्तानोत्पत्ति करना ही गार्हस्थ्याश्रमधर्म कहे गये हैं।[48]

उपनिषदों में यज्ञ, अध्ययन और दान को धर्म के तीन स्कन्धों में से प्रथम स्कन्ध माना गया है जिसका पालन गृहस्थाश्रम में होता है।[49] वार्ताकवृत्ति, शालीनवृत्ति, यायावर एवं घोरसंन्यासिक इन चार प्रकार के गृहस्थाश्रमियों का भी वर्णन मिलता है।[50] याज्ञवल्क्यमैत्रेयी प्रसंग में गृहस्थाश्रम में सन्तानोत्पत्ति करने की अपेक्षा आत्मा से सम्बन्धित ज्ञान को श्रेष्ठतर बताया गया है। अन्यत्र पत्नी को सन्तान उत्पन्न और यज्ञादि करने के कारण आवश्यक माना गया है।[51] अतिथि-सत्कार को गृहस्थों का परम कर्त्तव्य माना गया है। यम ने अपने द्वार पर आये अतिथि नचिकेता के तीन दिन प्रतीक्षा करने के कारण तीन वर माँगने को कहा क्योंकि यदि किसी अल्पबुद्धि के घर से कोई ब्राह्मण अतिथि भूखा प्यासा जाता है तो वह उस गृहस्थ के सब पुण्य, आशाएँ और सुकृत्य ले जाता है।[52]

सूत्र-ग्रन्थों के अनुसार भी अतिथि-सत्कार, स्वाध्याय, पंच महायज्ञ एवं सन्तानोत्पत्ति करना गार्हस्थ्याश्रमधर्म कहे गये हैं।[53] पंच महायज्ञ हैं—देवयज्ञ, भूतयज्ञ, पितृयज्ञ, मनुष्ययज्ञ तथा ब्रह्मयज्ञ।[54] नित्य यज्ञोपवीत धारण करने, नित्य स्वाध्याय करने, प्राण रक्षा के निमित्त अन्न संग्रह करने तथा ऋतुकाल में पुत्रोत्पत्ति के लिए स्त्री के पास जाने वाला गृहस्थी ब्रह्मलोक को प्राप्त करता है।[55] यहाँ गार्हस्थ्याश्रम की प्रशंसा इस प्रकार की गयी है कि जिस प्रकार सभी नद और नदियाँ समुद्र में जाकर आश्रित होती हैं उसी प्रकार सभी अन्य आश्रम भी गार्हस्थ्याश्रम में आश्रित हैं।[56] इतना ही नहीं जिस प्रकार सभी प्राणी माँ का आश्रय लेकर जीवित रहते हैं, उसी प्रकार भिक्षु आदि सभी अन्य आश्रमस्थ भी गृहस्थों पर आधारित रहते हैं।[57]

रामायण में भी इसी आश्रम को सब आश्रमों में श्रेष्ठ बताया गया है।[58] मनुष्य इस आश्रम में अपनी पत्नी के साथ विभिन्न कर्त्तव्य-कर्म करता है तभी नारी को धर्मपत्नी[59] या सह-धर्मचारिणी[60] कहा गया है। यज्ञ की दीक्षा भी इसीलिए सपत्नीक ग्रहण की जाती थी।[61]

इस प्रकार महाभारत से पूर्ववर्ती ग्रन्थों में सन्तानोत्पत्ति करना, यज्ञ, अध्ययन, दान करना तथा अतिथि सेवा को ही गार्हस्थ्याश्रमधर्म कहा गया है।

(ग) वानप्रस्थाश्रम-धर्म

जीवन का तृतीय आश्रम वानप्रस्थाश्रम है जिसका अभिप्राय है वन में रहकर जीवन-यापन करना।[62] सूत्र-ग्रन्थों में वानप्रस्थ आश्रम के लिए 'वैखानस' शब्द का प्रयोग मिलता है।[63] धर्मशास्त्रकारों का मत है कि अति प्राचीन काल में वैखानसशास्त्र नामक कोई ग्रन्थ था, जिसमें वन के मुनियों के विषय में नियम निर्धारित थे। उसी के अनुसार आचरण करने वाले को वानप्रस्थ माना गया।[64]

वेदों में 'वानप्रस्थ' के विषय में कोई स्पष्ट उल्लेख नहीं मिलता तथापि 'यति'[65] और मुनि[66] शब्दों का प्रयोग मिलता है। इन्द्र को मुनियों का सखा कहा गया है।[67] दरिद्र सा जीवन व्यतीत करने वाले, ध्यान में मग्न, सादा और संयमित जीवन-यापन करने वाले आर्यों को मुनि तथा अनार्य को 'यति' अथवा यातु या जादूगर कहा गया है।[68]

उपनिषदों में प्रतिपादित तीन धर्मस्कन्धों में से 'तप' का सम्बन्ध वानप्रस्थ से जोड़ा गया है।[69] 'तप' तो वानप्रस्थ एवं परिव्राजक दोनों का ही लक्षण है, अतः माना जा सकता है कि उपनिषद् काल से पूर्व वानप्रस्थ एवं संन्यास में कोई अन्तर नहीं था।[70] याज्ञवल्क्य अपनी स्त्री मैत्रेयी से कहते हैं कि अब वे गृहस्थ से प्रव्रज्याव्रत धारण करने जा रहे हैं।[71] जाबालोपनिषद् में गृही के पश्चात् 'वनी' होने तथा ब्रह्मचर्याश्रम के पश्चात् सीधे वानप्रस्थाश्रमी होने का भी वर्णन मिलता है।[72] वन में रहने वाले वानप्रस्थियों के लिए श्रद्धा व तप ही मुख्य धर्म माना गया है।[73] उपनिषदों में वैखानस, औदुम्बर, बालखिल्य और फेनप वानप्रस्थियों के इन चार प्रकारों का वर्णन मिलता है।[74]

सूत्र-ग्रन्थों में वन में ही निवास, ग्राम में अप्रवेश, स्वतः उत्पन्न फलादि का प्रयोग वानप्रस्थाश्रम धर्म कहा गया है। मूल, फल और भिक्षा में प्राप्त वस्तु से देव, पितृ, अतिथि पूजन उसके लिए विहित था। प्रतिग्रहण उसके लिए निषिद्ध माना गया। उसे क्षमाशील ही होना चाहिए।[75] यहाँ वानप्रस्थों के प्रमुख दो प्रकारों का निरूपण भी मिलता है। वे हैं—पचमानक एवं अपचमानक। पचमानक जो पका हुआ भोजन या फल खाते हैं तथा अपचमानक वे हैं जो अपना भोजन पकाते नहीं।[76]

रामायण में भी सामाजिक उत्तरदायित्वों के निर्वाह के पश्चात् गृहस्थ के लिए वानप्रस्थाश्रमधर्म पालन का विधान मिलता है। जिसमें इन्द्रिय-संयम पालन द्वारा स्वयं प्राप्त फलादि खाकर जीवन निर्वाह करना ही परम धर्म माना गया है।[77] इतना ही नहीं, अतिथि को आहार, जल व आसन आदि देकर उनका सत्कार करना भी वानप्रस्थियों का कर्त्तव्य कहा गया है। महर्षि अगस्त्य ने भी वानप्रस्थ धर्म के अनुसार अग्नि में आहुति देकर भगवान् श्री राम को अर्घ्य देकर भली-भाँति पूजन करके उनके लिए भोजन दिया।[78] इस प्रकार अग्नि में आहुति देना, अर्घ्य देकर अतिथि का पूजन करना, उसका फल, मूल, फूल तथा अन्य वस्तुओं से पूजन करना भी वानप्रस्थ-धर्म कहा गया है।[79] वानप्रस्थ में पत्नी भी पति के साथ प्रस्थान करती थी ऐसा भी उल्लेख मिलता है। महर्षि अत्रि की पत्नी अनसूया भी वानप्रस्थ आश्रम धर्म पालन करनेवाली धर्मपरायणा तपस्विनी के रूप में दर्शायी गयी है।[80] अनेक प्रकार के वानप्रस्थ मुनियों का भी यहाँ उल्लेख मिलता है।[81]

अतः वन में रहकर पत्नी सहित अथवा स्वयं अकेले ही तप, त्याग एवं संयम का पालन करना 'वानप्रस्थ-धर्म' कहा गया है। वन से प्राप्त फल, मूल, फूल से जीवन निर्वाह तथा उसी से आगत अतिथि का पाद्य, अर्थ, आसन, भोजन से सत्कार भी वानप्रस्थ धर्म माना गया है।

(घ) संन्यासाश्रम धर्म

सम् नि उपसर्ग पूर्वक अस् धातु से 'घञ्' प्रत्यय से निष्पन्न संन्यास से अभिप्राय है—सम्यक् रूप से न्यास अथवा त्याग।[82] सम्पूर्ण काम्य-कर्मों का त्याग ही संन्यास कहा गया है।[83] यह चतुर्थ आश्रम है जिसका पालन जीवन के चतुर्थ भाग में होता है।

वेदों में 'संन्यास' शब्द का प्रयोग नहीं मिलता।[84] उपनिषदों में सांसारिक मोह के त्याग, भिक्षा-वृत्ति एवं परब्रह्म के ध्यान पर बल अवश्य दिया गया है किन्तु वहाँ भी 'संन्यास' नामक किसी आश्रम की चर्चा नहीं हुई है।[85] वन में एकान्तवासी होकर भिक्षावृत्ति का आचरण करते हुए तप और श्रद्धा में रत रहना ही भैक्षचर्या है।[86] तीन धर्मस्कन्धों में से तप का सम्बन्ध संन्यास से भी जोड़ा गया है।[87] इस प्रकार उपनिषदों में भैक्षचर्या,[88] परिव्राजक[89] शब्दों का प्रयोग मिलता है जो इसी चतुर्थ आश्रम के कर्त्तव्यों का बोध कराते हैं। कुटीचर, बहूदक, हंस और परमहंस—ये परिव्राजकों के चार प्रकार बताये गये हैं।[90]

सूत्र-ग्रन्थों में भी संन्यास के लिए 'भिक्षु',[91] परिव्राजक,[92] मौनम्[93] शब्दों का प्रयोग मिलता हैं। परिव्राट् या परिव्राजक से अभिप्राय है जो एक स्थान पर नहीं ठहरता, स्थान-स्थान में घूमा करता है,'भिक्षु'—जो भिक्षा माँगकर खाता है, 'मुनि'—जो जीवन और मृत्यु के रहस्यों पर विचार करता है तथा 'यति'—जो अपनी इन्द्रियों को संयमित रखता है।[94] ये विभिन्न नाम चतुर्थ आश्रम के विभिन्न धर्मों पर प्रकाश डालते हैं। संन्यास[95] शब्द का प्रयोग सूत्र-ग्रन्थों तथा मनु ने भी किया है, जो अधिक प्रचलित हुआ।

सूत्र-ग्रन्थों में सत्तर वर्ष की अवस्था के बाद संन्यस्त जीवन व्यतीत करने का विधान मिलता है।[96] जिसमें वेद के अतिरिक्त अन्य सभी कर्मों के प्रति संन्यस्त रहना ही उचित है।[97] सभी प्राणियों को अभय-दान देकर स्वयं भी अभय रहकर, वेद के अतिरिक्त अन्य सभी कर्मों का त्याग और तप ये संन्यास आश्रम सम्बन्धी धर्म कहे गये हैं।[98] अरण्य में रहना, केश जटादि धारण करना, कौपीन धारण करना अथवा काषाय वस्त्र धारण करना, मन, वचन, कर्म तथा दण्ड से किसी प्राणी को कष्ट न पहुँचाना,[99] जीवन रक्षामात्र के लिए ग्राम से भिक्षा ग्रहण करना संन्यासी के लिए विहित धर्म हैं।[100] लाभ अथवा वस्तु के प्राप्त न होने पर दुखी होना और मिलने पर प्रसन्न होना, उसके लिए प्रशस्त नहीं।[101] संचय करना उसके लिए निषिद्ध है।[102] तीन ऋणों से मुक्त हुए बिना संन्यास ग्रहण करना उचित नहीं।[103] आत्म ज्ञान अथवा मोक्ष-प्राप्ति ही संन्यासाश्रम का उद्देश्य है। अतः सब प्रकार का त्याग आवश्यक है। संसार में लिप्त रहने वाले, भोजन, वस्त्र में रुचि रखने वाले, रम्य निवास वाले व्यक्ति को मोक्ष की प्राप्ति नहीं हो सकती।[104]

रामायण में संन्यासाश्रमधर्म का स्पष्ट उल्लेख नहीं मिलता तथापि सीता का अपहरण करने के लिए परिव्राजक वेश धारण करने वाले रावण का वर्णन है जो स्वच्छ काषाय वस्त्र धारण किये था। जिसके सिर पर शिखा, हाथ में छाता तथा जिसके बायें कन्धे पर यष्टि (दण्ड) में कमण्डलु लटक रहा था।[105]

अतः पूर्ववर्ती-ग्रन्थों के अनुसार तीन धर्म स्कन्ध, तीन ऋण तथा चार पुरुषार्थ–आश्रम-व्यवस्था के आधार माने गये हैं। समुच्चय, बाध एवं विकल्प तीन पक्ष अथवा सिद्धान्त हैं। वेदाध्ययन, गुरु शुश्रूषा, समिध-संग्रह, भिक्षावृत्ति नियम पालन, इन्द्रिय-संयम-ब्रह्मचर्याश्रमधर्म माने गये हैं। सन्तानोत्पत्ति करना, यज्ञ, अध्ययन, दान, अतिथि-सत्कार गार्हस्थ्याश्रमधर्म कहे गये हैं। वन में संयमित जीवन-यापन, तप, स्वतः उत्पन्न फल मूलादि से स्वयं तथा अतिथि का सत्कार वानप्रस्थाश्रमधर्म तथा पूर्ण एकान्तवासी होकर वन में अस्थायी निवास, सम्पूर्ण त्याग, तप तथा इन्द्रिय-संयम जो मोक्ष का मार्ग प्रशस्त करें यही संन्यासाश्रमधर्म कहे गये हैं।

3.5 शान्तिपर्व में आश्रम-धर्म-विवेचन

शान्तिपर्व के अनुसार भी वानप्रस्थ, भैक्षचर्या (संन्यास), महान् आश्रम गार्हस्थ्य और ब्रह्मचर्य ये चार आश्रम हैं।[106] इन चार आश्रमों के प्रयोजन के विषय में शान्तिपर्व में कहा गया है कि सब लोकों के हित करने वाले भगवान् ब्रह्मा ने धर्म रक्षा के निमित्त चार आश्रमों का निर्देश किया था।[107] जो काम-द्वेष से रहित होकर अकेला ही इन चारों आश्रमों का विधिपूर्वक अनुष्ठान करता है वही ब्रह्मज्ञान का अधिकारी होता है।[108] इतना ही नहीं, ब्रह्मचारी, गृहस्थ, वानप्रस्थ और भिक्षुक (संन्यासी)–ये सब निज आश्रम विहित शास्त्रोक्त-कर्मों का अनुष्ठान करने से मोक्ष-प्राप्ति करने में भी समर्थ होते हैं।[109] ब्रह्म में प्रतिष्ठित ये चारों आश्रम ब्रह्मपद को पहुँचाने वाली चार पैड़ी वाली सीढ़ी के समान माने गये हैं, जिसका आश्रय लेकर प्राणी ब्रह्मलोक में सम्मानित होता है।[110]

उपरोक्त चार आश्रमों का पालन ब्राह्मण के लिए ही विहित माना गया है, क्षत्रिय आदि तीनों वर्णों के लोग उनका अनुसरण करते हैं। ऐसा भी शान्तिपर्व में निर्देश मिलता है,[111] परन्तु अन्यत्र यह भी प्रतिपादित है कि स्वधर्म का आचरण करने वाले शूद्र, वैश्य एवं क्षत्रिय के लिए भैक्षचर्य रूप चौथे आश्रम का विधान नहीं है।[112] यह भैक्षचर्य-धर्म क्षत्रियादिक तीनों वर्णों के निमित्त नित्य नहीं हैं, वे लोग इच्छानुसार चारों आश्रमवासियों का कर्म ग्रहण करते वा नहीं भी करते।[113]

अहिंसा, सत्यवचन तथा क्रोध न करना–ये सब आश्रमवासियों के लिए तपस्या स्वरूप कहे गये हैं।[114] दम अर्थात् इन्द्रिय-निग्रह चारों आश्रमों में उत्तम व्रत है।[115] क्षमा, धृति, अहिंसा, समता, सत्य, सरलता, इन्द्रिय-जय, दक्षता, कोमलता, लज्जा,

अचपलता, अकृपणता, सन्तोष, प्रियवादिता, असूयाहीनता ये सब उस दम के लक्षण कहे गये हैं।[116] यही चारों आश्रमों के सामान्य-धर्म हैं।

सर्वप्रथम आश्रम ब्रह्मचर्याश्रम है जो साधना तथा वेदाध्ययन का काल है। द्वितीय आश्रम गृहस्थ-आश्रम है जो अनेक प्रकार के सुख भोग, सन्तानोत्पत्ति एवं लोक-कल्याण का आधार है। तृतीय वानप्रस्थ-आश्रम वेदशास्त्रों के स्वाध्याय तथा विशेष रूप से आरण्यक शास्त्रों के अध्ययन का समय है। अन्तिम अर्थात् चतुर्थ संन्यासाश्रम मोक्षसाधना की प्राप्ति का साधन है।[117] अग्रिम परिच्छेदों में शान्तिपर्व में प्रतिपादित इन चारों आश्रमों के कर्त्तव्य-कर्मों का विस्तृत निरूपण प्रस्तुत किया गया है।

(क) ब्रह्मचर्याश्रम-धर्म

मानव जीवन के चार विभागों में ब्रह्मचर्य सर्वप्रथम है जो इन्द्रिय-संयम तथा वेदाध्ययन का काल माना गया है। शान्तिपर्व में ब्रह्मचर्य को ब्रह्म का स्वरूप कहा गया है। वही सब धर्मों से श्रेष्ठ है क्योंकि मनुष्य उसके पालन से परम गति पाते हैं।[118] योग्य रीति से ब्रह्मचर्य व्रत का पालन करने वाला व्यक्ति ब्रह्मलोक को प्राप्त करता है।[119] ब्रह्मचर्य के पालन से आयु, तेज, बल, वीर्य, बुद्धि, श्री, महत्, यश तथा पुण्य की प्राप्ति होती है।[120] इस आश्रम-धर्म पालन में गुरु की सेवा से ब्रह्मलोक को भी अतिक्रान्त करने की क्षमता प्राप्त होती है।[121]

परमायु की प्रथम पच्चीस वर्ष की अवस्था को ब्रह्मचर्यआश्रम पालन की अवधि माना गया है जिसमें ब्रह्मचारी असूयारहित और धर्मार्थवित् होकर गुरु अथवा गुरुपुत्र के समीप उनकी सेवा में वास करता है।[122]

गुरुकुल में निवास रूपी ब्रह्मचर्य प्रथम आश्रम कहा गया है जिसमें पूर्ण रीति से पवित्रता, संस्कार, विनयपूर्ण आचरण तथा नियमपालन करते हुए विनीतात्मा होने का विधान है। ब्रह्मचर्य के पालन को अत्यन्त दुष्कर व्रत कहा गया है। ब्रह्मचारी के लिए उत्पन्न और संवर्द्धित काम तथा क्रोध युक्त मन को निग्रह करने का भी आदेश दिया गया है।[123]

दोनों सन्ध्या में सूर्य और अग्नि की उपासना, तन्द्रा और आलस्य रहित होकर गुरु को प्रणाम करना, वेदाभ्यास एवं वेद श्रवण द्वारा अन्तरात्मा को पवित्र करना, त्रिकाल-स्नान करके ब्रह्मचर्य का पालन, अग्नि परिचर्चा करते हुए गुरु सेवा तथा नित्य भिक्षाटन ब्रह्मचर्य आश्रम के आचरणीय धर्म हैं। भिक्षा आदि से प्राप्त हुई सब वस्तु तथा अपनी अन्तरात्मा को भी गुरु को समर्पण करने का आदेश दिया गया है। गुरु की आज्ञानुसार आचरण करते हुए गुरु की कृपा से प्राप्त हुए स्वाध्याय में रत रहना ब्रह्मचारी का प्रधान धर्म है।[124] ब्रह्मचारी नित्य व्रतावलम्बी, सदा दीक्षा में तत्पर, गुरुसेवी तथा वेदों का अध्येता रहे।[125] वह सदा एकान्तवासी होकर खाते व चलते समय भी अभीष्ट मन्त्रों का जप करे।[126]

ब्रह्मचारी के लिए गुरु की सेवा, गुरु की आज्ञा का पालन तथा ज्ञानार्जन प्रमुख धर्म हैं। गुरु के प्रति उसके कर्त्तव्य-कर्मों का विस्तृत विवेचन शान्तिपर्व में मिलता है। ज्ञान की उन्नति की इच्छा से शिष्य गुरु के समीप अध्ययन करे। उदार, सरल व अपवादरहित होवे, गुरु के आवाहन करने पर उनका आश्रय ग्रहण करे। जितेन्द्रिय व सावधान होकर स्निग्ध नेत्र से गुरु को देखे। गुरु के भोजन, शयन के अनन्तर ही वह भी भोजन व शयन करे। गुरु के चरणों की वन्दना अपने दाहिने हाथ से उनके दाहिने तथा बायें हाथ से बायें चरण को कोमलभाव से स्पर्श करते हुए करे। इस प्रकार गुरु सेवा में वह सदा तत्पर रहे।[127]

इस प्रकार ब्रह्मचर्य-आश्रम में वेदाध्ययन, व्रत और उपवास से आयु के प्रथम भाग में गुरु को शक्ति के अनुसार सेवा से प्रसन्न करके तथा दक्षिणा देकर दूसरे आश्रम में निवास करे।[128] ब्रह्मचर्य कर्म समाप्त होने पर विधिपूर्वक समावर्तन संस्कार से युक्त होकर गुरुगृह से लौटकर गृहस्थाश्रम में प्रवेश करने का विधान मिलता है।[129]

शान्तिपर्व में उपरोक्त ब्रह्मचर्यव्रत पालन के महत्त्व का प्रतिपादन किया गया है। उत्तम रीति से ब्रह्मचर्य धर्म पालन द्वारा ब्रह्मलोक, मध्यम रीति से पालन द्वारा देवलोक तथा कनिष्ठ वृत्ति से ब्रह्मचर्य पालन द्वारा ब्राह्मणत्व की प्राप्ति होती है।[130]

ब्रह्मचारी के आपद्धर्म के विषय में वर्णित है कि गुरु के लिए आपातकाल में चौर्य-कर्म भी उसके लिए विहित माना गया है।[131]

ब्रह्मचर्याश्रम में ब्रह्मचारी के लिए रस, गन्ध आदि का सेवन निषिद्ध कहा गया है।[132] स्त्रियों की चर्चा और नग्नावस्था में उनका दर्शन भी उसके लिए वर्जित है क्योंकि यह रजोगुण को उत्पन्न करने के हेतु माने गये हैं।[133] यजन-याजन, अध्ययन-अध्यापन, दान-प्रतिग्रह यह षट्कर्म भी ब्रह्मचारी के लिए त्याज्य हैं।[134]

इस प्रकार मानव की आयु के प्रथम भाग में आचरण किये जाने वाला ब्रह्मचर्याश्रम ब्रह्म प्राप्ति का प्रथम सोपान माना गया है। जिसमें वेदाध्यापन करानेवाले गुरु की सेवा-शुश्रूषा को ही मुख्य धर्म कहा गया है। गुरु गृह में निवास करते हुए पवित्रता, संयम एवं विनयपूर्ण आचरण ही इसका मूल आधार है। गुरु-सेवा, वेदाध्ययन, भिक्षाटन ही इसके प्रमुख धर्म स्वीकार किये गये हैं।

(ख) गृहस्थाश्रम-धर्म

द्वितीय आश्रम गृहस्थाश्रम को सब आश्रमों का मूल कहा गया है[135] क्योंकि अन्य तीन आश्रम (ब्रह्मचर्य, वानप्रस्थ, संन्यास) इसी गृहस्थ आश्रम पर ही आश्रित हैं। गुरुकुल में निवास करने वाले ब्रह्मचारी, परिव्राजक, व्रतानुष्ठान परायण जन एवं संन्यासी सभी इसी आश्रम से भिक्षा, आतिथ्य एवं दान पाकर अपने धर्म पालन में प्रवृत्त होते हैं। शान्तिपर्व में इसकी महत्ता के विषय में प्रतिपादित है कि मनीषी विद्वानों

ने चारों आश्रमों को तुला पर तोला था। सब आश्रमों की तुलना में एक ओर तीनों आश्रम तथा दूसरी ओर गृहस्थाश्रम एक अकेला ही महत्त् था।[136]

आयु के प्रथम भाग में ब्रह्मचर्याश्रम धर्म पालन के अनन्तर परमायु के द्वितीय भाग अर्थात् पचास वर्ष की अवस्था तक को गृहस्थाश्रम का काल माना गया है। इसमें गृहस्थ पुरुष धर्म से प्राप्त हुई पत्नी को ग्रहण करके यत्न सहित तीनों प्रकार की अग्नि का आधान करके गृहमेधी व व्रती होकर गृह में निवास करता है।[137] गृहस्थाश्रम में रहकर उसके यज्ञ कर्म द्वारा देवता, पितृतर्पण से पितर, वेदविद्या के अभ्यास से ऋषि तथा सन्तानोत्पत्ति से प्रजापति प्रसन्न होते हैं।[138] इस प्रकार इसी आश्रमधर्म पालन द्वारा व्यक्ति देव-ऋण, ऋषि-ऋण तथा पितृ-ऋण से उऋण होता है।

गृहस्थाश्रम धर्म के विषय में शान्तिपर्व में कहा गया है कि गृहस्थाश्रमवासी मनुष्य को सदा निजस्त्री में सन्तुष्ट, ऋतुकाल में गमन करना, शास्त्रों की आज्ञा का पालन करना, धूर्ततारहित, कुटिलताहीन, मिताहारी, देवताओं की उपासना में रत, कृतज्ञ, सत्यवादी, सरलतायुक्त, क्रूरता रहित, क्षमावान्, इन्द्रिय-संयमी, आज्ञावश, हव्य-कव्य में आलस्य रहित, द्विजों को सदा-सर्वदा अन्नदान करने वाला, मत्सरता रहित, धर्मचिह्न युक्त, सब आश्रमों का अन्नदाता और वेदविहित कर्मों में निष्ठावान् होना चाहिए।[139]

गृहस्थाश्रम में देवता, पितर और अतिथि के उद्देश्य से यज्ञ आदि कर्म करना योग्य और प्रशंसनीय कहा गया है। ऐसा करने से ही त्रिवर्ग (धर्म, अर्थ और काम) सिद्ध होता है।[140]

गृहस्थी के लिए अतिथि-सेवा भी विशिष्ट धर्म माना गया है क्योंकि जिस गृहस्थ के गृह से आशा के भंग होने पर भिक्षा न पाने के कारण अतिथि लौट जाता है, वह उसे निज दुष्कृत देकर उसके संचित पुण्य का ग्रहण करके गमन करता है।[141]

शान्तिपर्व में गृहस्थ की चार प्रकार की जीविका सम्बन्धी वृत्तियों की भी विवेचना की गयी है। प्रथम, कोठे भर धान्य का संग्रह करके जीवन निर्वाह करने वाला, द्वितीय, कुम्भीधान्य अर्थात् घट परिमित धान्य का संग्रह करके जीवन निर्वाह करने वाला, तृतीय, अ-श्वस्तन अर्थात् दूसरे दिन के लिए संचय न करने वाला तथा चतुर्थ, कापोती अर्थात् उञ्छवृत्ति अवलम्बन करके जीविका निर्वाह करने वाला। इसमें धर्म के अनुसार जो जिसके अनन्तर वर्णित हुए हैं वे पूर्वोक्त से अधिक श्रेष्ठ कहे गये हैं।[142] इन्हीं वृत्तियों की विशेष रूप से विवेचना करते हुए शान्तिपर्व में कहा गया है कि गृहस्थ पुरुष पहली श्रेणी के अनुसार जीविका चलाते हुए यजन-याजन, अध्ययन-अध्यापन, दान-प्रतिग्रह इन षट्कर्मों का अवलम्बन करे। दूसरी श्रेणी वाला अध्ययन, यजन और दान इन तीन कर्मों में रत रहे। तीसरी श्रेणी वाला—दान और अध्ययन, इन दोनों कर्मों का आश्रय लेकर निवास करे और चौथी श्रेणी वाला केवल ब्रह्मसत्र अर्थात् प्रणव की उपासना में रत रहे, यही गृहस्थों के सुन्दर और महत् व्रत कहे गये हैं।[143]

इस प्रकार जो गृहस्थ स्वधर्माचरण में रत रहकर उञ्छवृत्ति से जीविका चलाता है और कामसुख को त्यागता है, उसके विषय में स्वर्ग दुर्लभ नहीं है।[144]

गृहस्थ पुरुष की दिनचर्या इस प्रकार हो कि वह दिन के समय, रात्रि के आरम्भ में और रात्रि की समाप्ति काल में कभी न सोये। दिन और रात्रि में निर्दिष्ट समय के अतिरिक्त मध्य में भोजन न करे। घर में आये ब्राह्मण अतिथि को भी वह सत्कारपूर्वक हव्य और कव्य से प्रसन्न करे।[145] गृहस्थ पुरुष सदा विघसाशी और अमृतभोजी होवे। यज्ञ से शेष बचे हुए अन्न को ही 'अमृत' तथा कुटुम्बी व सेवकजनों के भोजन के अनन्तर शेष अन्न खाने वाले को 'विघसाशी' कहा गया है।

इस प्रकार चारों आश्रमों में गृहस्थ-आश्रम की प्रशंसा शान्तिपर्व में यत्र-तत्र मिलती है। यहाँ भी कहा गया है कि जिस प्रकार सब नद-नदी समुद्र में जाकर निवास करती हैं, वैसे ही सब आश्रमों के मनुष्य गृहस्थ के अवलम्ब से निवास करते हैं।[146] युधिष्ठिर के द्वारा राज्य त्यागकर संन्यास वृत्ति ग्रहण कर लेने की बात पर अर्जुन गृहस्थाश्रम में धनोपार्जन द्वारा लोक व परलोक की उन्नति पर बले देते हैं।[147] भीम ने भी संन्यास की अपेक्षा गृहस्थाश्रम की महत्ता प्रतिपादित की है।[148]

शान्तिपर्व में उपरोक्त गृहस्थाश्रम धर्म के अतिरिक्त उनके कुछ निषिद्ध कर्मों का भी उल्लेख किया है—गृहस्थ पुरुष के लिए केवल अपने लिए अन्न पकाना उचित नहीं है। वह वृथा किसी पशु की हिंसा भी न करें।[149] दूसरों को दोष देना, कष्ट देना, कठोर वचन कहना, अवज्ञा करना, अहंकार और दम्भ—ये गृहस्थ आश्रम में निन्दित कर्म कहे गये हैं[150] असमय शयन तथा भोजन भी गृहस्थ के लिए वर्जित माना गया है।[151]

इस प्रकार अन्य सभी आश्रमों का उपजीव्य होने के कारण गृहस्थाश्रम को सबका मूल कहा गया है। गृहस्थाश्रमधर्म पालन द्वारा ही मानव ऋणों से मुक्त होता है। यज्ञ, सन्तानोत्पत्ति, देव-पूजन, अतिथि-सत्कार, दान एवं अन्य आश्रमस्थ प्राणियों का भरण-पोषण गृहस्थ के धर्म कहे गये हैं।

(ग) वानप्रस्थाश्रम धर्म

तृतीय वानप्रस्थाश्रम को गार्हस्थ्याश्रम से भी परम उदार आश्रम कहा गया है।[152] जिसके पालन द्वारा धर्म में रत रहकर जितेन्द्रिय वानप्रस्थ स्वर्ग-प्राप्ति में भी समर्थ होता है।[153] वस्तुतः इसमें संयम, त्याग एवं तप की ही प्रधानता मानी गयी है।

शान्तिपर्व में कहा गया है कि गृहस्थ पुरुष जिस समय अपने सिर के बाल सफेद देखे, अपने शरीर को क्षीण होता हुआ समझे तथा अपने पुत्र की सन्तान परम्परा को भी देख ले तो उस समय उसे तप करने के लिए वन में चले जाना चाहिए।[154] इस प्रकार गृहस्थ पुरुष द्वारा अपनी परमायु के तृतीय भाग में वन में प्रस्थान ही वानप्रस्थाश्रम कहलाता है।[155]

वानप्रस्थाश्रमधर्म के विषय में यहाँ प्रतिपादित है कि द्विजकुल में जन्म लेकर जटाधारण संस्कार व अग्न्याधान आदि कर्मों से निवृत्त होकर, वेदाध्ययन द्वारा आत्मवित् तथा जितेन्द्रिय पुरुष सस्त्रीक अथवा स्त्री रहित वानप्रस्थाश्रम में प्रवेश कर सकता है।[156] इस आश्रमधर्म का पालन करते हुए उसे पुण्य तीर्थों, नदियों व झरनों के किनारे विचरण करना चाहिए। पृथ्वी को ही अपना आसन तथा भूमि, पत्थर, रेत आदि को ही अपनी शय्या समझना चाहिए। काश, कुश, मृगचर्म व वल्कल को ही अपना वस्त्र बनाना चाहिए।[157] इस प्रकार पूर्ण ऐश्वर्य त्याग ही इस आश्रम का मूलाधार कहा जा सकता है।

शान्तिपर्व में वानप्रस्थाश्रमधर्म के अन्तर्गत वानप्रस्थ के आहार-विहार पर विशेष प्रकाश डाला है। संयमित आहार ही तप एवं योग सिद्धि में सहायक होता है। इसलिए वानप्रस्थ के लिए वन की औषधि, फल, मूल व पत्र को परिमित तथा नियत समय पर ग्रहण करने का विधान मिलता है।[158] उसे बिना जोती गयी भूमि से धान, यव, नीवार तथा विघस (शेष अन्न) से ही जीवन-निर्वाह की अनुमति है।[159] अन्न को विभिन्न प्रकार से खाने वाले वानप्रस्थी जनों का उल्लेख यहाँ मिलता है। वे हैं—दन्तोलूखलि अर्थात् दाँत से उखल का कार्य लेने वाले अथवा कच्चे अन्न को खाने वाले, अश्मकुट्ट अर्थात् पत्थर पर धान्यआदि को भूसी रहित करके खाने वाले, क्वाथयुक्त यवागू पान करने वाले तथा फल, मूल द्वारा ही जीवन निर्वाह करने वाले।[160]

वन में रहकर आरण्यक शास्त्रों के अध्ययन एवं तदनुसार वानप्रस्थाश्रमधर्म पालन करना भी उसके लिए अनिवार्य है।[161] वह देवताओं और पितरों को तृप्त करे। उसके लिए पंचयज्ञों में घृताहुति का भी विधान मिलता है। वे हैं—अग्निहोत्र, दर्शपौर्णमास, चातुर्मास्य, पशुयज्ञ और सोमयज्ञ।[162] निर्जन वन में तपस्या ही उसका परम धर्म है। यथासमय स्नान, बलि-वैश्वदेव, पूजा तथा अग्निहोत्र के समय का अतिक्रमण न करके सर्दी, गर्मी, वर्षा व वायु को सहन करना ही उसका धर्म कहा गया है। वस्तुतः वानप्रस्थाश्रम धर्म पालन से, विविध नियम, पंचाग्निसाधन, आहारसंयम, धर्मानुचरण तथा तीर्थपर्यटन के कारण से इन लोगों का मांस, रुधिर, चर्म व हड्डी पर्यन्त सूख जाती है और वे सत्त्वगुण अवलम्बन करके धैर्यशाली होकर शरीर धारण करते हैं।[163]

गृहस्थाश्रम के समान अग्निहोत्र, गो-सेवा, यज्ञों के सब अंगों का सम्पादन करना इस वानप्रस्थ में भी आवश्यक माना गया है।[164]

शान्तिपर्व में वानप्रस्थ आश्रम सम्बन्धी चार प्रकार की वृत्तियों का वर्णन मिलता है। वे हैं—सद्यप्रक्षालका, मासिक संचय, वार्षिक संचय तथा द्वादश वार्षिक संचय। अतिथि-सत्कार तथा यज्ञ के लिए नित्य ही प्राप्त वस्तु को उसी दिन व्यय करके कुछ भी शेष न बचाना ही 'सद्यप्रक्षालका वृत्ति' कही गयी है। मास भर के लिए किये गये संचय को 'मासिक संचय', वर्ष भर के लिए किये गये संचय को 'वार्षिक' तथा द्वादश वर्ष के लिए किये जाने वाले संचय को 'द्वादश वार्षिक संचय', वृत्ति कहा गया है।[165]

उनका यह मासिक, वार्षिक आदि संचय केवल अतिथि-सेवा तथा यज्ञ के लिए ही होता है। इसके अतिरिक्त प्रावृट्काल में अभ्राकाश में निवास करने, हेमन्तकाल में जल में स्थित रहने, ग्रीष्म काल में पंचतपा होने, भूमि पर नतशिरा व ऊर्ध्वपाद होने की वृत्ति का भी उल्लेख मिलता है।[166]

शान्तिपर्व में उग्रतपस्वी, यायावार, वनवासी अर्थात् वन में रहने वाले वैखानस धर्म का पालन करने वाले सिकत व बालखिल्य मुनियों का भी उल्लेख मिलता है।[167]

उपरोक्त वानप्रस्थाश्रम-धर्म का पालन करने वाले सर्वार्थदर्शी ब्राह्मणों का उदाहरण शान्तिपर्व में उपलब्ध होता है। वहाँ कहा गया है कि वानप्रस्थाश्रम धर्म पालन द्वारा अगस्त्य, सप्तऋर्षि, मधुच्छन्द, अघमर्षण, सांकृति, सुदिवा मेधातिथि, बुध आदि सभी स्वर्गलोक को प्राप्त करने वाले हुए।[168]

वानप्रस्थाश्रम-धर्म के पालन द्वारा धर्म में रत, जितेन्द्रिय ब्राह्मण तथा प्रत्यक्षधर्मा महर्षि स्वर्ग-प्राप्ति में समर्थ हुए हैं।[169] इस प्रकार तप, त्याग एवं संयमपूर्ण वानप्रस्थ-आश्रम में रहकर मनुष्य जरा के द्वारा घिरा हुआ, व्याधि से पीड़ित होकर अन्त में परमायु के चौथे भाग में वानप्रस्थाश्रम को परित्याग कर संन्यास आश्रम को ग्रहण करे, ऐसा निर्देश मिलता है।[170]

(घ) संन्यासाश्रम धर्म

अपनी आयु के चतुर्थ भाग में वानप्रस्थाश्रम का परित्याग कर संन्यास का ग्रहण करते हुए यज्ञ में अपना सर्वस्व दान करने का विधान शान्तिपर्व में मिलता है।[171] इस आश्रम की महत्ता के विषय में कहा गया है कि जो ब्राह्मण सभी प्राणियों को अभयदान देकर संन्यास-धर्म अवलम्बन करता है, वह परलोक में ज्योतिर्मय लोकों को प्राप्त करके अनन्त सुख रूप मोक्ष प्राप्त किया करता है।[172]

भिक्षापात्र, कमण्डलु तथा कषाय वस्त्र धारण, वृक्षमूल का आश्रय, असहायता और सब प्राणियों के विषय में उपेक्षा अर्थात् प्रीति व द्वेषहीनता ये सब संन्यासी के लक्षण कहे गये हैं।[173] विशेष उल्लेखनीय बात यहाँ यह भी कही गयी है कि समस्त वस्तुओं के परित्याग करने, सिर मुँड़ाने तथा भिक्षा माँगने से कोई संन्यासी नहीं हो सकता अपितु जो सरल भाव से सम्पूर्ण विषययुक्त सुखों का परित्याग करता है वही संन्यासी कहा गया है।[174] इस प्रकार भिक्षापात्र, कमण्डलु, कषाय वस्त्र तो संन्यासी के बाह्य लक्षण हैं आन्तरिक लक्षण तो कामना व विषय वासनाओं का त्याग ही कहा जायेगा।

संन्यासाश्रम-धर्म के विषय में शान्तिपर्व में कहा गया है कि अग्निहोत्र, वित्त, स्त्री, परिवार तथा शय्या आदि सम्पूर्ण भोग सामग्रियों से आत्मा को विरत करके स्नेहपाशों को त्याग कर ही संन्यास धर्म पालन सम्भव होता है। इस धर्म का पालन

करने वाले सुवर्ण, लोष्ठ तथा पत्थर को समान समझते हैं; धर्म, अर्थ और काम, इन त्रिवर्गों में असंसक्तबुद्धि होते हैं; शत्रु, मित्र और उदासीन के विषय में समदृष्टि होते हैं तथा स्थावर, जरायुज, अण्डज, स्वेदज और उद्भिज आदि प्राणियों के विषय में मन-वचन और कर्म से कभी अनिष्ट आचरण नहीं करते। ये जन गृह में कभी निवास नहीं करते, पर्वत, नदी के किनारे, वृक्ष के मूल और देवालयों में घूमते हुए जीवन-यापन करते हैं। वे नगर में पाँच रात्रि और गाँव में केवल एक रात्रि निवास कर सकते हैं। पात्र में पड़ी और बिना माँगी भिक्षा ही ग्रहण कर सकते हैं। काम, क्रोध, दर्प, लोभ, मोह, कृपणता, दम्भ, निन्दा, अभिमान और हिंसा का परित्याग इनके लिए अनिवार्य कहा गया है।[175] गीता में स्थितप्रज्ञ पुरुष के लक्षणों में भी उपरोक्त गुणों का संकेत मिलता है।[176] संन्यासी के लिए क्रोध, लोभ, मोह का सर्वथा त्याग कर आत्मयाजी होना आवश्यक कहा गया है।[177] उसे यम (अहिंसा, सत्य, अस्तेय, ब्रह्मचर्य, अपरिग्रह) तथा नियम (पवित्रता, सन्तोष, तप, स्वाध्याय तथा ईश्वर-प्राणिधान) का भी अभ्यास करना चाहिए।[178]

यद्यपि चारों आश्रमों का निर्वाह क्रमपूर्वक भी हो सकता है परन्तु शान्तिपर्व में वर्णित है कि ब्रह्मचर्यआश्रम के कर्त्तव्य-कर्मों का आचरण करने के अनन्तर मोक्ष की इच्छा करने वाले ब्राह्मण को ब्रह्मचर्य आश्रम से ही संन्यास ग्रहण करने का अधिकार है।[179]

सब प्रकार की आसक्ति व मोह त्यागकर, संयमी एवं एकान्तवासी होकर आत्म-चिन्तन करते हुए जीवन-यापन करना ही संन्यास धर्म है। इन चारों आश्रमों के अतिरिक्त अत्याश्रमी अर्थात् संन्यास से भी आगे, सब नियमों से रहित, परमहंस रूप में विचरण करने का भी उल्लेख यहाँ मिलता है।[180]

अतः कहा जा सकता है कि आश्रम व्यवस्था सुनियोजित जीवन-यापन की एक पद्धति थी। आश्रम-व्यवस्था के विभिन्न आधारों में ऋणों से मुक्ति तथा चारों पुरुषार्थों की सिद्धि को ही प्रमुख माना गया है। ब्रह्मचर्य की महत्ता जीवन के प्रारम्भ से अन्त तक स्वीकार की गयी थी। जीवन के प्रारम्भ में ही जितेन्द्रिय, उदार, अध्ययनशील होना ही ब्रह्मचर्याश्रम धर्म का मूल था। अध्ययनोपरान्त सन्तान वृद्धि हेतु गृहस्थाश्रम-धर्म पालन का आज भी अत्यधिक महत्त्व है। दान, यज्ञ और अतिथि सत्कार रूप गार्हस्थ्याश्रम धर्म समाज में उदारता व सद्भावना का प्रतीक है।

गार्हस्थ्याश्रम के अनन्तर सब प्रकार के माया-मोह का त्याग कर वन में प्रस्थान करना ही वानप्रस्थ कहा गया। जितेन्द्रिय होकर अध्ययन, मनन व चिन्तन द्वारा समाज कल्याण तथा स्वयं को तप व साधना के उच्च स्तर तक पहुँचाना ही वानप्रस्थाश्रम-धर्म का उद्देश्य था।

अन्तिम संन्यासाश्रम-धर्म संसार से विरक्ति, आत्मज्ञान एवं मोक्ष प्राप्ति का हेतु कहा गया है। वहाँ स्पष्ट कहा गया है कि केवल बाह्य लक्षणों यथा भिज्ञापात्र,

कषाय वस्त्र, कमण्डलु आदि से कोई संन्यासी नहीं कहलाता अपितु सरल भाव से सांसारिक विषयों का परित्याग ही संन्यास है।

इस प्रकार आश्रम धर्म वस्तुतः मानव जीवन के सर्वांगीण विकास के चार सोपान कहे जा सकते हैं जिनके पालन द्वारा मानव को ऐहिक और पारलौकिक सिद्धि प्राप्त होती है।

सन्दर्भ

1. द्र., (क) वाचस्पति गैरोला–वैदिक साहित्य और संस्कृति, पृ. 328
   (ख) आद्यादत्त ठाकुर–वेदों में भारतीय संस्कृति, पृ. 223
2. श्रमु तपसि खेदे च। श्राम्यति। अश्रमत्। वैयाकरण सिद्धान्तकौमुदी, सूत्रांक 1204
3. (क) वाचस्पत्यम्, पृ. 841
   (ख) आप्टे–संस्कृत-हिन्दी कोश, पृ. 165
   (ग) Monier Williams–Sanskrit-English Dictionary, p. 158
4. वैदिक कोश, पृ. 42
5. (क) काणे–धर्मशास्त्र का इतिहास, प्रथम भाग, पृ. 267
   (ख) द्र., रामकृष्ण शर्मा 'आश्रम व्यवस्था' Proceedings of V WSC. pp, 760-763
6. (क) बृहद् हिन्दी कोश, पृ. 157
   (ख) Monier Williams–Sanskrit-English Dictionary, p. 158
7. काणे–धर्मशास्त्र का इतिहास, भाग प्रथम, पृ. 266
8. जायमानो वै ब्राह्मणास्त्रिर्भिऋणवा जायते, ब्रह्मचर्येण ऋषिभ्यो यज्ञेन देवेभ्यः प्रजया पितृभ्यः. ....तै. सं., 6/3/10/5
9. त्रयो धर्मस्कन्धा यज्ञोऽध्ययनं दानमिति। प्रथमस्तप एवं द्वितीयो ब्रह्मचार्याचार्यकुलवासी तृतीयोऽत्यन्तमामत्मानमाचार्यकुलेऽवसादयन्सर्वं एते पुण्यलोका भवन्ति ब्रह्मसंस्थोऽमृतत्वमेति। छान्दोग्य., 2/23/1
10. ब्रह्मचर्यं समाप्य गृही भवेत, गृही भूत्वा वनी भवेत्, वनी भूत्वा प्रव्रजेत्। जाबालोप., 4
11. अथातश्चत्वारः आश्रमाः.....। आश्रमो. 1
12. (क) पश्येम शरदः शतं जीवेम शरदः शतम्।
    ऋक्., 7/66/16, यजु. 36/24, अथर्व. 18/4/70
    (ख) शतायुर्वैः पुरुषः इति श्रुते।–मनु. 4/1/ कुल्लूक टीका
13. काणे–धर्मशास्त्र का इतिहास, प्रथम भाग, पृ. 264
14. चतुर्थमायुषो भागमुषित्वाऽद्यं गुरौ द्विजः।
    द्वितीयमायुषो भागं कृतदारो गृहे वसेत्।। मनु., 4/1

15. वही, 5/169
16. गृहस्थस्तु यदा पश्येद्वलीपलितमात्मनः।
अपत्यस्यैव चापत्यं तदा अरण्यं समाश्रयेत्।। वही, 6/2
17. (क) काणे–धर्मशास्त्र का इतिहास, प्रथम भाग, पृ. 266
(ख) सर्वेऽपि क्रमशस्त्वेते यथाशास्त्रं निषेविताः।
यथोक्तकारिणं विप्रं नयन्ति परमांगतिम्।। मनु., 6/88
(ग) आप. धर्म, 2/9/21/2
(घ) द्र., कुन्दनलाल शर्मा–कल्पसूत्र, वैदिक वाङ्मय का बृहद् इतिहास, पृ. 590
18. (क) ब्रह्मचारी गृहस्थो भिक्षुर्वैखानसः। गौ. धर्म., 3/2
(ख) आप. धर्म., 2/9/21/1
19. मनु. 6/87, याज्ञ. आचाराध्याय, 10-14
20. वा. राम., 2/106/22
21. द्र., काणे–धर्मशास्त्र का इतिहास, प्रथम भाग, पृ. 266
22. (क) यदि वेतरथा ब्रह्मचर्यादेव प्रव्रवेद् गृहाद्वा वनाद्वा।–यदहरेव विरजेत्तदहरेव प्रव्रजेत्। जाबालो., 4
(ख) अतः एवं ब्रह्मचर्यव्रतान् प्रवजति। आप. धर्म, 2/9/19
(ग) तस्याऽऽश्रमविकल्पमेके ब्रुवते।। गौ. धर्म., 1/3/1
23. (क) गौ. धर्म., 1/3/3
(ख) ऐकाश्रम्यं त्वाचार्याः प्रत्यक्षविधानाद् गार्हस्थ्यस्य गार्हस्थ्यस्य।। वही, 1/3/35
(ग) मनु., 6/89, 90
24. (क) ब्रह्मणे वेदार्थं चर्यम् आचरणीयम्। हलायुध कोश, पृ. 484
(ख) ब्रह्म वेदः। तदध्ययनार्थ व्रतमपि ब्रह्म। तच्चरितुं शीलमस्य। अमरकोश, सुधाव्याख्या, 2/7/3
25. ब्रह्मचारी चरतिवेविषद् विषः स वेदानां भवत्येकमंगम्। ऋक्., 10/109/5
26. (क) ब्रह्मचर्येण तपसा देवा मृत्युमपाध्नत। इन्द्रो ह ब्रह्मचर्येण देवेभ्यः स्वराभत्। अथर्व., 11/5/19
(ख) इमां भूमिं पृथिवीं ब्रह्मचारी भिक्षाभाजमारप्रथमो दिवं च। ते कृत्वा समिधावुपास्ते तयोरार्पिता भुवनानि विश्वा। अथर्व., 11/5/9
(ग) वही, 11/5
27. ब्रह्मचारी समिधा मेखलया श्रमेण लोकांस्तपसा पिपर्ति। वही, 11/5/4
28. वही, 11/5/6
29. ब्रह्मचर्येण कन्या युवानं विन्दते पतिम्। अथर्व., 11/5/18
30. गो. ब्रा., 2/5/7
31. (क) सत्यकामे जाबाले ब्रह्मचर्यमुवास–छान्दोग्य., 4/10/1
(ख) वही, 6/1, 2

32. शत. ब्रा., 5/1/5, 17, तै. उ., 1/11
33. आश्रमो., 1
34. उपास्याऽऽचार्यकुले ब्रह्मचारीवासः।। आप. धर्म., 1/1/2/11
35. अधासनशायी। वही, 1/1/2/21, गौ. धर्म, 1/2/26
36. तथा क्षारलवणमधुमांसानि।। आप. धर्म, 1/1/2/23, गौ. धर्म, 1/2/19
37. आप. धर्म., 1/3/14, 17, 20, 21
38. वही, 1/1/3/25, 32
39. वही, 1/2/5/7
40. (क) आश्व. गृह्य., 1/22
(ख) पारस्कर गृह्य, 2/3, 4
(ग) बौ. धर्म., 2/6/11/15
41. चरितब्रह्मचर्यस्य विद्यास्नातस्य धीमतः।। वा. राम., 2/82/11
42. व्रतस्नातस्य विद्येव विप्रस्य विदितात्मनः। वही, 5/21/17
43. (क) सर्वाविद्याव्रतस्नातो यथावत् सांगवेदवित्। वही, 2/1/20
(ख) टि., वेदाध्ययन के उपरान्त का स्नान कर्म तथा गुरुगृह से लौटते समय का संस्कार स्नान (समावर्तन) कहा गया है। इसी स्नान किये हुए व्यक्ति को स्नातक कहा जाता है। विद्यास्नातक का अभिप्राय है—जिसने वेदाध्ययन समाप्त कर लिया हो, किन्तु व्रत न किये हों, जिसने व्रत कर लिए हों किन्तु वेदाध्ययन समाप्त न किया हो, वह व्रत—स्नातक कहलाता है, किन्तु जिसने व्रत एवं वेद दोनों की परिसमाप्ति कर ली हो, वही विद्याव्रतस्नातक कहलाता है। द्र., काणे—धर्मशास्त्र का इतिहास, प्रथम भाग, पृ. 262
44. ऋक्., 10/85
45. वही, 1/15/12, 2/1/2, 7/1/1, 7/15/2, 10/118/6
46. (क) सुपुत्रा सुभगासति ऋक्., 10/85/25
(ख) अथर्व., 14/2/71
47. साम., 1/1/12/4, अथर्व., 9/6
48. ऋक्., 10/85/36, 5/3/2, 5/28/3, 3/53/4
49. छान्दोग्य., 2/23/1
50. गृहस्थाअपि चतुर्विधा भवन्ति—वार्ताकवृत्तयः
शालीनवृत्तयो यायावरा घोरसंन्यासिकाश्चेति। आश्रमो., 2
51. (क) बृहद. उ., 1/4/17
(ख) प्रजातन्तुं मा व्यवच्छेत्सीः। तै. उ., 1/11/1
52. आशा प्रतीक्षे संगतसुनृताङ् चेष्टापूर्ते पुत्रपंशूश्च सर्वान्।
एतद् दृङक्से पुरुषस्याल्पमेधसो यस्यानश्नन् वसति ब्राह्मणोगृहे।। कठ., 1/8

53. (क) यथाऽर्हं भिक्षुकानतिथींश्च संभजेरन्।। पारस्कर गृह्य., 2/9/12

(ख) सायमागतमतिथिं नापरुन्ध्यात्। वसिष्ठ., 8/4

54. (क) अथातः पंचमहायज्ञाः।। पारस्कर गृह्य, 2/9/1

(ख) देवयज्ञो भूतयज्ञः पितृयज्ञो ब्रह्मयज्ञो मनुष्ययज्ञ इति। आश्व. गृह्य., 3/12

(ग) बौ. धर्म., 2/6/11/1

(घ) उक्तः स्वाध्याये प्रजनने यज्ञे च। वसिष्ठ, अ. 8

55. नित्ययज्ञोपवीती नित्यस्वाध्यायी वृषलान्नवर्जी ऋतौ च गच्छन् विधिवच्च जुह्वन्न ब्राह्मणश्च्यवते ब्रह्मलोकात्। बौ. धर्म., 2/2/3/1

56. यथा नदीनदाः सर्वेसमुद्रे यान्ति संस्थितिम्।
एवमाश्रमिणः सर्वे गृहस्थे यान्ति संस्थितिम्।। वसिष्ठ. धर्म., अ. 8 तथा मनु., 6/90

57. यथा तामरमाश्रित्य सर्वे जीवन्ति जन्तवः।
एवं गृहस्थमाश्रित्य सर्वे जीवन्ति भिक्षुकाः।। वसिष्ठ. धर्म., 8/16

58. चतुर्णामाश्रमाणं हि गार्हस्थ्यं श्रेष्ठमुत्तमम्।। वा. राम., 2/106/22

59. वही, 3/34/15

60. भव स्वभर्तुः सहधर्मचारिणी। वही, 2/117/29

61. (क) श्रीमांश्च सह पत्नीभी राजा दीक्षामुपाविशत्। वही, 1/13/41

(ख) S.N. Vyas–India in the Ramayana Age, p. 70

62. वनमेव प्रस्थो देशः। तत्र भवः इति वानप्रस्थः। अमरकोश, 2/7/4

63. (क) वानप्रस्थो वैखानसशास्त्रसमुदाचारः।। बौ. धर्म., 2/6/16

(ख) ब्रह्मचारी गृहस्थो भिक्षुर्वैखानसः। गौ. धर्म., 2/3/2

(ग) वैखानसो वानप्रस्थः। वैखानसप्रोक्तेन मार्गेण वर्तत इति।
गौ. धर्म., 1/3/2, मिताक्षरावृत्ति, पृ. 30

64. द्र., काणे–धर्मशास्त्र का इतिहास, प्रथम भाग, पृ. 483

65. ऋक्., 8/3/9, अथर्व., 2/5/3

66. मुनयो वातरशनाः पिशंगा वसते मलाः। ऋक्., 10/136/2

67. इन्द्रो मुनीनां सखा। ऋक्., 8/18/14

68. द्र., काणे–धर्मशास्त्र का इतिहास, प्रथम भाग, पृ. 265

69. तप एव द्वितीयो–छान्दोग्य., 2/23/1

70. द्र., काणे–धर्मशास्त्र का इतिहास, प्रथम भाग, पृ. 265

71. बृहद. उ., 4/5/1

72. गृही भूत्वा वनी भवेद् यदि वेतरथा ब्रह्मचर्यादेव प्रव्रजेद्गृहाद्वा वनाद्वा। जाबालो., 4

73. ये चेमेऽरण्ये श्रद्धा तप इत्युपासते–छान्दोग्य., 5/10/1

74. वानप्रस्था अपि चतुर्विधा भवन्ति वैखानसा उदुम्बरा बालखिल्याः फेनपाश्चेति। आश्रमो. 3

75. (क) वैखानसो वने मूलफलाशी तपः शीलः।।
अग्राम्यभोजी।। देवपितृमनुष्यभूतर्षिपूजकः।। ग्रामं च न प्रविशेत्।
गौ. धर्म., 3/25, 27, 28, 32
(ख) बौ. धर्म., 2/6/11/16, 17
(ग) वानप्रस्थोजटिलश्चीराजिनवासा ग्रामं च न प्रविशेत। न फालकृष्टमधितिष्ठेत्।।
अकृष्टं मूलफलं संचिन्वीत। ऊर्ध्वरेताः क्षमाशयः।
मूलफलभैक्षणाश्रमागतमतिथिमभ्यर्चयेत्।।
दद्यादेव न प्रतिगृह्णीयात्।। वसिष्ठ., अ. 9
76. (क) बौ. धर्म., 3/3/3/2-3
(ख) द्र., कुन्दनलाल शर्मा–कल्पसूत्र, वैदिक वाङ्मय का बृहद् इतिहास, पृ. 591, 592
77. हस्तादानो मुखादानो नियमो वृक्षमूलिकः।
वानप्रस्थो भविष्यामि ह्यादृष्ट्वा जनकात्मनाम्।। वा. राम., 5/13/40
78. अग्निं हुत्वा प्रदायर्घ्यमतिथीन् प्रतिपूज्य च।
वानप्रस्थेन धर्मेण सतेषां भोजनं ददौ। वा.राम., 3/12/27
79. वही, 3/13/26-31
80. वही, 2/117
81. वही, 3/6/2-5
82. हलायुध कोश, पृ. 691
83. (क) सम्यक् न्यासः प्रतिग्रहाणां संन्यासः। बौ. धर्म., 2/10/7/1 विवरण टीका, पृ. 281
(ख) काम्यानां कर्मणां न्यासं संन्यासं कवयो विदुः।
सर्व कर्मफलत्यागं प्राहुस्त्यागं विचक्षणाः। गीता, 18/2 शांकर भाष्य
84. द्र., काणे–धर्मशास्त्र का इतिहास, प्रथम भाग, पृ. 265
85. एतं वे तमात्मानं विदित्वा ब्राह्मणाः पुत्रैषणायाश्च वित्तैषणायाश्च
लोकैषणायाश्च व्युत्थापायाथ भिक्षाचर्यं चरन्ति। बृहद. उ., 3/5/1
86. तपः श्रद्धे ये ह्युपवसन्त्यरण्ये शान्ता विद्वांसो भैक्षचर्यां चरन्तः। सूर्यद्वारेण
ते विरजाः प्रयान्ति यत्रामृतः स पुरुषो ह्यव्ययात्मा।। मुण्डक., 1/2/11
87. परिव्राजकस्यापि ज्ञानं यमनियमाश्च तप एवेति तप एव द्वितीयः इत्यत्र तपः शब्देन
परिव्राट्तापसौ गृहीतौ–छान्दोग्य., 2/23/1 पर शांकर भाष्य
88. बृहद. उ., 3/5/1
89. छान्दोग्य., 2/23/1
90. परिव्राजका अपि चतुर्विधा भवन्ति–कुटीचरा बहूदका हंसाः परमहंसाश्चेति। आश्रमो., 4
91. गौ. धर्म, 1/3/2
92. (क) बौ. धर्म, 2/2/17/2
(ख) आप. धर्म., 2/9/8

टि., प्रव्रजति प्रकर्षेण व्रजति न प्रत्यावर्तते अर्थात् प्रकर्षरूप से जाना अथवा पुनः न लौटने के लिए जाना। बौ. धर्म., 2/10/17/2 विवरण टीका, पृ. 282

93. चत्वार आश्रमा गार्हस्थ्यम्, आचार्यकुलं, मौनं वानप्रस्थ्यमिति। आप. धर्म. 2/9/1
94. द्र., काणे—धर्मशास्त्र का इतिहास, प्रथम भाग, पृ. 264
95. बौ. धर्म., 2/10/6, मनु. 6/96
96. सत्पत्या ऊर्ध्वं संन्यासमुपदिशन्ति। बौ. धर्म., 2/10/6
97. संन्यसेत् सर्वकर्माणि वेदमेकं न संन्नयसेत्। वशिष्ठ. धर्म, अ. 10
98. परिव्राजकः सर्वभूताभयदक्षिणां दत्त्वा प्रतिष्ठेत्।
अभयं सर्वभूतेभ्यो दत्त्वा चरति यो द्विजः।
तस्यापि सर्वभूतेभ्यो न भयं जातु विद्यते।।
संन्यसेत सर्व कर्माणि वेदमेकं न संन्यसेत्। वशिष्ठ. धर्म, 10/1,2, 3
99. बौ. धर्म., 2/6/19-25, गौ. धर्म., 1/3/12, 16, 17, वशिष्ठ धर्म., 10
100. आप. धर्म., 2/9/7, 10
101. अलाभेन विषादी स्याल्लाभे चैव च हर्षयेत्। वशिष्ठ धर्म., 10
102. अनिचयो भिक्षुः। गौ. धर्म., 1/3/10
103. बौ. धर्म., 2/9/16/4-7, आप. धर्म., 2/9/24/8
104. (क) न शब्दशास्त्राभिरतस्य मोक्षो नचापि लोके ग्रहणे रतस्य।
न भोजनाच्छादानतत्परस्य नचापिरम्यावसथप्रियस्य।। वसिष्ठ धर्म. 10
(ख) आप. धर्म. 2/9/14
105. (क) तदासाद्य दशग्रीवः क्षिप्रमन्तरमास्थितः।
अभिचक्राम वैदेही परिव्राजकरूपधृक।।
श्लक्षणकाषायसंवीतः तः शिखी छत्री उपानही।
वामे चांसेऽवसन्याथ शुभे यष्टिकमण्डलू।।
परिव्राजकरूपेण वेदेहीमन्ववर्तत।
तामाससादातिवलो भातृभ्यां रहितां वने।। वा. राम., 3/46/2-4
(ख) द्र., S.N. Vyas–India in the Ramayana Age, p. 71
106. वानप्रस्थं भैक्षचर्यां गार्हस्थ्यं च महाश्रमम्।
ब्रह्मचर्याश्रमं प्राहुश्चतुर्थं ब्राह्मणैर्वृतम्।। शान्ति., 61/2
107. पूर्वमेव भगवता लोकहितमनुतिष्ठता धर्मसंरक्षणार्थमाश्रमाश्चत्वारोऽभिनिर्दिष्टाः।। वही, 184/8
108. एको य आश्रमानेताननुतिष्ठेद्यथाविधि।
अकामद्वेषसंयुक्तः स परत्र महीयते।। वही, 234/14
109. गृहस्थो ब्रह्मचारी च वानप्रस्थोऽथ भिक्षुकः।
यथोक्तकारिणः सर्वेगच्छन्ति परमां गतिम्।। वही, 234/13

110. चतुष्पदी हि निः श्रेणी ब्रह्मण्येषा प्रतिष्ठिता।
एतामाश्रित्य निः श्रेणी ब्रह्मलोके महीयते।। वही, 234/15

111. (क) वानप्रस्थं भैक्षचर्यां गार्हस्थ्यं च महाश्रमम्।
ब्रह्मचर्याश्रम प्राहुचतुर्थं ब्राह्मणेर्वृतम्।। शान्ति., 61/2
ब्राह्मणस्येह चत्वार आश्रमा विहिताः प्रभो।
वर्णास्ताननुवर्तन्ते त्रयो भरतसत्तम।। वही, 62/2
(ख) द्र., महाभारत-मीमांसा, पृ. 462

112. भैक्षचर्यां न तु प्राहुस्तस्य तद्धर्मचारिणः।
तथा वैश्यस्य राजेन्द्र राजपुत्रस्य चैव हि।। वही, 63/14

113. न चैतन्नैष्ठिकं कर्म त्रयाणां भरतर्षभ।
चतुर्णां राजशार्दूल प्राहुराश्रमवासिनाम्।। वही, 63/23

114. अहिंसा सत्यमक्रोधः सर्वाश्रमगतं तपः।। वही, 184/15

115. आश्रमेषु चतुर्वाहुर्दममेवोत्तमं व्रतम्। वही, 154/14

116. वही, 154/15,16

117. शान्ति., 61/1-8

118. यदिदं ब्रह्मणे रूपं ब्रह्मचर्यमिति स्मृतम्।
परं तत्सर्वभूतेभ्यस्तेन यान्ति परां गतिम्।। शान्ति., 207/7

119. वही, 207/10

120. वही, 109/3, 9, 10

121. ब्रह्मलोकं गुरोर्वृत्या नित्यमेव चरिष्यसि। वही, 109/8

122. आयुष्स्तु चतुर्भागं ब्रह्मचार्यनसूयकः।
गुरौ वा गुरुपुत्रे वा वसेद्धर्मार्थकोविदः।। शान्ति., 234/16

123. सुदुष्करं ब्रह्मचर्यमुपायं तत्र मे शृणु।
संप्रवृत्तमुदीर्णं च निगृह्णीयाद्द्विजो मनः।। वही, 207/11

124. तत्र गुरुकुलवासमेव तावत्प्रथममारममुदाहरन्ति। सम्यगत्र
शौचसंस्कारविनयनियम प्रणीतो विनीतात्मा
उभे संध्ये भास्कराग्निदेवतान्युपस्थाय विहाय तन्द्रालस्ये
गुरोरभिवादनवेदाभ्यासश्रवणपवित्री कृतान्तरात्मा त्रिषवणमुपस्पृश्य–वही, 184/8

125. (क) ब्रह्मचारी व्रते नित्यं नित्यं दीक्षापरो वशी।
अविचार्य तथा वेदं कृत्यंकुर्वन्वसेत्सदा।।
शुश्रूषं सततं कुर्वन्गुरोः संप्रणमेत च।। वही, 61/19, 20
(ख) एकस्मिन्नेव आचार्ये शुश्रूषुर्मलपंकवान्।। वही, 61/18

126. खादन्नेको जपन्नेकः सर्पन्नेको युधिष्ठिर। शान्ति., 61/18

127. शान्ति., 234/16-26

128. स एवं गुरवे प्रीतिमुपहृत्य यथाबलम्।
आश्रमेष्वाश्रमेष्वेवं शिष्यो वर्तेत कर्मणा।। शान्ति, 234/27

129. वेदव्रतोपवासेन चतुर्थे चायुषो गते।
गुरवे दक्षिणां दत्त्वा समावर्तेद्यथाविधि।। वही, 234/28

130. सम्यग्वृत्तिर्ब्रह्मलोकं प्राप्नुयान्मध्यमः सुरान्।
द्विजाग्यो जायते विद्वान्कन्यसी वृत्तिमास्थितः।। वही, 207/10

131. स्तेयं कुर्वस्तु गुर्वर्थमापत्सु न निबध्यते। वही, 35/23

132. यांस्तु गन्धान्रसान्वापि ब्रह्मचारी न सेवते। वही, 234/25

133. योषितां न कथाः श्राव्या न निरीक्ष्या निरम्बराः।
कदाचिद्दर्शनादासां दुर्बलानाविशेद्रजः।। वही, 207/12

134. शान्ति., 62/20

135. (क) गृहस्थस्त्वेव सर्वेषां चतुर्णां मूलमुच्यते। शान्ति., 226/6
(ख) तद्धि सर्वाश्रमाणांमूलमुदाहरन्ति।। वही, 184/10
(ग) वही, 12/6

136. आश्रमांस्तुलया सर्वान्धृतानाहुर्मनीषिणः।
एकतस्ते त्रयो राजन्गृहस्थाश्रम एकतः।। वही, 12/11

137. धर्मलब्धैर्युतो दारैरग्नीनुत्पाद्य धर्मतः।
द्वितीयमायुषो भागं गृहमेधिव्रती भवेत्। वही, 234/29
द्वितीयमायुषो मागं गृहमेधी गृहे वसेत्।
धर्मलब्धैर्युतो दारेरग्नीनुत्पाद्य सुव्रतः।। वही, 235/1

138. (क) अपि चात्र यज्ञक्रियाभिर्देवताः प्रीयन्ते निवापेन पितरो वेदाभ्यास-श्रवणधारणेन ऋषयः। अपत्योत्पादनने प्रजापतिरिति।। वही, 184/13
(ख) वही, 226/7

139. स्वदारतुष्ट ऋतुकालगामी नियोगसेवी नशठो नजिह्मः।
मिताशनो देवपरः कृतज्ञः सत्यो मृदुश्चानृशंसः क्षमावान्।
दान्तो विधेयो हव्यकव्येऽप्रमत्तो अन्नस्य दाता सततं द्विजेभ्यः।
अमत्सरी सर्वलिंगिप्रदाता वैताननित्यश्च गृहाश्रमीस्यात्।। शान्ति., 61/11, 12

140. (क) पितृदेवातिथिकृते समारम्भोऽत्र शस्यते।
अत्रैव हि महाराज त्रिवर्गः केवलं फलम्।। वही, 12/17
(ख) शान्तिपर्व, 184/10
(ग) द्र., महाभारत-मीमांसा, पृ. 462

141. (क) अतिथिर्यस्य भग्नाशो गृहात्प्रतिनिवर्तते।
स दत्त्वा दूष्कृतं तस्मै पुण्यमादाय गच्छति।। शान्ति., 184/12
(ख) वही, 235/7, 66/19

तु., (क) कठ., 1/8

(ख) धर्मः किं ते गृहे नास्ति अतिथिर्येन सेव्यते।।
अतिथिर्यस्य भग्नान्निराशो याति सर्वथा।
सर्वपुण्यपरित्यक्तो भजेत् पापानि स क्षणात्।। बृहद्धर्मपुराण, 3/28, 29

142. गृहस्थवृत्तयश्चैव चतस्त्रः कविभिः स्मृताः।
कुसूलधान्यः प्रथमः कुम्भीधान्यस्त्वनन्तरम्।।
अश्वस्तनोऽथ कापोतोमाश्रितो वृत्तिमाहरेत्।
तेषां परः परो ज्यायान्धर्मतो लोकजित्तमः।। शान्ति., 235/2, 3

143. शान्ति., 235/4

144. उञ्छवृत्तिर्गृहस्थो यः स्वधर्मचरणे रतः।
त्यक्तकामसुखारम्भस्तस्य स्वर्गो न दुर्लभः।। वही, 184/18

145. शान्ति, 245/5-7

146. यथा नदीनदाः सर्वे सागरे यान्ति संस्थितिम्।
एवमाश्रमिणः सर्वे गृहस्थे यान्ति संस्थितिम्।। शान्ति., 284/39
मि., वसिष्ठ धर्म., 8, मनु., 6/90

147. शान्ति, अध्याय 8

148. वही, अ. 10

149. नात्मार्थं पाचयेदन्नं न वृथा घातयेत्पशून्। वही, 235/5

150. परिवादोपघातौ च पारुष्यं पात्र गर्हितम्।। वही, 184/14
अवज्ञानामहंकारो दम्भश्चैव विगर्हितः। वही, 184/15

151. न दिवा प्रस्वपेज्जातु न पूर्वापररात्रयोः।
न भुञ्जीतान्तराकाले नानृतावाह्वयेत्स्त्रियम्। वही, 235/6

152. अतः परं परममुदारमाश्रमं तृतीयमाहुस्त्यजतां कलेवरम्।
वनोकसां गृहपतिनामनुत्तमं शृणुक्लतत्त्विष्टशरीरकारिणाम्।। शान्ति. 235/27

153. वही, 236/21

154. गृहस्थस्तु यदा पश्येद्वलीपलितमात्मनः।
अपत्यस्यैव चापत्यं वनमेव तदाश्रयेत्।। वही, 236/4
मि., मनु., 6/2

155. तृतीयमायुषो भागं वानप्रस्थाश्रमे वसेत्। शान्ति., 236/5

156. जटाकरणसंस्कारं द्विजातित्वमवाप्य च।
आधानादीनि कर्माणि प्राप्य वेदमधीत्य च।।
सदारो वाप्यदारो वा आत्मवान्संयतेन्द्रियः।
वानप्रस्थाश्रमं गच्छेत्कृतकृत्यो गृहाश्रमात्।। वही, 61/3, 4

157. वही, 185/1

158. (क) वन्यौषधिमूलफलपर्णपरिमितविचित्रनियताहाराः—शान्ति., 185/1

(ख) नियतो नियताहारः षष्ठभक्तोऽप्रमादवान्। वही, 236/6

159. वही, 236/7

160. दन्तोलूखलिनः केचिदश्मकुट्टास्तथापरे।
शुक्लपक्षे पिबन्त्येके यवांगू क्वथितां सकृत्।।
कृष्णपक्षे पिबन्त्येके भुञ्जते च यथाक्रमम्।
मूलैरेके फलैरेके पुष्पैरेके दृढ़व्रताः।। वही, 236/12, 13

161. तत्रारण्यकशास्त्राणि समधीत्य स धर्मवित्। वही, 61/5

162. शान्ति, 9/10

(ख) हर्वींषि संप्रयच्छेत मश्वष्वत्रापि पंचसु। वही, 136/7

163. (क) ...नियतकालोपस्पर्शना अस्कन्नहोमबलिकालानुष्ठायिनः... शीतोष्णपवननिष्टप्तविभिन्नसर्वत्वचो विधिनियमयोगचर्याविहित-धर्मानुष्ठानहृतमंसशोणितास्त्वगस्थिभूता धृतिपराः सत्त्वयोगाच्छरीराण्युद्व हन्ति।। शान्ति., 185/1

164. तदग्निहोत्रं ता गावो यज्ञाङ्गानि च सर्वशः।। वही, 236/6

165. वानप्रस्थेऽयेताश्चतस्त्र वृतयः स्मृताः।
सद्यः प्रक्षालकाः केचित्केचिन्मासिकसंचयाः।
वार्षिकं संचयं केचित्केचिद्‌द्वादशवार्षिकम्।
कुर्वन्त्यतिथिपूजार्थं यज्ञतन्त्रार्थसिद्धये।। वही, 236/8, 9

166. शान्ति., 236/10, 11

167. वही, शान्ति., 236/19, 20

168. वही, 236/16-18

169. कर्मभिस्ते निरानन्दा धर्मनित्या जितेन्द्रियाः।
गताः प्रत्यक्षधर्माणस्ते सर्वे वनमाश्रिताः।
अनक्षत्रा अनाधृष्या दृश्यन्ते ज्योतिषां गणाः।। वही, 236/21

170. जरया च परिद्यूनो व्याधिना च प्रपीडिताः।
चतुर्थे चायुषः शेषे वानप्रस्थाश्रमं त्यजेत्। वही, 236/22

171. चतुर्थ चायुषः शेषे वानप्रस्थाश्रमं त्यजेत्।
सद्यस्कारां निरूप्येष्टिं सर्ववेदसदक्षिणाम्। वही, 236/22

172. अभयं सर्वभूतेभ्यो यो दत्त्वा प्रव्रजेद्‌द्विजः।
लोकास्तेजोमयास्तस्य प्रेत्यचानन्त्यमश्नुते।। वही, 236/27

173. कपालं वृक्षमूलानि कुचेलमसहायता।
उपेक्षा सर्वभूतानामेतापदिभक्षुलक्षणम्।। शान्ति., 237/7

174. त्यागान्न भिक्षुकं विद्यान्न मौण्डयान्न च याचनात्।
ऋजुस्तु योऽपि त्यजति त सुखं विद्धि भिक्षुकम्।। वही, 18/29

175. (क) वही, 185/3
(ख) अरोषमोहः समलोष्टकांचनः प्रहीणशोको गतसन्धिविग्रहः।
अपेतनिन्दास्तुतिरप्रियाप्रियश्चरन्नुदासीनवदेष भिक्षुकः।। वही, 237/36

176. द्र., गीता, 2/55-71

177. आत्मयाजी जीवच्छ्राद्धादिकृत् आत्मरतिरात्मनिष्ठः।
शान्ति., 244/24 नीलकण्ठी टीका, पृ. 462

178. यमेषु—अहिंसासत्यास्तेयब्रह्मचर्यापरिग्रहाख्येषुचात्—
शौचसन्तोषतपः स्वाध्यायेश्वरप्रणिधानाख्येषु नियमेषु।
शान्ति., 244/30 नीलकण्ठी टीका, पृ. 463

179. चरितब्रह्मचर्यस्य ब्राह्मणस्य विशांपते।
भैक्षचर्यास्वधीकारः प्रशस्त इह मोक्षिणः।। शान्ति., 61/7

180. द्र., महाभारत-मीमांसा, पृ. 462

चतुर्थ अध्याय

नारी-धर्म विवेचन

"कुक्षिसंधारणाद्धात्री जननाज्जननी स्मृता।
अङ्गानां वर्धनादम्बा वीरसूत्वेन वीरसूः।।"

शान्ति., 258/30

4.1 नारी का महत्त्व

किसी राष्ट्र की सभ्यता एवं संस्कृति के निर्माण तथा विकास में नारी का महत्त्वपूर्ण योगदान होता है। नारी को दया, ममता, उदारता व त्याग की प्रतिमूर्ति कहा गया है। नारी के इन उज्ज्वल गुणों का दिग्दर्शन हमें वैदिक काल से लेकर अब तक के सभी वाङ्मय में ही नहीं दैनिक जीवन में भी दृष्टिगोचर होता है। यद्यपि काल की गति के साथ-साथ नारी की स्थिति व महत्ता में परिवर्तन होता रहा है और उसे कुछ निन्दित शब्दों से भी वर्णित किया गया है तथापि उसे सृष्टि प्रक्रिया में, गृहस्थ में, पति की हित-कामना में, सन्तान के प्रति वात्सल्य भाव, त्याग व उदारता के लिए महनीय भी कहा गया है। इतना ही नहीं, स्वयं पुरुष के जीवन को भी महान् बनाने में नारी का महत्त्वपूर्ण योगदान रहा है। तभी तो मनु ने कहा है कि जहाँ नारी का पूजन होता है वहाँ देवता निवास करते हैं।[1]

संस्कृत वाङ्मय में नारी के लिए अनेक शब्दों का प्रयोग मिलता है यथा स्त्री, योषिता, अबला, योषा, नारी, सीमन्तिनी, वधू, प्रतीपदर्शिनी, वामा, वनिता तथा महिला[2] जो उसके विभिन्न गुणों और कर्त्तव्यों के परिचायक हैं।

भारतीय समाज में नारी के सामाजिक तथा पारिवारिक कर्त्तव्यों की दृष्टि से विभिन्न रूप दृष्टिगत होते हैं। सर्वप्रथम उसका पदार्पण 'कन्या' के रूप में होता है जो मधुर एवं कमनीय स्वभाव के कारण कन्या कहलाती है तथा माता-पिता की प्रिय होती है।[3] उसका द्वितीय महत्त्वपूर्ण रूप 'पत्नी' के रूप में पाया जाता है जो परिवार व समाज दोनों ही दृष्टियों से उपादेय है। पत्नी रूप में उसे सहधर्मिणी, अर्धाङ्गिनी,

भार्या, जाया व पाणिगृहीती[4] आदि नामों से पुकारा गया है। तृतीय व सर्वप्रमुख रूप 'माता' का है। वात्सल्य नारी का स्वाभाविक गुण है जिसकी पूर्ति विवाहोपरान्त माता बनने पर होती है। उसका यह मातृरूप नारीत्व को एक स्थायित्व एवं पूर्णता प्रदान करता है। माता के रूप में उसे जनयित्री, प्रसूता, वीरमाता, वीरसू, जननी व अम्बा[5] भी कहा गया है। अतः नारी कन्या, भार्या, माता आदि विभिन्न रूपों में सब प्रकार से सम्माननीय है।[6]

4.2 वैदिक वाङ्मय एवं वाल्मीकि रामायण में 'नारी-धर्म'

शान्तिपर्व में 'नारी-धर्म' का विवेचन करने से पूर्व वैदिक वाङ्मय एवं रामायण में नारी की स्थिति व कर्त्तव्य-कर्मों का अवलोकन करना भी आवश्यक है।

वैदिक-संहिताओं में नारी को उचित सम्मान एवं अधिकार प्राप्त हुए हैं। 'नारी' को 'मानवी-उषा'[7] के रूप में स्वीकार कर प्रेरणादात्री का महत्त्व प्रदान किया गया है। 'स्त्री ब्रह्मा हुई है'[8] कथन से स्पष्ट होता है कि स्त्री ब्रह्मा है जो समाजयज्ञ, राष्ट्रयज्ञ व विश्वयज्ञ की रचयिता तथा उसकी संचालिका है। वह ही ब्रह्मा के समान मानव की जन्मदात्री और जीवन निर्मात्री है।[9] उसे 'ब्रह्मा' की उपाधि देने से यह भी विदित होता है कि उस समय नारियाँ बहुत विदुषी एवं यज्ञ की अधिकारिणी होती थीं।[10]

वैदिक युग में नारी का गृहस्थ में बहुत सम्मान था।[11] दुहिता के रूप में, पत्नी तथा माता के रूप में वह सम्मान-भाजन थी, पुत्र एवं पुत्री दोनों ही माता-पिता के लिए आनन्ददायक थे।[12] यद्यपि पितृसत्तात्मक समाज में पुरुष की प्रधानता होने के कारण पुत्र की अपेक्षा कन्या कम अभीष्ट रही है[13] तथापि पत्नी के रूप में उसका महत्त्व अक्षुण्ण है।

ऋग्वेद में पत्नी को 'गृहिणी' के रूप में अंकित किया गया है। वह प्रातः उषा काल में उठती थी तथा सबको निद्रा से जाग्रत करती थी।[14] ऋग्वेद में पत्नी को गृह की सम्राज्ञी,[15] कल्याणी, शिवतमा तथा वीर सन्तान को जन्म देने वाली[16] कहा गया है। पत्नी विराट् है। उसे सरस्वती की संज्ञा दी गयी है तथा वह पतिगृह को विष्णु के समान व्याप्त करती है।[17]

गृहिणी व जाया के रूप में वह प्रातःकालीन कृत्यों से निवृत्त होकर स्नान करती थी तथा गार्हपत्याग्नि में अपने पति के साथ आहुतियाँ देती थी।[18] माध्यन्दिन एवं सायं आहुतियाँ दोनों मिलकर प्रदान करते थे।[19] पत्नी यज्ञों में पति के साथ बैठा करती थी, जिस विधान से यह सिद्ध होता है कि नारी यज्ञ एवं स्वाध्याय की अधिकारिणी थी।[20] पति के साथ यज्ञानुष्ठान में भाग लेने के कारण नारी को ब्राह्मण युग की अपेक्षा इस युग में अधिक सम्मान मिला है। वह घर की स्वामिनी होती थी।[21] सौभाग्य एवं सन्तानवृद्धि के लिए ही पाणिग्रहण का विधान किया गया था।[22]

अथर्ववेद[23] के एक मन्त्र से ज्ञात होता है कि गृहस्थाश्रम में पुरुष और स्त्री दोनों का समान महत्त्व है। सूर्यासावित्री सूक्त में कहा है कि मैं (वर) ज्ञानवान् हूँ! हे वधू! तू ज्ञानवती है। मैं साम हूँ तू ऋक् है, मैं द्यौ हूँ तू पृथिवी है। हम दोनों यहाँ गृहस्थाश्रम में पराक्रमी होवें और प्रजा (सन्तान) को उत्पन्न करें। यहाँ नवविवाहिता वधू की दीर्घायु तथा सद्बुद्धि की कामना भी की गयी है।[24]

ऋग्वेद[25] में ऐसे दम्पति का उल्लेख है जो एक हृदय होकर यज्ञ करते हैं और पवित्र अन्न दरिद्रों को बाँटते हैं, देवताओं की पूजा करते हैं और सुख पाते हैं। वेदों में नारी द्वारा ब्रह्मचर्य पालन के भी निर्देश मिलते हैं कि विवाह से पूर्व कन्या ब्रह्मचर्य का पालन कर गृहस्थ में प्रवेश करती थीं।[26] वहाँ ब्रह्मवादिनी नारियों का भी उल्लेख मिलता है जो आजन्म ब्रह्मचारिणी रहकर जीवन-यापन करती थीं। 'घोषा'[27] ऐसी ही एक ब्रह्मवादिनी नारी थी। ऋग्वेद के अध्ययन से हमें अनेक ऋषिकाओं का भी वर्णन मिलता है जिन्होंने मन्त्रों का दर्शन किया—घोषा, अपाला,[28] लोपामुद्रा,[29] सूर्या[30] आदि ऐसी मन्त्र-द्रष्टा ऋषिकाएँ थीं। कक्षीवान् की पत्नी घोषा द्वारा दशम मण्डल के दो सूक्त (39, 40) उसकी अध्यात्म-दृष्टि के परिचायक हैं।

'माता' के रूप में नारी को वेद में सर्वाधिक उच्च स्थान प्राप्त है। ऋग्वेद में माता को 'मही'[31] कहा गया है। पृथ्वी, अदिति, सोम आदि को स्नेह के कारण ही माता की उपमा दी गयी है।[32] स्त्रियों के विवाह का मुख्य प्रयोजन था—सन्तानोत्पत्ति करना।[33] ऐसे समाज में पुत्र की इच्छा स्वाभाविक थी, जिसमें पिता के दाह-संस्कार आदि के लिए तथा वंश-परम्परा की वृद्धि के लिए पुत्र होना आवश्यक था।[34] इस प्रकार वैदिक संहिताओं में जाया, गृहिणी व माता के रूप में नारी का सम्माननीय स्थान दृष्टिगोचर होता है। किन्तु कहीं-कहीं ऋग्वेद में स्त्रियों के गुणों के उल्लेख के साथ-साथ उन पर अविश्वसनीय आदि आक्षेप भी किये गये हैं।[35]

ब्राह्मण ग्रन्थों के अनुसार पत्नी के साहचर्य के बिना पुरुष अपूर्ण माना गया है, इसलिए अपत्नीक पुरुष यज्ञ के अधिकार से वंचित था।[36] अतः स्त्री सहधर्मिणी थी जिसके संग में धार्मिक कृत्यों का अनुष्ठान सम्पन्न होता था। पत्नी पति की 'सखा'[37] थी। इसलिए धर्मशास्त्रों में पति-पत्नी दोनों के सहयोग से समस्त कर्मों को करने की प्रेरणा दी गयी है।[38]

शतपथ-ब्राह्मण[39] में प्रतिपादित है कि पत्नी पति की अर्धाङ्गिनी है। अतः जब तक व्यक्ति विवाह नहीं करता तथा सन्तानोत्पत्ति नहीं करता, तब तक वह पूर्ण नहीं है। पत्नी की घर में प्रतिष्ठा होनी चाहिए। सत्य नर है तो श्रद्धा नारी, यजमान नर है तो उसकी पत्नी नारी। वह गृह की स्वामिनी है तथा घर की लक्ष्मी है।[40] पति के साथ यज्ञादि में भाग लेने के कारण ही ब्राह्मणों में उसके लिए 'पत्नी' शब्द सर्वथा उपयुक्त है।[41] इस प्रकार ब्राह्मण-ग्रन्थों में भी स्त्री के यज्ञ में भाग लेने के अधिकार का प्रतिपादन किया गया है।[42] यज्ञपूर्व उसके उपनयन संस्कार का भी उल्लेख शतपथ

एवं तैत्तिरीय ब्राह्मण में मिलता है।[43] नारी के पातिव्रत्य धर्म का भी महत्त्व प्रतिपादित किया गया है। शतपथ ब्राह्मण में सुकन्या का विवाह वृद्ध ऋषि च्यवन से हुआ तथा उसने कहा कि माता-पिता ने जिस व्यक्ति के लिए मुझे दिया, उसे मैं जीवन भर नहीं छोड़ूँगी।[44] इसके अतिरिक्त ब्राह्मण ग्रन्थों में अनेक विदुषी स्त्रियों का उल्लेख विद्यमान है। वाचक्नवी (वाक् कुशल) गार्गी, जिसने विदेहराज जनक की सभा में याज्ञवल्क्य से शास्त्रार्थ किया, का उल्लेख शतपथ ब्राह्मण[45] में मिलता है। अध्यात्म चिन्तन तथा ब्रह्मविद्या में रुचि रखने वाली याज्ञवल्क्य की पत्नी मैत्रेयी का भी उदाहरण शतपथ ब्राह्मण में मिलता है।[46] अतः विदुषी नारियाँ सर्वत्र सम्माननीय थीं।[47]

ब्राह्मण काल में पुत्र की अपेक्षा पुत्री कम वांछनीय हो गयी। ऐतरेय ब्राह्मण में कन्या को कृपण (दुख-प्रद) कहा गया है जबकि पुत्र को परम व्योम के प्रकाश के समान कहा गया है।[48] ऋग्वेद[49] के समान ब्राह्मण ग्रन्थों[50] में भी ऊन और सूत का कातना, सीना, बुनना आदि साधारण स्त्रियों के कर्म कहे गये हैं।

उपनिषदों ने नारी की महत्ता विभिन्न रूपों में प्रतिपादित की है। केनोपनिषद् में इन्द्रादि देवताओं के गर्व को समाप्त करने वाली तथा ब्रह्म का उपदेश देने वाली हेमवती उमा का वर्णन मिलता है,[51] जबकि कठोपनिषद्[52] में यम द्वारा नचिकेता को प्रदान किये जाने वाले प्रेय पदार्थों में नारी की गणना की गयी है। प्रश्नोपनिषद् में कहा है कि जिस प्रकार माता पुत्र की रक्षा करती है उसी प्रकार ब्रह्म विद्या भी रक्षा करती है।[53] इस प्रकार ब्रह्मज्ञान का उपदेश देने, गृह की व्यवस्था एवं सन्तान की रक्षा का गुख्य कार्यभार नारी का ही दृष्टिगत होता है।

तैत्तिरीयोपनिषद् में 'मातृ-देवो भव'[54] कहकर नारी के गौरव का प्रतिपादन किया गया है तथा उसे आचार्य व अतिथि के तुल्य स्थान प्रदान किया गया है। छान्दोग्योपनिषद्[55] में पतिपरायणा आपद् काल में सहयोग देने वाली महर्षि उषस्ति की सहधर्मिणी का उदाहरण मिलता है। जिसने भीषण अकाल की अवस्था में भी पति द्वारा प्रदत्त भिक्षान्न को पति के लिए ही रख दिया और स्वयं भक्षण नहीं किया। इससे नारी के त्याग व उदारता का भी परिचय मिलता है।

'ब्रह्मवादिनी स्त्रियाँ' उपनिषद् युग की विशिष्टता थीं, जो ब्रह्म चिन्तन तथा ब्रह्म विषयक व्याख्यान में अपना तपः पूत जीवन बिताती थीं। अध्यात्म जीवन की रहस्यमयी गुत्थियों को अपनी तपस्या, अनुभूति एवं विद्वत्ता से सुलझाना जिनके लिए सहज व्यापार था।[56] याज्ञवल्क्य ऋषि की पत्नी मैत्रेयी तथा याज्ञवल्क्य से शास्त्रार्थ करने वाली गार्गी ऐसी ही ब्रह्मवादिनी नारियाँ थीं।[57] इस प्रकार उपनिषदों से नारी के त्याग, उदारता, दयालुता का परिचय मिलता है। उस समय समाज में नारियों का स्थान बहुत ऊँचा था, उन्हें पूर्ण शिक्षा तथा ब्रह्मज्ञान का अधिकार था।

सूत्र-ग्रन्थों में पत्नी की महत्ता एवं कृत्यों के विषय में कहा गया है कि पत्नी पति को धार्मिक कृत्यों के योग्य बनाती है। वह पुत्र या पुत्रों की माता होती है और

पुत्र ही नरक से रक्षा करते हैं।[58] सूत्र-ग्रन्थों के अनुसार स्त्री श्रौत तथा गार्हस्थ्य धर्मों में पति के अधीन रहती है। वह इनका स्वतन्त्र अनुष्ठान नहीं कर सकती।[59] नारी को वाक्संयम (निष्प्रयोजन न बोलना), चक्षुसंयम (प्रेक्षकों को न देखना) तथा कर्म-संयम (अकर्म न करना) का पालन करना चाहिए।[60]

आश्वलायन गृह्य सूत्र[61] के अनुसार पत्नी को पति की अनुपस्थिति में गृह की अग्नि की पूजा (अग्निहोत्र) करना पड़ता था। वह सन्ध्या काल के होम में आहुति के साथ 'अग्नयेस्वाहा', प्रातःकाल की आहुति के साथ 'सूर्याय स्वाहा' कहती थी और दोनों कालों में मौन रूप से एक आहुति प्रजापति को देती थी।

वाल्मीकि रामायण नारी के महान् चरित्र को प्रदर्शित करने वाला महाकाव्य है।[62] कन्या-प्राप्ति को महान् तपस्या के फलस्वरूप एक वरदान माना गया है।[63] फिर भी माता-पिता के लिए कन्या को चिन्ता का कारण कहा गया है।[64]

शुभ अवसरों पर कन्या का दर्शन माङ्गलिक माना गया है। राम के राज्याभिषेक के समय भी अक्षत और सुवर्ण से युक्त पात्र लिए कन्याएँ उनके आगे-आगे चल रही थीं।[65] रामायण में यद्यपि कन्याओं की शिक्षा के लिए आश्रमों का उल्लेख नहीं मिलता तथापि स्त्रियाँ अशिक्षित नहीं थीं। नैतिक चरित्र तथा व्यवहार की शिक्षा उन्हें माता, श्वश्रू तथा अन्य ज्ञानवृद्ध जनों के उपदेश एवं व्यवहार के माध्यम से प्राप्त होती थी। सीता को माता सुनयना,[66] श्वश्रू कौसल्या[67] तथा सती अनसूया[68] द्वारा पातिव्रत धर्म का उपदेश दिया गया था। रामायण में स्त्रियों द्वारा किये जाने वाले वैदिक कर्मकाण्ड का वर्णन मिलता है यथा राम के राज्याभिषेक के समय व्रतपरायणा कौशल्या अग्नि में मन्त्रोच्चारपूर्वक आहुति डालती हैं।[69]

नारियाँ नृत्यकला, संगीत एवं चित्रकला में भी प्रवीण होती थीं। कुशनाभ की पुत्रियों का उल्लेख मिलता है जो गीत गाती, नृत्य करती व वाद्य बजाती थीं।[70]

रामायण में स्वयंवर प्रथा का वर्णन मिलता है। जनक ने सीता का पति चुनने के लिए धनुष भंग रूपी कठिन परीक्षा का नियम बनाया,[71] कन्या को स्वयंवर में अपनी इच्छा से नहीं अपितु पिता द्वारा रखी गयी प्रतिज्ञा के अनुसार ही पति वरण करना होता था। कुशनाभ की कन्याओं के विवाह के समय भी उन्होंने कहा कि पिता ही हमारा प्रभु है, वह जिसे हमें देगा, वही हमारा पति होगा।[72]

'पति-सेवा' को ही स्त्रियों का सनातन धर्म कहा गया है। पत्नी को स्वर्ग की प्राप्ति उपवास एवं तप से नहीं अपितु पति सेवा से होती है।[73] स्त्रियों के लिए पति ही गुरु है, वही देवता है।[74]

इस प्रकार महाभारत से पूर्ववर्ती वाङ्मय के अनुशीलन से प्रतीत होता है कि जहाँ वेदों में नारी को गृह की सम्राज्ञी, कल्याणी कहकर उसे यज्ञ की अधिकारिणी स्वीकार कर सम्मान दिया गया है, वहाँ ब्राह्मण ग्रन्थों में यज्ञानुष्ठान में सहधर्मिणी नारी 'कन्या' के रूप में कम अभीष्ट हो गयी। उपनिषदों से पुनः हमें नारी का

उज्ज्वल एवं ब्रह्मवादिनी रूप मिलता है। सूत्र-ग्रन्थों में नारी की गृहस्थ धर्म पालन में महत्ता प्रतिपादित है। रामायण में भी पुनः नारी के आदर्श रूप में पतिपरायणा सीता के महान् चरित्र का वर्णन कर उसे उच्च स्थान प्रदान किया गया है।

4.3 शान्तिपर्व में नारी-धर्म विवेचन

पूर्ववर्ती वाङ्मय में नारी की स्थिति एवं कर्त्तव्यों के प्रकाश में हमें महाभारत के शान्तिपर्व में नारी-धर्म का विवेचन करना अभीष्ट है। सम्पूर्ण महाभारत में नारी के विभिन्न रूपों के प्रति प्रशंसा एवं निन्दा के मिश्रित भाव दृष्टिगोचर होते हैं। अग्रिम अनुच्छेदों में नारी के कन्या, भार्या एवं माता इन तीन रूपों में कर्त्तव्य-कर्मों (धर्मों) तथा महत्ता का विवेचन करना अभीप्सित है।

4.3.1 'कन्या' के रूप में

नारी का परिवार एवं समाज में प्रवेश सर्वप्रथम 'कन्या' के रूप में होता है। निरुक्त[75] में यास्काचार्य ने 'कन्या कमनीया भवति' कहकर कन्या शब्द का कन् धातु से निष्पन्न मानकर 'चाहने योग्य' कहा है।

शान्तिपर्व के अनुशीलन से ज्ञात होता है कि समाज में कन्याएँ शुभ एवं आदर की पात्र मानी जाती थीं। अगवानी में मङ्गलाचार के लिए कन्याएँ ही नियुक्त की जाती थीं। जब धर्मराज युधिष्ठिर ने श्रीकृष्ण के कथनानुसार हस्तिनापुर में भीष्म पितामह के पास धर्म की जिज्ञासा को शान्त करने के लिए प्रस्थान किया तो राजमार्ग अत्यन्त सुवासित था एवं सुन्दर अंगों से युक्त महासुन्दरी, मन को हरने वाली कन्याएँ स्वागतार्थ खड़ी की गयी थीं।[76] इससे यह भी प्रतीत होता है कि मंगल अवसर पर कन्या का दर्शन शुभ लक्षण माना गया है। अन्य पर्वों में भी राज्याभिषेक, रण के लिए प्रयाण एवं अन्य महत्त्वपूर्ण अवसरों पर कन्या के दर्शन व उनके द्वारा अभिनन्दन की प्रथा का वर्णन मिलता है। कन्या का सम्मान करना सद्गृहस्थ का धर्म कहा गया है। सद्गृहस्थ का कर्त्तव्य है कि वह कन्या के साथ स्नेहपूर्ण व्यवहार करे तथा कलह या विवाद न करे तभी वह सब पापों से मुक्त होता है।[77] यहाँ तक भी कहा गया है कि जिस प्रकार गृहस्थ आचार्य सेवा से ब्रह्मलोक, पितृ-सेवा से प्रजापतिलोक प्राप्त करता है उसी प्रकार कन्याओं की सेवा से अप्सरालोक को प्राप्त करता है।[78]

कन्या को राज्य करने का भी अधिकार प्राप्त था ऐसा शान्तिपर्व से ज्ञात होता है। राजा युधिष्ठिर को व्यास जी द्वारा युद्धोपरान्त यह उपदेश दिया गया कि युद्ध में मारे गये जिन राजाओं के कोई पुत्र नहीं हैं, उनके शून्य राजसिंहासन पर उनकी कन्याओं को अभिषिक्त किया जाये।[79]

जहाँ तक परिवार में पुत्र और पुत्री के महत्त्व का प्रश्न है वहाँ प्रतीत होता है कि उस समय भी पुत्री की अपेक्षा पुत्र को ही अधिक मान्यता प्राप्त थी। वहाँ कन्या की अपेक्षा पुत्र जन्म की प्रशंसा, पुत्र की नितान्त आवश्यकता, पुत्र जन्म से प्राप्त होने वाली ऐहिक तथा पारलौकिक उन्नति पर पुनः पुनः बल दिया गया है। कहा गया है कि पिता तपस्या, ब्रह्मचर्य, सत्य और तितिक्षा आदि के अनुष्ठान से अपने कल्याण भाजन पुत्रों की इच्छा करते हैं।[80] पुत्र ही अपने पितरों का नरक से उद्धार करता है और परम सुख का साधन है।[81] फिर भी महाभारत के कुछ अन्य पर्वों से ज्ञात होता है कि कहीं-कहीं कन्या को पुत्र के समान भी माना गया है।[82]

अतिथि सत्कार भी कन्या का एक प्रमुख कर्त्तव्य-कर्म है। देवलोक से पृथ्वीलोक पर आये पर्वत ऋषि एवं नारद के आतिथ्य सत्कार का पवित्र कार्य राजा सृंजय ने अपनी पुत्री 'सुकुमारी' को सौंपा। उसकी वह कन्या वरवर्णिनी अर्थात् सुन्दर वर्णवाली, शील और आचरण से युक्त थी। उस सुकुमारी अनिन्दिता कन्या ने ही घर में आये महात्माओं की सेवा परिचर्या की।[83] उसको पिता द्वारा आदेश दिया गया कि वह पिता और देवता की भाँति गृह में आये अतिथियों की सेवा करे।[84]

कन्या एवं उसकी शिक्षा

यह एक सर्वमान्य तथ्य है कि व्यक्तित्व के विकास के लिए शिक्षा अत्यन्त महत्त्वपूर्ण है। महाभारत में कन्या को विद्यार्जन के लिए आश्रम में गुरु के पास भेज देने का अथवा कन्याओं के लिए पाठशाला का उल्लेख नहीं है।[85] अन्य पर्वों में सुभ्रू,[86] शाण्डिली[87] जैसी आश्रम की संचालिकाओं का उल्लेख है जो अतिथि सत्कार, तपस्या आदि में संलग्न रहती थीं। उनके पास छात्राओं के विद्यार्जन का निर्देश नहीं मिलता।

प्रायः कन्याओं को उनके कर्त्तव्य-कर्मों की शिक्षा घर पर ही मिलती थी। कन्या के लिए शिक्षक की नियुक्ति का एक ही उदाहरण महाभारत के विराट् पर्व में मिलता है कि उत्तरा को नृत्यगीत वादनादि की शिक्षा देने के लिए राजा विराट् ने बृहन्नला को नियुक्त किया था।[88] उत्तरा अपने इस गुरु को पितृवत् मानती थी और बृहन्नला का भी उस पर पुत्री की भाँति स्नेह था। प्रायः कन्या के लिए पुरुष शिक्षक की नियुक्ति की लोकमान्यता नहीं थी।

जीवनोपयोगी शिक्षा प्रायः कन्या को माता से ही प्राप्त होती थी। इसलिए माता को ही सर्वश्रेष्ठ गुरु कहा गया है।[89] प्रायः कुटुम्ब में रहकर पिता, भ्राता आदि अन्य गुरुजनों से भी कन्याएँ अपने कर्त्तव्य-कर्मों की शिक्षा ग्रहण करती थीं। यद्यपि शिक्षा के लिए कन्याओं को आश्रमों में नहीं भेजा जाता था फिर भी आश्रम में निवास करने वाले परिवारों में ही स्त्रियाँ रहती थीं। पठन-पाठन के आश्रम के उस वातावरण में जहाँ सभी वेदवेदाङ्गों और शास्त्रों के पठन की ध्वनि गूँजती थी स्त्रियों का विदुषी

बन जाना स्वभाविक था। नित्य श्रवण मात्र से ही वेद के उद्धरणों को मुखाग्र करने वाली शकुन्तला का उदाहरण आदि पर्व में मिलता है।[90] इसी प्रकार द्रौपदी, सावित्री, अरुन्धती, शाण्डिली, सुभ्रू आदि आश्रम में निवास करने वाली बहुश्रुत विदुषियाँ थीं।

ज्ञानार्जन का एक और प्रधान साधन था—गृह में आये विद्वान् अतिथियों का उपदेश सुनना। अनेक शास्त्रपारङ्गत ब्राह्मण एवं विद्वान पर्यटन करते हुए गृहस्थों के गृह में आकर अतिथि रूप में ठहरते थे। राजा प्रासादों में ऐसे ब्राह्मण व ऋषि-मुनियों का आदर-सत्कार सभी गृहजनों द्वारा होता था। इस प्रकार के विद्वानों के सत्संग में स्त्रियों की उपस्थिति प्रायः होती ही थी क्योंकि अतिथियों का सत्कार गृहस्थ सपत्नीक ही किया करता था और 'अतिथि-सत्कार' गृहिणियों का एक प्रधान धर्म माना जाता था।[91] युधिष्ठिर के घर में अतिथियों की देखभाल द्रौपदी ही करती थी।[92] कन्याएँ तो अतिथि सेवा में विशेष रूप से नियुक्त की जाती थीं। सृंजयराज की कन्या सुकुमारी भी अतिथि सत्कार के लिए नियुक्त की गयी थी।[93]

विवाह के पश्चात् वधू के रूप में उसे अपनी सास तथा अन्य स्त्रियों से शिक्षा मिलती थी। आरण्यक पर्व में कुन्ती द्वारा अपनी स्नुषाओं को कुटुम्ब धर्म, कार्याकार्य और पुण्यकर्म सम्बन्धी उपदेश दिये जाने का उल्लेख मिलता है।[94] विवाहोपरान्त पति को भी स्त्री का श्रेष्ठ गुरु कहा गया है। सुवर्चला[95] ने अपने पति के साथ आत्मज्ञान सम्बन्धी विचार विनिमय किया था।

यहाँ नारी की शिक्षा के स्वरूप के विषय में भी चर्चा करना अनुपयुक्त न होगा। नारी व उसकी शिक्षा के स्वरूप निर्धारण के लिए आधुनिक शिक्षा प्रणाली की दृष्टि से भी शिक्षा के विषयों का विवेचन अपेक्षित है। यद्यपि वैदिक युग में स्त्रियों की शिक्षा प्रचलित थी।[96] तथापि महाभारत काल तक आते-आते कन्याओं के वेदाध्ययन की परम्परा नष्टप्रायः सी हो गयी। महाभारत में कन्या के वेदाध्ययन का निर्देश नहीं मिलता, प्रत्युत 'स्त्रियाँ शास्त्रज्ञान रहित' होती हैं, ऐसी जनश्रुति मिलती है। इसलिए व्रतधारी के लिए स्त्री, शूद्र व पतितों से वार्तालाप न करने का आदेश मिलता है।[97] अन्य पर्वों में स्त्रियों के वेदोच्चारण के भी उदाहरण मिलते हैं कि शकुन्तला ने दुष्यन्त की सभा में वेद-सम्बन्धी उद्धरणों का प्रयोग किया था।[98]

शान्तिपर्व के अनुशीलन से ज्ञात होता है कि यद्यपि आश्रमों में कन्या को शिक्षा नहीं दी जाती थी तथापि वे धर्मशास्त्र के ज्ञान तथा वर्णाश्रमों के कर्त्तव्याकर्त्तव्य से अनभिज्ञ नहीं थीं। प्रायः स्त्रियाँ समय पर धर्मज्ञों के वचनों का प्रमाण देकर प्रभावशाली शब्दों में अपना मत प्रतिपादित करती थीं और यथावसर पुरुषों का मार्गदर्शन करती थीं। नागपत्नी चातुर्वर्ण्य धर्म तथा गृहस्थ-धर्म से पूर्ण रूप से परिचित थी।[99] इतना ही नहीं, स्त्रियाँ अध्यात्मज्ञान में भी अधिक प्रगतिशील थीं। आत्मज्ञान का अभ्यास करके मोक्षमार्ग में रत रहने वाली सुलभा[100] जैसी स्त्रियों का भी उदाहरण मिलता है, जो वाक्यशास्त्र की भी तत्त्वज्ञ थी और वाक्य के पंचलक्षण, नौ वाग्दूषण, नौ बुद्धिलक्षण,

अठारह गुण आदि पर विवेचन करने में निपुण थी।[101] द्रौपदी को 'धर्मज्ञा, धर्मदर्शिनी, योषितां वरा' अर्थात् धर्म जानने वाली, धर्म समझाने वाली तथा स्त्रियों में श्रेष्ठ कहा गया है।[102]

कन्या एवं विवाह-संस्था

विवाह का नर एवं नारी दोनों के जीवन में विशेष महत्त्व है। विवाह के द्वारा ही वे विशेष उत्तरदायित्व को वहन करने योग्य होते हैं। विवाह नामक संस्था द्वारा ही परिवार एवं समाज सुव्यवस्थित होता है। अतः विवाह का वैयक्तिक, सामाजिक, आर्थिक तथा धार्मिक दृष्टि से भी महत्त्व है। इसे परिवार व समाज की आधारशिला कहा जा सकता है।

शान्तिपर्व में ब्रह्मचर्य आश्रम के पश्चात् गृहस्थधर्म के पालन के लिए विवाह का शास्त्रोक्त विधान मिलता है।[103] वहाँ कन्या के लिए विवाह करना अनिवार्य प्रतीत होता है लेकिन पुरुष बिना विवाह किये भी मोक्षमार्ग का अनुगामी हो सकता है।[104] शान्तिपर्व में केवल एक ही नारी का उदाहरण ऐसा मिलता है जिसे विवाह से विमुख रहकर आजीवन ब्रह्मचारिणी रहते हुए ब्रह्मज्ञान प्राप्त किया तथा राजा जनक से मोक्ष के विषय में शास्त्रार्थ किया और वह है ब्रह्मवादिनी सुलभा।[105] इससे यह समझा जा सकता है कि उस समय में नारी के लिए सामान्य नियम तो यही था कि वह विवाह करके गृहस्थाश्रम में प्रवेश करे तथा गृहिणी बनकर पातिव्रत्य धर्म का पालन करे किन्तु अविवाहित रहकर मोक्षमार्ग का अनुगामी होना भी उसके लिए निषिद्ध नहीं था।

पूर्ववर्ती वाङ्मय विशेषतः वेदों[106] तथा ब्राह्मण ग्रन्थों[107] में कन्या को पति वरण का पूर्णाधिकार दिया गया है परन्तु इसका यह अर्थ नहीं कि वह पूर्णतया स्वच्छन्द थी या माता-पिता का उस पर नियन्त्रण नहीं था अपितु उसके माता-पिता कन्या की सहमति के अनुसार विवाह-संस्कार को सम्पन्न किया करते थे। मनु के अनुसार यदि मासिक धर्म होने के तीन वर्ष बाद विवाह की व्यवस्था न की जाये, तो कन्या को अपना पति चुनने का अधिकार है।[108] इस प्रकार कन्या के विवाह का दायित्व कन्या एवं उसके अभिभावकों को सौंपा गया है।

सूत्र-ग्रन्थों[109] में आठ प्रकार के विवाहों का उल्लेख किया गया है। वे हैं—ब्राह्म, दैव, आर्ष, प्राजापत्य, आसुर, गान्धर्व, राक्षस एवं पैशाच। यहाँ इनका विस्तृत विवेचन करना वांछनीय नहीं। वसिष्ठ और आपस्तम्ब धर्मसूत्रों में विवाह के छः प्रकार माने गये हैं—ब्राह्म, देव, आर्ष, गान्धर्व, क्षात्र और मानुष। महाभारत में भी आठ प्रकार के विवाहों का नाम उल्लिखित है।[110]

महाभारत में राजन्य वर्ग में स्वयंवर प्रथा अधिक प्रचलित थी किन्तु ब्राह्मण वर्ग में भी इसका उल्लेख मिलता है। स्वयंवर प्रथा के विषय में उल्लेखनीय तथ्य यह है कि अपने मूल रूप में तो स्वयंवर में कन्या स्वेच्छा से पति वरण कर सकती थी,[111] किन्तु काल परिवर्तन के साथ-साथ इस प्रथा के स्वरूप में भी परिवर्तन आता चला गया क्योंकि स्वेच्छा वरण के स्थान पर बाद के समय में, बन्धु-बान्धवों द्वारा रखी गयी किसी शर्त को पूरी करने वाला अथवा स्पर्द्धा में विजयी होने वाला अथवा पराक्रम के बल पर कन्या का अपहरण करने वाला वर भी कन्या को प्राप्त कर सकता था।[112] इन विभिन्न प्रकार की स्वयंवर प्रथाओं के उदाहरण महाभारत में मिलते हैं। जैसे कुन्ती,[113] द्रौपदी,[114] रुक्मणी,[115] दमयन्ती,[116] वासुदेव पत्नी देवकी[117] दुर्योधन पत्नी कलिङ्ग राजपुत्री[118] इत्यादि।

शान्तिपर्व में कलिङ्ग देश के राजा चित्रांगद की पुत्री के स्वयंवर का वर्णन मिलता है जिसमें राजकुमारी के पाणिग्रहण के लिए विभिन्न राजन्यवर्ग एकत्रित हुआ। दुर्योधन और कर्ण भी अपने स्वर्ण विभूषित रथ पर सवार होकर वहाँ पहुँचे। सभामण्डप में राजकन्या के उपस्थित होने पर उसका परिचय राजाओं के नाम गोत्रादि सहित कराया गया। स्वयंवर के लिए आगे बढ़ती हुई कन्या ने जब दुर्योधन का अतिक्रमण किया तो वह इस अपमान को सहन न कर सका तथा अपने पराक्रम के बल पर, घमण्ड से उन्मत्त होकर उस राजकन्या का अपहरण करके सभामण्डप से प्रस्थान करने लगा। अन्य शस्त्रधारी राजाओं के विरोध और युद्ध करने पर भी वह कर्ण की सहायता से उनको हराकर विजयी हुआ तथा राजकुमारी सहित हस्तिनापुर पहुँच गया। इस प्रकार ज्ञात होता है कि महाभारत काल में राजन्य वर्ग कन्या की इच्छा न होते हुए भी अपने पराक्रम बल पर विवाह कर लिया करते थे।[119]

शान्तिपर्व में यह भी प्रमाण मिलता है कि केवल क्षत्रियों में ही नहीं ब्राह्मण वर्ग में भी स्वयंवर प्रथा का प्रचलन था यथा देवल ऋषि की पुत्री सुवर्चला।[120]

ऐसा प्रतीत होता है कि महाभारत में वर्णित अष्टविध पद्धतियाँ विवाह की अपेक्षा वर या वधू के वरण की अधिक थीं क्योंकि उनके द्वारा वर वधू के वरण के पश्चात् विवाह संस्कार सम्पन्न हुआ करते थे, ऐसे सन्दर्भ मिलते हैं।[121] राजा सृंजय की कन्या 'सुकुमारी' का नारद द्वारा वरण किये जाने पर पिता सृंजय ने उसका विवाह संस्कार शास्त्रोक्त विधि से पूर्ण मन्त्रोच्चारण सहित किया था।[122]

संक्षेप में यह कहा जा सकता है कि महाभारत काल में विवाह संस्था एक मुख्य संस्था थी जिनके लिए विभिन्न पद्धतियाँ प्रचलित थीं। क्षत्रिय राजन्य वर्ग में स्वयंवर प्रथा अधिक प्रचलित थी जिनमें अपहरण भी हो जाया करते थे। ब्राह्मण कन्याएँ भी स्वयंवर में पतिवरण कर सकती थीं।

4.3.2 नारी 'भार्या' के रूप में

'भार्या' वही है जिसका भरण-पोषण पति करता है।[123] भार्या अर्थात् पत्नी के रूप में नारी का कन्या से भी उत्तम स्थान है। 'धर्म'–जो मनुष्य का प्रमुख पुरुषार्थ कहा गया है उसके विधिवत् पालन में भार्या का महत्त्वपूर्ण योगदान है। भार्या ही धर्म संग्रह में सहायक है।[124] संहिता एवं ब्राह्मणों ग्रन्थों के अनुसार पत्नी के साहचर्य के बिना पुरुष को अपूर्ण कहा गया है।[125]

शान्तिपर्व में कहा गया है कि इस संसार में भार्या के समान न कोई बन्धु है, न ही भार्या के समान कोई आश्रय है।[126] पुरुष के लिए भार्या ही परमार्थ है। इस जगत् में जिस पुरुष का कोई सहायक नहीं, उसको सहायता देने वाली उसकी भार्या ही होती है। चिरकालीन रोगी पुरुष की तथा क्लेश में पड़े हुए पीड़ित मनुष्य के लिए भार्या के समान और कोई भी दूसरी औषधि नहीं है।[127] इस प्रकार सामान्य गृहस्थ जीवन सम्बन्धी कर्त्तव्य कर्मों के पालन में ही भार्या केवल पुरुष की सहभागिनी नहीं अपितु आपत्ति के समय में भी वही संकट से रक्षा करती है। भार्या की यह भूरि-भूरि प्रशंसा शान्तिपर्व में अत्यन्त सुन्दर शब्दों में 'कपोत-कपोती' की कथा के माध्यम से की गयी है। कपोती दाना चुगने के लिए बाहर जाती है किन्तु रात्रि तक नहीं लौटती तब दुख विह्वल कपोत के उद्‌गारों द्वारा भार्या के महत्त्व का वर्णन हमें शान्तिपर्व में मिलता है।[128] वह कहता है कि मधुर वचन कहने वाली एवं पति पर ही अनुरक्त भार्या के बिना भर्त्ता के जीवन का कोई प्रयोजन नहीं।[129] पुत्र, पौत्र, पुत्रवधुएँ और सेवकों से घर भले ही परिपूर्ण हो किन्तु यदि उस घर में गृहिणी नहीं तो वह घर नहीं कहलाता, यहाँ तक भी कहा गया है कि जिस घर में गुणवती और प्रियभाषिणी गृहिणी नहीं है, उस पुरुष को वन में चले जाना चाहिए।

इसी प्रसंग में भार्या के रूप में उसके गुणों तथा कर्त्तव्य कर्मों का भी वर्णन किया गया है कि जो पति धर्म में रत, मधुर वचन कहने वाली है वही भार्या है।[130] वही पतिव्रता भार्या है जो पति को खिलाये बिना स्वयं नहीं खाती, अतिथि को दिये बिना स्वयं ग्रहण नहीं करती तथा पति को प्रसन्न देखकर हर्षित व पति को विपत्ति में देखकर दुखी होती है।[131] जिस नारी पर उसका पति प्रसन्न नहीं है उसे नारी कहना उचित नहीं है।[132]

अग्नि को साक्षी बनाकर स्त्री जिसकी पत्नी हो गयी वही उसका पति और स्त्री के लिए परम शरण (आश्रय) है[133] और उसकी सेवा करना ही स्त्री का परमधर्म है, क्योंकि जो स्त्री पति का अनुसरण करती है वह शीघ्र ही कपोती की भाँति स्वर्गलोक में स्थित होकर अपने तेज से शोभित होती है।[134] कपोती के व्याध द्वारा पकड़ लिए जाने पर उसने कपोत से अपने गृह में आये अतिथि रूप व्याध की सेवा करने की

प्रार्थना की तो कपोत ने अग्नि में स्वयं को ही समर्पित कर व्याध की भूख को शान्त किया। पतिव्रत धर्म का अनुसरण करने वाली कपोती भी पतिविहीन जीने का उत्साह न कर सकी और उसने भी उसी अग्नि में गिरकर अपने प्राण देकर तथा इसी त्याग के फलस्वरूप स्वर्ग लोक को प्राप्त किया और यहाँ तक कि अपने त्याग के उत्कृष्ट उदाहरण से उस व्याध का भी हृदय परिवर्तन किया जिससे वह भी धर्माचरण द्वारा पापमुक्त हुआ।[135] अतः भार्याहीन गृह शून्य है भार्या ही पतिव्रत धर्म पालन द्वारा देवलोक को प्राप्त करती है। शरणागत संरक्षण एवं आतिथ्य सत्कार ही भार्या का परम धर्म है।

भाग्यशाली पुरुष के विषय में कहा गया है कि भूलोक में वही पुरुष धन्य है जिसकी भार्या उस पर अनुरक्त, स्निग्धमूर्ति तथा पतिव्रता है।[136] अतः अनुरक्ता, स्नेह रखने वाली पतिव्रता भार्या ही पुरुष का परम नाथ कही गयी है। असहाय पुरुष के लिए भार्या ही लोकयात्रा में सहायक होती है।[137]

गृहस्थाश्रम सम्बन्धी धर्म के विषय में कहा गया है कि सब प्राणियों के हित की इच्छा करना ही गृहस्थ-धर्म है।[138] गृहस्थाश्रम में मनुष्य अपने आयु के द्वितीयार्ध में धर्म से प्राप्त पत्नी के साथ अग्नि की स्थापना करके गृहस्थ धर्म को प्रारम्भ करता है। अतः विवाह में अग्नि की स्थापना होने के कारण पत्नी पर अग्नि की देखभाल का भी उत्तरदायित्व है।[139] भार्या के रूप में इसी गार्हपत्य अग्नि की रक्षा करना ही उसका धर्म है। गृहस्थ में रहकर सब प्राणियों का भरण पोषण, अग्निहोत्र, गृहसंमार्जन, अतिथि-सत्कार, हव्य-कव्य आदि गृहस्थाश्रम के कर्त्तव्यों को मनुष्य गृहिणी के साथ ही कर सकता है।[140] विवाह काल में पुरुष अपनी स्त्री का पाणिग्रहण करता हुआ कहता है कि अपनी स्त्री के साथ रहकर मैं धर्म, अर्थ और काम का सम्पादन करूँगा। इस प्रकार त्रिवर्ग का सम्पादन भार्या के सहयोग से ही सम्भव है।[141]

जिन गुणों से युक्त नारी में लक्ष्मी निवास करती है उनका वर्णन लक्ष्मी ने स्वयं किया है कि जो स्त्रियाँ कमनीय गुण वाली, शान्त, देव और ब्राह्मणों की सेवा में तत्पर, घर और बर्तनों को स्वच्छ तथा शुद्ध रखने वाली, गौ की सेवा तथा धान्य के संग्रह में दक्ष, क्षमाशील, जितेन्द्रिय अबलाएँ होती हैं तथा जो स्वभाव से सत्य और सरलता से युक्त एवं देव ब्राह्मणों की पूजा करने वाली होती हैं उनमें मैं निवास करती हूँ। जो बर्तनों को इधर-उधर बिखेरे रखती हैं तथा सोच समझकर काम नहीं करती उनको मैं त्याग देती हूँ।[142] इन्द्र और लक्ष्मी के संवाद से भी यह स्पष्ट किया गया है कि जब तक दैत्य भी दान, यज्ञ, अग्निहोत्र, देवता, गुरु, अतिथि, पितरों का पूजन व सबका भरण-पोषण करते थे और घर को स्वच्छ रखते थे तब तक लक्ष्मी ने उनके पास निवास किया किन्तु काल विपर्यय से जब उन्होंने ये कर्त्तव्य कर्म छोड़ दिये, दैत्यों की गृहिणियों ने गृह एवं गृह के सामान की देखभाल नहीं की, तब लक्ष्मी उन्हें छोड़ गयी।[143] अतः गृह की सम्पूर्ण व्यवस्था घर को स्वच्छ रखना,

घर के बर्तनों को माँजना, उपकरणों की देखभाल करना, धान्य की सुरक्षा भोज्य पदार्थों को सावधानी से तथा ढक कर रखना गृहिणी का ही धर्म है तभी गृह में गृहिणी की व्यवस्था से लक्ष्मी वहीं निवास करती है।

भार्या के रूप में पातिव्रत्य धर्म उसका परम धर्म है।[144] जिस स्त्री का पति उससे सन्तुष्ट व प्रसन्न नहीं रहता वह वस्तुतः स्त्री कहलाने योग्य नहीं है।[145] पत्नी के रूप में उसके भरण-पोषण करने के कारण ही पुरुष भर्ता एवं पति कहलाता है।[146] इसलिए पत्नी पति को ही सर्वस्व माने। स्त्रियों के लिए पति के समान कोई स्वामी नहीं है, पति के समान कोई सुख नहीं है। समस्त धन आदि छोड़कर पति ही एकमात्र शरण है[147] क्योंकि पिता, माता, पुत्र आदि नारी को परिमित सुख प्रदान करते हैं, अपरिमित सुख देने वाले पति की कौन स्त्री पूजा नहीं करती?[148] पतिविहीना नारी जीने का उत्साह नहीं रखती।[149]

शान्तिपर्व में आदर्श पतिव्रता के रूप में राजा सृंजय की कन्या सुकुमारी का उदाहरण मिलता है जिसने वानर के रूप में भी दिखाई देने वाले अपने पति नारद की पूर्ण सेवा की। जब महर्षि नारद एवं उनके भानजे पर्वत लोकहितार्थ स्वर्ग से मर्त्यलोक में राजा सृंजय के यहाँ अतिथि रूप में ठहरे तो उन दोनों ने परस्पर पहले ही यह वचन लिया था कि वे अपने मनोभावों को तुरन्त प्रकट कर देंगे। सृंजयराज की कन्या के सेवाभाव से जब नारद के मन में काम भावना जाग्रत हुई और उन्होंने उसे पर्वत के समक्ष जब प्रकट नहीं किया तो पर्वत ने अपने तपोबल से इस मनोविकार को जानकर यह शाप दिया था कि जब राजकुमारी उसकी भार्या बन जायेगी तो विवाह करने पर उसका रूप वानर जैसा हो जायेगा और वही वानर रूप सब लोगों को दिखाई पड़ेगा। इसी शाप से क्रुद्ध हो नारद जी ने भी उस पर्वत को देवलोक न लौटने तथा पृथ्वी पर ही रहने का शाप दिया। जब नारद का विवाह उस राजकुमारी सुकुमारी से हुआ तो नारद जी की मुखाकृति वानर की मुखाकृति जैसी हो गयी। वैसी मुखाकृति को देखकर भी उस राजपुत्री का प्रेम नारद जी के प्रति कम नहीं हुआ। वह उनकी सेवा करने में सदा प्रवृत्त हुई। उसने अपने पति में अनुरक्त होकर देवता, यक्ष, मुनि तथा अन्य किसी पुरुष को कभी मन से भी पतिभाव से नहीं देखा। इस प्रकार पतिसेवा ही उस सुकुमारी ने अपना परम धर्म माना। यहाँ तक कि कालान्तर में शापमुक्त हो जाने पर जब नारद की मुखाकृति पूर्ववत् मनुष्य जैसी हो गयी तो यह देखकर सृंजय सुकुमारी को धोखा हुआ और वह उन्हें अन्य पुरुष समझ वहाँ से भागने लगी। पर्वत मुनि के कथन पर कि यही उसके पति हैं तभी उसकी नारद के प्रति उत्पन्न हुई आशंका दूर हुई।[150] अतः पति की सब प्रकार से सेवा करना ही भार्या का परम कर्त्तव्य है।

शान्तिपर्व में जहाँ कन्या के रूप में नारी का धर्म आतिथ्य सत्कार है वहाँ भार्या के रूप में भी नारी का कर्त्तव्य है कि वह गृह में आये अतिथि का स्वागत करे।

वह मधुर वचन बोलने वाली हो। अपने मधुर वचनों से वह अतिथि का सत्कार करे। उसे देवता, अतिथि और बन्धु-बान्धवों को भोजन कराये बिना स्वयं ग्रहण नहीं करना चाहिए।

इस प्रसंग में पतिव्रता, धर्मभीरु, परमरूपवती नागपत्नी का उदाहरण मिलता है जिस धर्मवत्सला ने अपने पति नाग के सूर्यरथ को खींचने के लिए चले जाने पर पीछे आये अतिथि रूप ब्राह्मण की विधिपूर्वक पूजा की तथा स्वागत प्रश्न पूछकर अपने उत्तम, मधुर एवं पवित्र वचनों से उसे सत्कृत किया।[151] यहाँ तक कि अपने पति नागराज के कृतकार्य होकर लौटने पर भी उसने पाँव धोने के लिए जल आदि सामग्री लाकर अपने पति का भी सत्कार किया।[152] नागराज ने उससे अपनी अनुपस्थिति में भी सभी कर्त्तव्य कर्मों के विषय में प्रश्न किया कि क्या उसने पति समान ही देवता व अतिथियों का पूजन किया है? क्या स्त्री बुद्धि[153] होने के कारण वियोगावस्था में धर्म कार्य से विमुख तो नहीं हुई? इस पर नागपत्नी ने कहा है कि भार्या का पातिव्रत्य धर्म ही परम धर्म है तथा देवता और अतिथि-सत्कार से ही वह कृतकृत्य होती है।

भार्या के रूप में पत्नी पति को अवसर अनुकूल सत्परामर्श भी देती है। युद्धोपरान्त शोकग्रस्त युधिष्ठिर को धर्मज्ञा द्रौपदी द्वारा सान्त्वनापूर्ण वचनों द्वारा पृथ्वी का शासन करने की प्रेरणा दी गयी है।[154] वह राजा के लिए राजदण्ड तथा यज्ञ, दान, युद्ध रूप राजधर्म पालन करने का सत्परामर्श देती है।[155] साथ ही ब्राह्मण धर्म का भी उल्लेख करती है।[156] नागपत्नी ने भी नागराज को अतिथि की सूचना देकर पति से प्रार्थना की कि वे अपनी मत्सरता व क्रोध को त्याग कर परम तपस्वी अतिथि का उचित आदर-सत्कार करें। रोष त्याग कर जो व्यक्ति जिस आशा से आया हो उसकी आशा पूर्ण करनी चाहिए।[157] इस प्रकार शान्तिपर्व में भार्या के रूप में नारी के विभिन्न कर्त्तव्यों का विस्तृत विवेचन मिलता है जिनमें पातिव्रत धर्म, देव पूजन, अतिथि पूजन गृह व्यवस्था आदि प्रमुख हैं। प्रिय भाषण, पति को सत्परामर्श, परिजनों की सेवा आदि कर्म भी उसके लिए वांछनीय हैं।

4.3.3 नारी 'माता' के रूप में

जननी व माता के रूप में नारी का महत्त्व अक्षुण्ण है। अपने बालक को गर्भ में धारण करने के कारण उसे धात्री तथा जन्म देने के कारण जननी कहा गया है। अंगों को बढ़ाने के कारण अम्बा और वीर पुत्र उत्पन्न करने के कारण वीरसू कहा गया है।[158] इसलिए कहा गया है कि जननी के समान दुख हरने वाली छत्र-छाया कोई नहीं है, माता के समान आश्रयस्थान दूसरा कोई नहीं है। माता के समान प्रियवादिनी और कोई नहीं है।[159] माता इस लोक में पालयित्री अर्थात् पालन करने वाली तथा अदृष्ट के अनुसार परलोक में परम सुख प्रदान किया करती है इसलिए माता पिता से श्रेष्ठ है।[160]

शान्तिपर्व में माता, पिता, और गुरु को त्रिलोक स्वरूप कहा गया है ये ही तीनों आश्रम, तीनों वेद और तीनों अग्नि स्वरूप हैं।[161] मनुष्य पितृ सेवा पूजा से इस लोक को तथा मातृ सेवा व पूजा से परलोक को भी उत्तीर्ण कर लेता है।[162] यद्यपि दस उपाध्यायों से पिता को मुख्य कहा गया है तथापि माता को दस पिताओं से भी अधिक महत्त्व दिया गया है। वह अकेली माता ही अपने गौरव से समस्त पृथ्वी से भी श्रेष्ठ है। माता के समान दूसरा कोई गुरु नहीं है।[163] माता-पिता एवं गुरु की सेवा से ही मनुष्य इस लोक में महान यश और परलोक में उत्तम फल प्राप्त करता है। अतः माता ही मनुष्य के लिए यश प्राप्ति तथा परमार्थ का मुख्य साधन रूप है। इसलिए अपराध करने पर भी माता को अवध्य कहा गया है।[164] गौतमी की भार्या अहल्या के अपराध के कारण पिता गौतम द्वारा पुत्र चिरकारी को माता के वध करने को कहे जाने पर पुत्र ने माता के गुणों की प्रशंसा की। वह स्वभावानुसार चिरकाल तक पिता के वचनों पर विचार करता रहा तथा माता के वध के प्रति उदासीन बना रहा और सोचा एक तो यह स्त्री है दूसरी मेरी जननी है अतः इनका वध कर मैं कैसे सुखी रह सकता हूँ? अन्त में गौतम ने स्वयं पुत्र के इस कर्म की प्रशंसा की तथा अपने अनुचित व्यवहार के लिए पश्चात्ताप किया। पुत्र चिरकारी ने ही माता की रक्षा कर अपने पिता का भी स्त्री हत्या के पाप से परित्राण किया।[165]

माता ही पुत्र के शरीर का निर्माण करने वाली है अर्थात् शरीरोत्पत्ति में माता ही प्रधान होती है क्योंकि मनुष्य के शरीर रूपी अग्नि को प्रकट करने में माता ही अरणि स्वरूप है। जिस प्रकार अरणियों से अग्नि प्रकट होती है उसी प्रकार पाँच भौतिक शरीर भी माता से ही उत्पन्न होता है। माता ही सब आर्त व दुखी प्राणियों के सुखों का विधान करने वाली है।[166]

पुरुष श्री-हीन होकर भी यदि 'माँ' कहकर गृह में प्रवेश करे तो उसे कभी शोक या दुख नहीं प्राप्त होता[167] क्योंकि माता समस्त दुःखियों के दुखों को दूर करती है। माता जब तक जीवित रहती है, तब तक पुत्र सनाथ माना जाता है। माता के जीवित रहते पुत्र को बुढ़ापा भी नहीं सताता, पुत्र-पौत्र हो गये हों और स्वयं सौ वर्ष ही का क्यों न हो गया हो, तब भी यदि माता जीवित है तो पुत्र को अपनी माता के निकट दो वर्ष के बालक की तरह आनन्द मिलता है।[168] पुत्र चाहे कैसा भी हो—समर्थ या असमर्थ, दुर्बल या हृष्ट-पुष्ट किन्तु माता यथाविधि पुत्र की रक्षा करती है।[169] माता से वियोग होने पर ही पुत्र बूढ़ा सा हो जाता है। तभी वह दुःखित होता है और समस्त संसार उसे सूना जान पड़ता है।[170]

चिरकारी का भी विचार है कि माता का सन्तान पर अधिक प्रेम होना स्वाभाविक है क्योंकि वह उसे गर्भ में धारण करती है, पिता का सन्तान पर प्रभुत्व मात्र रहता है।[171] वात्सल्य एवं स्नेह का उत्कृष्ट उदाहरण कुन्ती के चरित्र के रूप में शान्तिपर्व में दृष्टिगोचर होता है। माता कुन्ती भी अपने पुत्रों की रक्षा के निमित्त अपने पुत्र

कर्ण को पाण्डवों के साथ सन्धि करने की प्रेरणा देती है, परन्तु उसके द्वारा यह प्रस्ताव अस्वीकार कर दिये जाने पर पुनः माता कुन्ती अपने पुत्रों के अभयदान की याचना करती है। इस प्रकार माता के रूप में सन्तान रक्षा रूप धर्म नारी का धर्म कहा गया है।[172]

पृथ्वी को भी मातृसदृश माना गया है[173] और गुरुत्व में माता पृथ्वी से श्रेष्ठ बतलाई गयी है।[174] जिसने माता को प्रसन्न किया उसने पृथ्वी की ही पूजा की है[175] अर्थात् जिन कृत्यों द्वारा माता को प्रसन्न किया जाता है उससे पृथ्वी पूजित होती है इसलिए वेदों में भी माता को 'मही' कहा गया है।

माता की महिमा के विषय में कहा गया है कि मनीषी पुरुष मानते हैं कि पिता सम्पूर्ण देवताओं का एकत्र, स्थित समूह है, किन्तु माता के भीतर स्नेहवश समस्त मर्त्य और देवताओं का समुदाय प्रतिष्ठित है।[176] पिता गार्हपत्य अग्नि, माता दक्षिणाग्नि और गुरु आह्वनीय अग्नि स्वरूप होते हैं।[177]

इस प्रकार शान्तिपर्व में माता के रूप में नारी की अद्भुत महिमा गायी गयी है। उसकी दयाशीलता, क्षमाशीलता, स्नेह एवं त्याग आदि विलक्षण धर्मों के कारण उसे पृथ्वी से भी गुरुतर कहा गया है।

4.3.4 नारी-निन्दा विषयक विचार

यद्यपि शान्तिपर्व में नारी का महत्त्व प्रतिपादित किया गया है तथापि कभी-कभी वह पुरुषों के कोप का भाजन भी बनी है। उसे शापित भी किया गया है। कुन्ती द्वारा कर्ण के जन्म को गुप्त रखने के कारण युधिष्ठिर ने उसे तथा समस्त नारी वर्ग को शापित किया कि भविष्य में वह कभी भी किसी रहस्य को गुप्त न रख सकेगी।[178] यहाँ तक कि गौतम ने भी अपनी स्त्री अहल्या का कुछ व्यभिचार देखकर कोपित होकर अपने पुत्र चिरकारी से माता का वध करने के लिए कहा।[179]

असाध्वी भार्या की निन्दा की गयी है कि कुभार्या को दूर से ही पारित्याग कर देना चाहिए। अप्रियवादिनी तथा कुभार्या में अनुराग नहीं होता।[180] पत्नी की निन्दा करते हुए कहा गया है कि भार्या और पुत्र अपना ही स्वार्थ देखते हैं।[181] पुत्र, स्त्री और कुटुम्बी जनों में आसक्त जीव उसी प्रकार दुखी होते हैं जिस प्रकार तालाब के कीचड़ में फँसकर जंगली बूढ़े हाथी दुखी होते हैं।[182]

कहीं-कहीं पर नारी को पुरुष के मनोरंजन का साधन रूप भी कहा गया है।[183] शत्रुओं को आसक्त करने के साधनों में वस्त्र, शय्या, आसन, रस, गन्ध तथा स्त्री की भी गणना की गयी है।[184] व्यसनों की सूची में उसका समावेश किया गया है।

स्त्री की गणना एक व्यसन के रूप में तथा क्रोध काम से उत्पन्न होने वाले चार व्यसनों में भी की गयी है। मृगया, जुआ, सुरापान और स्त्रियों में आसक्ति—ये चार प्रकार के काम से उत्पन्न व्यसन कहे गये हैं।[185]

नारी के महत्त्व व उसके प्रति की गयी निन्दा का पूर्ण विश्लेषण करने पर यह प्रमाणित होता है कि नारी के निन्दात्मक वचनों को प्रमाणित करनेवाले स्त्रियों के उदाहरण महाभारत में तथा शान्तिपर्व में नहीं के बराबर हैं और प्रशंसात्मक अंश सैद्धान्तिक रूप में नहीं अपितु उसमें चित्रित चरित्रों में भी उनका समर्थन मिलता है। सृंजयराज की कन्या सुकुमारी एवं ब्रह्मवादिनी सुलभा इनके ज्वलन्त उदाहरण हैं।

4.4 निष्कर्ष

उपरोक्त विवेचन के आधार पर कहा जा सकता है कि सृष्टि प्रक्रिया में, गृहस्थ में तथा समाज में नारी का योगदान महनीय है। नारी के लिए प्रयुक्त विभिन्न पर्याय उसके गुणों व कर्त्तव्यों की ओर संकेत करते हैं।

वैदिक संहिताओं में नारी को गृहस्थ में सम्मान दिया गया है परन्तु कन्या को पुत्र की अपेक्षा कम अभीष्ट माना गया है। गृह की सम्राज्ञी, गृहिणी के रूप में नारी के कर्त्तव्य कर्मों का भी संकेत मिलता है। उसे यज्ञ की अधिकारिणी भी घोषित किया गया है जिसका अत्यधिक समर्थन ब्राह्मण ग्रन्थों में दृष्टिगोचर होता है। उपनिषदों में 'मातृ देवो भव' की ध्वनि सुनाई देती है। इतना ही नहीं ब्रह्मवादिनी नारियाँ भी इस युग की विशिष्टता कही जा सकती हैं। सूत्र-ग्रन्थों में पति को धार्मिक कृत्यों के योग्य बनाने वाली पत्नी के योगदान की चर्चा है तथा साथ ही नारी की स्वतन्त्रता पर अंकुश लगा दिया प्रतीत होता है। वाल्मीकि रामायण में व्रतपरायणा एवं धर्मज्ञा नारियों का उल्लेख मिलता है।

सम्पूर्ण महाभारत नारी के विभिन्न रूपों के प्रति प्रशंसा एवं निन्दा के मिश्रित भाव से परिपूर्ण है। शान्तिपर्व में 'कन्या' को शुभ एवं आदर का पात्र माना गया है। मंगल अवसर पर कन्या का दर्शन शुभ लक्षण कहा है। सद्गृहस्थ को भी कन्या से स्नेहपूर्ण व्यवहार का आदेश दिया गया है। पुत्रहीन राजाओं की कन्या के अभिषेक का भी संकेत मिलता है, किन्तु साथ ही पुत्रोत्पत्ति की मंगल कामना भी दृष्टिगोचर होती है। कन्या के रूप में अतिथि-सत्कार उसका प्रमुख कर्त्तव्य कहा गया है। ब्रह्मवादिनी सुलभा का भी दृष्टान्त हमें शान्तिपर्व में उपलब्ध होता है।

सद्गृहस्थ, धर्मपरायणा नारी का भी उल्लेख मिलता है। द्रौपदी, नागपत्नी आदि इसके ज्वलन्त प्रमाण हैं। 'भार्या' के रूप में नारी की 'भूरि भूरि' प्रशंसा की गयी है। साथ ही माता के रूप में उसकी अद्भुत महिमा का गान करते हुए उसके कर्त्तव्य कर्मों का विवेचन किया गया है।

सन्दर्भ

1. यत्र नार्यस्तु पूज्यन्ते रमन्ते तत्र देवता।
   यत्रैतास्तु न पूज्यन्ते सर्वास्तत्राफलाः क्रिया।। मनु., 3/56
2. (क) अमर कोश, 2/6/2
   (ख) हलायुध कोश, 2/481-482
3. हलायुध कोश, पृ. 198, 199
4. (क) अमर कोश, 2/6/5, 6
   (ख) हलायुध कोश, 2/494
5. (क) अमर कोश, 2/6/16
   (ख) अम्बा सवित्री जननी च माता। हलायुध कोश, 2/504
6. Karam Narain Kapur, 'Respect your parents' Vadic Light April, 1978, pp. 17-19
7. (क) ऋग्वेद, 7/75/4,5 दयानन्द भाष्य
   (ख) द्र., मैकडानेल, संस्कृत साहित्य का इतिहास, प्रथम भाग, पृ. 69
8. स्त्री हि ब्रह्मा बभूविथ। ऋक्., 8/33/19
9. विद्यानन्द विदेह, वेदालोक, पृ. 455
10. धर्मदेव विद्यावाचस्पतिं, स्त्रियों का वेदाध्ययन और वैदिक कर्मकाण्ड में अधिकार, पृ. 10
11. बलदेव उपाध्याय—वैदिक साहित्य और संस्कृति, पृ. 419
12. पुत्रिणा ता कुमारिणा विश्वआयुर्व्यश्नुतः।
    उभा हिरण्यपेशसा।। ऋक्., 8/31/8
13. (क) Altekar, The Position of Women in Hindu Civilization, p.3
    (ख) Encyclopedia of Women in india, p. 18
    (ग) शिवराज शास्त्री, ऋग्वैदिक काल में पारिवारिक सम्बन्ध, पृ. 217
14. ऋक्., 1/124/4
15. सम्राज्ञी श्वशुरे भव सम्राज्ञी श्वश्रवां भव। ऋक्., 10/85/46
16. (क) अघोर चक्षुरपतिघ्न्येधि शिवा पशुभ्यः सुमनाः सुवर्चाः।
    वीरसूर्देवृकामा स्योना शं नो भव द्विपदे शं चतुष्पदे।। वही, 10/85/44
    (ख) अथर्व., 14/2/13
17. प्रति तिष्ठ विराड्सि विष्णु रिहे सरस्वति। अथर्व., 14/2/15
18. ऋक्., 1/173/2, 5/43/14
19. हवे त्वा सूर उदिते हवे मध्यन्दिने दिवः।
    जुषाण इन्द्र सप्तिभिर्न आ गहि।। ऋक्., 8/13/13

20. (क) विण्टरनिट्ज़—प्राचीन भारतीय साहित्य, प्रथम भाग, पृ. 51
(ख) Altekar, Position of Women in Hindu Civilization, p. 4
(ग) धर्मदेव विद्यावाचस्पति—स्त्रियों का वेदाध्ययन और वैदिक कर्मकाण्ड में अधिकार, पृ. 10
21. मैक्डानेल—संस्कृत साहित्य का इतिहास, पृ. 153
22. (क) गृभ्णामि ते सौभगत्वाय हस्तं मया पत्या जरदष्टिर्यथासः।
पुनः पतिभ्यो जायां दा अग्ने प्रजया सह।। ऋक्., 10/85/36, 38
(ख) द्र., श्रीवाणी चक्रवर्ती, संहितायुगे नारीनां स्थानम्, संस्कृत साहित्य परिषत् वाल्यूम LVI नं. 11-12, मार्च-अप्रैल, 1974, पृ. 241-252
23. अमोऽहमस्मि सा त्वं सामाहमूस्म्यृक् त्वं द्यौरहं पृथिवी त्वम्।
ताविह सं भवाव प्रजामा जनयावहै।। अथर्व., 4/2/71 दयानन्द भाष्य
24. प्र बुध्यस्व सुबुधा बुध्यमाना दीर्घायुत्वाय शतशारदाय।
गृहान् गच्छ गृहपत्नी यथासो दीर्घं त आयुः सविता कृणोतु।। वही, 4/2/75
25. (क) या दम्पती समनसा सुनुत आ च धावतः।
देवासो नित्ययाशिरा।। ऋक्., 8/31/5
(ख) मि., विण्टरनिट्ज़—प्राचीन भारतीय साहित्य, प्रथम भाग (वैदिक), पृ. 51
26. (क) ब्रह्मचर्येण कन्या युवानं विन्दते पतिम्। अथर्ववेद, 11/5/18
(ख) ऋक्., 7/20/5
27. ऋक्., 10/39, 40
28. वही, 8/91
29. वही, 1/179
30. (क) वही, 10/85
(ख) द्र.,—नारी उत्थान और आर्य समाज, आर्य संसार, जुलाई 1987, पृ. 1-2
31. (क) मही माता। ऋक्., 5/47
(ख) मि., शिवराज शास्त्री, ऋग्वैदिक काल में पारिवारिक सम्बन्ध, पृ. 217
32. ऋक्., 10/18/11
33. वही, 1/91/20, 1/92/13, 3/1/23
34. (क) अथर्व., 6/11/3
(ख) मि. वैदिक कोश, पृ. 265
(ग) B.N. Hazarika, Women in the Brahmana Literature, Proc. of the VWSC, pp. 727, 728
35. ऋक्., 10/95/15, मि., वैदिक कोश, पृ. 264
36. (क) अयज्ञो वा ह्येषः। योऽपत्नीकः—तै. ब्रा., 2/2/2/6
(ख) शत. ब्रा., 5/1/6/10

37. 'सखा ह जाया' ऐ. ब्रा. 7/13
38. A.S. Altekar, Position of Women in Hindu Civilization, p. 95
39. अर्धो ह वाऽएषऽआत्मनो यज्जाया तस्माद्यावज्जायां न विन्दते नैव तावत्प्रजायते असर्वो हि तावद् भवति। अथ यदैव जायां विन्दतेऽथ तर्हि हि सर्वो भवति। शत. ब्रा., 5/2/1/10
40. (क) श्रिये वाऽएतद्रूपं यत्पत्न्यः। शत. ब्रा., 13/2/6/7
(ख) वही, 12/8/2/6
(ग) तै., ब्रा. 2/9/4/7
41. वैदिक कोश, पृ. 264
42. शत. ब्रा. 1/1/4/13
43. (क) एतद्वै पत्नियै व्रतोपनयनम्—तै. ब्रा., 3/3/3/2
(ख) शत. ब्रा., 1/3/1/12, 13
44. सा होवाच यस्मै मां पितादान्नैवाहं तं जीवन्तं हास्यामीति।। शत. ब्रा., 4/1/5/9
45. कस्मिन्नु ब्रह्मलोका ओताश्च प्रोताश्चेति स होवाच गार्गीमातिप्राक्षी। शत. ब्रा., 14/6/6/1
46. सा होवाच मैत्रेयी। यन्म इयं भगोः सर्वा पृथ्वी कित्तेन पूर्णा स्यात्कथं तेनामृतास्यामिति—येनाहं नामृता स्यां किमहं तेन कुर्यां यदेव भगवान्वेद तदेव मे ब्रूहीति। वही 14/5/4/2-3
47. B.N.Hazarika : Women in the Brahmana Literature. Proceedings of VWSC, pp. 730-734
48. सखा ह जाया, कृपणं ह दुहिता ज्योतिर्हि पुत्रः परमे व्योमन्। ऐ. ब्रा., 7/13
49. ऋक्., 7/33/9, 12
50. (क) तद्वाऽएतत्स्त्रीणां कर्म यदूर्णासूत्रम् कर्म। शत. ब्रा., 12/7/2/11
(ख) द्र., राधाकृष्णन्—धर्म और समाज, पृ. 263
51. केन., 3/12
52. इमा रामाः सरथाः सतूर्या नहीदृशा लम्भनीया मनुष्यैः। कठ., 1/25
53. मातेव पुत्रान् रक्षस्व श्रीश्च प्रज्ञां च विधेहि न इति। प्रश्न., 2/13
54. तै. उ., 1/11/2
55. छान्दोग्य., 1/10, 11
56. बलदेव उपाध्याय, वैदिक साहित्य और संस्कृति, पृ. 422
57. बृहद्. उ., 3/6, 4/5
58. आप. धर्म., 2/11, 12
59. अस्वतन्त्रा धर्मे स्त्री। गौ धर्म. 2/9/1
60. वाक्चक्षुः कर्मसंयता।। गौ. धर्म., 2/9/3
61. आश्व. गृह्य., 1/8/5, 1/9/1, 1/9/8
62. काव्यं रामायणं कृत्स्नं सीतायाश्चरितं महत्। वा. राम., 1/4/7

63. वही, 1/25/4-6

64. कन्यापितृत्वं दुखं हि सर्वेषाम् मानकाङ्क्षिणाम्। वही, 7/9/9

65. अक्षतं जातरूपं च गावः कन्याः सहद्विजाः।
    नरा मोदकहस्ताश्च रामस्य पुरतो ययुः।। वा., राम., 7/128/38

66. पाणिप्रदानकाले च यत् पुरा त्वग्निसंनिधौ।
    अनुशिष्टं जनन्या मे वाक्यं तदपि मे धृतम्।। वही, 2/118/8

67. साध्वीनां तु स्थितानां तु शीले सत्ये श्रुते स्थिते।
    स्त्रीणां पवित्रं परमं पतिरेको विशिष्यते।। वही, 2/39/24

68. तदेवमेतं त्वमनुव्रता सती
        पतिप्रधाना समयानुवर्तिनी।
    भव स्वभर्तुः सहधर्मचारिणी
        यशश्च धर्मं च ततः समाप्स्यसि।। वही, 2/117/29

69. सा क्षौमवसना हृष्टा नित्यं व्रतपरायणा।
    अग्निं जुहोति स्म तदा मन्त्रवत् कृतमङ्गला।। वा. राम., 2/20/15

70. (क) नृत्यगीतविशारदा, वा. राम., 4/51/17
    (ख) गायन्त्यो नृत्यमानाश्च, वही, 1/32/13

71. वही, 1/66/26

72. पिता हि प्रभुरस्माकं दैवतं परम च सः।
    यस्य नो दास्यति पिता स नौ भर्ता भविष्यति। वही, 1/32/22

73. (क) शुश्रूषामेव कुर्वीत भर्तुः प्रियहिते रता।
        एष धर्मः स्त्रिया नित्यो वेदे लोके श्रुतः स्मृतः।। वही, 2/24/27
    (ख) भर्तुः शुश्रूषया नारी लभते स्वर्गमुत्तमम्। वही, 2/24/26

74. (क) नार्याः पतिर्गुरुः। वही, 2/118/2
    (ख) स्त्रिया भर्ता हि दैवतम्। वही, 2/39/31

75. निरुक्त, 4/15

76. कन्याः सुमनश्छागाः स्थापिता स्तत्र तत्र ह। शान्ति., 38/48

77. दुहित्रा दासवर्गेण विवादं न समाचरेत्।
    एतान्विमुच्य संवादान्सर्वपापैः प्रमुच्यते।। वही, 235/14

78. शान्ति., 235/15, 16

79. (क) कुमारो नास्ति येषां कन्यास्तत्राभिषेचय। शान्ति., 34/33
    (ख) सी. वी. वैद्य—महाभारत-मीमांसा, पृ. 295

80. बहु कल्याणमिच्छन्त ईहन्ते पितरः सुतान्।
    तपसा ब्रह्मचर्येण वन्दनने तितिक्षया।। शान्ति., 7/13

81. (क) पुत्रानिच्छेत्पावनार्थं पितृणाम्। वही, 169/6
    (ख) आदि., 69/19, उद्योग., 116/8

82. पुत्रेण दुहिता समा। अनुशासन., 45/12

83. एकैव मम कन्यैषा युवां परिचरिष्यति।
दर्शनीयानवद्याङ्गी शीलवृत्तसमन्विता।
सुकुमारी कुमारी च पद्मकिंजल्कसंनिभा।। शान्ति, 30/12

84. कन्ये विप्रावुपचर देववत्पितृवच्चह। वही, 30/13

85. द्र., वनमाला भवालकर—महाभारत में नारी, पृ. 34

86. शल्य., 51/5, 6, 9/46/8

87. उद्योग., 111/1, अनुशासन., 124/2

88. विराट्., 10/8-10

89. नास्ति मातृसमो गुरुः। शान्ति., 109/16

90. आदि., 68/61-63

91. शान्ति., 78/31, आदि., 191/8

92. सभा., 48/39-41, आरण्यक., 222/40-43

93. शान्ति., 30/12-14

94. आरण्यक., 222/32

95. शान्ति., एपेडिक्स 1, पृ. 2038

96. (क) Altekar, Position of Women in Hindu Civilization, p. 10
(ख) काणे—धर्मशास्त्र का इतिहास, प्रथम भाग, पृ. 366

97. स्त्रीशूद्रपतितांश्चापि नाभिभाषेद्व्रतान्वितः। शान्ति., 36/35

98. आदि., 68/61-63

99. शान्ति., 348/5-11

100. वही, 308/5-11

101. शान्ति, अ. 308

102. वही, 14/2-4

103. शान्ति., 226/5

104. वही, 226/5

105. वही, अ. 308

106. ऋक्, 10/27/12, अथर्व., 2/36/5, यजु., 34/10

107. ऐ. ब्रा., 4/7

108. मनु., 9/90,91

109. (क) आश्व. गृह्य, 1/6
(ख) गौ. धर्म, 4/6-13

110. अष्टावेव समासेनविवाहाधर्मतः स्मृताः।
ब्राह्मो दैवस्तथैवार्षः प्रजापत्यस्तथासुरः।।
गान्धर्वो राक्षसश्चैव पैशाचश्चाष्टमः स्मृतः। आदि., 67/8, 9

111. 'Self Choice, the election of a husband by a princess of a Kshairiya at a public assembly of suitors. M. William, Sanskrit-English Dictionary, p. 1278

112. (क) शान्ति., अ., 4
(ख) द्र., देवदत्त शास्त्री, 'कुन्ती', विश्वज्योति, महाभारत अंक., पृ. 59

113. आदि., 105/1-5

114. वही, 176/8

115. आरण्यक., 13/28, 102

116. वही, 51/7

117. द्रोण., 119/9

118. शान्ति., 4/13

119. शान्ति., अ., 4

120. वही, एपेण्डिक्स 1, पृ. 2036

121. वनमाला भवालकर–महाभारत में नारी, पृ. 145

122. शान्ति., अ., 30

123. (क) भ्रियते इति ण्यत्। अमर कोश, 2/6/6 सुधाव्याख्या
(ख) आप्टे–संस्कृत-हिन्दी कोश, पृ. 737

124. नास्ति भार्यासमो लोके सहायो धर्मसंग्रहे। शान्ति. 142/10

125. (क) शत. ब्रा., 5/1/6/10
(ख) ऐ. आ., 1/2/5
(ग) काणे–धर्मशास्त्र का इतिहास, प्रथम भाग, पृ. 315

126. नास्ति भार्यासमो बन्धुर्नास्ति भार्यासमा गतिः। शान्ति., 142/10

127. तथा रोगाभिभूतस्य नित्यं कृच्छगतस्य च।
नास्ति भार्यासमं किंचिन्नरस्यार्तस्य भेषजम्।। शान्ति., 142/9

128. तया विरहितं हीदं शून्यमद्य गृहं मम। वही, 142/4

129. शान्ति., 142/5

130. सा भार्या या प्रियं ब्रूते। वही, 137/92

131. शान्ति., अ., 143, 144

132. न सा स्त्रीत्यभिभाषा स्याद्यस्या भर्ता न तुष्यति। वही, 142/12

133. अग्निसाक्षिकमप्येतद्भर्ता हि शरणं स्त्रियः। शान्ति; 142/12

134. यापि चैवंविधा नारी भर्तारमनुवर्तते।
विराजते हि सा क्षिप्रं कपोतीव दिवि स्थिता।। वही, 145/15

135. शान्ति., अ., 142-145

136. अनुरक्ता हिता चैव स्निग्धा चैव पतिव्रता।
यस्य वैतादृशी भार्या धन्यः स मनुजो भुवि।। शान्ति., 142/7

137. भार्या हि परमो नाथः पुरुषस्येह पठ्यते।
असहायस्य लोकेऽस्मिंल्लोकयात्रा सहायिनी।। वही, 142/8

138. गृहस्थधर्मो नागेन्द्र सर्वभूतहितैषिता। वही, 347/7

138. द्वितीयमायुषो भागं गृहमेधी गृहे वसेत्।
धर्मलब्धैर्युतो दारैरग्नीनुत्पाद्य सुव्रतः।। वही, 235/1

140. शान्ति., 235/5, 11

141. शान्ति., 258/34

142. वही, अ., 221

143. वही, 221/59

144. पतिव्रतात्वं भार्याया परमो धर्म उच्यते। शान्ति., 347/10

145. न सा स्त्रीत्यभिभाषा स्याद्यस्या भर्ता न तुष्यति। वही, 142/11

146. भरणाद्धि स्त्रियां भर्त्ता पात्याच्चैव स्त्रियाः पतिः। शान्ति., 258/35

147. नास्ति भर्तृसमो नाथो न च भर्तृसमं सुखम्।
विसृज्य धनसर्वस्वं भर्ता वै शरणं स्त्रियांः।। वही, 144/7

148. 'मितं ददाति हि पिता मितं माता मितं सुतः।
अमितस्य तु दातारं भर्तारं का न पूजयेत।। शान्ति., 144/6

149. पतिहीनापि का नारी सती जीवितुमुत्सहेत्। वही, 144/8

150. शान्ति., अ., 30

151. शान्ति., 345/4-6

152. तं भार्यासमभिक्रामत्पादशौचादिभिर्गुणैः।। वही, 347/2

153. न खल्वस्यकृतार्थेन स्त्रीबुद्धया मार्दवीकृता।
मद्वियोगेन सुश्रोणि विमुक्ता धर्मसेतुना।। वही, 347/4

154. शान्ति., अ., 14

155. (क) असता प्रतिषेधश्च सतां च परिपालनम्।
एष राज्ञां परो धर्मः समरे चापलायनम्।। शान्ति. 14/16
(ख) यजस्व विविधैर्यज्ञैर्जुह्वन्नग्रीन्प्रयच्छ च।
पुराणि भोगान् वासांसि द्विजातिभ्यो नृपोत्तम।। वही, 14/39

156. मित्रता सर्वभूतेषु दानमध्ययनं तपः।
ब्राह्मणस्यैष धर्मः स्यान्न राज्ञो राजसत्तम।। वही, 14/15

157. शान्ति., 348/5-12

158. कुक्षिसंधारणाद्धात्री जननाज्जननी स्मृता।
अंगानां वर्धनादम्बा वीरसूत्वेन वीरसूः।। शान्ति., 258/30

159. नास्ति मातृसमा छाया नास्ति मातृसमा गतिः।
नास्ति मातृसमं त्राणं नास्ति मातृसमा प्रपा।। शान्ति., 258/29

160. शान्ति., 258/40

161. वही, 109/6

162. वही, 109/8

163. पितृन्दश तु मातैका सर्वा वा पृथिवीमपि।
गुरुत्वेनाभिभवति नास्ति मातृसमो गुरुः।। शान्ति., 109/16

164. अवध्या हि सदा माता पिता चाप्यपकारिणौ। वही, 109/18

165. शान्ति., 258

166. अस्य मे जननी हेतुः पावकस्य यथारणिः।
माता देहारणिः पुंसां सर्वस्यार्तस्य निवृतिः।। शान्ति., 258/25

167. न च शोचति नाप्येनं स्थाविर्यमपकर्षति।
श्रिया हीनोऽपि यो गेहे अम्बेति प्रतिपद्यते।। वही, 258/25

168. शान्ति., 258/26

169. वही, 258/27

170. तदा स वृद्धो भवति यदा भवति दुःखितः।
तदा शून्यं जगतस्य यदा मात्रा वियुज्यते।। वही, 258/28

171. शान्ति., 258/33

172. शान्ति. अ., 5

173. पृथ्वी सर्वभूतानां जनित्री तद्विधाः स्त्रियः।। शान्ति., 183/15

174. शा., 109/16 अनुशा., 108/14, 15

175. प्रीणाति मातरं येन पृथिवी तेन पूजिता। शान्ति., 109/22, अनुशा., 7/25

176. देवतानां समावयमेकस्थं पितरं विदुः।
मर्त्यानां देवतानां च स्नेहादभ्येति मातरम्।। शान्ति., 258/40

177. शान्ति., 109/6, 7

178. शशाप च महातेजाः सर्वलोकेषु च स्त्रियः।
न गुह्यं धारयिष्यन्तीत्यतिदुःखसमन्वितः।। शान्ति., 6/10

179. शान्ति., 258/7

180. कुभार्यायां कुतो रतिः। वही, 137/90

181. भार्या दासाश्च पुत्राश्च स्वमर्थमनुयुंजते। शान्ति. 287/36

182. पुत्रदाराकुटुम्बेषु सक्ताः सीदन्ति जन्तवः
सरः पंकार्णवे मग्ना जीर्णा वनगजा इव।। वही, 316/30

183. शान्ति., 7/23

184. वही, 106/11

185. मृगयाक्षास्तथा पानं स्त्रियश्च भरतर्षभ।
कामजान्याहुराचार्याः प्रोक्तानीह स्वयंभुवा।। शान्ति., 59/60

पञ्चम अध्याय

राजधर्म विवेचन

"असतां प्रतिषेधश्च सतां च परिपालनम्।
एष राज्ञां परोधर्मः समरे चापलायनम्।।"

शान्ति., 14/16

5.1 'राजधर्म' से तात्पर्य

'राजधर्म' को सभी धर्मों का मूलाधार कहा गया है। ' राजधर्म' से तात्पर्य है—शासक एवं शासन व्यवस्था। राजा जो अपने युग का निर्माता होता है, वही अपने कर्त्तव्य कर्मों द्वारा, आचार एवं व्यवहार के द्वारा 'युग-प्रवर्तक' कहलाता है। अतः राजा के कर्त्तव्यों—आचार, व्यवहार, प्रायश्चित्त एवं राजनीति का पूर्ण ज्ञान कराने वाले 'राजधर्म' की विशद चर्चा प्राचीन काल से धर्मशास्त्र ग्रन्थों के अन्तर्गत होती रही है।[1] राजधर्म का प्रतिपादन करने वाले शासन शास्त्रों को 'राजशास्त्र', 'नृपशास्त्र' एवं 'दण्डनीति' का भी नाम दिया गया है। यहाँ तक कि धर्मसूत्रों में 'अर्थशास्त्र' को भी दण्डनीति का पर्याय माना गया है क्योंकि इसमें भी राजा के अधिकारों, विशेषाधिकारों एवं उत्तरदायित्वों के विवेचन के साथ-साथ सम्पत्ति प्राप्ति के लिए आदेश दिये गये हैं।[2]

'राजधर्म' का कोशगत अर्थ है—राजा का कर्त्तव्य, राजा से सम्बन्ध रखने वाले नियम या विधि, महाभारत के शान्तिपर्व के एक अंश का नाम तथा राजा के आवश्यक कर्त्तव्य प्रजापालन आदि।[3] यहाँ 'धर्म' को कर्त्तव्य अर्थ में लिया गया है।[4]

'राजधर्म' धर्मशास्त्र का एक महत्त्वपूर्ण विषय है। धर्मशास्त्र के अन्तर्गत राजधर्म का सांगोपांग विवेचन किया गया है तथा इसके अति प्राचीन होने का प्रतिपादन किया गया है। वर्णन मिलता है कि ब्रह्मा, महेश्वर, स्कन्द, इन्द्र, प्राचेतस्, मनु, बृहस्पति, शुक्र, भारद्वाज, वेदव्यास एवं गौरशिरा राजधर्म के व्याख्याता थे, जिन्हें 'राजशास्त्र प्रणेतारः' कहा गया है। ब्रह्मा ने एक लाख अध्यायों का राजशास्त्र लिखा जिसे उपर्युक्त मुनियों ने क्रम से संक्षिप्त किया तथा गौरशिरा एवं व्यास ने उसे क्रम से

पाँच सौ एवं तीन सौ अध्यायों में लिखा।[5] इन्हीं तथ्यों का प्रतिपादन महाभारत के शान्तिपर्व में भी किया गया है।[6]

5.2. राजधर्म का क्षेत्र

राजधर्म के प्रतिपाद्य विषय क्या-क्या रहे हैं, यदि इस विषय पर विचार करें तो हम पाते हैं कि प्राचीन ग्रन्थों में राजधर्म के अन्तर्गत राज्य के सात अंगों का विवेचन किया जाता था। वे सात अंग हैं—1. राजा (शासक), 2. अमात्य, 3. जनपद या राष्ट्र, 4. दुर्ग (सुरक्षित नगर या राजधानी), 5. कोश, 6. दण्ड (सेना) एवं 7. मित्र।[7] इन अंगों के क्रम तथा नामों में कहीं-कहीं अन्तर पाया गया है जिसका आधार विभिन्न अंगों की आपेक्षिक महत्ता है। राज्य के इन सप्तांगों की तुलना शरीर के विभिन्न अंगों से की गयी है, यथा राजा सिर है, मन्त्रीगण आँखें हैं, मित्र कान हैं, कोश मुख है, बल (सेना) मन है, दुर्ग (राजधानी) एवं राष्ट्र हाथ तथा पैर हैं।[8] सभी अंगों को एक-दूसरे का पूरक माना गया है। इसके परस्पर सहयोग से ही राष्ट्र पुष्ट एवं समृद्ध होता है। केवल जनसमूह से ही राज्य का निर्माण नहीं होता, प्रत्युत राज्य कहलाने के लिए जन समूह का भौगोलिक सीमाओं (राष्ट्र) के भीतर रहना भी परमावश्यक होता है। साथ ही उसको किसी स्वामी के अनुशासन की, एक विशिष्ट शासन क्रम (अमात्य) की सुव्यवस्थित आर्थिक व्यवस्था (कोश) तथा रक्षा के लिए बल की आवश्यकता होती है तथा एक राष्ट्र को अपने अस्तित्व के लिए अन्तर्राष्ट्रीय मैत्री स्थापित करनी भी आवश्यक होती है।

5.3. वैदिक वाङ्मय एवं वाल्मीकि रामायण में 'राजधर्म'

वैदिक साहित्य के अध्ययन से तत्कालीन राजनीतिक विकास का ज्ञान होता है। वेदों में राजा एवं राजवंशों का, राजा के उद्‌गम सिद्धान्तों का, चुनाव, सभा, समिति तथा राजकर्मों का उल्लेख मिलता है।

'राजा', 'राजन्' एवं 'राजन्य' शब्द वेदों[9] में बहुधा प्रयुक्त है जिसका अभिप्राय विभिन्न स्थलों पर राष्ट्रनायक भद्रव्यक्ति[10] एवं राजवंशीय क्षत्रिय[11] माना गया है। प्रायः राजा वंश परम्परा से हुआ करता था जैसा कि एक ही परिवार के वंशज त्रित्सुओं एवं पुरुओं के प्रशासकों का उदाहरण मिलता है।[12] इसके साथ ही प्रजाजन अथवा विश् द्वारा राजा के निर्वाचन के संकेत भी वेदों में उपलब्ध होते हैं।[13]

राजा को राज्य प्राप्त कराने में सहायक जनों को 'राजकृत' कहा गया है जिनमें सूत, ग्राम मुखिया, रथकार, कुशल धातु निर्माता जनों की गणना की गयी है।[14] इस प्रकार प्रजा में ही राजा को प्रतिष्ठित माना गया है।[15] अतः वेदों में जहाँ एक ओर वांशिक राजतन्त्र की ध्वनि मिलती है वहाँ दूसरी ओर निर्वाचन प्रणाली के संकेत भी गिलते हैं।

'महते ज्येष्ठाय, महते जानराज्याय'[16] शब्द जनराज्य एवं प्रजातन्त्र की सूचना देते हैं। विराट्, सम्राट, जनराट्, स्वराट्, सत्रराट्, सर्वराट्, शब्दों का प्रयोग राजा के लिए किया गया है जिनका अभिप्राय धर्माचरण से प्रकाशमान, स्वयं प्रकाशमान, यज्ञों में प्रकाशमान, जनों में प्रकाशमान माना गया है।[17]

पुरुकुत्स के पुत्र त्रसदस्यु का यह कथन कि 'मैं लोगों का राजा इन्द्र एवं वरुण हूँ तथा अदिति का पुत्र हूँ'[18] राजा के देवत्व की ओर संकेत करते हैं। अथर्ववेद[19] में राजा के लिए इन्द्र के समान विश्व में सुस्थिर रहने तथा राज्य धारण करने की कामना की गयी है।

'राजधर्म' के विषय में वेदों में प्रतिपादित है कि प्राप्त किये गये राष्ट्र की सुरक्षा,[20] प्रजा पालन,[21] अन्न-प्रदान,[22] राष्ट्र द्रोहियों का विनाश,[23] शत्रु द्वारा अधिकृत भूमि का उद्धार[24] तथा पराक्रम द्वारा शत्रु का मुकाबला करना[25] राजा के परम कर्त्तव्य थे। राजा के इन विभिन्न कर्त्तव्य कर्मों का ज्ञान ऋषि प्रणीत इष्ट स्तुतियों में की गयी मंगलकामनाओं के माध्यम से होता था।[26]

ब्राह्मण ग्रन्थों में राजत्व के उद्गम के संकेत मिलते हैं कि सामरिक अर्थात् युद्ध सम्बन्धी आवश्यकताओं ने राजत्व को जन्म दिया। असुरों द्वारा देवों की पराजय होने पर उन्होंने एकमत होकर राजा के चुनाव का निश्चय किया।[27]

ब्राह्मण ग्रन्थों में भी राजनीति शास्त्र के पारिभाषिक शब्दों यथा 'अधिराज', 'राजाधिराज', 'सम्राट', 'महाराज', अधिपति' तथा 'एकराट्' का उल्लेख मिलता है। समुद्र पर्यन्त पृथ्वी का शासक एकराट् कहलाता था।[28] राजधर्म के विषय में कहा गया है कि राजा को सर्वप्रथम 'धृतव्रत'[29] अर्थात् व्रतों में प्रतिष्ठित होना चाहिए। उसे धर्म तथा यज्ञों के प्रति सत्यात्मक होना चाहिए।[30] इतना ही नहीं विभिन्न प्रकार के यज्ञों का भी विधान मिलता है कि राजा को राजसूय,[31] सम्राट् को वाजपेय,[32] स्वराट् को अश्वमेध, विराट् को पुरुषमेध तथा सर्वराट् को सर्वमेध यज्ञ सम्पादन करना चाहिए। राजा तथा श्रोत्रिय दोनों ही धर्म के धारण कराने वाले कहे गये हैं। राज्याभिषेक के समय अध्वर्यु एवं उसके सहकारियों द्वारा राजा की पीठ पर धारण कराया गया दण्ड तथा उसका स्पर्श भी उसके 'धर्मरक्षक' होने का द्योतक है।[33] राजा का चुनाव कैसे किया जाए, इस विषय में तैत्तिरीय ब्राह्मण में संकेत मिलता है। वहाँ कहा गया है कि 'रत्नी' लोग (राजकर्त्ता) राजा को राज्य प्रदान करते थे।[34] उससे प्रतीत होता है कि राज्य में प्रजा का महत्त्व था तथा प्रजा के विशिष्ट जन ही स्वयं राजा का चयन करके शासन करने के लिए राष्ट्र उसको सौंपते थे। इतना ही नहीं, यह भी संकेत मिलते हैं कि राजा यदि मर्यादापूर्वक शासन न चलाये तो उससे राज्य छीना भी जा सकता था। 'दुष्टरीतु पौंसायन'[35] नामक राजा को राज्य से बहिष्कृत किया गया था इस बात का उल्लेख शतपथ ब्राह्मण में मिलता है।

सूत्र-ग्रन्थों में राजा की शिक्षा के विषय में कहा गया है कि राजा को त्रयी (तीनों वेद) तथा आन्वीक्षिकी विद्या से युक्त होना चाहिए।[36] यद्यपि वहाँ राजा में दैवी अंशों की कल्पना की गयी है और उसकी सर्वोच्च सत्ता को सर्वमान्य घोषित किया गया है तथापि राजा का शासन ब्राह्मणों पर नहीं चल सकता था।[37] ब्राह्मणों के अतिरिक्त सभी लोग नीचे आसन पर बैठकर राजा का सम्मान करते थे। ब्राह्मणों को भी राजा का सम्मान करना होता था।[38] सर्वसम्मान्य होते हुए भी राजा प्रजा का सेवक माना जाता था। राजा का मुख्य कर्त्तव्य प्रजा को संरक्षण प्रदान करना था[39] और इसी कार्य के लिए प्रजा पर कर लगाने का अधिकार उसे प्रदान किया गया था किन्तु विद्वानों, ब्राह्मणों, सभी नारियों, अवयस्क बालकों, रोगियों, अपंगों, गुरुकुल के छात्रों, शूद्रों एवं वृद्धों को कर मुक्त रखा गया।[40] वहाँ यह स्पष्ट किया गया है कि कराधान तथा संरक्षण दोनों कार्य साथ-साथ चलने आवश्यक थे[41] इस प्रकार विद्वानों, ब्राह्मणों, याज्ञिकों के भरण-पोषण का दायित्व, प्रजा की रक्षा करना, न्यायोचित दण्ड देना, 'शास्त्रविहित' नियमानुसार वर्णाश्रम की रक्षा करना तथा पथभ्रष्ट लोगों को सन्मार्ग दिखाना राजा के विशिष्ट उत्तरदायित्व थे।

धर्मसूत्रों में राजा को प्रजारक्षार्थ युद्ध करने के लिए प्रेरित किया गया है।[42] युद्ध सम्बन्धी नियमों के अन्तर्गत अनाक्रमणीय शत्रुओं का उल्लेख मिलता है कि अस्त्र-शस्त्र विहीन, शरण में आये हुए तथा प्राण रक्षा के अभिलाषी शत्रु पर एवं दूतों पर आक्रमण नहीं किया जाना चाहिए।[43] वहाँ ब्राह्मण को अवध्य कहा गया तथा युद्ध में विषाक्त बाणों का प्रयोग निषिद्ध माना गया।[44] इस प्रकार सूत्र ग्रन्थों में राजधर्म के अन्तर्गत राजा द्वारा प्रजा रक्षण, वर्णाश्रम धर्म परिक्षण, कराधान एवं संरक्षण के साथ-साथ की शिक्षा एवं युद्ध सम्बन्धी उदात्त भावनाओं का भी परिचय मिलता है।

रामायण में भी राजा के महत्त्व को स्वीकार किया गया है। उसके अनुसार राजा सभी प्राणियों का रक्षक तथा धर्म का प्रवर्तक है।[45] राज्य की शोभा राजा से ही होती है जैसे ग्वाले के बिना गाय, चन्द्रमा के बिना रात्रि, जल के बिना नदियाँ शोभा नहीं पातीं, उसी प्रकार राजा रहित राज्य भी शोभा नहीं पाता।[46] राजा में अपेक्षित गुणों के विषय में कहा गया है कि साम, दान, क्षमा, सत्य, धृति, पराक्रम तथा अपराधियों को दण्ड देना भूपालों के धर्म हैं।[47] पुत्रवत् प्रजा का रक्षण करना,[48] प्रजापालन में तत्पर रहना,[49] प्रजा रंजन[50] तथा वर्णाश्रम धर्म का पालन[51] राजा के प्रमुख धर्म कहे गये हैं। प्रशासकीय कार्यों के अन्तर्गत मन्त्री तथा अन्य वरिष्ठ पदाधिकारियों की नियुक्ति, उनके कार्यों का निरीक्षण, आन्तरिक तथा बाह्य नीति निर्धारण, सैन्य संचालन, दूत और चर व्यवस्था भी राजा के ही आश्रित थी।[52]

उपरोक्त विवेचन से महाभारत से पूर्ववर्ती ग्रन्थों में राजा एवं तत्सम्बन्धी राजधर्म का संक्षिप्त परिचय मिलता है, जिसमें राजा के दैवी उद्‌गम एवं निर्वाचन का संकेत भी किया गया है। पूर्वग्रन्थों से ज्ञात होता है कि प्रजारक्षण, प्रजापालन, प्रजारंजन

के साथ-साथ सर्वगुणसम्पन्न राजा के लिए स्वराष्ट्र एवं परराष्ट्रनीति का निर्धारण भी अत्यधिक आवश्यक होता था। धर्मानुसार शासन, पालन, कर एवं दण्ड व्यवस्था राजा के परम कर्त्तव्य होते थे। अग्रिम अनुच्छेद में शान्तिपर्व के आधार पर राजा और तत्सम्बन्धी कर्त्तव्य-कर्मों का विवेचन करना अभीष्ट है–

5.4 शान्तिपर्व में राजधर्म विवेचन

शान्तिपर्व में शरशय्यासीन भीष्मपितामह ने महाराज युधिष्ठिर को राजधर्म का विस्तृत उपदेश दिया। राजा तथा राष्ट्र के सम्बन्ध में महत्त्वपूर्ण एवं परमोपयोगी तथ्यों पर प्रकाश डाला है। शान्तिपर्व के अध्याय 56 से अध्याय 130 तक तथा अध्याय 131 से 172 तक के कुछ अंशों में राजधर्म की विस्तृत विवेचना की गयी है। बृहस्पति, भारद्वाज, गौरशिरा, काव्य, महेन्द्र, मनु, प्राचेतस् एवं विशालाक्ष नामक राजधर्म व्याख्याताओं के नाम भी इनमें उल्लिखित हैं।[53] निम्न अनुच्छेदों में राजा एवं राजधर्म सम्बन्धी विभिन्न पक्षों पर शान्तिपर्व के आधार पर प्रकाश डाला गया है–

5.4.1 राजा एवं राजधर्म

'राजते इति राजा' इस अर्थ में 'राजन्' शब्द दीप्त्यर्थक अथवा शोभार्थक 'राजृ' धातु' से औणादिक् 'कनिन्' प्रत्यय के संयोग से निष्पन्न होता है।[54] कहीं-कहीं राज् एवं रञ्ज् धातु से भी राजन् की निष्पत्ति की गयी है।[55] 'राजा' के लिए विभिन्न पर्याय मिलते हैं जो उसके स्वरूप एवं कर्त्तव्य कर्मों के द्योतक हैं। विशेष रूप से प्रकाशमान् अर्थ में राजन्य, राट्, प्रजारंजन एवं प्रजापालक के रूप में नृप, भूप, महीक्षित, प्रजापति, भूपति, नरदेव, लोकपाल, पृथ्वीपालक होने के कारण पृथिवीपाल, भूमिपति, क्षितीश्वर आदि विभिन्न पर्याय मिलते हैं।[56]

शान्तिपर्व में भी राजा के लिए नृप, भोज, राजेन्द्र, क्षितिपति, पार्थिव, नराधिप, पुरन्दर, अरिन्दम, विराट्, सम्राट्, क्षत्रिय आदि पर्याय मिलते हैं[57] जो उसके पृथ्वीपालक, शत्रुनाशक एवं प्रजापालक धर्मों के द्योतक हैं।

राजधर्म से अभिप्राय है राजा के प्रजा तथा राज्य के प्रति कर्त्तव्य एवं उत्तरदायित्व।[58] राजा ही समाज एवं राष्ट्र का संचालक होता है। समाज में शान्ति एवं सुव्यवस्था राजा एवं राजधर्म पर ही आधारित होती है। राजा द्वारा मर्यादापूर्वक रक्षण के कारण ही प्रजा निरापद रहकर धर्माचरण करती है। इतना ही नहीं, राजा के धर्माचरण द्वारा ही प्रजा भी तदनुसार धर्माचरण एवं कर्त्तव्यपालन की ओर उन्मुख होती है। इसलिए राजधर्म को सभी धर्मों का मूलाधार कहा गया है। चारों वर्णों के धर्म, आश्रम धर्म, यहाँ तक कि दुख निवृत्ति रूप मोक्षधर्म भी राजधर्म के आश्रित कहे गये हैं।[59] राजधर्म के द्वारा ही सम्पूर्ण प्राणी उसी प्रकार यथायोग्य नियम में स्थित रहते हैं जिस प्रकार घोड़े की लगाम तथा हाथी को अंकुश नियम में रखता है।[60]

राजधर्म ही सभी मनुष्यों को संरक्षण प्रदान करता है जिससे वर्णाश्रमधर्म पालन करते हुए मनुष्य परम पुरुषार्थ सिद्ध (मोक्ष) को प्राप्त करता है। जैसे सूर्य उदय होकर घोर अन्धकार को नष्ट कर देता है उसी प्रकार सम्पूर्ण जीवलोक के आधार स्वरूप राजधर्म द्वारा प्राणियों की अशुभ गति का निवारण होता है।[61]

राजधर्म में त्याग की परम भावना निहित है और इसी भावना के कारण राजधर्म को सर्वप्रधान धर्म कहा गया है।[62] शान्तिपर्व में वर्णन है कि पृथ्वी का संस्कार करने, राजसूय अश्वमेधादि यज्ञों में अवभृथस्नान द्वारा प्रजापालन करते हुए दुष्टों के संहार तथा धर्म की स्थापना के लिए युद्ध भूमि में अपने प्राणों का त्याग करना सर्वश्रेष्ठ त्याग है।[63] जिस राष्ट्र में प्रजा आन्तरिक व बाह्य शत्रुओं के भय से मुक्त नहीं, वहाँ धर्म, शान्ति एवं सुव्यवस्था की कल्पना ही कैसे की जा सकती है? अतः शान्तिपर्व में सभी धर्म राजधर्म में उसी प्रकार लीन माने गये हैं जिस प्रकार हाथी के पाँव के चिह्न में सभी प्राणियों के पाँव के चिह्न लीन हो जाते हैं।[64]

प्रजा जो राजा का वरण करती है, वह इन्द्र का ही वरण करना समझा जाता है, इसलिए शान्तिपर्व में प्रजा द्वारा राजा के वरण एवं राज्याभिषेक के महत्त्व का प्रतिपादन किया गया है।[65] राजा को देव रूप ही माना गया है।[66] वही समयानुसार अग्नि, सूर्य, मृत्यु, वैश्रवण (कुबेर) तथा यम इन विविध रूपों को धारण करता है।[67] पापी मनुष्यों को दण्ड देने के लिए उग्रस्वरूप होकर राजा 'अग्नि' स्वरूप होता है। दूतों के द्वारा सब कार्यों के अनुसन्धान तथा प्रजा पुंज के क्षेम के कारण वह 'भास्कर' अर्थात् सूर्यरूप कहा जाता है। क्रुध होकर सैकड़ों पापियों के नाश के समय वह मृत्युरूप तथा धर्मात्माओं पर कृपा दर्शाने के समय 'यम' रूप होता है। उपकारियों को दान रूपी धन द्वारा तृप्त करने पर तथा अपकारियों के धनापहरण द्वारा किसी को श्रीयुक्त तथा किसी को नष्टश्री करने के समय वह वैश्रवण (कुबेर) के नाम से विख्यात होता है।[68]

राजा रहित राज्य में धर्म का अस्तित्व नहीं रहता।[69] प्रजा में मात्स्य न्याय प्रवृत्त होता है जिसके परिणामस्वरूप बलवान् निर्बल को संत्रस्त करता है।[70] इसलिए समाज एवं राष्ट्र को सुव्यवस्थित रखने के लिए राजा एवं राजधर्म की महत्ता अक्षुण्ण है।

5.4.2 राजा की उत्पत्ति विषयक विभिन्न मत

शान्तिपर्व में राजा की उत्पत्ति के सम्बन्ध में तीन प्रसंग उपलब्ध होते हैं जिनमें से प्रथम दो प्रसंग राजा के दैवी उत्पत्ति के सिद्धान्त की ओर इंगित करते हैं तथा तृतीय प्रसंग से ज्ञात होता है कि राजा की उत्पत्ति और नियुक्ति (राजत्व की प्राप्ति) कर्म फल के आधार पर होती थी। कोई पुण्यशाली स्वर्गच्युत होकर ही अपने महत्गुणों के कारण पृथ्वीलोक का शासक बनता था।

महाराज युधिष्ठिर ने भीष्म पितामह से प्रश्न किया कि सर्वप्रथम राजा की उपाधि किस प्रकार प्रारम्भ हुई और दूसरे पुरुषों के समान शारीरिक तथा मानसिक क्षमता होने पर भी एक व्यक्ति किस प्रकार दूसरों पर शासन का अधिकारी होता है?[71] उस पर भीष्म पितामह ने उत्तर दिया कि प्रारम्भ में कृतयुग में राजा अथवा राजस्व पद्धति नहीं थी। प्रजा ही धर्म की अनुगामिनी होकर आपस में एक-दूसरे की रक्षा करती थी।[72] धर्म के भय से ही सब अपना-अपना कर्त्तव्य पालन करते थे। तदनन्तर वे लोग मोहग्रस्त एवं लोभ के वशीभूत होकर कर्त्तव्य-अकर्त्तव्य को भूल गये। समाज में विशृंखलता देखकर देवताओं ने ब्रह्मा के पास जाकर उस अव्यवस्था को दूर करने के लिए निवेदन किया। उनकी शंका के समाधान स्वरूप ब्रह्मा जी ने तो राजशास्त्र की रचना की[73] तथा भगवान् नारायण ने अपने तेज से विरजा नामक मानस पुत्र को उत्पन्न किया जिनकी वंश परम्परा में आठवें स्थान पर वेन पुत्र 'पृथु' का जन्म हुआ। वेन के दक्षिण हस्त से उसकी उत्पत्ति होने के कारण उसका एक नाम 'वैन्य' भी पड़ा, इसी वैन्य (पृथु) को ही आदि राजा कहा गया है।[74] उस महात्मा पृथु ने भूलोक में धर्म की श्रेष्ठता स्थापित करके प्रजापुंज के मन का रंजन किया, तभी से पृथ्वी में 'राजा' शब्द प्रचलित हुआ।[75]

इस विषय में एक अन्य प्रसंग भी मिलता है जिसमें राजा मनु को आदि राजा कहा गया है। समाज में विशृंखलता आ जाने पर मनुष्य पितामह ब्रह्मा की शरण में गये। पितामह ने पृथ्वी का राज्यभार ग्रहण करने के लिए मनु को आदेश दिया। मनु ने पहले तो इतने कठिन राज्यभार को ग्रहण करने में असम्मति प्रकट की। परन्तु बाद में प्रजा के अनुनय करने पर तथा नाना प्रकार के कर देने की प्रतिज्ञा करने पर वह तैयार हो गये। वही मनु पृथ्वी के आदि राजा थे।[76] यह सिद्धान्त प्रजा और राजा के समझौते के सिद्धान्त का प्रतिपादन करता है।[77]

इस प्रकार व्यक्तिगत कर्त्तव्य एवं धर्मज्ञान में किंचित शिथिलता आते ही राजा की आवश्यकता अनुभव की गयी तथा देवताओं ने दैवी शक्तियों की सहायता से राजा की नियुक्ति कराई। इन दोनों कथाओं में राजा की उत्पत्ति सम्बन्धी दैवी आधार ही दृष्टिगोचर होता है। ब्रह्मा ने विष्णु के अंश से राजा की विभूति इसलिए उत्पन्न की है कि लोगों में अधर्म की प्रवृत्ति न होने पावे।[78]

राजा की उत्पत्ति के विषय में एक तृतीय प्रसंग भी उपलब्ध होता है। वहाँ कहा गया है कि पूर्वजन्म के किये हुए सुकृत के क्षय होने पर स्वर्गलोक से पृथ्वी पर सत्त्वगुणावलम्बी, बुद्धिमान्, दण्डनीति जानने वाला भूपति होकर जन्म ग्रहण करता है।[79] वह मनुष्य पृथ्वी पर विष्णु की महत्ता से युक्त एवं देवताओं के स्थान पर प्रस्थापित हुआ माना जाता है तथा इसीलिए कोई भी उसकी आज्ञा का उल्लंघन नहीं करता। शुभ कर्मों का फल शुभ रूप से ही परिणत होने के कारण सब मनुष्यों के समान होने पर भी सम्पूर्ण जगत् राजा की आज्ञा में चलता है।[80]

5.4.3 राजा में अपेक्षित गुण एवं राज्याभिषेक विधि

राजोचित गुणों से सम्पन्न व्यक्ति ही राज्यप्राप्ति का अधिकारी हो सकता है। शान्तिपर्व में राजा में अपेक्षित असंख्य गुणों का उल्लेख मिलता है। उन सबका शब्दशः कथन करना न यहाँ सम्भव है न अपेक्षित ही, लेकिन उनको कुछ विशेष वर्गों में सन्निहित करके बुद्धिगम्य बनाया जा सकता है। इसी दृष्टि से शान्तिपर्व के आधार पर राजा में अपेक्षित गुणों को यदि निम्न वर्गों में विभक्त किया जाये तो अनुपयुक्त न होगा–

(क) राजा को पौरुष-सम्पन्न एवं उद्यमी होना चाहिए

उद्योग के बिना केवल दैव के सहारे राजाओं के कार्य सिद्ध नहीं होते। भाग्य एवं पुरुषार्थ में से कार्य की सिद्धि के लिए पुरुषार्थ ही श्रेष्ठ है। प्रारम्भ किये हुए कार्य में दैववश बाधा आ जाने पर भी दुगुने उत्साह से उसे सिद्ध करने के लिए पुरुषार्थ करना ही राजा की परम नीति है।[81] इसलिए पुरुषार्थ करते हुए राजा को धैर्य का कभी परित्याग नहीं करना चाहिए।[82] साथ ही शूरवीर होते हुए आत्मप्रशंसक नहीं होना चाहिए।[83] राजा के लिए आलस्य सर्वथा परित्याज्य है। आलस्य ही उन्नति के मार्ग में बाधा है। इस प्रसंग में एक जातिस्मर उष्ट्र का उपाख्यान वर्णित है, जो आलसी होने के कारण एक नगण्य शृगाल द्वारा धीरे-धीरे खाया गया।[84] बुद्धि शक्ति यदि उद्योग से युक्त हो जाये तो असाध्य भी साध्य बन जाता है। इसलिए राज्यशासन जैसे गुरुतम भार को वहन करने के लिए राजा में उद्यम, शौर्य एवं धैर्य का होना अनिवार्य तथा प्रमाद, आलस्य आदि अवगुण उसके लिए पूर्णतः परिहार्य हैं।

(ख) राजा को समस्वभाव व सद्व्यवहारयुक्त होना चाहिए

शान्तिपर्व में कहा गया है कि राजा को वसन्त के सूर्य की भाँति न अधिक मृदु एवं न अधिक कठोर व्यवहार को अपनाना चाहिए अपितु मध्यम मार्ग का ही अनुगमन करना चाहिए[85] क्योंकि राजा के अधिक सरल एवं मृदुस्वभाव युक्त होने पर प्रजा उसका यथोचित सम्मान नहीं करती तथा अधिक तीक्ष्ण स्वभाव युक्त होने पर प्रजा संत्रस्त रहती है।

प्रियवादिता राजा में विशिष्ट अपेक्षित गुण माना गया है। दूसरा व्यक्ति यदि उग्र भी हो तो राजा को उसके साथ सहास्यवदन मधुर व्यवहार करना चाहिए। गुणवान्, शीलयुक्त, संयमी, दयावान्, जितेन्द्रिय, प्रसन्नमुख तथा उदारचित्त राजा कदापि श्री भ्रष्ट नहीं होता।[86] क्रूरता, कुटिलता, अभयदान, सत्य और सरलता इन सबके मध्यवर्ती होकर जो सत्त्वगुण का अवलम्बन करता है वही राजा सुखी होता है।[87]

उपकारी के प्रति कृतज्ञता प्रकट करना, स्नेहपूर्ण व्यवहार, ईर्ष्यारहित होना आदि गुणों की गणना राजा में विशिष्ट अपेक्षित छत्तीस गुणों में की गयी है।[88]

राजा को दर्शनार्थी के साथ मृदुता एवं भद्रता का व्यवहार करते हुए अपनी सहृदयता का परिचय देना चाहिए।[89] समस्वभावयुक्त होने पर समयानुसार राजा विभिन्न रूप भी धारण कर सकता है। इस प्रकार राजा अपने सद्व्यवहार से ही प्रजा की श्रद्धा का पात्र बनता है।

(ग) राजा को जितेन्द्रिय एवं सत्यनिष्ठ होना चाहिए

शान्तिपर्व में कहा गया है कि राजा के लिए शत्रुओं को जीतने से पूर्व स्वयं को जीतना आवश्यक है। जिसने स्वयं को नहीं जीता, वह शत्रु को जीतने में कैसे समर्थ हो सकता है?[90] इसलिए संयमी, शीलयुक्त एवं जितेन्द्रिय राजा कभी श्रीभ्रष्ट नहीं होता।[91] शम, दम आदि गुणों से युक्त सत्यनिष्ठ राजा ही मर्यादापूर्वक पृथ्वी की रक्षा करने में समर्थ होता है। पृथ्वी भी मर्यादारहित राजा से स्वयं का रक्षण नहीं चाहती।[92]

सत्यनिष्ठा ही कार्यसिद्धि का प्रधान साधन होता है, विशेष रूप से राजा के लिए। राजा का भी प्रजा में अपने प्रति विश्वास उत्पन्न करने के लिए सत्य के अतिरिक्त दूसरा कुछ भी श्रेष्ठ साधन नहीं होता।[93] इसलिए राजा दम एवं सत्यनिष्ठा के सहित सम्पूर्ण पृथ्वी का शासन करने में समर्थ होता है। साथ ही राजा तभी जितेन्द्रिय हो सकता है जब वह काम और क्रोध को जीतकर राज्यश्री की सेवा करे[94] तथा हर प्रकार के व्यसनों से दूर रहे।[95] व्यसनों में फँसा हुआ राजा प्रजा में अनादर का पात्र होता है।[96]

(घ) राजा को राजनीतिज्ञ एवं नीतिकुशल होना चाहिए

राज्यशासन चलाने के लिए राजा को राजधर्म का समुचित ज्ञान होना आवश्यक है। षाड्गुण्य, त्रिवर्ग एवं परमत्रिवर्ग का ज्ञान रखने वाला राजा ही पृथ्वी का भोग करने में समर्थ होता है।[97] सन्धि, विग्रह, यान, आसन द्वैधीभाव तथा समाश्रय ये राजनीति के छः गुण ही षाड्गुण्य कहलाते हैं। क्षय, स्थान एवं वृद्धि ये त्रिवर्ग तथा धर्म, अर्थ और काम ये परम त्रिवर्ग कहे गये हैं। इनके अतिरिक्त राजा को वेद-वेदांग आदि शास्त्रों पर भी पाण्डित्य लाभ करना चाहिए। शास्त्रविरुद्ध प्रजा का उत्पीड़न करने से राज्य का कल्याण नहीं हो सकता अपितु सब कुछ नष्ट हो जाता है। अर्थशास्त्र के अनुशासन के अनुसार ही अर्थवृद्धि की व्यवस्था करनी चाहिए। राजधर्मज्ञ, प्रजावत्सल एवं स्वजन प्रतिपालक राजा के आश्रय में ही प्रजा निश्चिन्त होकर जीवनयापन करती है। प्रजा हित चिन्तक राजा ही प्रजा में सम्मान प्राप्त करता है।[98] प्रजा के हित के लिए राजा को कठोर से कठोर त्याग के लिए भी तैयार रहना चाहिए।

प्रजा के हित के लिए राजा सगर ने ज्येष्ठ पुत्र असमंज को त्याग दिया था।[99] यहाँ तक कि प्रजा के मंगल के लिए राजा को सब प्रकार के कष्टों का भी वरण करना पड़ता है। शान्तिपर्व में कहा गया है कि राजधर्मज्ञ राजा को कभी किसी पर पूरा विश्वास नहीं करना चाहिए।[100] स्वयं निपुणता से विचार बुद्धि युक्त होकर राज्य चलाना चाहिए।

समयानुवर्तिता राजा का एक विशिष्ट गुण होता है। यथा समय उपुयक्त गुप्तचरों को नियुक्त करना तथा दूत भेजना, यथासमय सद्वृत्त, मात्सर्यरहित, अमात्यों से परामर्श लेना, कर लेने के लिए प्रजा पर अत्याचार न करना, साधुसंसर्ग आदि गुण राजधर्मज्ञ राजा में होने आवश्यक हैं।[101] उपयुक्त अवसर देखकर साम, दान, भेद व दण्ड आदि नीतियों का प्रयोग करना एवं प्रजापालन राजा के आवश्यक कर्त्तव्य हैं।[102]

राजा को स्वयं तो दूसरों का विश्वासभाजन बने रहना चाहिए किन्तु दूसरों पर सम्पूर्ण विश्वास कभी नहीं करना चाहिए, यहाँ तक कि पुत्र पर भी बहुत अधिक विश्वास करना अनुचित है।[103] स्वयं किसी का विश्वास न करते हुए सबका विश्वासपात्र बने रहना राजा के चरित्र का गुण कहा गया है।

राजा के लिए उचित है कि वह प्रजा को सदैव अभय प्रदान करे।[104] राजा के चरित्र में अनुकम्पा, दया व स्नेह के कारण माता-पिता तथा गुरु के गुण होने चाहिए। इस प्रकार जो राजधर्मज्ञ शास्त्रों का अध्ययन करता है, नीतिमान है, सम्पूर्ण प्रजा के हित में तत्पर रहता है, श्रेष्ठ पुरुषों के धर्म मार्ग से गमन करने वाला त्यागी पुरुष है, वही राजा होने के योग्य है।[106]

(ङ) राजा को धर्मनिष्ठ होना चाहिए

धर्मनिष्ठ राजा के राज्य में ही प्रजा धर्म का पालन करती है। सत्यनिष्ठ, वदान्य व दाता राजा की प्रजा सदैव प्रसन्न रहती है।[106] जो दाता होकर कुपात्र को दान नहीं देता, ऋत्विक् पुरोहित, आचार्य व विद्वान ब्राह्मणों का यथोचित सम्मान करता है, उसे ही धर्मनिष्ठ कहा गया है।[107] जिस राजा में क्षमा, क्रोध, दान देना, कर लेना, शत्रुओं को भय, शरणागतों को अभय तथा निग्रह अनुग्रह ये सभी गुण विद्यमान हैं, उसे ही धर्मनिष्ठ कहा गया है।[108]

प्राणी जगत् धर्म पर ही आश्रित होता है और राजा को धर्म का रक्षक कहा गया है।[109] धर्म की रक्षा करने में समर्थ व्यक्ति ही राजपद के लिए उपयुक्त होता है। इसलिए राजा को चाहिए कि वह धार्मिक मनुष्यों की पूजा व सत्कार करे। अनेक प्रकार के यज्ञ, क्लेशरहित दान एवं यत्नपूर्वक सभी वर्णों को निज-निज कर्म में नियुक्त करे।[110]

अतः शान्तिपर्व के आधार पर कहा जा सकता है कि शास्त्रविशारद, धीर, अमर्षी, शुचिसम्पन्न, युक्तिवित्, मेधावी, न्यायानुवर्ती, दान्त, प्रियभाषी, क्षमाशील, दानशील, श्रद्धालु, अनहंकारी, सहिष्णु, प्रसन्नवदन, उदारचित्त, समुचित दण्डदाता, धर्मकार्यरत, प्रजावत्सल, धर्मार्थकुशल व्यक्ति ही राजा होने के योग्य होता है।

(च) राज्याभिषेक विधि

उपरोक्त विभिन्न गुणों से सम्पन्न राजा ही राज्याभिषेक द्वारा प्रजा पर शासन के योग्य होता है। शान्तिपर्व में धर्मराज युधिष्ठिर के राज्याभिषेक की विधि का वर्णन मिलता है।

अभिषेक के समय धर्मराज युधिष्ठिर द्वारा सर्वप्रथम आशीर्वचन कहने वाले ब्राह्मणों का विधिपूर्वक सत्कार एवं पूजन किया गया। स्वर्णमय उत्तम आसन पर बैठाकर उन्हें श्वेत पुष्प, स्वस्तिक, भूमि, स्वर्ण, चाँदी, मणि, अक्षत आदि उत्तम वस्तुओं से अंकित देव पीठ का स्पर्श कराया गया।[111] मन्त्री, सेनापति आदि सभी प्रजा वर्ग पुरोहित को आगे करके मांगलिक पदार्थों से युक्त होकर धर्मराज युधिष्ठिर के दर्शन के लिए उपस्थित हुए।

राज्याभिषेक की सामग्री का वर्णन भी शान्तिपर्व में मिलता है। प्रजावर्ग के हाथों में मिट्टी, सोना, भाँति-भाँति के रत्न, अभिषेक के बर्तन तथा अन्य सामग्रियों में सोना, चाँदी, ताँबा तथा काष्ठमय पृथ्वी की मूर्ति, जलपूर्ण कलश, फूल, माला, खील, कुश, दूध, दही आदि वस्तुएँ तथा पीपल, पुंनाग, पलाश, सेमल, आम तथा उडुम्बर आदि काष्ठों के बने हुए स्रुवे, सुवर्ण भूषित शंख आदि सम्पूर्ण मांगलिक वस्तुएँ उस स्थल पर लाकर रखी गयीं।[112]

पाण्डवों के पुरोहित बुद्धिमान् धौम्य मुनि द्वारा शुभ लक्षणों से युक्त सुन्दर वेदी को लीपकर उस पर कुशा से रेखा खींची गयी। तदनन्तर व्याघ्र-चर्म से भूषित मृदु सर्वतोभद्र नामक आसन पर महाराज युधिष्ठिर को बैठाकर विहित मन्त्रोच्चारण द्वारा अग्नि में आहुति प्रदान की गयी। होमकार्य समाप्त होने पर श्रीकृष्ण ने युधिष्ठिर को अभिषिक्त किया। राजा धृतराष्ट्र तथा सभी प्रजा जनों ने भी अभिषेक का कार्य किया। मंगल ध्वनि-ढोल नगाड़े आदि बजाये गये। प्रजा ने महाराज को उपहार भेंट किये। प्रजाजन भी बहुत-सा धन पाकर राजा द्वारा सत्कृत हुई।[113]

वेदाध्ययन सम्पन्न स्वस्ति वाचन कहने वाले ब्राह्मणों का विधिवत् पूजन करके उन्हें स्वर्णमुद्राएँ दान में दी गयी। इस प्रकार अपने सुहृदों सहित बहुत बड़े राज्यभार को राज्याभिषेक विधि द्वारा महाराज युधिष्ठिर ने ग्रहण किया।[114]

महाराज युधिष्ठिर के राज्याभिषेक से विदित होता है कि राज्याभिषेक के समय विभिन्न प्रकार की मांगलिक वस्तुओं का संग्रह होता था। राजपुरोहित तथा प्रजा के

गण्यमान्य व्यक्ति वहाँ उपस्थित होकर राजा का अभिनन्दन करते थे तथा सुयोग्य शासक होने की मंगलकामना करते थे।

5.4.4 राजा के मुख्य कर्त्तव्य-कर्म (राजधर्म)

शान्तिपर्व में राजा के अनेक कर्त्तव्य कर्म प्रदर्शित किये गये हैं जिनमें से मुख्य हैं—प्रजापालन, प्रजारक्षण, वर्णाश्रम व्यवस्था का पालन, प्रशासन सम्बन्धी कर्त्तव्य, पर राष्ट्र नीति सम्बन्धी कर्त्तव्य आदि। उनका संक्षिप्त विवरण निम्न प्रकार से है—

(क) प्रजापालन राजा का 'परम धर्म'

शान्तिपर्व में राजा को ही प्रजा का श्रेष्ठ हृदय, गति, प्रतिष्ठा एवं उत्तम सुख कहा गया है।[115] श्रेष्ठ राजा भी वही है जो प्रजा तथा राष्ट्र के समस्त सुख-दुख को देखता है। इसलिए प्रजापालन को ही राजा का परम धर्म कहा गया है।[116]

शान्तिपर्व में सर्वत्र धर्मपूर्वक प्रजापालन पर बल दिया गया है।[117] धर्मवृत्ति अवलम्बन करके प्रजापालन द्वारा ही राजा पुण्य एवं यश प्राप्त करता है।[118] इतना ही नहीं, धर्मपर्वूक प्रजापालन से राजा उसी फल को प्राप्त करता है जिसे गृहस्थ श्रेष्ठ यज्ञ द्वारा, ब्रह्मचारी अध्ययन द्वारा तथा वानप्रस्थाश्रमी तप के द्वारा प्राप्त करता है।[119] श्रेष्ठ प्रजापालन से राजा वर्णाश्रमधर्म के पालन से प्राप्त होने वाले फल का भी भागी बनता है।[120]

प्रजापालन से अभिप्राय है कि राजा को सावधान रहकर प्रजा के योगक्षेम की व्यवस्था करनी चाहिए। योगक्षेम का अर्थ है अप्राप्त की प्राप्ति तथा प्राप्त हुए की रक्षा।[121] अभिप्राय यह है कि राजा को प्रजा के अन्न, वस्त्र एवं आवास स्थान का प्रबन्ध करना चाहिए। राजा का यह कर्त्तव्य है कि प्रजा से धर्मनीति के अनुसार कर ग्रहण करके प्रजा का यथोचित पालन करे।[122] जो सदा दूध देने वाली गाय की सेवा करता है, वही दूध प्राप्त करता है उसी प्रकार राजा भी राज्य का पालन करने से ही सुख लाभ कर सकता है।[123] राज्य को पीड़ित करने वाला राजा कदापि सुखी नहीं रह सकता। सदा धर्म में रत, आलस्य व काम-क्रोध से रहित होकर प्रजापालन करने वाले राजा में ही उसकी प्रजा अनुरक्त होती है।[124]

पृथ्वी भी राजा द्वारा पूर्णतया सुरक्षित होकर उसी प्रकार राजा एवं प्रजा को अन्न तथा सुवर्ण प्रदान करती है जिस प्रकार माता एवं गाय स्वयं तृप्त होने पर बालक को दूध देकर सन्तुष्ट करती है।[125]

प्रजापालन हेतु राजा को यह उचित है कि वह दीन, अनाथ, वृद्ध जनों एवं विधवा स्त्रियों की जीविका तथा योगक्षेम का सदा प्रबन्ध करें।[126] जिनके भरण-पोषण का प्रबन्ध न हो उनका पोषण भी राजा करे।[127] आश्रमवासियों को आदर सत्कार युक्त

होकर यथा समय में अन्न, वस्त्र तथा पात्रदान अर्पित करे।[128] आचार्य, ऋत्विक्, पुरोहित, महाधनुर्धारी योद्धा, स्थपति, ज्योतिषी, चिकित्सक इन सब का यत्नपूर्वक सत्कार करे। इस प्रकार राजा धार्मिक मनुष्यों का सम्मान करे, अधर्मियों को दण्ड दे तथा यत्नपूर्वक सब वर्ण वालों को निज-निज कर्म में नियुक्त करे।[129]

राजा को काम-क्रोध त्याग कर निरपेक्ष होकर पिता की भाँति प्रजापालन में तत्पर रहना चाहिए।[130] जो राजा प्रजासमूह से छठा भाग कर के रूप में ग्रहण करके भी यथारीति से प्रजा का पालन नहीं करता वह राजाओं के बीच 'तस्कर' कहला कर निन्दित होता है तथा प्रजा के पाप का चौथा भाग ग्रहण करता है।[131] प्रजासमूह के मंगल की इच्छा से राजा को मन की अभिलाषा त्याग कर प्रजापालन करना उचित है।[132] इस प्रकार प्रजापालन रूपी महान् कार्य को करता हुआ तथा प्रजासमूह को निज-निज धर्म में स्थापित करता हुए राजा कोई अन्य कार्य करे या न करे, प्रजापालन द्वारा ही 'ऐन्द्र' कहलाने योग्य होता है।[133]

(ख) प्रजारक्षण राजधर्म का 'नवनीत'

प्रजारक्षण का अभिप्राय है बाह्य एवं आन्तरिक शत्रुओं से प्रजा के प्राण एवं सम्पत्ति की रक्षा करना। सभी राजशास्त्र प्रणेताओं ने 'प्रजारक्षण' को ही राजधर्म का 'नवनीत' कहा है।[134] चराचर जीवों की रक्षा को ही परम धर्म तथा परम दया कहा गया है इसलिए राजा द्वारा प्राणियों की रक्षा ही उसका परम धर्म है।[135] जैसे पुत्र पिता के गृह में निर्भयचित्त से निवास करते हैं, वैसे ही जिस राजा के राज्य में सम्पूर्ण प्रजा निर्भयता से भ्रमण करती है वही राजा 'राजसत्तम' कहा जाता है।[136]

राजा यदि प्रजा की रक्षा न करे तो बलवान दुर्बलों का धन हर कर ले जायें, पापी चोर सबके यान, वस्त्र-आभूषण तथा बहुमूल्य वस्तुओं को चुराकर ले जायें, दुराचारी मनुष्य माता-पिता, वृद्ध, आचार्य, अतिथि व गुरुजनों को क्लेश देने लगें, प्रजा में दक्षिणा से युक्त यज्ञ, विवाह तथा अन्य सामाजिक कृत्य भी विधिपूर्वक सम्पन्न न हों परिणामस्वरूप प्रजा निराश होकर धर्मपालन छोड़ दे तथा समाज में अशान्ति एवं अव्यवस्था उत्पन्न हो जाये।[137]

शान्तिपर्व में वर्णित है कि इन्द्र ने अपने शत्रु वृत्रासुर का वध करके ही 'महेन्द्र' नाम प्राप्त किया।[138] इन्द्र के अतिरिक्त शत्रुओं का नाश करने वाले रुद्र, स्वामिकार्त्तिक, वरुण, अग्नि, यम आदि देवताओं का भी उल्लेख मिलता है।[139] राजा की असावधानी से यदि दुष्ट लोग प्रजा के धन को हर लें और राजा उस समय प्रजा की रक्षा न कर सके तो वह राजा साक्षात् कलि का ही स्वरूप होता है।[140]

राजा के लिए रक्षणीय वस्तुओं में—उसका अपना शरीर, मन्त्री, कोश, दण्ड (सेना), मित्र, जनपद तथा पुर महत्त्वपूर्ण हैं।[141] प्रजारक्षण के निमित्त नियमपूर्वक गुप्तचरों

को नियुक्त करना, दूसरे राज्यों में दूत भेजना, साधु पुरुषों का संग्रह, समयानुसार वीरता, कार्यदक्षता, प्रजा के हित साधन में तत्पर रहते हुए सरल व कुटिल उपायों का यथोचित अवलम्बन करके शत्रुपक्ष में मतभेद उत्पन्न करना, सैनिकों को पुरस्कार द्वारा उत्साहित करना, शारीरिक तथा आर्थिक दोनों प्रकार के दण्ड का यथासमय प्रयोग करना, शत्रु-मित्र तथा मध्यस्थ पर यथोचित दृष्टि रखना, स्वयं किसी पर पूर्ण विश्वास न करना तथा नीतिमार्ग का अनुगामी होना आदि राजा के परम कर्त्तव्य हैं।[142] निर्बल शत्रु की अवज्ञा करनी बलवान् पुरुष को कदापि उचित नहीं है क्योंकि अग्नि का अल्पांश भी भस्म करने में समर्थ होता है तथा थोड़ा सा विष भी प्राण नाश कर सकता है।[143] इसलिए राजा को चाहिए कि वह 'यम' की भाँति सदा शत्रुओं के विषय में दण्डग्रहण करके तैयार रहे और सब प्रकार से आततायियों (दस्युओं) का नाश करे तथा कभी भी अपनी इच्छा से किसी को क्षमा न करे।[144]

दुष्टों का दमन तथा सज्जनों के परिपालन के लिए युद्धभूमि से पलायन न करना ही राजा का परम धर्म कहा गया है।[145] अनियन्त्रित लोगों का दमन करने तथा अभद्र एवं अनीतिमान् लोगों को दण्डित करने के कारण ही राजा को दण्डधर कहा गया है।[146] जिस राजा के राज्य में कूटनीति, कपट, चोरी, डकैती, माया, मत्सर और अधर्म नहीं होता वही राजा सनातन धर्म का पालन करने वाला होता है।[147]

(ग) दण्डधारण-सुव्यवस्था का आधार

न्यायपूर्वक प्रजापालन एवं प्रजारक्षण के लिए दण्ड का समुचित प्रयोग आवश्यक है। 'दण्ड' की महत्ता का वर्णन शान्तिपर्व में बहुधा किया गया है।

दुष्टों के दमन तथा उद्दण्ड पुरुषों को शासित करने के लिए जो 'दमन' एवं 'दण्ड' विधि का प्रयोग किया जाता है वही 'दण्ड' की संज्ञा से जाना जाता है।[148] दण्ड ही समस्त प्रजाओं का पालन एवं रक्षण करता है। दण्ड के द्वारा ही धर्म, अर्थ एवं काम रूपी त्रिवर्ग की रक्षा होती है।[149] प्रजा में समस्त धन-धान्य की रक्षा भी दण्ड द्वारा होती है।[150] दण्ड के भय से ही सभी अपने वर्णाश्रम धर्म का पालन करते हैं।

शान्तिपर्व में विभिन्न प्रकार के दण्डों की व्यवस्था दी गयी है—वहाँ कहा गया है कि राजा अपराधियों को अपराध के अनुसार दण्ड दे। धनी पुरुष यदि पापकर्म करे तो राजा उसे धन से वंचित कर दे। निर्धन पुरुष यदि ऐसा कर्म करे तो राजा उसे कैद करे।[151] इस प्रकार शारीरिक तथा आर्थिक दण्ड अपराधी के अपराधानुसार होना उचित है। जो राजा बिना विचारे अपनी इच्छानुसार दण्ड का प्रयोग करता है, वह इस लोक में अपयश का भागी होकर नरकगामी होता है।[152] राजा दुष्ट मनुष्यों को विजय तथा प्रहार से उचित मार्ग पर लाकर उन्हें शासित करे।[153] जो मनुष्य राजा के वध की इच्छा करते हों, चोरी को आजीविका बनाकर निर्वाह करते हों,

राजा उनका विभिन्न उपायों द्वारा प्राण नाश करे। शास्त्र के अनुसार कर्त्तव्य पालन में तत्पर राजा दण्ड प्रयोग करने पर भी वध और बन्धन के दोष से मुक्त होकर शाश्वत् धर्म को प्राप्त करता है।[154] ब्राह्मणों को दण्ड विधान से सर्वथा मुक्त रखा गया है क्योंकि अपने तप के प्रभाव के कारण वे प्राणियों में श्रेष्ठ कहे गये हैं।[155] दूत को भी अवध्य कहा गया है।[156]

इस प्रकार शान्तिपर्व में राजा के लिए दण्ड का समुचित प्रयोग प्रजारक्षण के लिए आवश्यक माना गया है और यहाँ पर आर्थिक, शारीरिक व वाग्दण्ड के साथ-साथ प्राण-दण्ड का भी उल्लेख मिलता है। अपराधानुसार दण्ड-व्यवस्था पर बल दिया गया है। यदि राजा द्वारा दण्ड-व्यवस्था यथोचित रीति से चलाई जाये तो वह लोक में उत्तम व्यवस्था लाने वाली, धर्म की मर्यादा स्थापित करने वाली तथा जगत् की रक्षक सिद्ध हो सकती है।

(घ) कराधान रूप कर्त्तव्य

प्रजापालन एवं प्रजारक्षण रूप कर्त्तव्य 'अर्थ' के बिना सम्पन्न नहीं हो सकते इसलिए शान्तिपर्व में राजा के लिए प्रयत्नपूर्वक धनसंग्रह पर बल दिया गया है। इस धनसंग्रह का प्रमुख साधन है—कर ग्रहण। वस्तुतः कर ग्रहण द्वारा संचित धन राजा के द्वारा उसी प्रकार लोक कल्याणार्थ व्यय होना चाहिए जिस प्रकार सूर्य पृथ्वी से जल ग्रहण करके वर्षा के रूप में बरसा कर सर्वत्र हरियाली उत्पन्न करता है।[157]

राजा के कोष को ही उसका बल कहा गया है क्योंकि धन से ही धर्म की वृद्धि तथा राज्य की स्थिति दृढ़ होती है।[158] राजा भी राष्ट्र के समस्त धन का उसी प्रकार अधिकारी होता है जिस प्रकार पुत्र पिता के धन का अधिकारी होता है।[159] कोषागार के भरापूरा रहने से राजा कुबेर के समान धनपति कहलाता है।[160]

शान्तिपर्व में सर्वत्र धर्मपूर्व एवं शास्त्रविहित उपायों से धन संग्रह पर बल दिया गया है। जिस प्रकार भ्रमर पुष्प से मधु का तथा मनुष्य गाय से दूध का दोहन करते हैं उसी प्रकार राजा को भी कोमलता से राष्ट्र का दोहन करना चाहिए।[161] कर ग्रहण के लिए कठोर उपाय नहीं अपनाने चाहिए जिनसे प्रजा दुखी हो। कर भार से पीड़ित होकर जब प्रजा व्याकुल होती है तो उससे राजा पराभव को प्राप्त होता है,[162] क्योंकि राजा यदि काम, क्रोध व लोभ के वश में होकर प्रजा का शोषण करेगा तो प्रजा उससे द्वेष करने लगेगी।[163]

कर ग्रहण के विषय में कहा गया है कि राजा राष्ट्र की सम्पूर्ण आय का छठा भाग कर के रूप में ग्रहण करें।[164] राजा को माल का क्रय-विक्रय, उसके मँगाने का व्यय, कर्मचारियों के वेतन, बचत तथा जीवन निर्वाह का पूर्ण ध्यान रखकर ही शिल्पकारों पर कर लगाना चाहिए। माल के उत्पादन के अनुसार ही शिल्प तथा

शिल्पकारों से कराधान करना चाहिए। लोगों की अवस्था के अनुसार ही न्यूनाधिक 'कर' लगाना चाहिए। इस प्रकार परिस्थिति तथा समय के अनुसार प्रजा से 'कर' प्राप्त करना चाहिए।[165]

कराधान विषयक आपद्धर्म का संकेत करते हुए कहा गया है कि आपत्ति के समय राजा को प्रजा से स्नेह तथा अनुनय के साथ एवं आवश्यकता दिखाकर तथा पुनः लौटाने का प्रण करके धनी वैश्यों से धन प्राप्त करना चाहिए।[166] आपतकाल में धार्मिक राजा उन ब्राह्मणों से भी कर ग्रहण कर सकता है जो वेदाध्ययन एवं यज्ञ नहीं करते।[167]

कराधान के अतिरिक्त दण्ड के रूप में प्राप्त हुए धन को भी राष्ट्र रक्षा के निमित्त राजकोष में संचित किये जाने का भी विधान मिलता है। मत्त, उन्मत्त, दस्यु, तस्कर, शठ, लम्पट आदि आर्थिक दण्ड के पात्र होते थे।[168] उनसे प्राप्त किया गया धन भी राजकोष में संचित होता था।

(ङ) शासन व्यवस्था सम्बन्धी कर्त्तव्य
(मन्त्री, राजपुरोहित, सेना, दुर्ग, गुप्तचर)

राजा स्वयं ही राज्यभार के महान् कार्य को वहन करने में समर्थ नहीं होता। उसे सुयोग्य मन्त्रियों, राजपुरोहित, सेना, गुप्तचर तथा दूतों की आवश्यकता होती है। मन्त्रियों की बुद्धियुक्त मन्त्रणा द्वारा ही प्रशासन का कार्य सुचारु रूप से चलता है। शान्तिपर्व में मन्त्री में अपेक्षित गुणों के विशद वर्णन के साथ-साथ यह भी कहा गया है कि मन्त्रियों की उत्तम सलाह ही राजा के राष्ट्र का मूल है जिसके द्वारा राष्ट्र की वृद्धि होती है।[169]

(1) मन्त्री एवं मन्त्रिपरिषद्

मन्त्रियों में अपेक्षित गुणों के विषय में शान्तिपर्व में कहा गया है कि शील, पवित्रता, सरलता, सत्त्व, कुल, चारित्र्य शास्त्रज्ञान, इन्द्रियनिग्रह, दया, बल, वीर्य, प्रभाव, विनय और क्षमा आदि गुणों की परीक्षा किये बिना किसी को मन्त्री नियुक्त करना राजा के लिए उचित नहीं है।[170] जो लोग बोलने में कुशल, वीर, प्रत्येक विषय को समझने में प्रवीण, कुलीन, सत्यविद्, संकेतज्ञ, देश और काल के उपाय को जानने वाले तथा स्वामी के कार्य में हितैषी हों, राजा उन्हें ही सब कार्यों में मन्त्री बनाये।[171] इतना ही नहीं, जो अभिमान, क्रोध, मान तथा ईर्ष्यारहित हों, कायिक आदि सब प्रकार के छल से ऊपर उठ गये हों, वे मन्त्री ही राजा की गुप्त मन्त्रणा सुनने के अधिकारी कहे गये हैं।[172]

मन्त्रियों की संख्या के विषय में भी विभिन्न विचार उपलब्ध होते हैं। एक स्थल पर कहा गया है कि मन्त्री कम-से-कम तीन होने चाहिए[173] अन्यत्र कहा गया है कि राजा को नीति निर्धारण एवं गुप्त मन्त्रणा आठ मन्त्रियों के बीच करनी चाहिए।[174] वहाँ यह भी उपलब्ध होता है कि राजा के 37 सभासद होने चाहिए, जिनमें 4 विद्वान् एवं साहसी ब्राह्मण हों, 8 वीर क्षत्रिय हों, 21 धनी वैश्य हों, 3 शूद्र हों तथा 2 पुराणों में पारङ्गत सूत हों।[175] इन उपरोक्त 37 सभासदों में से चार ब्राह्मण, तीन शूद्र तथा एक सूत इन आठ को मन्त्रिपद देने का नियम था तथा उन्हीं के परामर्श से प्रत्येक शासन सम्बन्धी कार्य को करने का आदेश था।

राज्य शासन चलाने के लिए राजा को मन्त्रियों के साथ सावधानीपूर्वक मन्त्रणा करनी चाहिए तथा उस मन्त्रणा को पूर्णतः गोपनीय रखना चाहिए। जो राजा तथा मन्त्री मन्त्रसंवरण में पटु होते हैं, उनकी कार्यसिद्धि में किंचित भी सन्देह नहीं होता।[176] मन्त्रणा स्थान पर बौने, कुबड़े, कृश, लँगड़े, अन्धे, मूर्ख आदि का होना वर्जित कहा गया है।[177] इस प्रकार राजा और मन्त्री के परस्पर विचार विमर्श से ही राज्य शासन सुव्यवस्थित एवं समुन्नत होता है।

मन्त्रियों को अपनी तथा शत्रुपक्ष की दुर्बलता को सदा ध्यान में रखना चाहिए। अपने दोषों को किसी प्रकार भी शत्रुपक्ष वाले न देख सकें तथा शत्रुओं के छिद्रों या दोषों के अनुसन्धान का प्रयत्न करना चाहिए। महाबुद्धिमान् मन्त्री लोग ही राज्य के सब गुप्त विचार छिपाये रखते हैं।[178] राजा को युद्ध एवं सन्धि सम्बन्धी मन्त्रणा देना मन्त्रियों का कर्त्तव्य है तथा उनकी मन्त्रणा सुनना राजा का कर्त्तव्य है।[179] इसके अतिरिक्त सेना, राजधानी, कर संग्रह के साधन, सुरक्षा, धन एवं उसके वितरण के विषय में भी राजा द्वारा मन्त्रियों से मन्त्रणा करना आवश्यक है।

(2) राजपुरोहित

राजपुरोहित राजा की आत्मा का अर्ध भाग होता है। शान्तिपर्व में कहा गया है कि राज्य का योगक्षेम राजा के वश में किन्तु राजा का योगक्षेम पुरोहित के अधिकार में है।[180] जिस राज्य में पुरोहित ब्रह्म तेज से प्रजा के अदृष्ट भय का तथा राजा अपने बाहुबल से प्रजा के दृष्ट भय का निवारण करता है, उस ही राज्य में प्रजा को सुख प्राप्त होता है।[181] ब्राह्मणों में तपस्या और मन्त्र का बल तथा क्षत्रियों में अस्त्रबल और बाहुबल सदा प्रतिष्ठित रहता है। इन दोनों के परस्पर सहयोग से ही प्रजा का पालन होता है।[182] राजा मुचुकुन्द ने भी क्षत्रधर्म में स्थित रहकर ब्रह्मधर्मज्ञ वसिष्ठ के सहयोग से ही शत्रु सेना का नाश किया।[183]

जो सत्कर्मों की रक्षा तथा दुष्ट कर्मों का नाश करता है, उसे ही राजपुरोहित बनाना राजा का कर्त्तव्य है।[184] राज्य की समृद्धि के लिए आध्यात्मिक गुरु एवं

राजा के परस्पर सहयोग की आवश्यकता होती है। शान्तिपर्व में वर्णित है कि राजा राज्य-शासन में प्रतिष्ठित होकर धर्म और अर्थ की गठन गति को विचार कर शीघ्र ही विद्वान् एवं बहुश्रुत ब्राह्मण को पुरोहित कार्य में नियुक्त करे।[185] धर्मात्मा एवं धर्मशास्त्रों के ज्ञाता राजपुरोहित से युक्त राजा ही प्रजा का कल्याण कर सकता है क्योंकि वे दोनों ही धर्म में रत, श्रद्धावान् एवं तपस्वी होकर प्रजा की वृद्धि करते हैं तथा देवता, पूर्वज और पितरों को तृप्त करते हैं।[186]

(3) सैन्य व्यवस्था एवं सेनापति

प्रजा की रक्षा एवं शत्रुओं के नाश के लिए सैन्य बल की महती आवश्यकता होती है। कोष एवं राष्ट्र की सुरक्षा समुचित सैन्य संचालन द्वारा ही सम्भव है। शान्तिपर्व में राजा की सेना के विभिन्न अंगों, उनकी व्यूह रचना तथा युद्ध सम्बन्धी नियमों पर भिन्न-भिन्न प्रकार से प्रकाश डाला गया है।

एक स्थल पर शान्तिपर्व में सेना के चार मुख्य भाग कहे गये हैं। वे हैं—हस्ती, अश्व, रथ एवं पदाति। वहाँ कहा गया है कि वह सेना ही सुदृढ़ होती है जिसमें पैदल सैनिक अधिक होते हैं। सुदिन में रथ एवं अश्व के आधिक्यवाली सेना श्रेष्ठ होती है परन्तु वर्षा ऋतु में पदाति एवं हाथी के आधिक्य वाली सेना श्रेष्ठ होती है।[187] एक अन्य स्थल पर शान्तिपर्व में ही सेना के आठ अंग भी स्वीकार किये गये हैं—हस्ती, अश्व, रथ, पैदल, विष्टि (वे श्रमिक जो बेगार करते थे तथा जिन्हें भोजन के अतिरिक्त कोई पारिश्रमिक नहीं मिलता था), नाविक, दूत (चराः) एवं दैशिक[188] (मार्ग-प्रदर्शक)। राजा के लिए सब प्रकार की सेना की सुव्यवस्था पर बल दिया गया है। वहाँ कहा गया है कि जिस राजा की सेना पूर्णतः सन्तुष्ट, सुरक्षित एवं शत्रु नाश में निष्ठावान् हो, वही राजा अल्प सेना के द्वारा भी पृथ्वी पर विजय प्राप्त कर सकता है।[189] उपरोक्त दो मतों को एक-दूसरे का विरोधी न समझकर यह कहा जा सकता है कि यों तो सेना आठ अंगों वाली होती थी किन्तु उसके प्रधान चार विभाग थे।

सेना की कुशलता सेनापति पर ही निर्भर होती है अतः सेनापति में अपेक्षित गुणों का विवरण भी शान्तिपर्व में मिलता है—धर्मशास्त्र, तत्त्वज्ञ, सन्धि विग्रह को विशेष रूप से जानने वाला, बुद्धिमान, धैर्यशाली, रहस्यपूर्ण विषयों को गोपनीय रखने वाला, कुलीन सत्यवादी तथा पराक्रम से युक्त व्यक्ति ही सेनापति पद, पर नियुक्त करना उचित है।[190] उसे व्यूह-रचना, विविध प्रकार के यन्त्रों के प्रयोग तथा सब प्रकार के अस्त्रशास्त्रों का तत्वज्ञ होना चाहिए। उसे सहिष्णु, शत्रुओं के दोषों को जानने वाला तथा पराक्रमी होना चाहिए।[191]

सैन्य-संचालन में व्यूह-रचना का भी अपना विशिष्ट स्थान है। युद्ध भूमि में सेना तथा उसके विभिन्न अंगों की अनेक प्रकार से संयोजित प्रक्रिया को व्यूह कहते हैं।

शान्तिपर्व में व्यूह-रचना के विषय में कहा गया है कि राजा को गजसेना के बीच रथियों को, रथियों के पीछे घुड़सवार तथा घुड़सवारों के बीच कवचधारी और शस्त्रों से सज्जित पैदल सेना को स्थापित करना चाहिए। इस प्रकार की व्यूह-रचना के द्वारा ही राजा विजय प्राप्त करने में समर्थ होता है।

(4) दुर्ग

दुर्ग शासन तन्त्र का एक सर्वप्रमुख अंग माना गया है क्योंकि शासन की प्रमुख सामग्री तथा सैन्य बल उसी में संगृहीत रहते हैं। दुर्ग की सुदृढ़ स्थिति से ही राजा, प्रजा एवं कोष की सुरक्षा होती है। वह राजा की बाह्य आक्रमणकारियों से रक्षा का मुख्य हेतु होता है।[192]

शान्तिपर्व में छह प्रकार के दुर्गों का उल्लेख मिलता है। वे हैं—धन्वदुर्ग (मरुभूमियुक्त किला), महीदुर्ग, गिरिदुर्ग, मनुष्यदुर्ग, जलदुर्ग तथा वन दुर्ग।[193] इन छः प्रकार के दुर्गों में से मनुष्य दुर्ग (नरदुर्ग) को सर्वश्रेष्ठ माना गया है क्योंकि वह शत्रुपक्ष के लिए अतिदुस्तर होता है।[194] नरदुर्ग चारों ओर से चतुरङ्गिणी सेना से घिरा होने के कारण सरलता से उल्लंघनीय नहीं होता।[195]

दुर्ग-निर्माण के विषय में शान्तिपर्व में प्रतिपादित है कि दुर्ग की रक्षा हेतु उसके चारों ओर ऊँची दीवार होनी चाहिए। किले से बाहरी शत्रुओं को भी देखने की व्यवस्था होनी चाहिए। आग्नेयास्त्र तथा गोली चलाने के लिए किले की दीवारों में छोटे-छोटे छेद होने चाहिए। किले के चारों ओर खाई तथा उसमें घड़ियाल और बड़ी शरीर वाली मछलियाँ भी होनी चाहिए।[196]

इस प्रकार से निर्मित्त दुर्ग में ही राजा को निवास करना चाहिए जो धनधान्य तथा अस्त्रशस्त्रों से पूरित हो, विद्वान तथा शिल्पियों से अधिष्ठित हो, धार्मिक तथा कार्यकुशल मनुष्यों से युक्त हो, सुन्दर तथा बड़े गृहों से युक्त हो, गीतवाद्य की ध्वनि से परिपूरित हो, वेद मन्त्रों को ध्वनि से अनुनादित हो, जहाँ सामाजिक उत्सव तथा देवताओं की पूजा होती हो। राजा इस प्रकार के दुर्ग से युक्त नगर में निवास करके कोष, सेना, मित्र तथा व्यवहार की सदा वृद्धि करे। किले में बड़े-बड़े मार्ग एवं आवश्यकतानुसार जल के स्थान की भी व्यवस्था होनी चाहिए।[197]

(5) गुप्तचर

गुप्तचर वह है जो गुप्त रूप से अपने तथा शत्रु के राज्य में विचरण करता है तथा वस्तुस्थिति का ज्ञान राजा को करवाता है। शान्तिपर्व में गुप्तचर के लिए 'प्रणिधि' तथा 'चार' शब्द का प्रयोग मिलता है।

गुप्तचरों की विशेषताओं को दर्शाते हुए कहा गया है कि जड़, अन्ध एवं बधिर आभास वाले, भूख प्यास, धूप आदि कष्टों को सहन करने में समर्थ किन्तु बुद्धिमान्, सब प्रकार से परिक्षित व्यक्तियों को ही गुप्तचर के रूप में नियुक्त किया जाना चाहिए।[198] राजा को अपनी प्रजा तथा कर्मचारियों के अभिप्राय, मन्त्रियों, शत्रुओं, सभासदों की सम्मति को गुप्तचरों के द्वारा जानना चाहिए। इतना ही नहीं सभी प्रकार के सेवकों, मित्रों तथा पुत्रों पर भी राजा को सावधान होकर गुप्तचरों की नियुक्ति करनी चाहिए।[199]

शान्तिपर्व में उन स्थलों के नाम भी दिये गये हैं जहाँ-जहाँ गुप्तचर नियुक्त किये जाने चाहिए। वे स्थल हैं—राजा का मल्लक्रीड़ा स्थल, बाजार, विहारस्थान, सामाजिक उत्सव, पुष्पवाटिका, सभा स्थल, चौराहा, राजसभा, धर्मशाला तथा प्रधान सभासदों के गृह।[200] गुप्तचरों के विषय में विशेष बात यह कही गयी है कि नगरों में, जनपदों में तथा सामन्तिक राजाओं के समीप जो गुप्तचर नियुक्त किये जायें, उनकी व्यवस्था ऐसी हो कि वे आपस में एक-दूसरे को न जान सके।[201] अर्थात् शत्रु, मित्रों, मन्त्रियों आदि सभी के अभिलषित विषयों का ज्ञान राजा को गुप्त रूप से ही प्राप्त करना चाहिए।

गुप्तचरों द्वारा अपने राष्ट्र की आन्तरिक स्थिति के ज्ञान के अतिरिक्त राजा का यह भी कर्त्तव्य है कि वह शत्रुओं द्वारा अपने प्रति तथा राज्य में नियुक्त किये गये गुप्तचरों को भी जानने का उपाय करे।[202] उसके लिए भी राजा को अपने तथा शत्रु के राज्य में अत्यन्त योग्य गुप्तचरों की नियुक्ति करनी चाहिए। जो पाखण्डी, तपस्वी आदि के वेशधारण करके गुप्तचर के रूप में परराष्ट्र में प्रवेश करें और उनके रहस्यों का पता लगायें।[203]

इस प्रकार स्पष्ट है कि राज्य की आन्तरिक तथा बाह्य स्थिति के यथारूप ज्ञान के लिए तथा मन्त्री, पुत्र, शत्रु आदि की आन्तरिक भावनाओं व क्रियाकलापों के ठीक-ठीक ज्ञान के लिए राजा को अवश्य ही कुशल गुप्तचरों का जाल बिछाकर शासन व्यवस्था करनी चाहिए। वही राजा कुशल प्रशासक हो सकता है।

(च) पर-राष्ट्र नीति सम्बन्धी कर्त्तव्य

राजा को अपने राष्ट्र की सुरक्षा एवं सुव्यवस्था के साथ-साथ अन्य राष्ट्रों से भी सम्बन्ध स्थापित करना आवश्यक है। इसलिए राज्य के सप्तांगों में मित्र संग्रह पर भी बल दिया गया है। अपने सीमावर्ती राज्यों एवं राष्ट्रों से परस्पर मैत्री सम्बन्ध स्थापित करना अथवा शत्रु राज्य के प्रति शत्रु भाव रखते हुए राज्य की अभिवृद्धि करना राजा का कर्त्तव्य है। शान्तिपर्व में भी राजा के चार प्रकार के मित्रों का उल्लेख मिलता है। वे हैं—सहार्थ, भजमान, सहज व कृत्रिम।[204] 'सहार्थ' मित्र वे हैं जो यह परामर्श

देते हैं कि हम शत्रु को मिलकर जीतेंगे। 'भजमान' वे हैं जो राजा के पिता-पितामह क्रम से राज परिवार की सेवा करते हैं। 'सहज' मित्र हैं—माता, बहिन आदि जो जन्म से ही साथ रहते घनिष्ठ सम्बन्ध वाले होते हैं। 'कृत्रिम' मित्र जो धन आदि देकर बनाये जाते हैं। इन चार प्रकार के मित्रों में से भजमान तथा सहज मित्र तो श्रेष्ठ माने गये हैं किन्तु सहार्थ एवं कृत्रिम मित्रों से सदा शंकित रहना चाहिए। राजा को सभी पर पूर्णतः विश्वास तो करना ही नहीं चाहिए।[205]

विजिगीषु राजा के प्रति शान्तिपर्व में कहा गया है कि राजा अधर्म नीति से पृथ्वी को जय करने की इच्छा न करे क्योंकि अधर्मयुक्त विजय अनित्य व अस्थायी होती है। इससे राज्य एवं राजा का नाश ही होता है।[206] अतः यहाँ पर भी राज्यों में परस्पर शान्तिपूर्ण सहअस्तित्व पर ही बल दिया गया प्रतीत होता है।

राजा को प्रत्यक्ष, अनुमान, उपमान और आगम आदि प्रमाणों से शत्रु तथा मित्रों की सदा परीक्षा करनी उचित है।[207] राजा को चाहिए कि परस्पर युद्ध के समय यदि शत्रु पक्ष का कोई ब्राह्मण सन्धि की इच्छा से उपस्थित हो तो वह भी उस समय शान्ति का अवलम्बन करे और युद्ध से निवृत्त हो जाए।[208] यद्यपि राजा को सरल व कुटिल दोनों प्रकार की नीतियों का ज्ञान होना चाहिए तथापि उसे कुटिल बुद्धि का आश्रय नहीं लेना चाहिए।[209]

गुप्तचरों के द्वारा परराष्ट्र की गतिविधियों का पूर्ण ज्ञान प्राप्त करके तदनुसार उन्हें साम, दान, भेद तथा दण्ड इन चार उपायों में से किसी एक या एक से अधिक के द्वारा वश में रखना कुशल राजा का कर्त्तव्य है। जिसको जिस उपाय से वश में करना सम्भव हो उसी के द्वारा उसे अपने अनुकूल बनाने की चेष्टा करनी चाहिए।[210]

सर्वप्रथम सामनीति का प्रयोग करना राजा के लिए उचित है। साम अर्थात् शान्ति जैसा उत्कृष्ट उपाय दूसरा नहीं। यदि साम का प्रयोग सफल न हो तो दान (रिश्वत या घूस) के द्वारा अपना पक्ष प्रबल करने की चेष्टा करनी चाहिए। दान के भी असफल होने पर शत्रुपक्ष के लोगों में फूट डालकर भेदनीति के द्वारा शत्रु को जीतने का प्रयत्न करना चाहिए। इन तीनों उपायों के द्वारा सफलता न मिलने पर अन्त में दण्ड या युद्ध का आश्रय लेना चाहिए।[211]

शान्तिपर्व से ज्ञात होता है कि राजा को बलवान् शत्रु से सन्धि कर लेनी चाहिए, परन्तु यह सन्धि शत्रु पक्ष को अपनी दुर्बलता का आभास होने से पूर्व ही हो जानी चाहिए।[212] अपने समीप में यदि दूसरा कोई ऐसा राजा निवास करता हो जो अपकार या उपकार किसी में भी समर्थ प्रतीत न होता हो तथा जिसको नष्ट करना भी उचित न हो, उसके प्रति राजा को सदैव उपेक्षा भाव ही रखना चाहिए।[213]

यदि कोई शक्तिशाली राजा वश में न किया जा सके तो शान्तिपर्व में उसको वश में करने के विभिन्न उपायों का विवरण मिलता है। राजा उसे पराभूत करने के लिए शस्त्र, अग्नि, विष आदि के द्वारा उसके राष्ट्र को पीड़ित करे तथा उसके

मित्रों व मन्त्रियों में परस्पर विवाद उत्पन्न करा दे।[214] शत्रु पर आक्रमण ऐसे समय में करना चाहिए कि जब शत्रु मित्रहीन हो, किसी अन्य से युद्धग्रस्त हो या प्रमादी हो।[215] आक्रमण से पूर्व अपने तथा शत्रुपक्ष के बलाबल का भी पूर्ण परीक्षण कर लेना चाहिए। साथ ही अपनी राजधानी की सर्वोत्तम रक्षा व्यवस्था पहले ही कर लेनी चाहिए। पुर, जनपद तथा सामन्त राजाओं के अभिलषित विषयों को भी गुप्तचरों द्वारा जान लेना चाहिए। शत्रुराज्य के मर्दन के लिए उसके कर्मचारियों में भेद नीति का प्रयोग करना चाहिए।

शान्तिपर्व में यद्यपि प्रत्येक बुद्धिमान राजा को राज्य के हित के लिए युद्ध को टालने का भी सत्परामर्श दिया गया है,[216] तथापि यदि युद्धकालीन स्थिति उत्पन्न हो ही जाये तो राजा को सर्वप्रथम अपनी दुर्ग व्यवस्था को सुदृढ़ बना लेना चाहिए। खाद्य सामग्री का पर्याप्त संग्रह होना चाहिए।[217] शत्रु को प्राप्त होने वाली खाद्य सामग्री नष्ट कर देनी चाहिए। शत्रु सेना के मार्ग में आने वाले पुल तोड़ देने चाहिए, जल को दूषित कर देना चाहिए, छोटे दुर्गों को नष्ट कर देना चाहिए तथा वृक्षों को कटवा देना चाहिए।[218]

युद्धकाल में भी धर्म की मर्यादा का पालन आवश्यक माना गया है। जो सैनिक युद्ध में कवच बाँधकर तैयार न हुए हों उनके साथ युद्ध नहीं करना चाहिए।[219] घुड़सवार को रथी पर आक्रमण नहीं करना चाहिए, रथी के साथ रथी को ही लड़ना चाहिए। संकट से अति डरे हुए तथा पराजित शत्रु पर भी प्रहार नहीं करना चाहिए।[220] इसलिए सी.वी. वैद्य ने इन्हें 'धर्मयुद्ध के नियम' कहा है तथा 'कूट-युद्ध' जिसमें कपट हो उसका निषेध किया है।[221]

राजा को चाहिए कि जब वह यह जान ले कि शत्रु उससे अधिक प्रबल व पराक्रमी है तो वह वेतसी वृत्ति अर्थात् नम्रता का अवलम्बन करे। इससे उसका पराभव नहीं होता।[222] इसके अतिरिक्त युद्ध के समय षाड्गुण्य का आश्रय लेना ही राजा की नीति है। वे हैं—सन्धि, विग्रह, यान, आसन, द्वैधीभाव तथा संश्रय।[223] सन्धि का तात्पर्य है शत्रु से मेल करना, विग्रह—शत्रु का विरोध करना यानी उचित अवसर पर आक्रमण करना, आसन—युद्ध की प्रतीक्षा करना, द्वैधीभाव—शत्रुओं में भेद उत्पन्न कराना तथा संश्रय अर्थात् दूसरे प्रबल राजा का आश्रय ग्रहण करना।

इस प्रकार शान्तिपर्व में परराष्ट्र नीति के विषय में राजा के विविध धर्म (कर्त्तव्य) उपलब्ध होते हैं—राष्ट्र की सुरक्षा व शान्ति के लिए राजा को दूसरे राष्ट्रों से मैत्री सम्बन्ध स्थापित करना चाहिए परन्तु उसके लिए मित्र व शत्रु का भी पूर्णतया परीक्षण करना आवश्यक है। राजा का कर्त्तव्य है कि शत्रु के बलाबल का पूर्णतया विचार करके साम, दान, भेद व दण्ड तथा षाडगुण्य आदि उपायों का यथा समय प्रयोग करे। जहाँ तक हो सके सन्धि को ही प्राथमिकता देनी चाहिए अन्यथा विभिन्न उपायों द्वारा युद्ध करके शत्रु को वश में करना चाहिए।

वेदव्यास ने इस प्रकार भारतीय गणतन्त्र (संघतन्त्र) के दायित्वों पर प्रकार डाला है कि गणतन्त्र राज्य को पारस्परिक एकता तथा सहनशीलता का व्यवहार रखना चाहिए। अपनी प्रगति को दृष्टि में रखते हुए अपनी प्रजा में न्याय, दण्ड और रक्षा की प्रत्याभूति रखनी चाहिए। व्यष्टिवाद की अपेक्षा समष्टि के अभ्युदय के प्रति जागरूक होना चाहिए। गणराज्य के नागरिकों का भी यह कर्त्तव्य है कि वे राज्य में दुर्भाव न पनपने दें जो राजनीतिक व राष्ट्रीय भावनात्मक सत्ता का घातक हो।[224]

5.5 निष्कर्ष

संक्षेपतः कहा जा सकता है कि मानव, समाज एवं राष्ट्र से सम्बन्धित सभी नियमों को धारण तथा पोषण करने के कारण राजधर्म ही समस्त धर्मों का मूलाधार होता है। युग प्रवर्त्तक राजाओं के कर्त्तव्यों, आचार एवं नीतियों से सम्बन्धित ग्रन्थों को राजशास्त्र, नृपशास्त्र, अर्थशास्त्र, दण्डनीति की संज्ञा दी गयी है। इस राजधर्म की प्राचीनता का प्रतिपादन शान्तिपर्व में प्राचीन राजशास्त्र प्रणेताओं के नामोल्लेख से ही होता है।

पूर्वोक्त अनुच्छेदों में वैदिक वाङ्मय एवं वाल्मीकि रामायण के आधार पर राजा एवं राजधर्म का विवेचन किया गया है, तदुपरान्त शान्तिपर्व के आधार पर विस्तृत रूप से राजधर्म पर प्रकाश डाला गया है। दीप्त्यर्थक 'राजृ' धातु से तथा 'रंज' धातु से निष्पन्न 'राजन्' शब्द प्रकाशक तथा प्रजा के अनुरंजक व पालक अर्थों में प्रयुक्त हुआ है। राजा के अर्थ में प्रयुक्त उसके विभिन्न पर्याय राजा की महत्ता तथा उसके कर्त्तव्य कर्मों के द्योतक हैं। राजधर्म का समाज व राष्ट्र की शान्ति, सुव्यवस्था तथा उन्नति में महत्त्वपूर्ण योगदान होता है परन्तु यह राजधर्म तभी सर्वोपयोगी कहा जा सकता है जब उसके मूल में त्याग की भावना हो। राष्ट्र की रक्षा हेतु, दुष्टों के संहार हेतु, धर्म स्थापना हेतु सर्वस्व त्यागपूर्वक पालन किया गया राजधर्म ही सबका मूलाधार होता है।

समाज में फैली विशृंखलता को समाप्त करने के लिए राजा की दैवी उत्पत्ति के सिद्धान्त का प्रतिपादन शान्तिपर्व में मिलता है तथा दूसरी ओर यह भी कहा गया है कि पूर्वजन्म कृत फलोपभोग करने हेतु सत्त्वगुणावलम्बी मनुष्य ही राजा बनते हैं। पौरुष सम्पन्न एवं उद्यमी होना, सद्व्यवहार युक्त होना, जितेन्द्रिय व सत्यनिष्ठ होना, राजनीतिज्ञ व नीतिकुशल होना तथा धर्मनिष्ठ होना एक कुशल प्रशासक के अपेक्षित गुण हैं।

शान्तिपर्व में राजधर्म से सम्बन्धित विभिन्न कर्त्तव्य-कर्म दृष्टिगोचर होते हैं। प्रजापालन राजा का परम धर्म है तो प्रजारक्षण राजधर्म का नवनीत। न्यायोचित दण्ड व्यवस्था द्वारा ही प्रजापालन तथा प्रजारक्षण सम्भव है। अर्थव्यवस्था, शासन व्यवस्था,

मन्त्री एवं मन्त्रिपरिषद्, राजपुरोहित, सैन्य संचालन तथा सेनापति, दुर्ग, गुप्तचर आदि सभी शासन व्यवस्था से सम्बन्धित हैं। अन्य राष्ट्रों से सम्बन्धित राजा की नीति व आचरण की चर्चा पर-राष्ट्र नीति के अन्तर्गत की गयी है। साथ ही यथास्थान राजा के आपद्धर्मों की भी चर्चा की गयी है।

सन्दर्भ

1. (क) काणे, धर्मशास्त्र का इतिहास, द्वितीय भाग, पृ. 580, 581
   (ख) द्र.,—Brajdeo Prasad Roy–Political ideas and institutions in the Mahabharata, p. 56
2. शुक्रनीतिसार, 4/3/56
3. (क) आप्टे—संस्कृत-हिन्दी कोश, पृ. 582
   (ख) मोनियर विलियम्स—संस्कृत-अंग्रेजी कोश, पृ. 872
   (ग) राज्ञो धर्म्मः। राज्ञामवश्यकर्त्तव्ये प्रजापालनादौ कर्माणि।
   वाचस्पत्यम्, षष्ठ भाग, पृ. 4802
4. धर्मशब्दः कर्त्तव्यतावचनः। मनु., 7/1 मेधातिथि टीका
5. (क) नीतिप्रकाशिका, 1/21-22
   (ख) शुक्रनीतिसार, 1/2-4
6. शान्ति., अ., 5-9
7. (क) याज्ञ. स्मृ., 1/353, मनु., 9/294
   (ख) स्वाम्यमात्यजनदुर्गकोशदण्डमित्राणि प्रकृतयः। कौटिलीय अर्थशास्त्र, 6/1
8. स्वाम्यमात्यसुहृत्कोशराष्ट्र दुर्ग बलानि च।
   सप्तांगमुच्यते राज्यं तत्र मूर्धा नृपः स्मृतः।।
   दृगमात्यः सृहृत्छोत्रं मुखं कोशो बलं मनः।
   हस्तौ पादौ दुर्गराष्ट्रे राज्यांगानि स्मृतानि हि।। शुक्रनीति सार., 1/61-62
9. ऋक्., 1/24/7, 8, 9, 12, 13, 7/64/2, 10/90/12, 10/173/4, 5, यजु., 9/25, 26, 40, अथर्व., 3/3/3, 3/4/1
10. (क) राजानः समिताविव। ऋक्., 10/97/6
    (ख) मि., काणे—धर्मशास्त्र का इतिहास, द्वितीय भाग, पृ. 604
    (ग) वैदिक कोश, पृ. 443
11. द्र., वैदिक कोश, पृ. 442
12. (क) द्र., मैक्डानेल—संस्कृत साहित्य का इतिहास, भाग 1, पृ. 149
    (ख) विश्वनाथ प्रसाद वर्मा, वैदिक राजनीतिशास्त्र, पृ. 16, 17
13. (क) विशस्त्वा सर्वा वांछन्तु मा त्वद्राष्ट्रमधि भ्रंशत्। अथर्व., 6/87/1, ऋ., 10/173/1

(ख) त्वां विशो वृणतां राज्याय त्वमिमाः प्रदिशः पंचदेवो। अथर्व., 3/4/2

14. ये राजानो राजकृतः सूता ग्रामयश्च ये। उपस्तीन् पर्ण मह्यं त्वं सर्वान् कृण्वभितो जनान्।। अथर्व., 3/5/7
15. विशि राजा प्रतिष्ठितः। यजु., 20/9
16. यजु., 9/0, 10/18
17. (क) यजु., 5/24, 9/25,26, 14/13, 15/10-14 दयानन्द भाष्य।
    (ख) सम्राड्केो विराजति। अथर्व., 6/36/3
    विंशा पतिरेकराट् त्वं विराज। अथर्व., 3/4/1
18. ऋक., 4/42
19. इहैवधि माप च्योष्ठा पर्वत इवाविचाचलत्।
    इन्द्र इह ध्रुवस्तिष्ठैव राष्ट्रंमुधारय।। अथर्व., 6/87/2
20. ऋक्., 10/173, यजु., 9/40, 10/14, अथर्व., 6/54
21. अथर्व., 3/4, ऋक्. 5/62/6
22. ऋक्., 6/4/4
23. वही, 1/51/9
24. वही, 1/61/10
25. (क) वही, 1/80/3-8, 12, 7/66/6, 8/45/21
    (ख) द्र., सातवलेकर, वेद का स्वयं शिक्षक, पृ. 21
26. द्र., हरिनारायण दीक्षित, संस्कृत साहित्य में राष्ट्रीय भावना, पृ. 63
27. ते देवाऽब्रुवन्नराजतया वै नो जयन्ति राजानं करवामहा। ऐ. ब्रा., 3/4/14
28. ऐ. ब्रा., 8/13
29. वही, 8/13, 8/18
30. तै. ब्रा., 1/7/10/60
31. (क) राजा वै राजसूयेनेष्ट्वा भवति। शत. ब्रा., 5/1/1/13
    (ख) शत. ब्रा., 5/2/2/9,10
32. (क) सम्राड्वाजपेयेनावरं हि राज्यं परं साम्राज्यं कामयेत–शत. ब्रा., 5/1/1/13
    (ख) वाजयेयेनेष्ट्वा सम्राड्भवति। वही, 5/1/1/14
33. (क) द्र., राधाकुमुद मुकर्जी, हिन्दू सभ्यता, पृ. 103
34. रत्निनामेतानि हवीषि भवन्ति। एते वेराष्ट्रस्य प्रदातारः। तै. ब्रा., 1/7/3/16
35. कौरव्या राजा यो हवा अयन्दुष्टरीतुः पौंसायनो दशपुरुषं राज्यात्....
    शत. ब्रा., 12/9/3/1,3
36. त्रयूयामान्वीक्षिक्यां वाऽभिविनीतः।। गौ. धर्म., 2/2/3
37. राजा सर्वस्येष्टे ब्राह्मणवर्जम्।। वही, 2/2/1
38. तमुपर्यासीनमधस्तादुपासीरन्नन्ये ब्राह्मणेभ्यः। तेऽप्येनं मन्येरन्।। वही, 2/2/7,8

39. (क) राज्ञोऽधिकं रक्षणं सर्वभूतानाम्।। गौ. धर्म., 2/1/7
(ख) समः प्रजासु स्यात्।। हितमासां कुर्वीत।। वही, 2/2/5,6
(ग) वर्णानाश्रमांश्च न्यायतोऽभिरक्षेत्।। वही, 2/2/9
(घ) आप. धर्म., 2/10/15
40. अकरः श्रोत्रियः।। सर्ववर्णानां च स्त्रियः।। कुमाराश्च प्राक् व्यञ्जनेभ्यः।। ये च विद्यार्थी वसन्ति।। शूद्रश्च पादावनेक्ता।। अन्धमूकबधिररोगाविष्टश्च।। आप. धर्म., 2/10/10-17
41. (क) षड्भागभृतो राजा रक्षेत्प्रजाम्।। बौ. धर्म., 1/10/1
(ख) धर्मस्य ह्यांशभाग्भवतीति।। गौ. धर्म., 2/2/11
42. सङ्ग्रामे न निवर्तेत।। बौ. धर्म., 1/10/9
43. बौ. धर्म., 1/10/11
44. अवध्यो व ब्राह्मणस्सर्वापराधेषु।। वही, 1/10/17
45. न कर्णिभिर्नदिग्धैः प्रहरेत्।। वही, 1/10/10
46. वा. राम., अ. 61/20
47. साम दानं क्षमा धर्मः सत्यं धृति पराक्रमौ।
पार्थिवानां गुणा राजन्दण्डश्चाप्यपकारिषु।। वा. राम., 17/25 वही, अयो. 8/14
48. वा. राम., बाल., 25/18, अयो., 2/6, 7,9,106/19
49. राजा तु धर्मेण हि पालयित्वा महीपर्तिदण्डधरः प्रजानाम्।
अवाप्य कृत्स्नां वसुधां यथावदिवश्च्युतः स्वर्गमुपैति विद्वान।।
वा. राम., अयो., 100/76
50. वही, बाल. 5/12, अयो., 2/29, 31-33, 44
51. वही, बाल., 5/23, अ. 6, अयो. अ., 100, 106/21
52. (क) प्रेम कुमारी दीक्षित, रामायण में राज्य व्यवस्था, पृ. 29
(ख) जगदीश चन्द्र भट्ट, रामायणकालीन समाज एवं संस्कृति, पृ. 163
53. शान्ति., 58/1-3
54. (क) वैयाकरण सिद्धान्त कौमुदी, भवादिगण, सूत्रांक 822
(ख) हलायुध कोश, पृ. 564
(ग) आप्टे—संस्कृत-हिन्दी कोश, पृ. 852
55. (क) निरुक्त 2/3
(ख) रञ्ज+कनिन् (रंजयति) आप्टे—संस्कृत-हिन्दी कोश, पृ. 852
(ग) वाचस्पत्यम्, षष्ठ भाग, पृ. 4802
56. (क) राजा राजन्यो राट् प्रजापतिः क्षत्रियो नृप क्षत्त्रम्।
मूर्धाभिषिक्तभूपतिपार्थिवनरदेवलोकपालाः स्युः।। हलायुध कोश, 2/421
(ख) Monier Williams, Sanskrit-English Dictionary, p. 427

(ग) मूर्धाभिषिक्तो राजन्यो बाहुजः क्षत्रियो विराट्।
राज्ञि राट् पार्थिवक्ष्माभन्नृपभूपमहीक्षितः। अमरकोश, 2/8/1
सुधाव्याख्या, पृ. 262, दाक्षिणत्यात्यव्योख्योपेतः, पृ. 485

57. राजा भोजो विराट् सम्राट् क्षत्रियो भूपतिर्नृपः।
य एव स्तूयते शब्दैः कस्तं नार्चितुमिच्छति।। शान्ति., 68/54

58. Brajdeo Prasad Roy, Political ideas and institutions in the Mahabharata, p. 56

59. त्रिवर्गोऽत्र समासक्तो राजधर्मेषु कौरव।
मोक्षधर्मश्च विस्पष्टः सकलोऽत्र समाहितः।। शान्ति., 56/4

60. यथा हि रश्मयोऽश्वस्य द्विरदस्याङ्कुशो यथा।
नरेन्द्रधर्मो लोकस्य तथा प्रग्रहणं स्मृतम्।। शान्ति., 56/5

61. उदयन्हि यथा सूर्यो नाशयत्यासुरं तमः।
राजधर्मास्तथालोक्यामाक्षिपन्त्यशुभां गतिम्।। वही, 56/7

62. सर्वे धर्मा राजधर्म प्रधानाः सर्वे धर्माः पाल्यमाना भवन्ति।
सर्वत्यागो राजधर्मेषु राजंस्त्यागे चाहुधर्मग्रयं पुराणम्।। वही, 63/27

63. भुवः संस्कारं राजसंस्कारयोगमभैक्षचर्यां पालन च प्रजानाम्।
विद्यादाजा सर्वभूतानुकम्पां देहत्यागं चाहवे धर्ममग्य्यम्।
त्यांग श्रेष्ठं मुनयो वै वदन्ति सर्वश्रेष्ठो यः शरीरं त्यजेत्। वही, 65/2,3

64. शान्ति., 63/25

65. राष्ट्रस्यैतत्कृत्यतमं राज्ञ एवाभिषेचनम्।
अनिन्द्रमबलं राष्ट्र दस्यवोऽभिभवन्ति च।। वही, 67/2-2

66. (क) महती देवता ह्येषा नररूपेण तिष्ठति।। वही, 68/40
(ख) महाभारत-मीमांसा, पृ. 301

67. (क) कुरुते पंच रूपाणि कालयुक्तानि यः सदा।
भवत्यग्निस्तथादित्यो मृत्युर्वैश्रवणो यमः।। शान्ति., 68/41
(ख) इन्द्रो राजा यमो राजा धर्मो राजा तथैव च।
राजा बिभर्ति रूपाणि राज्ञा सर्वमिदं धृतम्।। वही, 73/26

68. शान्ति., 68/41-47

69. अराजकेषु राष्ट्रेषु धर्मो न व्यवतिष्ठते। वही, 67/3

70. (क) राजा चेन्न भवेल्लोके पृथिव्यां दण्डधारकः।
शूले मत्स्यानिवापक्ष्यन्दुर्बलान्बलवत्तराः।। वही, 67/16
(ख) अप्रणीतो हि मात्स्यन्यायमुद्भावयति।। बलीयानबलं हि ग्रस्ते
दण्डधराभावे।। कौटलीय अर्थशास्त्र, 4/16, 17

71. शान्ति., 59/5-12

72. नैव राज्यं न राजासीन्न दण्डो न च दाण्डिकः।
धर्मेणैव प्रजाः सर्वा रक्षन्ति च परस्परम्।। शान्ति., 59/14

73. वही, 59/29-85

74. वही, 59/94-118

75. तेन धर्मोत्तरश्चायं कृतो लोको महात्मना।
रंजिताश्च प्रजाः सर्वास्तेन राजेति शब्यते।। शान्ति., 59/127

76. वही, 67/17-30

77. महाभारत-मीमांसा, पृ. 304

78. शान्ति., पृ. 302

79. सुकृतस्यक्षयाच्चैव स्वर्लोकादेत्य मेदिनीम्।
पार्थिवो जायते तात दण्डनीतिवशानुगः।। शान्ति., 59/135

80. शान्ति., 59/136-138

81. वही, 56/14-16, 57/1

82. न संत्याज्यं च ते धैर्यं कदाचिदपि पाण्डव। वही, 56/47

83. शूरः स्यादविकत्थनः। वही, 71/4

84. शान्ति., अ., 113

85. तस्मान्नैव मृदुर्नित्यं तीक्ष्णो वापि भवेन्नृपः।
वसन्तेऽर्क इव श्रीमान्न शीतो न च घर्मदः।। शान्ति., 56/40

86. गुणवान्शीलवान्दान्तो मृदुर्धर्म्यो जितेन्द्रियः।
सुदर्शः स्थूललक्ष्यश्च न भ्रश्येत सदा श्रियः। वही, 56/19

87. तैक्ष्ण्यं जिह्मत्वमादान्त्यं सत्यमार्जवमेव च।
मध्यस्थः सत्त्वमातिष्ठंस्तथा वै सुखमृच्छति।। वही, 120/5

88. शान्ति., 67/38

89. गुप्तात्मा स्याद्दुराधर्षः स्मितपूर्वाभिभाषिता।
आभाषितश्च मधुरं प्रतिभाषेत् मानवान्।। वही, 67/37

90. आत्मा जेयः सदा राज्ञा ततो जेयाश्च शत्रवः।
अजितात्मा नरपतिर्विजयेत कथं रिपून।। शान्ति., 69/4

91. वही, 56/19, 63/11

92. न ह्यहं कामये नित्यमविक्रान्तेन रक्षणम्। वही, 49/77

93. ऋषीणामपि राजेन्द्र सत्यमेव परं धनम्।
तथा राज्ञः परं सत्यान्नान्यद्विश्वासकारणम्।। वही, 56/18

94. शान्ति., 66/5, 72/6,7

95. अक्रोधनोऽथाव्यसनी मृदुदण्डो जितेन्द्रियः।
राजा भवति भूतानां विश्वास्यो हिमवानिव।। वही, 57/29

96. नित्यं हि व्यसनी लोके परिभूतो भवत्युत।। वही, 56/43

97. षाड्गुण्यं च त्रिवर्गं च त्रिवर्गमपरं तथा।
यो वेत्ति पुरुषव्याघ्र स भुनक्ति महीमिमाम्।। वही, 69/64

98. वेदवेदांगवित्प्राज्ञः सूतपस्वी नृपो भवेत्। शान्ति., 69/30

99. बाहोः पुत्रण राज्ञा च सगरेणेह धीमता।
असमञ्जाः सुतो ज्येष्ठस्त्यक्तः पौरहितैषिणा।। वही, 57/8

100. न विश्वसेच्च नृपतिर्न चात्यर्थं न विश्वसेत्। वही, 57/16

101. वही, 58/5-12

102. वही, 69/22,23

103. विश्वासयेत्परांश्चैव विश्वसेन्न तु कस्यचित्।
पुत्रेष्वपि हि राजेन्द्र विश्वासो न प्रशस्यते।। वही, 86/32

104. अभयस्यैव यो दाता तस्यैव सुमहत्फलम्। वही, 73/25

105. यः सत्करोति ज्ञानानि नेयः पौरहिते रतः।
सतां धर्मानुगस्त्यागी स राजा राज्यमर्हति।। शान्ति., 57/38

106. धर्मात्मा सत्यवाक्चैव राजा रंजयति प्रजाः। शान्ति., 56/36

107. वही, 72/3,4, 56/12,13

108. यसिमन्क्षमा च क्रोधश्च दानादाने भयाभये।
निग्रहानुग्रहौ चोभौ स वै धर्मविदुच्यते।। वही, 14/17

109. (क) धर्माय राजा भवति न कामकरणाय तु। शान्ति., 91/3
(ख) धर्मे तिष्ठन्ति भूतानि धर्मो राजनि तिष्ठति। वही, 91/5

110. दानशीलश्च सततं यज्ञशीलश्च भारत।। वही, 69/30

111. तत्रोपविष्टो धर्मात्मा श्वेताः सुनसोऽस्पृशत्।
स्वस्तिकानक्षतान्भूमिं सुवर्ण रजतं मणीन्।। शान्ति., 40/7

112. वही, 40/9-11

113. वही, 40/12-16

114. अभ्यषिच्ञत्पतिंपृथ्व्याः कुन्तीपुत्रं युधिष्ठिरम्। शान्ति., 40/15

115. राजा प्रजानां हृदयं गरीयो।
गतिः प्रतिष्ठा सुखमुत्तमं च। शान्ति., 68/59

116. प्रजानां पालनं धर्मो राज्ञां राजीवलोचन। वही, 32/2

117. तस्मात्कौरव्य धर्मेण प्रजाः पालय नीतिमान्। वही, 70/32
एवं धर्मेण वृत्तेन प्रजास्त्वं परिपालयन्। वही, 72/24

118. वही, 72/24,29

119. स्विष्टिः स्वधीतिः सुतपा लोकांजयति यावतः।
क्षणेन तानवाप्नोति प्रजा धर्मेण पालयन्।। शान्ति., 72/30

120. वही, 66/37

121. अलभ्यलाभचिन्तासहिते लब्धपरि वाचस्पत्यम्, षष्ठ भाग, पृ. 4780

122. दापयित्वा करं धर्म्यं राष्ट्र नित्यघ।
अशेषान्कल्पेयद्राजा योगक्षेमानतरि शान्ति., 72/11

123. वही, 72/17,18

124. गोपयितारं दातारं धर्मनित्यमतन्द्रितम्।
अकामद्वेषसंयुक्तमनुरज्यन्ति मानवाः।। शान्ति., 12/12

125. दोग्धि धान्यं हिरण्यं च प्रजा राज्ञि सुरक्षिता।
नित्यं स्वेभ्यः परेभ्यश्च तृप्ता माता यथा पयः।। वही, 72/16

126. कृपणानाथ वृद्धानां विधवानां च योषिताम्।
योगक्षेमं च वृत्तिं च नित्यमेव प्रकल्पयेत्।। वही, 87/24

127. अभृतानां भवेद्भर्ता भूतानां चान्ववेक्षकः। वही, 57/19

128. आश्रमेषु यथाकालं चैलभाजनभोजनम्।
सदैवोपहरेद्राजा सत्कृत्यानवमन्य च।। वही, 87/25

129. वही, 57/19,20, 87/16-18

130. कामक्रोधवनादृत्य पितेव समदर्शनः। वही, 25/13

131. (क) बलिषड्भागमुद्धृत्य बलिं तमुपयोजयेत्।
न रक्षति प्रजाः सभ्यग्यः स पार्थिवतस्करः। वही, 137/96
(ख) आदाय बलिषड्भागं यो राष्ट्रं नाभिरक्षति।
प्रतिगृह्णाति तत्पापं चतुर्थांशेन पार्थिवः।। वही, 25/12

132. शान्ति., 56/44,45

133. स्वेषु धर्मेष्ववस्थाप्य प्रजाः सर्वामहीपतिः।
धर्मेण सर्वकृत्यानि समनिष्ठानि कारयेत्।।
परिनिष्ठितकार्य स्यान्नृपतिः परिपालनात्।
कुर्यादन्यन्न वा कुर्यादिन्द्रो राजन्य उच्यते।। शान्ति. 60/19,20

134. एत्तते राजधर्माणां नवनीतं युधिष्ठिर।
बृहस्पतिर्हि भगवान्नान्यं धर्मं प्रशंसति।। वही, 58/1

135. (क) रक्षामेव प्रशंसन्ति धर्म धर्मभृतां वर। वही, 58/4
(ख) एष एव परो धर्मो यद्राजा रक्षते प्रजाः।
भूतानां हि यथा धर्मे रक्षणं च परा दया।। वही, 72/26

136. पुत्रा इव पितुर्गेहे विषये यस्यमानवाः।
निर्भया विचरिष्यन्ति स राजा राजसत्तस।। वही, 57/33

137. शान्ति., 68/14-19

138. इन्द्रो वृत्रवधैनैव महेन्द्रः समपद्यत।। वही, 15/15

139. वही, 15/16-18

140. राज्ञः प्रमाददोषेण दस्युभिः परिमुष्यताम्।
अशरण्य प्रजानां यः स राजा कलिरुच्यते।। शान्ति., 12/27

141. आत्मामात्यश्च कोशश्च दण्डो मित्राणि चैव हि।।
तथा जनपदश्चैव पुरं च कुरुनन्दन। वही, 69/62,63

142. शान्ति., 58/5-12

143. न च शत्रुरवज्ञेयो दुर्बलोऽपि बलीयसा।
अल्पोऽपि हि दहत्यग्निर्विषमल्पं हिनस्ति च।। वही, 58/17

144. नित्यमुद्यतदण्डश्च भवेन्मृत्युरिवारिषु।
निहन्यात्सर्वतो दस्यून्न कामात्कस्यचित्क्षमेत्।। वही, 76/5

145. असतां प्रतिषेधश्च सतां च परिपालनम्।
एष राज्ञां परोधर्मः समरे चापलायनम्।। वही, 14/16

146. राजा चेन्न भवेल्लोके पृथिव्यां दण्डधारकः। वही, 67/16

147. न यस्य कूटकपटं न माया न च मत्सरः।
विषये भूमिपालस्य तस्य धर्मः सनातन।। शान्ति., 57/37

148. यस्माददान्तान्दमयत्यशिष्टानदण्डयत्यपि।
दमनाद्दण्डनाच्चैव तस्माद्दण्ड विदुर्बुधाः।। वही, 15/8

149. धर्मं संरक्षते दण्डस्तथैवार्थ नराधिप।
कामं संरक्षते दण्डस्त्रिवर्गो दण्ड उच्यते। वही, 15/3

150. दण्डेन रक्ष्यते धान्यं धनं दण्डेन रक्ष्यते। वही, 15/4

151. अपराधानुरूपं च दण्डं पापेषु पातयेत्।
उद्वेजयेद्धनैर्ऋद्धान्दरिद्रान्वधबन्धनैः।। शान्ति., 86/19

152. कामकारेण दण्डं तु यः कुर्यादविचक्षणः।
रा इहाकीर्तिरांयुक्तो मृतोनरकमाप्नुयात्।। वही, 86/23

153. विनयैरपि दुर्वृत्तान्प्रहारैरपि पार्थिवः।
सान्त्वेनोपप्रदानेन शिष्टांश्च परिपालयेत्।। वही, 86/20

154. शान्ति., 86/21,22

155. अदण्डयाश्चैव ते नित्यं विप्राः स्युर्ददतां वर। वही, 56/22

156. न तु हन्यान्नृपो जातु दूतं कस्यांचिदापदि। वही, 86/25

157. यथैव पूर्णादुदधेः स्यन्दन्त्यापो दिशो दश।
एवं राजकुलाद्वित्तं पृथिवीं प्रतितिष्ठति।। शान्ति., 8/32

158. कोशाद्धि धर्मः कौन्तेय राज्यमूलः प्रवर्तते।। वही, 131/1

159. वही, 8/31

160. कोशस्योपार्जनरतिर्यमवै श्रणोपमः। वही, 57/18

161. मधुदोहं दुहेद्राष्ट्रं भ्रमरान्न विपातयेत्।
वत्सापेक्षी दुहेच्चैव स्तनांश्च न विकुट्टयेत।। शान्ति., 89/4

162. नित्योद्विग्नाः प्रजा यस्सय करभारप्रपीडिताः।
अनर्थैविप्रलुप्यन्ते स गच्छति पराभवम्।। वही, 137/105

163. प्रद्विष्यन्ति परिख्यातं राजानमतिरवादिनम्। वही, 88/17

164. आददीत बलिं चैव प्रजाभ्यकुरुनन्दन।
षड्भागममितप्रज्ञस्तासामेवाभिगुप्तये।। शान्ति., 69/24

165. न चास्थाने न चाकाले करानेभ्योऽनुपातयेत्। वही, 89/11

166. आपदर्थं हि निचयान्राजान इह चिन्वते।
राष्ट्रं च कोशभूतं स्यात्कोशो वेश्मगतस्तथा। वही, 88/21

167. अश्रोत्रियाः सर्व एवसर्वो चानाहिताग्नयः।
तान्सर्वान्धार्मिको राजा बलिं विष्टिं च कारयेत्।। वही, 77/7

168. शान्ति., 69/25

169. मन्त्रिणो मन्त्रमूलं हि राज्ञो राष्ट्रं विवर्धते। शान्ति., 84/45

170. वही, 118/2,3

171. पर्याप्तवचनान्वीरान्प्रतिपत्तिविशारदान्।
कुलीनान्सत्यसम्पन्नानिङ्गितज्ञाननिष्ठुरान्।।
देशकालविधान्ज्ञान्भर्तृकार्यहितैषिणाः।
नित्यमर्थेषु सर्वेषु राजा कुर्वीत मन्त्रिणः। वही, 84/21,22

172. (क) स विनीय मदक्रोधौ मानमीर्ष्यां च निर्वृतः।
नित्यं पंचोपधातीतैर्मन्त्रयेत्सह मन्त्रिभिः।। वही, 84/49
(ख) सातवलेकर के अनुसार पाँच प्रकार के छल हैं—कायिक, वाचिक, मानसिक, कार्मिक एवं संकेतजनित।

173. मंत्रिणः प्रकृतिज्ञाः स्युस्त्र्यवरा महदीप्सवः।। वही, 84/44

174. अष्टानां मन्त्रिणां मध्ये मन्त्रं राजोपधारयेत्।। वही, 86/10

175. शान्ति., 86/7,9

176. नित्यं रक्षितमन्त्रः स्याद्यथा मूकः शरच्छिखी। वही, 120/7

177. वही, 84/53

178. वही, 85/45-47

179. (क) यश्चामात्यं मानयित्वा यथार्हं मन्त्रे च युद्धे च नृपे नियुञ्ज्याता वही, 92/28
(ख) यदा तु हीनं नृपतिर्विद्यादात्मानमात्मना।
अमात्यैः सह संमन्त्र्य कुर्यात्संधिं बलीयसा। वही, 69/14

180. योगक्षेमो हि राष्ट्रस्य राजन्यायतत्त उच्यते।
योगक्षेमश्च राज्ञोऽपिसमायत्तः पुरोहिते।। वही 75/1

181. यत्रादृष्टं भयं ब्रह्म प्रजानां शमयत्युत।
दृष्टं च राजा बाहुभ्यां तद्राष्ट्रं सुखमेधते।। वही, 75/2

182. तपोमन्त्रबलं नित्यं ब्राह्मणेषु प्रतिष्ठितम्।
अस्त्रबाहुबलं नित्यं क्षत्रियेषु प्रतिष्ठितम्।
ताभ्यां सम्भूय कर्त्तव्यं प्रजानां परिपालनम्।। शान्ति., 75/14,15

183. वही, अ. 75

184. य एव तु सतो रक्षेदसतश्च निबर्हयेत्।
स एव राज्ञा कर्त्तव्यो राजन्राजपुरोहितः।। वही, 73/1

185. राज्ञा पुरोहितः कार्यो भवेद्विद्वान्बहूश्रुतः।
उभौ समीक्ष्य धर्मार्थावप्रमेयावनन्तरम्।। वही, 74/1

186. धर्मात्मा धर्मविद्येषां राज्ञां राजन्पुरोहितः।
राजा चैवं गुणो येषां कुशलं तेषु सर्वशः।।
उभौ प्रजा वर्धयतो देवान्पूर्वान्परान्पितृन्।
यौ समेयास्थितौ धर्मे श्रद्धेयौ सुतपस्विनौ। शान्ति., 74/2,3

187. पदातिबहुला सेना दृढ़ा भवति भारत।
स्थाश्वबहुला सेना सुदिनेषु प्रशस्यते।।
पदातिनागबहुला प्रावृट्काले प्रशस्यते शान्ति., 101 ।21,22

188. (क) रथा नागा हयाश्चैव पादाताश्चैव पाण्डव।
विष्टिर्नावश्चराश्चैव देशिकाः पथि चाष्टकम्।। वही, 59/41
(ख) हस्तिनोऽश्वा रथाः पत्तिर्नावो विष्टिस्तथैव च।
दैशिकाश्चारकाश्चैव तदाष्टाङ्‌ बलं स्मृतम्।। वही, 121/43

189. यस्य योधाः संसन्तुष्टाः सान्त्विताः सूपधास्थिताः।
अल्पेनापि स दण्डेन महीं जयतिभूमिपः।। वही, 95/4

190. धर्मार्थशास्त्रतत्वज्ञः संधिविग्रहको भवेत्।
मतिमान्धृतिमान्धीमान्रहस्यविनिगूहिता।।
कुलीनः सत्यसम्पन्नः शक्तोऽमात्यः प्रशंसितः।
एतैरेव गुणैर्युक्तस्तथासेनापतिर्भवेत्।। वही, 86/29,30

191. व्यूहयन्त्रायुधीयानां तत्त्वज्ञो विक्रमान्वितः।
वर्षशीतोष्णवातानां सहिष्णुः पररन्ध्रवित्।। वही, 86/31

192. गजानां रथिनो मध्ये रथानामनुसादिनः।
सादिनामन्तरा स्थाप्यं पादातमिह दंशितम्।।
य एवं व्यूहते राजा स नित्यं जयते द्विषः। शान्ति., 100/9,10

193. षड्विधं दुर्गमास्थाय पुराण्यथ निवेश्येत्।
धन्वदुर्गं महीदुर्ग गैरिदुर्गं तथैव च।
मनुष्यदुर्गमब्दुर्गं वनदुर्गं च तानि षट्।। वही, 87/4,5

194. दुर्गेषु च महाराज षटसु ये शास्त्रनिश्चिताः।
सर्वेषु तेषु मन्यन्ते नरदुर्गं सुदुस्तरम्।। वही, 56/35

195. काणे–धर्मशास्त्र का इतिहास, द्वितीय भाग, पृ. 664

196. प्रकण्ठीः कारयेत्सम्यगाकाशजननीस्तथा।
आपूरयेच्च परिखाः स्थाणुनक्रझषाकुलाः।। शान्ति., 69/41

197. द्र., शान्ति., 87/7-12

198. प्रणिधीश्च ततः कुर्याज्जडान्धबधिराकृतीन्।
पुंसः परीक्षितान्प्राज्ञान्क्षुत्पिपासातपक्षमान्।। शान्ति., 69/8

199. (क) अमात्येषु च सर्वेषु मित्रेषु त्रिविधेषु च।
पुत्रेषु च महाराज प्रणिदध्यात्समाहितः।। वही, 69/9
(ख) उदासीनारिमित्राणां सर्वमेव चिकीर्षितम्।
पुरे जनपदे चैवज्ञातव्यं चारचक्षुषा।। वही, 87/21

200. (क) चारांश्च विद्यात्प्रहितान्परेण भरतर्षभ।
आपणेषु विहारेषु समवायेषु भिक्षुषु।।
आरामेषु तथोद्याने पण्डितानां समागमे।
वेशेषु चत्वरे चैव सभास्वावस्थेषु च।। शान्ति., 69/11,12
(ख) वही, 69/50, 138/41

201. (क) पुरे जनपदे चैव तथा सामन्तराजसु।
यथा न विद्युरन्योन्यं प्रणिधेयास्तथा हि ते।। शान्ति., 69/10
(ख) बाह्यमाभ्यन्तरं चैव पौरजानपदं जनम्।
चारैः सुविदितं कृत्वा ततः कर्म प्रयोजयेत्।। वही, 87/19

202. ये सपत्नाः सपत्नानां सर्वास्तानपवत्सयेत्।
आत्मनश्चापि बोद्धव्याश्चाराः प्रणिहिताः परैः।। वही, 138/39

203. चारः सुविहितः कार्य आत्मनोऽथ परस्य च।
पाषण्डांस्तापसादीश्च परराष्ट्रं प्रवेशयेत्।। वही, 138/40

204. चतुर्विधानि मित्राणि राज्ञां राजन्भवन्त्युत।
सहार्थो भजमानश्च सहजः कृत्रिमस्तथा।। शान्ति., 81/3

205. चतुर्णा मध्यमौ श्रेष्ठौ नित्यं शंकयो तथापरौ।
सर्वे नित्यं शंकितव्याः प्रत्यक्षं कार्यमात्मनः।। शान्ति., 81/3

206. (क) नाधर्मेण महीं जेतुं लिप्सेत् जगतीपतिः। शान्ति., 97/1
(ख) अधर्मयुक्तो विजयो ह्यध्रुवोऽस्वग्य एव च।
सादयत्येष राजानं महीं च भरतर्षभ।। वही, 97/2

207. प्रत्यक्षेणानुमानेन तथौपम्योपदेशतः।
परीक्ष्यास्ते महाराज स्वे परे चैव सर्वदा।। वही, 56/41

208. अनीकयो संहतयोर्यदीयाद्बाह्मणाऽन्तरा।
शान्तिमिच्छन्नुभयतो न योद्धव्यं तदा भवेत्।। वही, 97/8

209. उभे प्रज्ञे वेदितव्ये ऋज्वी वक्रा च भारत।
जानन्वक्रां न सेवेत प्रतिबाधेत चागताम्।। वही, 101/4

210. दानेनान्यं बलेनान्यमन्यं सुनृतया गिरा।
सर्वतः परिगृह्णीयाद्राज्यं प्राप्येह धार्मिकः।। वही, 76/31

211. (क) सान्त्वेनानुप्रदानेन भेदेन च नराधिपा शान्ति. 69,।23
(ख) संनिपातो न गन्तव्यः शक्ये सति कथंचन।
सान्त्वभेदप्रदानानां युद्धमुत्तरमुच्यते।। वही, 103।22

212. (क) यदा तु हीनं नृपतिर्विद्यादात्मानमात्मना।
आमात्यः सह संमन्त्र्य कुर्यात्सन्धिं बलीयसा।।
अज्ञायमानो हीनत्वे कुर्यात्सन्धिं परेण वै। वही, 69/14, 15
(ख) अरिणापि समर्थेन सन्धिं कुर्वीत पण्डितः। वही, 136/193

213. यो नोपकर्तुं शक्नोति नापकर्तुं महीपतिः।
अशक्य रूपश्चोद्धर्तुमुपेक्ष्यस्तादृशो भवेत्।। वही, 69/18

214. राष्ट्रं च पीडयेत्तस्य शस्त्राग्नि विषयमूर्छनैः।
अमात्यवल्लभानां च विवादांस्तस्य कारयेत्।। वही, 69/22

215. वही, 69/19

216. वर्जनीयं सदा युद्धं राज्यकामेन धीमता। वही, 69/22

217. शान्ति., 69/35

218. वही, 69/36-40

219. नासंनद्धो नाकवचो योद्धव्यः क्षत्रियो रणे। वही, 96/7

220. नाश्वेन रथिनं यायादुदियाद्रथिनं रथी।
व्यसने न प्रहर्तव्यं न भीताय जिताय च।। वही, 96/10

221. महाभारत मीमांसा। पृ. 359, 360

222. एवमेव यदा विद्वानमन्येतातिबलं रिपुम्।
संश्रेद्वैतसीं वृत्तिमेवं प्रज्ञानलक्षणमा शान्ति.. 114/14

223. षाड्गुण्यमिति यत्प्रोक्तं तन्निबोध युधिष्ठिर।
संधायासनमित्येव यात्रासंधानमेव च।
विगृह्यासनमित्येव यात्रां सम्परिगृह्य च।
द्वैधीभावक्तथान्येषां संश्रयोऽथ परस्य च।। वही, 69/65, 66

224. द्र., हरिनारायण दीक्षित–संस्कृत साहित्य में राष्ट्रीय भावना, प्रथम खण्ड, पृ. 119, 120

षष्ठ अध्याय

मोक्ष-धर्म विवेचन

"मोक्षधर्मेषु नियतो लघ्वाहारो जितेन्द्रियः।
प्राप्नोति ब्रह्मणः स्थानं यत्परं प्रकृतेर्ध्रुवम्।।"

शान्ति., 222।2

मानव जीवन के चार पुरुषार्थों धर्म, अर्थ, काम एवं मोक्ष में से 'मोक्ष' को 'परम पुरुषार्थ' कहा गया है। सब प्रकार के माया एवं अज्ञान जनित बन्धनों से मुक्ति या छुटकारा पाना मानव जीवन का चरम लक्ष्य है। आत्मा, जिसे स्वरूपतः नित्य, शुद्ध, बुद्ध, मुक्त एवं आनन्दस्वरूप माना गया है, के स्वरूप को जानना परमावश्यक है। दुखों से निवृत्ति तथा शाश्वत् आनन्द की प्राप्ति को ही 'मोक्ष' कहते हैं। इसलिए सब प्रकार के बन्धनों को पार करके जन्म-मृत्यु एवं सुख-दुखों के चक्र से छूटकर निरतिशय आनन्द की नित्य स्थिति ही 'मोक्ष' के नाम से अभिहित है। मोक्ष के स्वरूप को जानने से पूर्व मोक्ष एवं मोक्ष-धर्म के अभिप्राय को जानना भी आवश्यक है।

6.1. 'मोक्ष' एवं 'मोक्ष-धर्म' से अभिप्राय

व्युत्पत्ति की दृष्टि से 'मोक्ष' शब्द 'मोक्ष्' धातु से भाव और करण अर्थ में घञ् प्रत्यय लगाकर निष्पन्न होता है।[1] शब्द कल्पद्रुम के अनुसार 'मोक्ष' शब्द का निर्वचन है—मोक्ष्यते दुःखमनेन[2] अर्थात् जिसके द्वारा दुख से छुटकारा पाया जाता है। मोनियर विलियम्स के अनुसार मोक्ष का अभिप्राय है—सांसारिक सत्ता (आवागमन) से मुक्त होना अथवा अन्तिम रूप से (नित्य रूप से) मुक्ति।[3]

'मोक्ष' के लिए विभिन्न शब्दों का प्रयोग मिलता है। यथा—मुक्ति, कैवल्य, निर्वाण, निःश्रेयस्, अमृत, अपवर्ग, अपुनर्भव।[4] मुच् धातु से क्तिन् प्रत्यय लगाकर निष्पन्न हुआ 'मुक्ति' शब्द का अर्थ है छुटकारा, सांसारिक बन्धनों से रहित होना तथा दुख की आत्यन्तिक निवृत्ति।[5] 'केवलस्य भावः इति कैवल्यः' का अर्थ है पूर्ण

पृथकता, अकेलापन, एकान्तिकता, प्रकृति से पुरुष तत्त्व का पार्थक्य तथा परमात्मा के साथ आत्मा की तद्रूपता।[6] निर् उपसर्गपूर्वक 'वा' धातु से (अपवर्ग तथा मोक्ष अर्थ में) क्त प्रत्यय करने पर 'निर्वाण' शब्द बनता है जिसका अभिप्राय है जीवन रूपी ज्वाला का बुझना, आत्मा का पंचभौतिक जगत् से छुटकारा पाकर ब्रह्ममय हो जाना।[7] 'निःश्रेयस्' शब्द निस् उपसर्ग पूर्वक श्रेयस् से निष्पन्न होता है जिसका अर्थ है निश्चित रूप से कल्याणकारी।[8] 'अमृत' शब्द की निष्पत्ति नञ् पूर्वक 'मृ' धातु से क्त प्रत्यय करने पर होती है। जिसमें मृत्यु या मरण नहीं उसे 'अमृत' कहा जाता है।[9] 'अपवर्ग' शब्द अप उपसर्ग पूर्वक 'वृज्' धातु से घञ् प्रत्यय से निष्पन्न होता है जिसका अभिप्राय है आत्मा का शारीरिक सत्ता से मुक्त होना अथवा बार-बार जन्म लेने के चक्र से छूटना।[10] इस प्रकार मोक्ष एवं उसके सभी पर्यायों का अभिप्राय है—सभी प्रकार के सांसारिक बन्धनों से मुक्ति तथा अपुनर्भव की स्थिति।

'मोक्ष-धर्म' के अन्तर्गत आये 'धर्म' शब्द का अर्थ है—कर्त्तव्य कर्म या नियम। अतः 'मोक्ष-धर्म' शब्द का अर्थ हुआ—वे कर्त्तव्य कर्म या नियम जिनका पालन मनुष्यों को सांसारिक बन्धनों से मुक्ति पाने के लिए करना चाहिए। मोनियर विलियम्स[11] ने भी इसी की पुष्टि करते हुए कहा है कि 'मोक्ष-धर्म' उन नियमों या उपायों को कहते हैं जिनसे मोक्ष या अपवर्ग की प्राप्ति होती है। इसके अतिरिक्त 'मोक्ष धर्म' महाभारत के शान्तिपर्व के एक भाग 'मोक्ष-धर्म पर्व' का नाम है जिसके आधार पर प्रस्तुत परिच्छेद में मोक्ष-धर्म की चर्चा की गयी है।

6.2. वैदिक वाङ्मय में 'मोक्ष-धर्म'

वैदिक संहिताओं में 'मोक्ष' सम्बन्धी धारणा उपलब्ध होती है। वेदों में 'अमृत'[12] एवं 'अमृतत्व'[13] शब्द का बहुधा प्रयोग मिलता है जो मोक्ष के ही अर्थ में प्रयुक्त है। मोक्ष को 'परमपद' नाम भी दिया गया है। यही विष्णु का परम धाम है जिस विष्णु के परम पद में मधु अर्थात् अलौकिक आनन्द का स्रोत है।[14]

वेद में ऋषियों द्वारा मृत्यु दुख एवं बन्धनों से मुक्ति की प्रार्थना की गयी है।[15] वहाँ पर पाशों से मुक्त होने की बात कही गयी है।[16] ऋग्वेद में वरुण देवता से प्रार्थना है कि वह दुख रूपी बन्धनों से छुटकारा दिलाये तथा दोष रूपी निकृष्ट बन्धनों का भी विनाश करे।[17] ऋग्वेद में 'मुमुक्ष्वा' पद का भी प्रयोग मिलता है। महर्षि दयानन्द के अनुसार 'मुमुक्ष्वा' वे हैं जो संसार से छूटने की इच्छा करते हैं।[18] उस परमात्मा को जानकर और प्राप्त होकर जन्म-मरण आदि क्लेशों के समुद्र समान दुख से छूटकर वे मुमुक्षु जन परमानन्दस्वरूप मोक्ष को प्राप्त होते हैं।[19]

सायण ने ऋग्वेद में 'विष्णु के प्रिय पाथः' को 'अविनश्वरब्रह्मलोकम्' कहा है और उस परमपद के विषय में बतलाया है कि वह केवल सुखात्मक है, जहाँ भूख-प्यास,

जरामरण एवं पुनरावृत्ति आदि का भय नहीं है तथा जहाँ संकल्प मात्र से ही अमृत भोग प्राप्त हो जाते हैं।[20]

ऋग्वेद में अमृतत्व की प्राप्ति हेतु सोम देवता से प्रार्थना की गयी है कि हमें उस अमृतत्व की प्राप्ति हो जहाँ शाश्वत् प्रकाश और सुख है तथा जो लोक ज्योतिष्मान् है, जहाँ आनन्द ही आनन्द है। वह अमृत अवस्था वृद्धि तथा क्षय से रहित हैं।[21]

ब्राह्मण-ग्रन्थों में भी अमरत्व के अनेक विचारों का उल्लेख दिखाई देता है। शतपथ ब्राह्मण में कहा गया है कि संसार मृत्युग्रस्त है और यह मृत्यु ही दिन-रात मनुष्यों की आयु को क्षीण करती है।[22] इसलिए इससे छूटने का उपाय मनुष्य को करना चाहिए। शतपथ ब्राह्मण में मुक्त पुरुष के लिए अमरत्व की कल्पना भी की गयी है।[23] वहाँ यह भी कहा गया है कि आत्मयाजी व्यक्ति की अहि रूपी आत्मा मर्त्य शरीर को केंचुलीवत् त्याग कर मुक्त हो जाती है।[24] यहीं पर आत्मयाजी को देवयाजी से श्रेष्ठ कहा गया है।[25] अग्निहोत्र से यजन करने वाला जरा तथा मृत्यु से छुटकारा पा लेता है।[26] इस प्रकार शतपथ ब्राह्मण में आवागमन के चक्र से मुक्ति का वर्णन है तथा अमरत्व को ही सर्वोत्तम कहा गया है।[27]

उपनिषदों में मोक्ष को परम पुरुषार्थ माना गया है। बन्धन का विनाश ही मोक्ष है जिसका साधन है ज्ञान। यहाँ वर्णित है कि आत्मा और परमात्मा में भेद दृष्टि ही बन्धन का कारण है तथा दोनों में अभेद दृष्टि ही मोक्ष है। श्वेताश्वतर उपनिषद् में कहा गया है कि जीव अपने को और सर्वनियन्ता परमात्मा को अलग-अलग मानकर ही इस महान चक्र में भ्रमण करता रहता है, परन्तु जब उसे जीव और परमात्मा के अभिन्न स्वरूप का ज्ञान हो जाता है तब वह अमृतत्व को प्राप्त हो जाता है।[28] मोक्ष के लिए ब्रह्मात्मतत्व का ज्ञान ही अपेक्षित है, इसी से अमृतत्व प्राप्त होता है, कोई दूसरा मार्ग नहीं।[29]

उपनिषदों में आत्मज्ञान के महत्त्व का प्रतिपादन किया गया है कि आत्मज्ञानी शोक से पार हो जाता है।[30] आत्मा के स्वरूप के विषय में कहा गया है कि यह अजन्मा, नित्य, शाश्वत्, अनादि तथा अनन्त है।[31] उसे तर्क, वेदाध्ययन, मेधा एवं अत्यधिक श्रवण से नहीं जाना जा सकता।[32] इसीलिए इसे 'निहितं गुहायाम्' कहा गया है।[33]

मुण्डकोपनिषद् में बताया गया है कि उस परात्पर परमात्मा का साक्षात्कार कर लेने पर हृदय की ग्रन्थि टूट जाती है, सारे संशय नष्ट हो जाते हैं तथा समस्त कर्म क्षीण हो जाते हैं।[34] जिस प्रकार नदियाँ बहती हुई अपने नाम और रूप को छोड़कर समुद्र में लीन हो जाती हैं, उसी प्रकार विद्वान नाम और रूप से मुक्त होकर परात्पर, दिव्य पुरुष को प्राप्त हो जाता है।[35] प्रश्नोपनिषद् में कहा गया है—उस जानने योग्य पुरुष को जानो, जिससे मृत्यु तुम्हें व्यथित न करे।[36] अतः उपनिषदों में अज्ञान को बन्धन का कारण तथा ज्ञान को मोक्ष का साधन कहा गया है तथा आत्मा-परमात्मा के ऐक्यभाव को ही मोक्ष माना गया है।

इस प्रकार उपरोक्त विवेचन से ज्ञात होता है कि यहाँ पर मोक्ष प्राप्ति के क्रमशः तीन सोपानों की चर्चा की गयी है। प्रथमतः ऋग्वेदादि में उपासना, स्तुतियों एवं यज्ञ के माध्यम से स्वर्ग एवं अमृतत्व की कामना उपलब्ध होती है। ब्राह्मण ग्रन्थों में भी यज्ञ एवं कर्मकाण्ड को स्वर्ग तथा अमृतत्व प्राप्ति का साधन कहा गया है जबकि उपनिषदों ने केवल मात्र ज्ञान को ही मोक्ष का साधन स्वीकार किया है। यद्यपि वेदविहित कर्मों के अनुष्ठान से स्वर्ग एवं देवतुल्य सुखोपभोग की प्राप्ति होती है तथापि पुण्य क्षीण हो जाने पर पुनः जीव को धरती पर जन्म लेना पड़ता है। सम्भवतः इसीलिए औपनिषदिक ऋषियों ने जन्म-मरण के बन्धन से पूर्ण मुक्ति पाने के लिए ज्ञान का आश्रय लिया और इसीलिए ज्ञान को मोक्ष का मुख्य साधन स्वीकार किया।

सूत्र-ग्रन्थों में भी आत्मज्ञान के महत्त्व पर प्रकाश डाला गया है। आपस्तम्ब धर्मसूत्र में कहा गया है कि आत्मज्ञान के लाभ से बढ़कर कोई अन्य लाभ नहीं है।[37] सभी जीवित प्राणियों का शरीर उस आत्मा का निवास स्थान होता है, जो बुद्धि रूपी गुफा में शयन करता है, जो पाप रहित है, जरा रोग इत्यादि सभी दोषों से मुक्त है, अमर है। चंचल प्राण शरीर में विद्यमान उस अचल आत्मा का जो जन साक्षात्कार कर लेते हैं वे अमर हो जाते हैं।[38]

आत्मा के स्वरूप के विषय में कहा गया है कि वह आत्मा सभी प्राणियों में नित्य, अमर, ध्रुव अर्थात् विकार रहित है, ज्ञानस्वरूप है, अंगहीन तथा शब्द और स्पर्श गुण से परे है तथा वह अत्यन्त शुद्ध है।[39]

प्राणियों का नाश करने वाले दोषों का भी उल्लेख किया गया है कि काम, क्रोध, हर्ष, रोष, लोभ, मोह, दम्भ, द्रोह, असत्यवचन, अतिभोजन इत्यादि दोष प्राणियों का विनाश करने वाले हैं जो योग के माध्यम से ही समाप्त होते हैं। इन दोषों को समाप्त करके उत्तम गुणों के विधान द्वारा आश्रमोचित नियम पालन द्वारा श्रेष्ठ जन विश्वात्मा को प्राप्त होते हैं।[40] गौतम-धर्मसूत्र में भी आठ आत्मगुणों का उल्लेख मिलता है जो ब्रह्मलोक की प्राप्ति में सहायक है। वहाँ कहा गया है कि सभी प्राणियों पर दया, क्षमाशीलता, अनसूया, पवित्रता, अनायास (जिस कार्य को करने से अपने को पीड़ा हो, उसे न करना), मंगल (प्रशस्त कर्म का आचरण), अकार्पण्य (किसी से कुछ न माँगना) और अस्पृहा (दूसरे की वस्तु देखकर लालच न करना)–ये आठ आत्मगुण हैं। जिसमें ये आठ गुण होते हैं वह ब्रह्म का सायुज्य पाकर ब्रह्मलोक में निवास करता है।[41] इस प्रकार सूत्र ग्रन्थों में भी आत्मा के साक्षात्कार को ही मोक्ष माना गया है किन्तु साथ ही मानव के अपने दोषों के नाश तथा योग द्वारा चित्तशुद्धि पूर्वक आत्मगुणों के विकास पर भी बल दिया गया है जो ब्रह्मलोक की प्राप्ति में सहायक होते हैं।

वाल्मीकि रामायण में मोक्ष-धर्म

लौकिक संस्कृत की प्रथम रचना आदि महाकाव्य रामायण में भी मोक्ष सम्बन्धी धारणा उपलब्ध होती है। यहाँ मोक्ष के लिए ब्रह्मलोक,[42] निर्वाण,[43] अमृत,[44] निःश्रेयस[45] आदि शब्दों का प्रयोग मिलता है। समुद्र-मन्थन के प्रसंग में अमृत शब्द आया है जिसे उत्तम कहा गया है।[46] जरा, मृत्यु से मुक्त होकर अमर बनने की अभिलाषा से प्रेरित होकर देवों और दानवों ने 'अमृत' की प्राप्ति के लिए समुद्र-मन्थन किया।[47]

रामायण के अनुसार मोक्ष हो जाने पर सनातन ब्रह्मलोक की प्राप्ति होती है।[48] श्रीराम के विषय में बालकाण्ड में कहा गया है कि ग्यारह हजार वर्षों तक राज्य करने के अनन्तर श्रीरामचन्द्र जी अपने परधाम ब्रह्मलोक को जायेंगे।[49] अपने पिता दशरथ का वर्णन करते हुए श्रीराम भरत से कहते हैं कि हमारे पिता ने जरा-जीर्ण मानव शरीर का परित्याग करके दैवी सम्पत्ति प्राप्त की है, जो ब्रह्मलोक में विहार कराने वाली है।[50] अभिप्राय यह है कि यहाँ ब्रह्मलोक विचरण की गणना दैवी सम्पत्ति के अन्तर्गत की गयी है। रामायण में इस शरीर से ही देवताओं की परम गति प्राप्त करने की बात कही गयी है।[51] इस प्रकार यहाँ मोक्ष को परम गति, उत्तम गति,[52] परम सुखरूप, परमपद[53] तथा क्षय रहित[54] बतलाया गया है।

सत्यवादी इस लोक से परे अक्षय लोक को प्राप्त करता है,[55] इस कथन से प्रतीत होता है कि सत्य को ही उस परम पद प्राप्ति का साधन माना गया है। अन्यत्र भी कहा है जो सत्य धर्म के उपासक हैं उनको मृत्यु का भी भय नहीं होता है।[56]

इस प्रकार महाभारत से पूर्ववर्ती ग्रन्थों के आधार पर मोक्ष सम्बन्धी धारणा का ज्ञान होता है। 'अमृत', 'अमृतत्व', 'परम पद', 'ब्रह्मलोक प्राप्ति' आदि शब्द मोक्ष के पर्याय रूप में प्राप्त होते हैं। आत्मा, जिसे अव्यय, अक्षर, अजर और अमर माना गया है, के स्वरूप ज्ञान द्वारा मनुष्य शाश्वत् आनन्दस्वरूप मोक्ष को प्राप्त करता है। वेदों में स्तुतियों व प्रार्थनाओं को, ब्राह्मण ग्रन्थों में कर्मकाण्ड को तथा उपनिषदों में केवल मात्र ज्ञान को मोक्ष प्राप्ति का साधन स्वीकार किया गया है। सूत्र साहित्य में भी योग के माध्यम से आत्म साक्षात्कार की चर्चा मिलती है तो रामायण में इन साधनों के साथ-साथ सत्य पर भी अधिक बल दिया गया है।

6.3 शान्तिपर्व में 'मोक्ष-धर्म' विवेचन

शान्तिपर्व में मोक्ष एवं मोक्ष-धर्म सम्बन्धी विस्तृत चर्चा उपलब्ध होती है। अध्याय 168 से अध्याय 353 तक को 'मोक्ष-धर्म-पर्व' कहा गया है जिसमें शुभाशुभ कर्मों के परिणाम, संसार-चक्र, जीवात्मा एवं मुक्ति के साधनों का वर्णन किया गया है। यहाँ योग, कर्म और ज्ञान के साधनों की चर्चा हुई है। इतना ही नहीं, शान्तिपर्व

में सांख्ययोग के अनुसार पंचमहाभूत, बुद्धि, ज्ञान, परब्रह्म की प्राप्ति का विस्तृत विवरण दिया गया है। इससे यह प्रतीत होता है कि शान्तिपर्व में धर्म के विभिन्न पहलुओं (यथा वर्ण, आश्रम, राजधर्म आदि) के साथ-साथ मोक्ष-धर्म को अत्यधिक महत्त्व प्रदान किया गया है।

शान्तिपर्व में मोक्ष के विभिन्न पर्याय यथा अमरत्व, निर्वाण, अपवर्ग, अमृत, निःश्रेयस्, ब्रह्मपद आदि उपलब्ध होते हैं।[57] जिनके निर्वचन की चर्चा पूर्व अनुच्छेद में की जा चुकी है। मोक्ष का अर्थ है 'मुक्ति' अर्थात् सांसारिक दुख तथा उनसे प्राप्त होने वाले अनेक प्रकार के बन्धनों से छुटकारा। जिसके अनन्तर ब्रह्मलोकरूपी अनन्त सुख की प्राप्ति होती है। मोक्ष का यही स्वरूप हमें शान्तिपर्व में भी उपलब्ध होता है। बन्धन के विभिन्न कारण तथा उनसे छुटकारा प्राप्त करने के विभिन्न उपायों का वर्णन यहाँ किया गया है।

इस सनातन मोक्ष-धर्म को अत्यन्त दुष्कर कहा गया है।[58] सहस्रों में से कोई एक विरला ही मोक्ष विषयक बुद्धि का आश्रय लेता है।[59] इसी दुष्कर मोक्ष-धर्म का विवेचन प्रस्तुत स्थल पर शान्तिपर्व के आधार पर करना अभीष्ट है।

6.3.1 मोक्षेच्छा का हेतु

शंका होती है कि मानव मन में प्रारम्भ से ही मोक्ष की आकांक्षा क्यों उत्पन्न हुई? क्या वह जगत् में प्राप्त परिस्थितियों से सन्तुष्ट नहीं था? इस शंका का समाधान हमें शान्तिपर्व में उपलब्ध होता है। वहाँ कहा गया है कि इस जगत् में समस्त प्राणी दुखों से सर्वशः ग्रस्त हैं।[60] अतः संसार की असारता तथा दुखों पर ध्यान देते हुए मनुष्य को उनसे निवृत्ति का उपाय सोचना चाहिए।[61] शुभ-कर्म से जीव को देवत्व प्राप्त होता है, शुभाशुभ मिश्रित कर्म के द्वारा मानव जन्म की उपलब्धि होती है और अशुभ कर्मों से अधम योनि में जन्म होता है। उन योनिय्रों में जीव मृत्यु और जरा के दुख से सदा पीड़ित होकर सन्तप्त होता रहता है। इस संसार में जन्म लेने वाला प्रत्येक प्राणी सन्ताप की अग्नि में जलता है, इसलिए इन दुखों से सदा के लिए निवृत्त होना ही मानव-जीवन का परम लक्ष्य होना चाहिए[62] और इसी कारण जीवनक्रम के प्रारम्भ से ही हमें मानव मन में मोक्ष या मुक्ति की आकांक्षा के दर्शन होते हैं।

अब प्रश्न उठता है कि वे सांसारिक दुख जो मोक्षेच्छा के मूलकारण हैं—क्या हैं और किस प्रकार के हैं? इसके उत्तर में शान्तिपर्व में मुख्यतः दो ही प्रकार के दुखों की चर्चा उपलब्ध होती है—शारीरिक और मानसिक। वहाँ कहा गया है कि दृढ़ धनुर्धरों के द्वारा प्रयोग किये गये तीक्ष्ण बाणों की भाँति शारीरिक और मानसिक रोग मनुष्यों को कष्ट पहुँचाते हैं, भूख प्यास से व्यथित, दुःखित किन्तु जीने की इच्छा रखने वाले मनुष्य का शरीर क्षीण होता जाता है और वह क्रमशः विनाश की

ओर अग्रसर होता है।[63] इतना ही नहीं, नदी के प्रवाह की भाँति दिन और रात रूपी काल मानव जीवन को ग्रसता रहता है।[64]

जीवन में सुख की अपेक्षा दुख का आधिक्य है। इन दुखों के मूल में क्या है? इस शंका के उत्तर में यहाँ कहा गया है कि मोह और इन्द्रियों के विषयों में आसक्ति ही इन दुखों का कारण है।[65] सांसारिक विषयों को भोगने की पिपासा का कोई अन्त नहीं है।[66] जितना मनुष्य उसको भोगता है उतनी ही अधिक कामना या तृष्णा में वृद्धि होती जाती है। तृष्णा से ग्रस्त मनुष्य को कामोपभोग करते हुए भी तृप्ति नहीं होती। निरन्तर वह विषय संचय करता रहता है किन्तु अचानक मृत्यु उसको उसी प्रकार ग्रस कर चल देती है जैसे बाघ हरिण को उठाकर चल देता है।[67] इस प्रकार शान्तिपर्व में क्षुधा-पिपासा, रोगादि शारीरिक दुख तथा विषयासक्ति, ईर्ष्या, द्वेष, मोह आदि मानसिक कष्टों की चर्चा उपलब्ध होती है। इन विभिन्न प्रकार के दुखों से व्यथित होकर ही जीव इनसे छुटकारा पाने की कामना करता है।

6.3.2 आवागमन रूप बन्धन के कारण

शान्तिपर्व में आवागमन रूप बन्धन के कारणों में अज्ञान तथा जीव के शुभाशुभ कर्मों पर विशेष प्रकाश डाला गया है।

अज्ञान—आवागमन रूप बन्धन का मुख्य कारण जीवात्मा से घिरा हुआ अज्ञान है जिसके वशीभूत होकर, वह विषयासक्त होता है तथा मोहग्रस्त हुआ कदाचित् दुख से मुक्त होने में समर्थ नहीं होता। उसकी बुद्धि मोहजाल से ग्रस्त होकर विचलित होती है और वह इस लोक और परलोक में निरन्तर दुख भोगता रहता है।[68] विषयों के प्रति अनुराग ही प्राणियों की बन्धन रज्जु है,[69] जैसे रेशम का कीड़ा बहुत से आत्मज सूत्रों द्वारा स्वयं बद्ध होकर मोहवश अपने को नहीं जानता है वैसे ही प्राणी भी मोह व अज्ञानवश आत्मस्वरूप को नहीं पहचानता।[70] जैसे मछली मूर्खता के कारण अपने को जल से पृथक् नहीं समझती।[71] वैसे ही पुरुष अज्ञानवश होकर इस प्राकृत शरीर को आत्मा से पृथक् नहीं समझता।

सांख्य के शब्दों में वहाँ स्पष्ट रूप से कहा गया है कि आत्म-तत्त्व अपने अज्ञान के कारण सत्त्व, रजस्, तमस् इन तीनों गुणों तथा धर्म, अर्थ, काम आदि सबको 'ये मेरे हैं' ऐसा समझता हुआ अभिमान करता है तथा प्रकृति के संयोग से अपने स्वरूप के अनेक विभाग करता है।[72] वही बोधहीनता के कारण अज्ञान का अनुवर्ती होकर एक शरीर से सहस्र शरीरों को धारण करता है।[73]

शुभाशुभकर्म—इसके अतिरिक्त जीव के शुभाशुभ कर्म भी उसके बन्धन के कारण कहे गये हैं। शान्तिपर्व में कहा गया है कि यह पृथ्वी कर्मभूमि है जहाँ जीव अपने किये हुए कर्मों का निरन्तर उपभोग किया करता है।[74] वह पूर्वजन्म में यत्नपूर्वक

जिन शुभाशुभ कर्मों को करता है जननी-जठर में प्रविष्ट होने के समय से ही वह उन सब शुभाशुभ कर्मों के फल को भोगना प्रारम्भ कर देता है।[75] व्यक्ति बुद्धिमान् हो, मूढ़ हो अथवा शूरवीर हो उसे भी पूर्वजन्म में किये हुए शुभ व अशुभ कर्मों का फल भोगना ही पड़ता है।[76] अतः जगत् में सभी प्राणी निमित्तभूत कर्मों के द्वारा ही दुख से युक्त हो रहे हैं और यही शुभाशुभ कर्म जीव के बन्धन के कारण हैं।

पूर्वकर्मों से मुक्त होने के लिए पुरुष के अत्यन्त यत्नवान् होने पर भी पूर्वकर्म उसका अनुसरण करते हैं। उसके शीघ्र दौड़ने पर, सोने पर, खड़ा होने पर, चलने पर उसके कर्म छाया के समान उसका पीछा करते हैं।[77] जीव गर्भशय्या में शयन करते हुए भी पूर्व देह सम्बन्धी आत्मकृत कर्मों का भोग करता है।[78] जैसे बछड़ा हजार गऊ के बीच अपनी जननी को खोज लेता है वैसे ही पूर्वकर्म भी कर्ता का अनुगमन किया करते हैं।[79]

जीवों में पूर्वकर्मों के अनुसार सात्विकी, राजसी और तामसी भेद से तीन की प्रकृतियाँ (प्रवृत्तियाँ) होती हैं।[80] उनमें सात्त्विक पुरुष मोक्ष का अधिकारी होता है जबकि रजोगुणी और तमोगुणी जीव प्रवृत्ति मार्ग की ओर अग्रसर होता है जो बन्धन का कारण है।[81] तमोगुण के द्वारा मोह, क्रोधादि तामस भाव तथा रजोगुण से प्रवृत्त्यादि राजस भाव उत्पन्न होते हैं।[82] शान्तिपर्व में कहा गया है तामसिक लोग नरक में, राजस् लोग मनुष्य लोक में तथा सात्त्विक लोग सुखभागी होकर देवलोक में गमन करते हैं।[83] इस प्रकार निगुण-निर्विशेष आत्मा त्रिगुणात्मिका प्रकृति के संसर्ग से मूढ़ता व अज्ञान के वशीभूत हो विभिन्न कर्म करते हुए विभिन्न योनियों में जन्म लेता है तथा काम, क्रोध, राग-द्वेष, तृष्णा तथा लोभ के कारण दुख भोगता है।[84]

6.3.3 मोक्ष का अधिकारी

जगत के दुखों से आक्रान्त एवं जन्म-मरण के चक्र में फँसे हुए मानव उससे छुटकारा पाने के लिए मोक्ष की आकांक्षा तो करते हैं परन्तु कितने व्यक्ति ऐसे हैं जो वास्तव में मोक्ष के अधिकारी हैं? इस प्रश्न के उत्तर में शान्तिपर्व में विभिन्न प्रकार के गुणों व लक्षणों की चर्चा की गयी है जो वास्तव में मोक्ष-प्राप्ति के अधिकारी में अपेक्षित हैं।

व्रतधारी स्नातक,[85] तत्त्वज्ञान के जिज्ञासु, प्रशान्त और अनुगत शिष्य ही वास्तव में इस रहस्यधर्म के अधिकारी कहे गये हैं। इसके विपरीत अप्रशान्त, अदान्त, अतपस्वी, असूयक, व्यक्ति के समीप इस मोक्ष शास्त्र का उपदेश करना उचित नहीं।[86] अधिकार भेद से यह आत्मज्ञान का विषय कहीं फलित और कहीं निष्फल हो जाता है, ऐसा शान्तिपर्व में स्पष्ट कहा गया है।[87]

ज्ञानस्वरूप यह मोक्षशास्त्र दही से नवनीत तथा काष्ठ से अग्नि के समान ज्ञानियों के प्रति प्रकट हुआ है जिसका विषय अत्यन्त महान् एवं गुप्त है।[88]

इसलिए संयमी, हितकारी, अनुगत पुत्र व शिष्य ही उसका अधिकारी हो सकता है। उस श्रेष्ठ अविनाशी पद को प्राप्त करने के लिए अल्पाहारी, जितेन्द्रिय, समत्व बुद्धि युक्त होना तथा मोक्ष-धर्म पालन में सदा उद्यत होना आवश्यक है।[89] यहाँ उल्लेखनीय बात यह भी कही गयी है कि विषयासक्त चित्त और अशान्तमन वाला मूढ़ मनुष्य स्नेहपाश में बद्ध होकर कभी भी मोक्षपथ का पथिक नहीं हो सकता।[90] कामना को एक मात्र बन्धन कहा गया है। इसलिए जो काम-बन्धन से छूट जाता है, वही ब्रह्मत्व लाभ करने में समर्थ होता है।[91]

मोक्ष-अभिलाषा एवं मोक्ष-विषयक जिज्ञासा ही अधिकारी के महत्त्वपूर्ण लक्षण हैं। शान्तिपर्व में वर्णित है कि जैसे जल के प्रवाह में बहता हुआ मनुष्य कभी डूबता उतरता और कभी नौका का अवलम्बन करता है वैसे ही संसार स्रोत में डूबते हुए मनुष्य को यदि कैवल्य प्राप्ति की अभिलाषा हो तो उसको ज्ञान रूपी नौका का मन से अवलम्बन करना चाहिए।[92] जो शिष्य भाव से गुरु के पास मोक्ष-विषयक जिज्ञासा से जाता है वही ज्ञान-प्राप्ति का अधिकारी होता है। शान्तिपर्व में शिष्यभाव से आये 'स्यूमरश्मि' का वर्णन मिलता है जो इसी मोक्ष-विषयक जिज्ञासा से कपिल मुनि के पास आये थे।[93]

इस प्रकार शान्तिपर्व में मोक्ष के अधिकारी में वेदज्ञान, तत्त्वज्ञान, समत्व बुद्धि, जितेन्द्रियता, प्रशान्त चित्तता आदि शुद्ध आचरण के द्वारा मोक्ष-विषयक जिज्ञासा एवं मोक्ष अभिलाषा अपेक्षित मानी गयी है, जिनका उल्लेख हमें वेदान्त दर्शन में भी दृष्टिगोचर होता है। वहाँ भी वेदान्त के अधिकारी की अर्हताएँ गिनाई गयी हैं जिनमें वेदाध्ययन के अतिरिक्त साधन चतुष्ट्य में नित्यानित्यवस्तु विवेक, इहमुत्रार्थफलभोग विराग, शम, दम आदि षट्कसम्पति तथा मुमुक्षत्व (मुक्ति की इच्छा) ही अधिकारी के लक्षण कहे गये हैं[94] और उन्हीं के संकेत हमें शान्तिपर्व में भी मिलते हैं।

मनुष्य जीवन के किस चरण में मोक्ष का अधिकारी हो सकता है, इस विषय में शान्तिपर्व में दो विरोधी धारणाएँ उपलब्ध होती हैं। एक धारणा यह है कि मानव को अपने आश्रमोचित धर्म का पालन अवश्य करना चाहिए। क्षत्रिय राजधर्म का पालन किये बिना संन्यास या कापालिक वृत्ति का आश्रय न ले क्योंकि सर्वत्याग (अकिंचनता) से ही मोक्ष प्राप्त होता है, इस मत की पुष्टि शान्तिपर्व से नहीं होती।[95] इससे सिद्ध होता है कि मोक्ष-प्राप्ति से पूर्व अपने आश्रमोचित धर्म का पालन आवश्यक है जैसा कि युधिष्ठिर के वैराग्ययुक्त हो जाने पर उसके बन्धु-बान्धवों ने उसे संन्यास न लेने का परामर्श दिया और राजधर्म पालन करने का उपदेश दिया।[96] परन्तु कुछ ऐसे उदाहरण भी मिलते हैं जिनके आधार पर कहा जा सकता है कि मनुष्य गृहस्थ आश्रम अथवा राजधर्म का पालन करते हुए भी मोक्ष प्राप्त कर सकता है। इस विषय में राजा जनक का उदाहरण हमारे सम्मुख है जो राजधर्म का पालन करते हुए भी जीवन्मुक्त थे।[97]

इसके अतिरिक्त शान्तिपर्व में भीष्म पितामह द्वारा उद्धृत पिता-पुत्र संवाद से यह तथ्य उपलब्ध होता है कि जब मनुष्य जीवन, जरा व्याधि एवं मृत्यु से प्रत्येक क्षण ग्रस्त है तो उसे चारों आश्रमों के कर्त्तव्य-कर्म की पूर्ति पर्यन्त प्रतीक्षा करना कहाँ तक उपयुक्त है?[98] क्यों न उसे आज ही कल्याणकारक मार्ग का आश्रय ले लेना चाहिए।[99] यदि मनुष्य मोह में फँसकर पुत्र-स्त्री आदि के लिए कर्त्तव्य-अकर्त्तव्य कर्म करता रहा और इस प्रकार से वह मोह व वासना ग्रस्त होकर बीच में ही मृत्यु का ग्रास बन गया तो वह मोक्ष-प्राप्ति के लिए प्रयत्न कब कर सकेगा? ऐसी स्थिति में तो वह सदैव प्रत्येक जीवन में वासनाओं का शिकार होकर बन्धन के चक्र में फंसा रहेगा। अतः श्रेष्ठ यही है कि उस अन्तिम अवस्था की प्रतीक्षा न कर इसी क्षण श्रेयमार्ग का अवलम्बन करके मोक्ष-प्राप्ति की ओर अग्रसर होना चाहिए। इस प्रकार पिता-पुत्र संवाद से यह स्पष्ट है कि जीवन के किसी भी क्षण में वैराग्य उत्पन्न होने पर मुमुक्षु बना जा सकता है।[100] कठोपनिषद् के नचिकेता उपाख्यान से भी इसी तथ्य की पुष्टि होती है।

6.3.4 मोक्ष का स्वरूप

जैसा कि पूर्व अनुच्छेदों से स्पष्ट है 'मोक्ष' शब्द का तात्पर्य है मुक्ति या छुटकारा। छुटकारा किससे? दुखों एवं जन्म-मरण के बन्धन से। शान्तिपर्व में कहा गया है कि मोक्ष-प्राप्ति के बाद पुनर्जन्म नहीं होता। पुनर्जन्म न होने से किसी प्रकार का शारीरिक बन्धन नहीं रहता।[101] जरा और मृत्यु से छुटकारा मिल जाता है। वह जीव सांसारिक दुखों के पार चला जाता है। मोक्षावस्था में कर्मों के क्षीण हो जाने पर सभी प्रकार के पाप-पुण्यों का क्षय हो जाता है तथा देही ब्रह्मत्व को प्राप्त कर लेता है।[102] यह अक्षय और अनामय परम मार्ग है जिसमें नवीन बन्धनों का उच्छेद हो जाता है और सुख देने वाली अगाध गति प्राप्त होती है।[103]

मोक्षावस्था में सनातन परब्रह्म का ज्ञान हो जाने से जीव की इस जगत् में पुनरावृत्ति नहीं होती और वह संसारमोचक, आनन्दस्वरूप, अधिष्ठान परब्रह्म को प्राप्त कर लेता है।[104] इस प्रकार दुखों की आत्यन्तिक निवृत्ति तथा परम आनन्द की स्थिति ही मोक्ष है, जिसको निर्वाण, शान्ति और परम सुख भी कहा गया है।[105] यह परम सौख्यपूर्ण स्थिति है जिसमें आत्मा के शुद्ध स्वरूप का बोध हो जाता है। मोक्ष से प्राप्त होने वाले ब्रह्मलोक को पुनरावृत्ति से रहित, अद्वितीय, अक्षरसंज्ञक, अविनाशी, दुखविहीन, जराविहीन तथा शुद्ध शान्तिमय कहा गया है।[106]

एक स्थल पर कहा गया है कि जिस प्रकार नदी में गिरे हुए मनुष्य गोते खाते हुए अत्यन्त कष्ट अनुभव करते हैं, उसी प्रकार अज्ञानी मनुष्य संसार-सागर में डूबकर दुख का अनुभव करते हैं किन्तु जिस प्रकार कोई तैराक पुरुष क्लेशित न होकर जल

में स्थल की भाँति विचरण करता है उसी प्रकार आत्मा के शुद्ध स्वरूप को जानने वाला जीव संसार-सागर को पार कर जाता है।[107]

आत्मा के शुद्ध स्वरूप पर प्रकाश डालते हुए शान्तिपर्व में कहा गया है कि शरीर और आत्मा भिन्न-भिन्न हैं। शरीरी आत्मा उत्पत्ति, वृद्धि और ह्रास रहित है।[108] मनुष्य नेत्रों से आत्मा का रूप नहीं देख सकता है, त्वचा से उसका स्पर्श नहीं कर सकता, श्रोत्र से उसका श्रवण नहीं हो सकता क्योंकि वह आत्मा स्वयं हमारी इन्द्रियों का स्वामी और इन्द्रियों का प्रकाशक है।[109] समस्त शरीरों में शरीरस्थ ज्ञेय स्वरूप आत्मा को ज्ञान के द्वारा ही जाना जा सकता है। आत्मा सर्वज्ञ और सर्वदर्शी है।[110] आत्मा अदृश्य होकर भी अभाव रहित है। आत्मा के इन्द्रियों से अगोचर होने पर भी उसके अस्तित्व के विषय में संशय नहीं किया जा सकता क्योंकि हिमालय पर्वत और चन्द्रलोक के पृष्ठभाग कभी मनुष्यों को दिखाई नहीं देते तो यह नहीं कहा जा सकता कि वे नहीं हैं।[111]

मोक्ष के स्वरूप को स्पष्ट करते हुए कहा गया है कि जैसे सूर्य अपनी किरणों के द्वारा जगद् व्यापकत्व को प्राप्त करके अस्ताचल को जाते हुए अपने किरणमण्डल को समेट लेने पर निर्गुण हो जाता है, वैसे ही जीव इस लोक में मननशील और सुख-दुख से निर्विशेष होकर गुणरहित, अव्यय ब्रह्म में प्रवेश करता है। तभी मनुष्य संसार में पुनरावृत्ति रहित, अविनाशी परब्रह्म का दर्शन करके परम मोक्ष पाता है।[112] कुछ अन्य उदाहरणों से भी मोक्षावस्था का वर्णन किया गया है—जैसे मकड़ी तन्तुमय जाल में वर्तमान रहकर निवास करती है और जाल का नाश होने पर एक स्थान पर स्थित हो जाती है, वैसे ही अविद्या के वशीभूत जीव कर्म-तन्तुमय गृह में निवास करता है और उससे छूटने पर दुख से रहित होता है। जैसे मिट्टी का ढेला वेगपूर्वक पत्थर पर गिरने से चूर हो जाता है उसी प्रकार जीव मुक्त होकर सब दुखों का परित्याग करता है।[113]

एक अन्य स्थल पर मोक्षावस्था को केवल ज्ञानमयी अवस्था कहा गया है। जिस प्रकार सुषुप्तिकाल में इन्द्रियों सहित लिंग शरीर के निद्रित होने पर केवलमात्र ज्ञानरूप जीवात्मा की स्थिति होती है।[114] उसी प्रकार मोक्षावस्था में भी केवल मात्र ज्ञान की स्थिति हुआ करती है।

सांख्य-सिद्धान्त की ओर संकेत करते हुए शान्तिपर्व में कहा गया है कि जलते हुए अयस्पिण्ड की तरह बुद्धि और क्षेत्रज्ञ (पुरुष तत्त्व) के परस्पर मेल के कारण क्षेत्रज्ञ में बुद्धि-धर्म दुख-सुख आदि और बुद्धि में क्षेत्रज्ञ के धर्म चैतन्य आदि दिखाई पड़ते हैं। तत्त्वजिज्ञासु पुरुष बुद्धि और क्षेत्रज्ञ के इस अभेद को त्याग कर दोनों की वास्तविक भिन्नता को जान लेता है और शोक रहित हो जाता है।[115]

जैसे नद और नदियाँ समुद्र में मिलकर अपने नाम और रूप को त्यागकर सागर जल में लीन होती हैं, वैसे ही महदादि घट-घट पर्यन्त बाह्य वस्तुरूपी सब स्थूल

पदार्थ उत्पत्ति की विपरीतता के अनुसार सूक्ष्मभूतों में लय को प्राप्त हुआ करते हैं और सूक्ष्मभूत विशुद्ध कारण स्वरूप में लीन होते हैं, इसे ही सत्त्वसंक्षय अर्थात् मोक्ष कहा गया है।[116]

इस प्रकार शान्तिपर्व में मोक्ष के विषय में कई प्रकार की धारणाएँ उपलब्ध होती हैं—कहीं सांख्य योग सम्बन्धी धारणा उपलब्ध है तो कहीं अद्वैत वेदान्त सम्बन्धी। मूलतः तो भावना एक ही है कि मोक्ष की स्थिति में सांसारिक दुखों से ऐकान्तिक और आत्यन्तिक निवृत्ति प्राप्त हो जाती है और जन्म-मरण रूप आवागमन का चक्र समाप्त हो जाता है लेकिन जन्म-मरण से मुक्ति के अतिरिक्त उस स्थिति में चैतन्य के साथ-साथ आनन्द की भी स्थिति होती है या नहीं, इस विषय में शान्तिपर्व में भिन्न-भिन्न मत उपलब्ध होते हैं। कतिपय स्थलों पर उसे पुनर्जन्म से रहित केवल ज्ञानमय स्थिति कहा गया है[117] और कतिपय स्थलों पर उसे जीवात्मा और परमात्मा के ऐक्य के बाद ज्ञान और आनन्द की स्थिति कहा गया है।[118] प्रथम स्थिति सांख्यगत मोक्ष के स्वरूप को इंगित करती है तो द्वितीय स्थिति अद्वैत-वेदान्त में प्राप्त होने वाले ब्रह्मात्मैक्य रूप मोक्ष पर प्रकाश डालती है। न्याय के समान मोक्ष एक जड़ अवस्था है ऐसा किसी भी उद्धरण से प्रतीत नहीं होता। इस प्रकार यह समझा जा सकता है कि शान्तिपर्व में मुख्यतः सांख्य योग एवं वेदान्त दर्शनों के मोक्ष सिद्धान्त का ही प्रतिपादन किया गया है।

6.3.5 मोक्ष-प्राप्ति के साधन

शान्तिपर्व में मोक्ष प्राप्ति के अनेक साधनों का निरूपण किया गया है। गुरुपदेश पूर्वक आत्मज्ञान, निष्काम कर्म, भगवद्भक्ति, वैराग्य व इन्द्रियसंयम रूपी योग, धर्माचरण आदि के पालन द्वारा मनुष्य सुख-दुख रूपी द्वन्दों से मुक्त होने में समर्थ होता है। सब जीवों में मनुष्य को ही श्रेष्ठ कहा गया है और उन मनुष्यों में ब्रह्मविद् पुरुष को श्रेष्ठ कहा गया है।[119] जैसे नेत्रहीन मनुष्य मार्ग में अकेला होने पर अत्यन्त क्लेश पाता है, वैसे ही ज्ञानहीन मनुष्य भी इस संसार में अनेक दुख भोगता है।[120] मनुष्य जन्म ग्रहण करने तथा विशेष रूप से विद्वान् होने से यह सामर्थ्य प्राप्त होती है कि वह आत्मज्ञान के द्वारा मुक्ति लाभ कर सकता है।

(क) आत्मज्ञान

मोक्ष-प्राप्ति के साधनों में सर्वप्रथम और सर्वप्रमुख साधन है ज्ञान, जिसको भिन्न-भिन्न स्थलों पर अध्यात्म ज्ञान, आत्मज्ञान, केवल-ज्ञान तथा ब्रह्मज्ञान की भी संज्ञा दी गयी है।[121] शान्तिपर्व के अनुसार आत्मज्ञान एक ऐसा साधन है जिसके द्वारा जीव जन्म-मरण रूप दुर्गम संसार-सागर से पार हो सकता है।[122] जिस प्रकार मलिन शरीर

वाले मनुष्य शुद्ध जल से भरी नदी में स्नान करके शुद्ध हो जाते हैं उसी प्रकार मलिन चित्त मनुष्य ज्ञान का अवलम्बन करके सिद्धि प्राप्त होते हैं।[123]

'ऋते ज्ञानान्न मुक्ति' का भी अभिप्राय यही है कि ज्ञान के बिना मुक्ति नहीं। उपनिषदों में कहा गया है कि ज्ञान से ही अमृतत्व की प्राप्ति होती है।[124] मोक्ष के लिए ब्रह्मात्मतत्व का ज्ञान ही अपेक्षित है, दूसरा कोई मार्ग नहीं।[125]

जो ज्ञानी जन मुमुक्षु होते हैं, वे मोक्षस्वरूप परमात्मा को प्राप्त करते हैं। हमारी बाह्य इन्द्रियाँ, जिनके द्वारा शब्द, स्पर्श, रूप, रस आदि का ग्रहण होता है, उस परमात्मा को प्रत्यक्ष करने में समर्थ नहीं होती, अध्यात्मज्ञान से रहित मनुष्य उस परम पुरुष को नहीं जान सकते।[126]

आत्मज्ञान की श्रेष्ठता बताते हुए जनक कहते हैं कि ज्ञान ही सबसे श्रेष्ठ साधन है, यज्ञ नहीं, क्योंकि ज्ञान से ही दुर्गम संसार को पार किया जाता है, यज्ञों से नहीं।[127] यज्ञ, तपस्या, नियम, व्रत आदि के द्वारा स्वर्गलाभ तो हो सकता है लेकिन स्वर्गलाभ से मोक्ष लाभ नहीं होता क्योंकि वहाँ भी पुण्यों के क्षीण हो जाने पर जीव को पुनः धरती पर आना पड़ता है।[128]

वस्तुतः यहाँ ज्ञान से अभिप्राय आत्मविषयक ज्ञान या अध्यात्मज्ञान से है क्योंकि मोक्ष प्राप्ति के लिए हमें ज्ञान द्वारा उस परम रहस्यमय ज्ञेयस्वरूप आत्मा को ही जानना होता है। यही बात शान्तिपर्व में इन शब्दों में कही गयी है—समस्त शरीरों में स्थित ज्ञेय स्वरूप आत्मा को ज्ञान के द्वारा जाना जा सकता है।[129] बृहदारण्यकोपनिषद् में भी कहा गया है कि 'आत्मा वा अरे द्रष्टव्यः श्रोतव्यो मन्तव्यो निदिध्यासितव्यो'[130] अर्थात् आत्मा का ही दर्शन करना चाहिए, श्रवण, मनन और निदिध्यासन से उसे ही प्राप्त करना चाहिए। वह ज्ञेय रूप आत्मा मानव शरीर में स्थित होते हुए उसी प्रकार निर्लिप्त और निर्विकार रहता है जिस प्रकार कमल-पुष्प के बीच में स्थित जल की बूँद उससे प्रभावित नहीं होती।[131] इस प्रकार आत्मा सर्वभूतों में संवृत रहकर गूढ़भाव से विचरण करता है किन्तु उसका दर्शन केवल तत्त्वदर्शी जन परम सूक्ष्म बुद्धि और ज्ञान के द्वारा करने में समर्थ होते हैं।[132]

संसार को असार तथा ब्रह्म को एकमात्र नित्य समझना ही अध्यात्म ज्ञान का विषय है। ब्रह्म अनादि और अनन्त है, इसलिए वह अव्यय और अविनाशी है। वह अनादि, अनन्त, जन्मरहित, दीप्तिमान तथा तर्क से अगोचर है जो सृष्टि के पहले भी वर्तमान था।[133] 'हंस' इस पद से कहा जाने वाला अक्षर ब्रह्म ही कूटस्थ चैतन्य है। तत्त्वज्ञानी मनुष्य ही उस अक्षर ब्रह्म को जानकर जन्ममरण रूप बन्धन को त्याग कर मुक्त होते हैं।[134] वह ब्रह्म जो इन्द्रियों से अगोचर, अव्यक्त है, न स्त्री है न पुरुष है, न सत् है न असत् और न ही सदसत् है, इस प्रकार अनिर्वचनीय है, ब्रह्मविद् उसे ही ज्ञान रूपी नेत्र से देखते हैं।[135]

मन को विषयों से निगृहीत करने पर तथा पाप कर्मों के नष्ट होने से ही मनुष्यों को ज्ञान उत्पन्न होता है, तब मनुष्य निर्मल दर्पणतल की भाँति आत्मा से ही आत्मा का दर्शन करता है।[136] ज्ञान से विशुद्ध बुद्धि द्वारा मोक्ष प्राप्ति सम्भव है। जैसे अग्नि में जले हुए बीज पुनः उत्पन्न नहीं होते, वैसे ही ज्ञान रूपी अग्नि से अविद्या आदि क्लेशों के जल जाने पर आत्मा फिर शरीर ग्रहण नहीं करता।[137] अज्ञान सहित रागादि दोषों के नाश हो जाने पर मनुष्य विशुद्ध चित्त होकर संसार से मुक्त हो जाता है। धीर पुरुष ज्ञेय एवं गूढ़ आत्मा को बुद्धि रूपी दीपक के द्वारा देखने में समर्थ होते हैं क्योंकि बिना उपाय के कोई कार्य सिद्ध नहीं होता।[138]

इस प्रकार शान्तिपर्व में आत्मज्ञान को मुक्ति का मुख्य साधन स्वीकार किया गया है, साथ ही गुरु की महिमा दर्शाते हुए भी कहा गया है कि गुरुपदेश के बिना ज्ञान प्राप्त होना सम्भव नहीं है।[139] गुरु ज्ञानरूपी नौका के द्वारा शिष्य को संसार-सागर से पार उतारता है इसलिए गुरु को प्लावयिता (पार उतारने वाला) तथा ज्ञान को प्लव (नौका) कहा जाता है।[140] गुरु के उपदेश से धर्माधर्म मूलक लौकिक रीति को यथार्थ रूप से जानकर, धर्मानुष्ठान द्वारा पवित्र होकर तथा बुद्धि को सुसंस्कृत करके देह का अभिमान छोड़कर ही अव्यय परमात्मा का साक्षात्कार होता है।[141] जनक-सुलभा संवाद में जनक भी अध्यात्म गुरु पंचशिख की महिमा का वर्णन करते हुए सुलभा से कहते हैं, "मैंने भी सांख्यज्ञानी तथा सुदृष्टार्थ गुरु पंचशिख के मुख से मोक्ष धर्म सुना है। उस उपदेश को ग्रहण करके रागरहित होकर एकाकी मैं उस परम पद में निवास करते हुए विचरण करता हूँ।[142]

(ख) निष्काम-कर्म

शान्तिपर्व में मोक्ष के साधनों के रूप में ज्ञान, कर्म और भक्ति का सुन्दर समन्वय दृष्टिगोचर होता है। आत्मज्ञान को जहाँ मुक्ति का परम साधन माना गया है वहाँ निष्काम कर्म को भी मुक्ति का उपाय कहा गया है।

यद्यपि कर्म को बन्धन का कारण माना गया है क्योंकि मनुष्य को अपने शुभाशुभ सभी कर्मों का फल भोगना पड़ता है[143] तथापि निष्काम कर्म आसक्ति रहित होने के कारण बन्धन का हेतु न होकर मोक्ष का हेतु कहा गया है। निष्काम कर्म करने वाला अपने पूर्वकृत कर्म के दोषों को नष्ट कर देता है। अतः उसके लिए इस जन्म और पूर्वजन्म के कर्म प्रिय या अप्रिय कुछ भी फल देने वाले नहीं होते।[144] भगवद्गीता से भी इसी तथ्य की पुष्टि होती है कि आसक्ति ही बन्धन का हेतु है। जिसमें आसक्ति का अभाव है वह पुरुष कर्म करता हुआ भी जल में कमल के पत्ते के समान पाप में लिप्त नहीं होता।[145] गीता में निष्काम कर्म का अर्थ ही यही है—संसार के सभी कर्मों में ममता और आसक्ति का सर्वथा त्याग।[146]

शान्तिपर्व में एक स्थल पर कहा गया है कि वेद में जो कर्मों के प्रयोग बताये गये हैं, वे प्रायः सकाम भाव से युक्त हैं। जो इन कामनाओं से मुक्त होता है वही परमात्मा को प्राप्त कर सकता है। नाना प्रकार के कर्ममार्ग में सुख की इच्छा रखकर प्रवृत्त होने वाला मनुष्य परमात्मा को प्राप्त नहीं होता।[147] कर्मों का विधान भी इसीलिए किया गया है कि मनुष्य कामनाओं से मुक्त होकर निष्काम भाव से कर्मों का अनुष्ठान करके परब्रह्म परमात्मा को प्राप्त करे। वेदोक्त कर्म भी उसी मनुष्य को जाल में फँसाते हैं, जिनका मन भोगों में आसक्त होता है। इसलिए राग आदि दोषों से रहित अनासक्त भाव से सनातन कर्म द्वारा मनुष्य परब्रह्म को प्राप्त करता है।[148]

इसी प्रसंग में दो प्रकार के कर्मों का उल्लेख मिलता है—सनातन कर्म तथा विनाशशील कर्म। मोक्ष-प्राप्ति के हेतु कर्म को सनातन कर्म तथा नश्वर भोगों की प्राप्ति कराने वाले कर्मों को नाशवान् कर्म कहा गया है। जो कर्म फल की इच्छा त्याग कर किये जाते हैं वे ही सनातन कर्म होते हैं और उस सनातन अर्थात् निष्काम कर्म द्वारा परब्रह्म की प्राप्ति होती है।[149] गीता में भी फल की इच्छा त्याग कर केवल कर्म करने की ही प्रेरणा दी गयी है।[150]

(ग) ज्ञान-कर्म समुच्चय रूप तृतीया निष्ठा

आत्मज्ञान और निष्काम-कर्म मोक्ष-प्राप्ति के इन दो प्रकार के साधनों का विवेचन किये जाने पर यह शंका उत्पन्न होती है कि इन दोनों साधनों में से कौन-सा साधन श्रेष्ठ है अथवा साधक के लिए सुगम है। इस शंका का समाधान शान्तिपर्व के जनक-सुलभा संवाद[151] में उपलब्ध होता है।

जनक सुलभा से मोक्ष-प्राप्ति के साधनों की चर्चा करते हुए कहते हैं कि इस विषय में पुरातन महर्षियों ने तीन प्रकार की निष्ठा देखी थी—1. कतिपय मोक्षविद् 'ज्ञाननिष्ठा' को ही मोक्ष का साधन मानते थे अर्थात् उनके अनुसार केवल ज्ञान द्वारा ध्यानस्थ होने से आत्मतत्त्व का बोध होता है, 2. इसके विपरीत कतिपय अन्य सूक्ष्मदर्शीजन केवल 'कर्मनिष्ठा' को ही मोक्ष का उपाय स्वीकार करते थे अर्थात् मात्र निष्काम-कर्म से मुक्ति मिल सकती है, 3. परन्तु इन दोनों विचारधाराओं से भिन्न एक तीसरी विचारधारा भी प्राचीन ऋषियों में उपलब्ध होती थी जिसका उपदेश महाज्ञानी पंचशिख ने जनक को दिया था। उनके अनुसार केवल ज्ञान या केवल कर्म एकांगी मार्ग हैं। अतः पृथक्-पृथक् रूप से इन दोनों को ग्रहण न करके इन दोनों के समुच्चय को ग्रहण करना चाहिए अर्थात् किये गये कर्म के फल से निरपेक्ष होते हुए लोकोत्तर ज्ञान ही तीसरी निष्ठा है जिसका अनुगमन मोक्ष-प्राप्ति का सुन्दरतम साधन है।[152] इसी तृतीय निष्ठा को जिसका उपदेश महर्षि पंचशिख ने जनक को दिया था 'ज्ञान-कर्म समुच्चय' का सिद्धान्त कहा जा सकता है।

(घ) भगवद्भक्ति

ज्ञान एवं निष्काम कर्म के साथ-साथ भगवान् वासुदेव की अनन्य भक्ति को भी मुक्ति प्रदायिनी कहा गया है।[153] भगवान् स्वयं नारद ऋषि से कहते हैं कि इस लोक में मेरे भक्त लोग मुझमें प्रविष्ट होकर मुक्त होते हैं। जो पुरुष स्थिर बुद्धि होकर 'नमो भगवते' ऐसे वचन को सदा सुनते और उसका स्मरण करते हैं, वे द्युतिमान, बलरूप से युक्त तथा रोगरहित होते हैं। आतुर पुरुष रोग से और बद्ध पुरुष बन्धन से छूट जाते हैं।[154]

भगवान् का भजन, अर्चन, उपासना, ध्यान आदि करना ही भगवद्भक्ति है। भक्ति के विषय में कहा गया है कि भक्त जिस प्रकार की कामना से भक्ति करता है, उसकी सभी कामनाएँ पूर्ण होती हैं। रोगी भक्ति द्वारा रोग से छूट जाता है। पुत्रहीन मनुष्य पुत्रवान् होता है। ब्राह्मण सब वेदों का ज्ञाता, क्षत्रिय विजयी तथा वैश्य अत्यन्त धनवान् होता है। इस प्रकार कामनायुक्त पुरुष कामना के अनुसार काम्य विषय प्राप्त करके दीर्घायु होता है।[155] इसके विपरीत निष्काम भाव से अनन्य भक्ति करने वाले को ही परम गति प्राप्त होती है और वह सब प्रकार के बन्धनों से मुक्त हो जाता है। गीता में भी भगवान् कृष्ण कहते हैं—जो पुरुष मुझमें अनन्यचित्त होकर सदा मुझ परमेश्वर को स्मरण करता है, उस नित्य निरन्तर मुझमें युक्त योगी को मैं सहज में प्राप्त होता हूँ।[156]

जिज्ञासु, आर्त्त, अर्थार्थी और ज्ञानी इन चार प्रकार के भक्तों का उल्लेख शान्तिपर्व में मिलता है। उनके विषय में भगवान् अर्जुन से कहते हैं कि जो लोग अन्य देवताओं की आराधना न करके केवल मुझमें ही निष्ठावान् हैं, वे ही श्रेष्ठ हैं, उन निष्काम भाव से कर्म करने वाले भक्तों की मैं ही परम गति हूँ।[157] इसके अतिरिक्त अन्य तीन प्रकार के भक्त फल की कामना करने वाले कहे गये हैं। इसलिए वे लोग धर्म मार्ग से च्युत होकर पुण्यभोग के अनन्तर स्वर्गादि लोकों से पुनः धरती पर आते हैं।[158] इसलिए जिज्ञासु, आर्त्त, अर्थार्थी की अपेक्षा ज्ञानी भक्त को ही श्रेष्ठ कहा गया है। अतः अनासक्त भाव से जो भगवान् की अनन्य भक्ति करता है वही भगवान् को प्राप्त होता है।

भगवान् विष्णु के आश्रय को ही परम पद कहा गया है। भगवान् विष्णु जो काल से भी बड़े, समस्त जगत् के स्रष्टा तथा आदि, मध्य, अन्तरहित हैं इसलिए जो अव्यय हैं,[159] उनका आश्रय ही परम पद है, जिसे प्राप्त करके काल के पाश से छूटकर पुरुष मुक्त होता है।[160]

(ङ) योग-साधना

'चित्तवृतियों का निरोध ही योग है।[161] योग का उद्देश्य है—आत्मा के यथार्थ स्वरूप की प्राप्ति,[162] जो चित्तवृत्ति निरोध द्वारा सम्भव है। चित्त, जिसकी असंख्य वृत्तियाँ हैं तथा जिसमें विषय-ज्ञान-जनित संस्कार से अनेक भाव उठते हैं जो काम, क्रोध, लोभ, मोहादि का रूप धारण करते हैं जिन्हें शान्तिपर्व में योग-दोष कहा गया है; चित्त की इन वृत्तियों का निरोध ही योग कहा जाता है। चित्त की इन सांसारिक वृत्तियों के निरुद्ध हो जाने पर ही साधक का ध्यान ध्येय परमात्मा में लीन हो जाता है।

योग की महत्ता का प्रतिपादन करते हुए शान्तिपर्व में कहा गया है कि जैसे अप्रमत्त (सावधान) धनुर्धारी चित्त को एकाग्र करके लक्ष्य को बेधता है, वैसे ही योगयुक्त पुरुष निश्चय ही सब प्रकार से मुक्ति लाभ करता है।[163] परन्तु इस योगमार्ग का आश्रय लेकर कोई विरला ही व्यक्ति उस मार्ग पर चल सकता है क्योंकि वह मार्ग अनेक कठिनाइयों से भरा हुआ है।[164] अन्यत्र कहा गया है कि सांख्य-ज्ञान के समान कोई ज्ञान नहीं तथा योगबल के समान कोई दूसरा बल नहीं है, ये दोनों ही जन्म-मरण के बन्धन का निवारण करने वाले हैं।[165] सांख्य-ज्ञानी ज्ञान के द्वारा जिस तत्त्व का दर्शन करते हैं, योगी जन योग के द्वारा उस तत्त्व का साक्षात्कार करते हैं।[166]

योग साधना का निरूपण करते हुए कहा गया है कि इन्द्रिय, मन और बुद्धि की वृत्तियों को सब ओर से रोककर सर्वव्यापी आत्मा के साथ उनकी एकता स्थापित करना ही सर्वोत्तम ज्ञान है।[167] जब योगी मन के द्वारा सम्पूर्ण इन्द्रियों को और बुद्धि के द्वारा चित्त को स्थिर करके पत्थर की भाँति निश्चल, सूखे काष्ठ की भाँति निष्कम्प और पर्वत की भाँति अविचल हो जाता है तभी उसे योगयुक्त कहा जाता है।[168] उस अवस्था में वह वायुरहित स्थान में रखे हुए निश्चल भाव से प्रज्वलित दीपक की भ्राँति प्रकाशित होता है।[169]

पातंजल योग सूत्र में योग के आठ मुख्य अंगों का उल्लेख मिलता है। वे आठ अंग हैं—यम, नियम, आसन, प्राणायाम, प्रत्याहार, धारणा, ध्यान तथा समाधि।[170] शान्तिपर्व में इन सभी अंगों का उल्लेख भिन्न-भिन्न स्थलों पर मिलता है। यम का अभिप्राय है—उपरति का संयम। अहिंसा, सत्य, अस्तेय, ब्रह्मचर्य तथा अपरिग्रह—ये यम के पाँच अंग योग-दर्शन में कहे गये हैं।[171]

अहिंसा का अभिप्राय है—मन, वचन और कर्म से किसी प्राणी के प्रति अनिष्ट आचरण न करना इसी से मनुष्य ब्रह्मत्व की प्राप्ति कर सकता है।[172] इसी को परम धर्म कहा गया है क्योंकि जिस प्रकार हाथी के पद-चिह्न में सभी प्राणियों के पद-चिह्न लुप्त हो जाते हैं उसी प्रकार अहिंसा में सब धर्म, अर्थ अन्तर्भूत हो जाते हैं तथा हिंसा न करने वाला अमृत उपभोग करता है।[173]

वहाँ कहा गया है कि सत्य में ही अमृतत्व प्रतिष्ठित है।[174] सत्य ने ही प्रजासमूह को उत्पन्न एवं धारण किया है।[175] मन और वचन का यथार्थ होना ही सत्य है। सत्य को ही सनातन धर्म तथा परमगति व सनातन ब्रह्म कहा गया है।[176] अव्यय तथा अविकारी नित्य वस्तु का नाम ही सत्य है[177], शान्तिपर्व में तेरह प्रकार के सत्य का निरूपण किया गया है।[178] सत्य, समता, दम, मत्सरहीनता, क्षमा, लज्जा, तितिक्षा, अनसूयता, त्याग, ध्यान, आर्यत्व, निरन्तर रहने वाली धृति तथा अहिंसा ये तेरह प्रकार के सत्य के रूप कहे गये हैं अर्थात इन तेरह प्रकार के गुणों के रहने पर सत्य होता है।[179] सत्य से बढ़कर परमधर्म और कुछ भी नहीं है।[180] एक ओर सहस्र अश्वमेध यज्ञ और दूसरी ओर अकेले सत्य को तुलादण्ड पर रखने से सहस्र अश्वमेध से अकेला सत्य अधिक होता है।[181] विशेष बात यह भी कही गयी है कि अमृत और मृत्यु दोनों इस शरीर में ही स्थित हैं। मनुष्य मोह से मृत्यु को तथा सत्य से अमृत को प्राप्त होता है।

'स्तेय' का अर्थ है अशास्त्रपूर्वक दूसरे के द्रव्य को स्वीकार करना। अतः 'अस्तेय' का अभिप्राय है—दूसरे के द्रव्य को स्वीकार न करना और उसमें स्पृहा न रखना।[182] शान्तिपर्व में शंख एवं लिखित नामक दो भाइयों का उपाख्यान मिलता है जिसमें चोरी न करने की अथवा दूसरे के द्रव्य ग्रहण न करने की शिक्षा मिलती है। अपने भाई शंख के यहाँ चोरी करने पर लिखित को राजदण्ड का अधिकारी ठहराया गया है।[183] इस कथा से 'अस्तेय' नामक यम का संकेत मिलता है। इसके अतिरिक्त अन्य स्थलों पर भी चोरी न करने, लोभरहित होने तथा दूसरे के धन की कामना न करने को ही सनातन धर्म कहा गया है।[184]

गुप्तेन्द्रिय संयम को 'ब्रह्मचर्य' कहा गया है।[185] शान्तिपर्व में कहा है कि परमर्षि लोग ब्रह्मचर्य से सब लोकों को जय किया करते हैं।[186] काम वासना ही मनुष्य का विनाश करने वाली हैं क्योंकि काम से ही क्रोध, लोभ, मोह, अज्ञान आदि उत्पन्न होते हैं जो मनुष्य को विनाश की ओर अग्रसर करते हैं।[187] इसलिए काम व क्रोध को वश में करने से ही मनुष्य जितेन्द्रिय कहलाता है।[188] ब्रह्मचर्य-पालन अत्यन्त दुष्कर व्रत है इस विषय में शान्तिपर्व में कहा गया है कि ब्रह्मचारी को चाहिए कि वह उत्पन्न हुए और संवर्द्धित काम तथा क्रोधयुक्त मन का निग्रह करे। स्त्रियों की कथा को न सुने क्योंकि उनके तनिक दर्शन से अजितेन्द्रिय मनुष्यों में रजोगुण अर्थात् राग उत्पन्न होता है। इस विषय में अनुराग उत्पन्न होने पर कृच्छ्र व्रत करने का विधान मिलता है। इस प्रकार ज्ञानयुक्त तथा संयमशील मन द्वारा अन्तर्भूत रजोमय पापयुक्त काम को नष्ट करना ही ब्रह्मचर्य है।[189] शान्तिपर्व में ब्रह्मचर्य को ब्रह्म का ही स्वरूप कहा गया है जिसके पालन से मनुष्य परमगति प्राप्त करते हैं।[190] जो ब्रह्म पंचप्राण, मन, बुद्धि और दसों इन्द्रिय इस प्रकार अवयवात्मक लिंग शरीर के संयोग से रहित हैं, जो शब्द और स्पर्शहीन है, वही शुद्ध अनुभव स्वरूप परब्रह्म है,

उसकी प्राप्ति के लिए दोषरहित ब्रह्मचर्य के पालन पर बल दिया गया है। ब्रह्मचर्य व्रत का योग्य रीति से पालन करने वाला ही ब्रह्मलोक पाता है।[191]

अपरिग्रह का अर्थ है विषयों के अर्जन, रक्षण, क्षय, संग और हिंसा आदि पाँच दोषों को देखते हुए उनको स्वीकार न करना अथवा उनका संग्रह न करना ही अपरिग्रह है।[192] शान्तिपर्व में प्रतिपादित है कि इन्द्रिय विषयों में अनुरक्त मनुष्य अवसन्न हुआ करते हैं और जो विषयों में अनासक्त रहते हैं वे परमगति पाते हैं।[193] अतः अपनी वशीभूत इन्द्रियों के द्वारा इन्द्रिय विषयों को अनासक्त भाव से अनुभव करते हुए जो सब विषयों में आसक्तिरहित, शान्तचित्त, निर्विकार और समाहित होता है, वह थोड़े ही समय में मुक्त होकर परम कल्याण प्राप्त करता है।[194]

इस प्रकार शान्तिपर्व में यम के पाँचों अंगों के पालन व उनके महत्त्व पर प्रकाश डाला गया है तथा एक स्थल पर यह भी कहा गया है कि साधक को आत्मगत यमों (पाँच यम) के पालन में व्यथित नहीं होना चाहिए क्योंकि ये क्रमशः मुक्ति प्रदान करने वाले हैं।[195]

नियम पाँच प्रकार के कहे गये हैं। वे हैं—शौच, सन्तोष, तप, स्वाध्याय तथा ईश्वर-प्रणिधान।[196] शान्तिपर्व में कहा गया है कि बाह्य व आन्तरिक शुद्धि युक्त अल्पाहारी व जितेन्द्रिय, किसी वस्तु की इच्छा न करने वाला तथा जीवन-निर्वाह मात्र के लिए मिल जाने पर सन्तुष्ट व शीत-उष्ण आदि द्वन्द्वों को सहन करने वाला ही संसार बन्धन से मुक्त होता है।[197] इतना ही नहीं, बन्धन से छूटने के लिए मोक्षशास्त्र व मोक्ष के उपायों का अवलम्बन करता है। तप का फल भी ब्रह्मप्राप्ति कहा गया है।[198] सावित्री-संहिता के जप द्वारा परमेष्ठी ब्रह्मा की प्राप्ति होती है।[199] अन्यत्र वर्णित है कि तप से, शम-दम आदि गुण से युक्त, वेदान्त वाक्य सुनने से शुद्ध अन्तःकरण द्वारा परब्रह्म को जाना जा सकता है।[200] इस प्रकार शुद्ध अन्तःकरण द्वारा भक्तिपूर्ण सब कर्मों को ईश्वर को समर्पण करना ही ईश्वर प्रणिधान है।

साधक ध्यान, वेदाध्ययन, सत्य, सरलता, क्षमा, शौच, आचारशुद्धि एवं इन्द्रियनिग्रह द्वारा काम-क्रोध को वश में करे। योगी मन और इन्द्रियों को एकाग्र करके रात्रि के प्रथम व अन्तिम प्रहर में ध्यानस्थ होकर मन को आत्मा में लगाये।[201] जो योगी प्रतिदिन नियत समय पर निर्जन स्थल में बैठकर भलीभाँति नियमों के पालन द्वारा योगाभ्यास करता है, वह अक्षर ब्रह्म की समता को प्राप्त होता है।[202] प्रातःकाल, पूर्वरात्रि तथा अपररात्रि में नियमनिष्ठ योगी पहाड़ के शिखर पर, बद्धमूल वृक्ष के समीप या एकान्त मन्दिर में अथवा वृक्ष के पुरोभाग में अभ्यास करे। इस प्रकार एकाग्रचित्त योगी पर्वत की सूनी गुफा, देवमन्दिर तथा एकान्त (शून्य) गृह को ही स्थान चुने।[203] यह सब विवरण 'आसन' नामक योग अंग की ओर संकेत करता है।

यम, नियम, आसन के पश्चात् योगांगों में 'प्राणायाम' को गिनाया गया है। श्वास, प्रश्वास आदि की गति के नियन्त्रण को प्राणायाम कहते हैं।[204]

शान्तिपर्व में इस विषय में कहा गया है कि सगुण और निर्गुण—दो प्रकार के योग है। इसमें प्राणायाम को सगुण तथा धारणा को निर्गुण कहा गया है।[205] इससे प्रतीत होता है कि प्राणायाम की स्थिति में साधक सगुण साधना में तत्पर रहता है किन्तु जैसे-जैसे धारणा की ओर अग्रसर होता है, मन को एकाग्र करके अपने लक्ष्य की ओर बढ़ता है तो उसे निर्गुण योग प्राप्ति की अवस्था कहा गया है। इस प्रकार प्राणायाम योग की दिशा का प्रथम सोपान है। इन्द्रियों को बाह्य विषयों से हटाकर मन के वश में रखना ही प्रत्याहार है। इसलिए वहाँ कहा गया है कि शब्द, स्पर्श, रूप, रस, गन्ध आदि इन्द्रिय विषयों का परित्याग करके इन्द्रियों को मन में स्थिर करे। मन को अहंकार में, अहंकार को बुद्धि में तथा बुद्धि को प्रकृति में स्थापित करे।[206]

धारणा से अभिप्राय है किसी देश में (हृदय-कमल, नासिका अथवा जिह्वा का अग्रभाग) या बाह्य पदार्थ में (इष्ट-देव की मूर्ति पर) चित्त को लगाना या सम्बद्ध करना।[207] शान्तिपर्व में कहा गया है कि अहिंसा, सत्य आदि यम; शौच, सन्तोष आदि नियमों; प्राणायाम तथा इन्द्रिय निग्रह रूपी प्रत्याहारपूर्वक योगी इन्द्रियों के सहित मन को एकाग्र करे। यही ध्यान पथ है।[208] यह चंचल मन कमल के पत्ते पर पड़ी जलबिन्दु की भाँति ध्यानमार्ग में योगी के चित्त को विचलित करता है।[209] ध्यानयोगी, निर्वेदशून्य, क्लेशरहित तथा मत्सरतारहित होकर ध्यान के द्वारा फिर चित्त को स्थिर करने का प्रयत्न करे।[210] योग के महान् व्रत में स्थित होकर जो योगी नाभि, कण्ठ, मस्तक, हृदय, वक्षःस्थल, नेत्र, कान, नासिका आदि स्थानों में धारणा के द्वारा सूक्ष्म आत्मा को परमात्मा के साथ संयुक्त करता है, वही उत्तम योग का आश्रय लेता है।[211] यह भी कहा गया है कि समाधि में उद्यत मननशील के मन में ध्यान से पहले विचार-विवेक और वितर्क आदि उत्पन्न होते हैं।[212] इस प्रकार देश-विशेष में ध्येय वस्तु के ज्ञान का एकाकार हो जाना ही ध्यान है।

विक्षेपों का परित्याग करके चित्त का एकाग्र हो जाना ही समाधि है। समाधिस्थ योगी के विषय में कहा गया है कि योगयुक्त पुरुष के चित्त में सदा प्रसन्नता बनी रहती है। वायुरहित स्थान पर निरन्तर प्रज्वलित दीपशिक्षा की भाँति समाधिस्थ योगी भी स्थिर होते हैं।[213] जैसे बादल की बरसाई बूँदों के आघात से पर्वत चचंल नहीं होता, उसी प्रकार अनेक प्रकार के विक्षेप भी योगी को विचलित नहीं करते। सुदृढ़ समाधि की अवस्था में अनेक प्रकार के शंख, नगाड़ों की ध्वनि से उसका ध्यान भंग नहीं होता।[214] इस प्रकार एकाग्रचित योगी इन्द्रियों की स्थिरता और मन की अविचल स्थिति के कारण समाधि में स्थित होकर हृदयदेश में स्थित अविनाशी परब्रह्म का साक्षात्कार करता है।

सम्पूर्ण योग-साधना को एक रूपक के माध्यम से शान्तिपर्व में वर्णित किया गया है। यह योग एक रथ है। यज्ञादि धर्म-कर्म उसके ज्ञानरूपी सारथी के उपवेशन (बैठने) के स्थान हैं; अकार्यों से निवृत्ति रूपी लज्जा इसका आवरण हैं; प्राण इसका

जुआ और अपान इसके पहिये हैं; सदाचार-ग्रहण इस रथ की नेमि हैं; दर्शन, स्पर्शन, घ्राण और श्रवण—ये चारों इसके अश्वादि रूप वाहन हैं। प्रज्ञा इसकी नाभि तथा ज्ञान ही इसका सारथी है। क्षेत्रज्ञ इसका अधिष्ठाता है; श्रद्धा और इन्द्रिय दमन इस रथ के आगे-आगे चलने वाले रक्षक हैं। यह मंगलमय रथ ध्यान के पवित्र मार्ग पर चलता है। इस प्रकार यह जीवयुक्त दिव्य रथ ब्रह्मलोक में विराजमान होता है। जो योगी ऐसे रथ पर चढ़कर परब्रह्म को प्राप्त करने की इच्छा करता है, वह यम, नियम, ध्यान, धारणायुक्त बुद्धि के द्वारा सभी कार्यरूप को निज कारणों में संहार करके विशुद्ध चित्त होकर परमात्मा का दर्शन करता है।[215]

6.3.6 मुक्ति के प्रकार एवं मुक्त के लक्षण

शान्तिपर्व में जीवन्मुक्ति तथा विदेह मुक्ति—इन दो प्रकार की मुक्ति से सम्बन्धित सन्दर्भ उपलब्ध होते हैं। आत्मज्ञान, निष्काम-कर्म, भगवद्‌भक्ति अथवा योग-साधना आदि मुक्ति के साधनों का अवलम्बन करके जीव सांसारिक बन्धनों से मुक्त हो सकता है। वह सुख-दुख से परे, सांसारिक आसक्तियों से रहित अवस्था को प्राप्त कर सकता है। जिस प्रकार वृक्ष को जल में गिरते हुए देखकर पक्षी आसक्ति को छोड़कर उड़ जाते हैं उसी प्रकार मुक्त पुरुष भी सुख-दुख को परित्याग करके लिंग शरीर से रहित उत्तग गति प्राप्त करते हैं।[216] इस प्रकार इसी जन्म में सांसारिक क्लेशों व कर्मफलों से मुक्ति पाकर केवल मात्र प्रारब्धकर्मों के फलोपभोग पर्यन्त शरीर धारण करने वाला साधक ही जीवन्मुक्त कहलाता है।[217]

शुकदेव तथा राजा जनक जैसे जीवन्मुक्त के उदाहरण हमें शान्तिपर्व में उपलब्ध होते हैं। विदेहराज जनक मिथिला नगरी के जल जाने पर भी दुखी नहीं हुए थे।[218] मुक्त पुरुष वस्तु लाभ की इच्छा से रहित, सदा तृप्त तथा इन्द्रियों के विषयों के प्रति अनासक्त होकर विचरण करते हैं। वे कर्तृत्व-भोक्तृत्व अभिमान से रहित होकर साक्षी की भाँति भ्रमण करते हैं।[219] इस प्रकार मुक्त पुरुष संसार के काम-क्रोध आदि दोषों से छूटकर पुनः सांसारिक अवस्था में लौटकर नहीं आते क्योंकि वे जन्मदोष से रहित होकर आत्मस्वरूप या ब्रह्मस्वरूप में स्थित होते हैं।[220]

मुक्त पुरुष का स्वरूप दर्शाते हुए शान्तिपर्व में कहा गया है कि इच्छा के विषय पुत्र, वित्त आदि जो दुख के कारण हैं, उन समस्त दुखदायी पदार्थों से विरक्त होकर ज्ञान-प्राप्ति द्वारा अन्तःकरण को शुद्ध करके जो जीव आत्मनिष्ठ होता है[221] तथा जिसने भूख, प्यास, क्रोध, लोभ, मोहादि भावों को जय किया है, वही सत्वगुण की अधिकता वाला मुक्त पुरुष है।[222] अन्यत्र कहा गया है कि जो ममतारहित और अहंकारशून्य, सुख-दुख आदि द्वन्द्वों से रहित और संशयहीन होता है तथा क्रोध, द्वेष, असत्य-भाषण रहित, मन-वचन-कर्म से परुषताहीन विषयाभिलाष रहित व्यक्ति ही जीवन्मुक्त कहलाता है।[223]

इस प्रकार स्पष्ट है कि जीवन्मुक्त पुरुष संसार में रहते हुए भी सांसारिकता से सर्वथा विमुक्त हो जाता है तथा वह तब तक शरीर धारण किये रहता है जब तक उसके प्रारब्ध कर्मों का बन्धन फलोपभोग के बाद समाप्त नहीं हो जाता।

जीवन्मुक्ति की चर्चा के अतिरिक्त शान्तिपर्व में क्रममुक्ति के द्वारा पूर्ण कैवल्य की चर्चा भी मिलती है। इसी प्रसंग में साधकों के लिए दो प्रकार के यान (मार्गों) का उल्लेख भी मिलता है—देवयान एवं पितृयान। उनमें से सकाम यज्ञ करने वाले साधक पितृयान तथा निष्काम-कर्म करने वाले मोक्षार्थी देवयान मार्ग से गमन करते हैं।[224] इन्हीं देवयान तथा पितृयान-मार्ग को क्रमशः उत्तरायण मार्ग एवं दक्षिणायन मार्ग भी कहा गया है। देवयान मार्ग को स्पष्ट समझाते हुए छान्दोग्योपनिषद्[225] में कहा गया है कि पंचाग्नि विद्या को जो जानते हैं और अरण्य में जाकर श्रद्धा व तप में रत रहते हैं वे मृत्यु के अनन्तर ज्योति को ज्योति, दिन को दिन से, शुक्ल-पक्ष को शुक्ल-पक्ष से उत्तरायण के छह मासों को, उनके संवत्सर को प्राप्त होते हैं। इसी उत्तरोत्तर बढ़ते हुए चन्द्र को प्राप्त होकर अन्त में ब्रह्मलोक में पहुँच जाते हैं। इस मार्ग को देवयान कहा गया है। इस मार्ग से जाने वाले पुनः इस संसार में लौटकर नहीं आते। उत्तरोत्तर क्रम से ब्रह्मलोक प्राप्ति के कारण इसे क्रममुक्ति भी कहा गया है। शरशय्या पर स्थित भीष्म पितामह भी इसी उत्तरायण मार्ग की प्रतीक्षा कर रहे थे, जिस समय धर्मजिज्ञासु युधिष्ठिर ने उनसे धर्म सम्बन्धी यह जिज्ञासा की थी जिसका निरूपण शान्तिपर्व में किया गया है।[226] जब सूर्य दक्षिणायन मार्ग से उत्तरायण गमन करने में प्रवृत्त हुआ तभी भीष्म पितामह ने स्थिर होकर अपना चित्त परमात्मा में लगाया।[227]

भगवान् वासुदेव भीष्मपितामह से इसी मार्ग का वर्णन करते हुए कहते हैं कि तत्त्वज्ञानी पुरुष जिस लोक में जाकर पुनः मर्त्यलोक में नहीं आते, वह मार्ग उत्तरायण है। जब सूर्य कालवश दक्षिणायन से उत्तरायण के मार्ग पर आयेगा उस समय आप भी उसी लोक को प्राप्त करेंगे जहाँ जाकर ज्ञानी पुरुष पुनः संसार में लौटकर नहीं आते।[228] इसलिए कहा गया है कि आर्य पुरुष इन्द्रिय विषयों के निग्रह से, अज्ञानरूपी अन्धकार को छोड़कर उत्तरायण मार्ग से ब्रह्मलोक में गमन करते हैं।[229]

इसके विपरीत दूसरा मार्ग पितृयान मार्ग कहा गया है। सकाम यज्ञ करने वाले साधक धूमादि मार्ग से पितृलोक को जाते हैं। इसे ही दक्षिणायन मार्ग कहा गया है।[230] इससे यह स्पष्ट होता है कि पितृयान मार्ग से पुनः संसार में लौटना पड़ता है। अतः यह पुनरावृत्ति प्रद है जबकि देवयान मार्ग से उत्तरोत्तर क्रम से मनुष्य ब्रह्मलोक पाकर अन्ततः मुक्त हो जाता है और पुनः संसार में लौटकर नहीं आता। यही विदेह मुक्ति अथवा पूर्ण कैवल्य की अवस्था है। इसी का संकेत शान्तिपर्व के जापक-ब्राह्मण के प्रसंग में मिलता है जिसमें कहा गया है कि सावित्री-संहिता का स्वाध्याय करने वाला परमेष्ठी ब्रह्म को प्राप्त होता है अथवा अग्नि लोक में गमन करता है वा सूर्य लोक में प्रवेश करता है।[231] यदि वह उन्हीं लोकों में रमण करता है

तो राग से मोहित हुआ सूर्यादि के प्रकाश गुण का अवलम्बन करता है। अन्यथा वह रागरहित होकर ब्रह्मलोक से श्रेष्ठ अक्षय लोक को प्राप्त करता है।[232] इसी अमृतरूप परमेष्ठी भाव की प्राप्ति से भी बढ़कर कैवल्यरूप अमृत को पाकर वह निष्काम, अहंकाररहित, द्वन्द्वहीन, नित्य-सुखी, शान्त व रोग-शोक रहित ब्रह्मस्वरूप होता है। यही ब्रह्मात्मैक्य रूप कैवल्य प्राप्ति पुनरावृत्ति से रहित, अद्वितीय व अक्षरसंज्ञक अर्थात् अविनाशी कही गयी है।[233]

6.4 निष्कर्ष

दुखों की निवृत्ति तथा शाश्वत् आनन्द की प्राप्ति ही मोक्ष है जिसे परम पुरुषार्थ कहा गया है। जन्म-मृत्यु एवं सुख-दुख के बन्धनों को काटकर आवागमन से मुक्त होना ही मुक्ति है जिसे कैवल्य, निर्वाण, निःश्रेयस्, अमृत, अपवर्ग आदि की भी संज्ञा दी गयी है। वे नियम, उपाय अथवा साधन जो इस मोक्ष प्राप्ति में सहायक हैं उन्हें ही 'मोक्ष-धर्म' की संज्ञा दी गयी है।

वैदिक-साहित्य के प्रारम्भ से ही मृत्यु, दुख एवं बन्धनों से मुक्ति के लिए ज्ञान, यज्ञ, उपासना आदि विभिन्न साधन उपलब्ध होते हैं। विष्णु के परम-पद, अमृतत्व की प्राप्ति जीवन का लक्ष्य दृष्टिगोचर होता है। उपनिषदों में ज्ञान द्वारा आत्मसाक्षात्कार पर बल दिया गया है। जिसके फलस्वरूप सभी संशय नष्ट होते हैं तथा कर्मों के बन्धन क्षीण होते हैं। उपनिषदों के समान सूत्र ग्रन्थों में भी आत्मा को नित्य, अमर, ध्रुव, ज्ञानस्वरूप मानकर शरीर में स्थित उसी आत्मा के साक्षात्कार को ही आत्मज्ञान-लाभ कहा गया है जिसके बिना मुक्ति सम्भव नहीं। शान्तिपर्व में प्रतिपादित काम, क्रोध, लोभ आदि योगदोषों के बीज धर्मसूत्रों में भी दृष्टिगोचर होते हैं। यम-नियम आदि योगांगों में प्रतिपादित सत्य, अहिंसा, शौच, सन्तोष आदि के संकेत भी धर्मसूत्रों में मिलते हैं। रामायण में अमृतत्व की प्राप्ति हेतु समुद्र मन्थन जैसे उपाख्यान का उल्लेख मिलता है। साथ ही सशरीर ब्रह्मलोक प्राप्ति के उदाहरण भी दृष्टिगोचर होते हैं जो सत्यधर्म पालन द्वारा सम्भव माने गये हैं।

शान्तिपर्व के 'मोक्ष-धर्म-पर्व' नामक उपपर्व में विस्तृत रूप से तथा अन्य उपपर्वों में जिस मोक्ष-धर्म का निरूपण किया गया है वह सुन्दर, सुस्पष्ट व समन्वयात्मक दृष्टिकोण कहा जा सकता है। सनातन किन्तु दुष्कर मोक्ष-धर्म से अभिप्राय है सांसारिक दुख, शुभाशुभकर्मफल व अज्ञान से सदा के लिए मुक्ति की आकांक्षा। सांसारिक दुख व उनसे प्राप्त बन्धनों से छुटकारा प्राप्त करके निरतिशय ब्रह्म प्राप्ति ही मोक्ष, निर्वाण, निःश्रेयस् अथवा कैवल्य है। शारीरिक व मानसिक दुखों से ग्रस्त, जन्म-मरण रूप आवागमन के चक्र में फँसे जीव के बन्धन का कारण उसके शुभाशुभ कर्म व अज्ञान है जिनसे सर्वथा मुक्त होना परमावश्यक है।

परन्तु इस अत्यन्त दुष्कर एवं गुप्त विषय का अधिकारी केवल वही मुमुक्षु हो सकता है जो वेदज्ञानसम्पन्न, समत्वबुद्धि युक्त जितेन्द्रिय, शुद्ध आचरण युक्त व मोक्षविषयक जिज्ञासा से गुरु के पास जाने वाला हो। वह आश्रमोचित धर्म पालन के मध्य अथवा उसके अनन्तर किसी भी अवस्था में जीवन में वैराग्य उत्पन्न होने पर मोक्ष का अधिकारी हो सकता है।

शान्तिपर्व में प्रतिपादित मोक्ष के साधनों में आत्मज्ञान, निष्काम-कर्म, भगवद्भक्ति, योग-साधना का वर्णन मुख्य है। उपनिषदों में प्रतिपादित आत्मज्ञान रूप साधन तथा भगवद्गीता के समान निष्काम-कर्म, भगवद्भक्ति इन तीनों साधनों की सुरम्य त्रिवेणी यहाँ मुक्तिपथ प्रदर्शित करती है। इतना ही नहीं योगदर्शन के अष्टांग योग की भी विस्तृत चर्चा शान्तिपर्व में मिलती है। सांख्यदर्शन में प्रतिपादित प्रकृति-पुरुष विवेक ज्ञान ही मुक्ति है जो केवल ज्ञान द्वारा सम्भव है। जहाँ मोक्ष का एक सोपान आत्मज्ञान है तो वहाँ निष्काम भाव से धर्मपालन रूप सनातन कर्म ज्ञानी भक्त को भगवद्प्राप्ति करा देता है जिसे द्वितीय सोपान कहा जा सकता है। ज्ञान-कर्म-समुच्चय रूप तृतीय सोपान, भगवद्भक्ति रूप एकमात्र शरणागति, क्लिष्ट योग मार्ग रूप सोपान–सभी मोक्ष के आधार कहे जा सकते हैं। यह मोक्षधर्म सभी वर्ण, सभी लिंग व सभी आश्रम के व्यक्तियों के लिए सार्वभौमिक व सार्वकालिक हैं।

सन्दर्भ

1. (क) आप्टे, संस्कृत हिन्दी कोश पृ. 816
   (ख) मोक्ष+भावे घञ्, मोक्ष+करणे घञ् हलायुध कोश, पृ. 545
   (ग) वाचस्पत्यम्, भाग षष्ठ, पृ. 4765
   (घ) शब्दकल्पद्रुम, तृतीय भाग, पृ. 786
2. (क) शब्द कल्पद्रुम, पृ. 786
   (ख) हलायुध कोश, पृ. 545
3 'Release from worldly existence or transmigration, final or eternal emancipation.' Monier Williams–Sanskrit English Dictionary, p. 835
4 (क) हलायुध कोश, प्रथम काण्ड, श्लोक 124
   (ख) अमर कोश 1/5/6
5 (क) वाचस्पत्यम् पृ. 4755
   (ख) शब्दकल्पद्रुम, तृतीय भाग, पृ. 733
   (ग) आप्टे–संस्कृत हिन्दी कोश, पृ. 804
6 (क) वाचस्पत्यम्, पृ. 2256,

(ख) मोनियर विलियम्स, संस्कृत-अंग्रेजी कोश, पृ. 311

(ग) आप्टे—संस्कृत-अंग्रेजी कोश, पृ. 304

7. (क) वाचस्पत्यम्, पृ. 4102

(ख) आप्टे—संस्कृत हिन्दी कोश, पृ. 538

(ग) '...extinction of the flame of life, dissolution, death or final emancipation from matter and reunion with the supreme spirit. Monier Williams, Skt.-Eng. Dictionary, p. 557

8 अमर कोश, 1/5/6

9. (क) शब्दकल्पद्रुम, पृ. 86

(ख) हलायुध कोश, पृ. 130

10. (क) मोनियर विलियम्स—संस्कृत-अंग्रेजी कोश, पृ. 52

(ख) हलायुध कोश, पृ. 123

11. (क) Moksha Dharma–law or rule of emancipation; MBh No. of a Section of the 12th Book of the Mahabharata. Monier Williams–Sanskrit-English Dictionary, P. 835

(ख) राजबली पाण्डेय, हिन्दू धर्म कोश, पृ. 529

12. ऋक्., 1/164/21, 4/35/3, 9/113/7-11, यजु., 32/10, अथर्व. 10/8/44, 18/4/4

13 ऋक्., 5/4/10, अथर्व., 18/3/62

14 (क) विष्णोः पदे परमे मध्व उत्सः। ऋक्., 1/154/5

(ख) तद्विष्णोः परमं पदं सदा पश्यन्ति सूरयः। वही, 1/22/2

(ग) विष्णोर्यत्परमं पदम्। वही, 1/22/21

15. (क) त्र्यम्बकं यजामहे सुगन्धिं पुष्टिवर्धनम्।
उर्वारुकमिव बन्धनान्मृत्योर्मुक्षीय मामृतात्।। ऋक्., 7/59/12

(ख) यजु., 3/60

16. (क) सो अस्मान्राजा वरुणो मुमोक्तु। ऋक्., 1/24/12

(ख) विद्वान् अदब्धो वि मुमोक्तु पाशान्। वही, 1/24/13

17. उदुत्तम मुमुग्धि नो वि पाशं मध्यमं चृत अवाधमानि जीवसे। ऋक्., 1/25/21

18. द्र., ऋक्., 1/140/4, दयानन्द भाष्य

19. (क) तमेव विदित्वातिमृत्युमेति नान्यः पन्था विद्यतेऽयनाय। यजु., 31/18 द्र., मनुष्यस्तमेव पुरुषं परमात्मानं विदित्वाऽतिमृत्युं मृत्युमतिक्रान्तं मृत्योः पृथग्भूतं मोक्षरव्यमानन्दमेति प्राप्नेति ऋग्वेदादिभाष्य भूमिका, पृ. 131

20. द्र., ऋक्., 1/154/5 पर सायण भाष्य।

21. (क) यत्र ज्योतिजस्रं यस्मिँल्लोके स्वर्हितम्। तस्मिन्मांधेहि।
पवमानामृते लोके अक्षित इन्द्रायेन्दो परिस्रव।। ऋक्., 9/113/7

(ख) यत्रानन्दाश्च मोदाश्च मुदः प्रमुद आसते।

कामस्य यत्राप्ताः कामास्तत्र माममृतंकृधीन्द्रायेन्दो परिस्रव।। ऋक्., 6/113/11

22. एष वै मृत्युर्यत्संवत्सरः। एष हि मर्त्यानामहोरात्राभ्यामायुः क्षिणोति। अथ म्रियन्ते। तस्मादेष एव मृत्युः। शत. ब्रा., 10/4/3/1

23. शत. ब्रा., 10/4/3/10

24. स यथाऽहिस्त्वचो निर्मुच्येत् एवमस्यास्मान्मरर्त्याच्छरीरात्पाप्मनो निर्मुच्यते। शत. ब्रा., 11/2/6/13

25. आत्मयाजी श्श्रेयान्देवयाजी। शत., ब्रा, 11/2/6/13

26. ये अग्नेहोत्रंजुहत्येतद्वै जरामर्यं सत्रं य्यदग्निहोत्रंजरया वा ह्योवास्म्मान्मुच्च्यन्ते मृत्युना वा। शत. ब्रा., 12/4/1/1

27. तपस्मादस्य सर्वस्यामृतमुत्तमम्। शत. ब्रा., 8/7/4/18

28. सर्वा जीवे सर्वसंस्थे बृहन्ते

अस्मिन् हंसो भ्राम्यते ब्रह्मचक्रे।

पृथगात्मानं प्रेरितारं च मत्वा

जुष्टस्ततस्तेनामृतत्वमेति।। श्वेता. उ., 1/6

29. तमेव विदित्वाति मृत्युमेति नान्यः पन्था विद्यतेऽयनाय। वही, 6/15

30. आनन्दो ब्रह्मेति व्यजानात्। तै. उ., 3/6

31. न जायते म्रियते वा विपश्चिन्नायं कुतश्चिन्न बभूव कश्चित्।

अजो नित्यः शाश्वतोऽयं पुराणो न हन्यते हन्यमाने शरीरे। कठो., 1/2/18

32. नायमात्मा प्रवचनेन लभ्यो

न मेधया न बहुधा श्रुतेन। कठ., 1/2/23

33 कठो., 1।2/20, श्वेता., 3/20

34. भिद्यते हृदयग्रन्थिश्छिद्यन्ते सर्वसंशयाः।

क्षीयन्ते चास्य कर्माणि तस्मिन्दृष्टे परावरे।। मुण्डक., 2/28

35. यथा नद्यः स्यन्दमानाः समुद्रे

ऽस्तं गच्छन्ति नामरूपे विहाय।

तथा विद्वान् नामरूपाद विमुक्तः

परात्परं पुरुषमुपैति दिव्यम्।। मुण्डक., 3/2/8

36. तं वैद्यं पुरुषं वेद यथा मा वो मृत्युः परिव्यथा इति।। प्रश्न., 6/6

37. आत्मलाभान्न परं विद्यते। आप. धर्म., 1/8/2

38 पू प्राणिनः सर्व एव गुहाशयस्याऽहन्यमानस्य विकल्मषस्याऽचलं चलनिकेतं येऽनुतिष्ठन्ति तेऽमृताः।। वही, 1/8/4

39. सर्वभूतेषु यो नित्यो विपश्चिदमृतों ध्रुवः।

अनंगोऽशब्दोऽशरीरोऽस्पर्शश्चमहांच्छुचिः।। वही, 1/8/7

40. आप., धर्म., 1/8/12-14

41. दया सर्वभूतेषु क्षान्तिरनसूया शौचमनायासो मंगलमकार्पण्यमस्पृहेति। यस्य तु खलु संस्काराणामेकदेशोऽप्यष्टावात्मगुणा अथ स ब्रह्मणः सायुज्यं सालोक्यं च गच्छति।। गौ. धर्म., 1/8/24, 26

42. द्र., वाल्मीकि राम., बाल., 1/97, 34/4, 57/7, अयो., 30/37 अरण्य., 5/28 युद्ध., 66/26 उत्तर., 5/16

43. वही, बाल., 36/13, अयो., 77/8

44. वही, बाल., 45/39, अयो., 25/33, 30/15

45. वही, अरण्य., 9/12, किष्कि., 12/27, 20/11

46. उदतिष्ठन्नरश्रेष्ठ तथैवामृतमुत्तमम्।। वही, बाल. 45/39

47. वही, बाल., अ., 45

48. जगामाकाशमाविश्य ब्रह्मलोकसनातनम्।। वाल्मीकि 34/4

49. दशवर्षसहस्राणि दशवर्षशतानि च।
रामो राज्यमुपासित्वा ब्रह्मलोक प्रयास्यति।। वा. राम., बाल., 1/67

50. स जीर्णमानुषं देहं परित्यज्य पिता हि नः।
दैवीमृद्धिमनुप्राप्तो ब्रह्मलोकविहारिणीम्।। वा. राम., अयो., 105/33

51. गच्छेयं स्वशरीरेण देवतानां परां गतिम्। वही, बाल. 57/11

52. गतिमुत्तमाम। वही, अयो., 14/4

53. वही, अयो., 109/13

54. वही, अयो., 109/13

55. सत्यवादी हि लोकेऽस्मिन् परं गच्छति चाक्षयम्। वही, अयो., 106/11

56. सत्यधर्माभिरक्तानां नास्ति मृत्युकृतं भयम्। वही, युद्ध, 46/33

57. शान्ति., 171/54, 182/16, 330/16, 262/29, 210/2, 24/53, 262/30

58. अहो हि दुरनुष्ठेयो मोक्षधर्मः सनातनः। शान्ति., 327/7

59. सहस्रेषु नरः कश्चिन्मोक्षबुद्धिं समाश्रितः। वही, 290/39

60. पश्य भूतानि दुःखेन व्यतिषक्तानि सर्वशः। शान्ति., 168/13

61. अहो दुःखमिति ध्यायंशोकस्यापचितिं चरेत्। वही, 168/7

62 शुभलभति देवत्वं व्यामिश्रैर्जन्म मानुषम्।
अशुभैश्चाप्यधोजन्म कर्मभिर्लभतेऽवशः।।
तत्र मृत्युजरादुःखैः सततं समभिद्रुतः।
संसारे पच्यते जन्तुस्तत्कथं नावबुध्यसे।। शान्ति., 316/25, 26

63. (क) रुजन्ति हि शरीराणि रोगाः शारीरमानसाः।
सायका इव तीक्ष्णाग्रा प्रयुक्ता दृढ़धन्विभिः।।
व्याधितस्य विवित्साभिस्त्रस्यतो जीवितैषिणः।
अवशस्य विनाशाय शरीरमपकृष्यते।। शान्ति., 318/3, 4

(ख) द्विविधौ जायते व्याधिः शारीरो मानसस्था। वही, 16/8

64. शान्ति., 318।5

65. सुखाद्बहुतरं दुःखं जीविते नात्र संशयः।
स्निग्धत्वं चेन्द्रियार्थेषु मोहान्मरणमप्रियम्।। शान्ति., 317/16

66. अन्तो नास्ति पिपासायाः। वही, 317/21

67. संचिन्वानकमेवैनं कामानामवितृप्तकम्।
व्याघ्रः पशुमिवासाद्य मृत्युरादाय गच्छति।। वही, 317/24

68. (क) अविज्ञानाच्च मूढात्मा पुनः पुनरुपद्रवन्।
प्रेत्य जातिसहस्राणि मरणान्तान्युपाश्नुते।। शान्ति., 296/47
(ख) सक्तस्य बुद्धिश्चलति मोहजालविवर्धिनी।
मोहजालावृतो दुःखमिह चामुत्र-चाश्नुते।। वही, 316/9

69. निबन्धनी रज्जुरेषा या ग्रामे वसतो रतिः। वही, 316/37

70. संवेष्ट्यमानं बहुभिर्मोहतन्तुभिरात्मजैः।
कोशकारवदात्मानं वेष्टयन्नावबुध्यसे। वही, 316/28

71. मत्स्योऽन्यत्वं यथाज्ञानादुदकान्नभिमन्यते।
आत्मानं तद्वदज्ञानादन्यत्वं चैव वेद्म्यहम्।। वही, 295/25

72. अभिमन्यत्यसंबोधा तथैव त्रिविधान्गुणान्।
सत्त्वं रजस्तमश्चैव धर्मार्थौ काम एव च।
प्रकृत्यात्मानमेवात्मा एवं प्रविभजत्युत।। वही., 292/24

73 एवमप्रतिबुद्धत्वादबुद्धमनुवर्तते।
देहाद्देहसहस्रणि तथा समभिषद्यते।। वही, 262/1

74. कर्मभूमिरियं लोक इह कृत्वा शुभाशुभम्।
शुभैः शुभमवाप्नोति कृत्वाशुभमतोऽन्यथा। शान्ति., 85/19

75. सर्वः स्वानि शुभेशुभानि नियतं कर्माणि जन्तुः स्वयं
गर्भात्संप्रतिपद्यते तदुभयं यत्तेन पूर्व कृतम्। वही, 287/43

76. पूर्वदेहकृतं कर्म शुभं वा यदि वाशुभम्।
प्राज्ञ मूढं तथा शूरं भजते यादृशं कृतभ्।। वही, 165/37

77. शान्ति., 174/8-10, 287/26

78. गर्भशय्यामुपादाय भुज्यते पौर्वदेहिकम्।। शान्ति., 174/14

79. यथा धेनुसहस्रेषु वत्सो विन्दति मातरम्।
तथा पूर्वकृतं कर्म कर्तारमनुगच्छति।। शान्ति., 174/16

80. तिस्रः प्रकृतयो राजन्देहबन्धेषु निर्मिताः।
सात्तिकी राजसी चैव तामसी चेति भारत।। वही, 336/63

81. वही, 336/71, 72

82. वही, 291/44

83. तामसा निरयं यान्ति राजसा मनुषांस्तथा।
सात्त्विका देवलोकाय गच्छन्ति सुखभागिनः।। शान्ति., 291/46

84. (क) कामस्य वशगो नित्यं दुःखमेव प्रपद्यते। वही, 171/48
(ख) नास्ति रागसमं दुःखं। वही, 169/33, 316/6

85. स्नातकानामिदं शास्त्र वाच्यं पुत्रानुशासनम्। वही, 238/15

86. तदिदं नाप्रशान्ताय नादान्तायातपस्विने।
नावेदविदुषे वाच्यं तथा नानुगताय च।। वही, 238/16

87. यथा मतानि सर्वाणि न चैतानि यथा तथा।
कथितानि मया पुत्र भवन्ति न भवन्ति च।। वही, 242/24

88. (क) नवनीतं यथा दघ्नः काष्ठादग्निर्यथैव च।
तथैव विदुषां ज्ञानं पुत्रहेतोः समुद्धृतम।। वही, 238/15
(ख) आत्मज्ञानमिदं गुह्य सर्वगुह्यतन महत्। वही, 242/21

89. (क) मोक्षधर्मेषु नियतो लध्वाहारे जितेन्द्रिय।
प्राप्नोति ब्रह्मणः स्थानं यत्परं प्रकृतेर्ध्रुवम्।। शान्ति., 222/2
(ख) वही, 222।8-16

90. सक्तबुद्धिरशान्तात्मा न स शक्यश्चिकित्सितुम्।
स्नेहपाशसितो मूढो न स मोक्षाय कल्पते।। शान्ति., 277/6

91. काम बन्धनमेवैक नान्यदस्तीह बन्धनम्।
कामबन्धनमुक्तो हि ब्रह्मभूयाय कल्पते।। वही, 243/7

92. अथ चेद्रोचयेदेतद्द्रुह्येत मनसा तथा।
उन्मज्जंश्च निमज्जंश्च ज्ञानवान्प्लववान्भवेत्।। वही, 228/1

93. तथ्यं वदस्व में ब्रह्मन्नुपसन्नोऽस्म्यधीहि भोः।
यथा ते विदितो मोक्षस्तथेच्छाम्युपशिक्षितुम्।। वही, 261/61

94. मुमुक्षायां च नित्यानित्य-वस्तुविवेकस्येहामुत्रार्थ-फलभोग-विरागस्य शमदमोपरति-तितिक्षासमाधानश्रद्धानां च विनियोगः। धर्मराजध्वरीन्द्र, वेदान्त परिभाषा, प्रयोजन परिच्छेद। पृ. 397, 398

95. आकिंचन्ये न मोक्षोऽस्ति। शान्ति., 308/50

96. शान्ति., अध्याय, 9-13

97. वही, अ., 308/28-53

98. यदाहमेतन्जानामि न मृत्युस्तिष्ठतीति ह।
सोऽहं कथं प्रतीक्षिष्ये जालेनापिहितश्चरन्।। शान्ति., 166/10

99. अद्यैव कुरु यच्छ्रेयो मा त्वा कालोऽत्यगादयम्। वही, 169/13

100. वही., अ., 169

101. (क) नावर्तन्ते पुनः पार्थ मुक्ताः संसारदोषतः। शान्ति., 188/3

(ख) विरागा दग्धदोषास्ते नाप्नुयुर्देहसंभवम्।। वही, 207/24

(ग) पुनरावर्तनं नास्ति संप्राप्तस्थ परात्परम्। वही, 243/23

102. पुण्यपापमयं देहं क्षपयन्कर्मसंचयात्।

क्षीणदेहः पुनर्देही ब्रह्मत्वमुपगच्छति।। शान्ति., 267/37

103. वही, 316/58, 59

104. ज्ञानान्मोक्षो जायते पुरुषाणां

नास्त्यज्ञानादेवमाहुनरिन्द्र।

तस्माज्ज्ञानं तत्त्वतोऽन्वेषितव्यं

येनात्मानं मोक्षयेज्जन्ममृत्योः।। वही, 306/84

105. निर्वाणं परमं सौख्यं धर्मोइसौ पर उच्यते। वही, 330/16

106. ब्रह्मस्थानमनावर्तमेकमक्षरसंज्ञकम्।

अदुःखमजरं शान्तं स्थानं तत्प्रतिपद्यते।। वही, 192/123

107 शान्ति., 241/7, 8

108. उत्पत्तिवृद्धिक्षयसंनिपातैर्न युज्यतेऽसौ परमः शरीरी। शान्ति., 195/15

109. (क) न चक्षुषा पश्यति रूपमात्मनो न चापि संस्पर्शमुपैति किंचित्। वही, 165/16

(ख) न हायं चक्षुषा दृश्यो न च सर्वेरपीन्द्रियेः। वही, 231/16

110. सर्वज्ञः सर्वदर्शी च क्षेत्रज्ञस्तानि पश्यति। वही, 166/5

111. यथा हिमवतः पार्श्वं पृष्ठं चन्द्रमसो यथाँ

न दृष्टपूर्वं मनुजैर्न च तन्नास्ति तावता।। वही, 196/6

112. (क) दिवाकरो गुणमुपलभ्य निर्गुणो

यथा भवेद्व्यपगतरश्मिमण्डलः।

तथा ह्यसौ मुनिरिह निर्विशेषवा

न्स निर्गुणं प्रविशति ब्रह्म चाव्ययम्।। वही, 199/31

(ख) सनातन यदमृतमव्ययं पदं विचार्य तं शममृतत्वमश्नुते।। वही, 199/32

113. यथोर्णनाभिः परिवर्तमान

स्तन्तुक्षये तिष्ठति पात्यमानः।

तथा विमुक्तः प्रजहाति दुःखं

विध्वंसते लोष्ट इवाद्रिमर्च्छन्।। शान्ति., 212/47

114. यथा व्यक्तमिदं शेते स्वप्ने चरति चेतनम्।

ज्ञानमिन्द्रियसंयुक्तं तद्वत्प्रेत्म भवाभवौ।। वही, 197/1

115. शान्ति., 187/51

116. (क) यथार्णवगता नद्यो व्यक्तीर्जहति नाम च।

न च स्वतां नियच्छन्ति तादृशः सत्वसंक्षयः।। शान्ति., 212/47

(ख) यथा नद्यः स्यन्दमाना समुद्रेऽस्तं गच्छन्ति नामरूपे विहाय।
तथा विद्वान्नामरूपाद्विमुक्तः परात्परं पुरुषमुपैति दिव्यम्।। मुण्डक., 3/2/8

117. ज्ञानदीपेन दीप्तेन पश्यत्यात्मानमात्मना। शान्ति., 242/10

118. (क) विद्यया तदवाप्नोति यत्र गत्वा न शोचति।। वही, 233/11
(ख) प्राप्य तत्परमं स्थानं मोदन्तेऽक्षरमव्ययम्। वही, 210/31

119. सर्वेषामेव भूतानां पुरुषः श्रेष्ठ उच्यते।
सर्वभूतविशिष्टास्ते सर्वज्ञा सर्वदर्शिनः।। वही, 207/2, 3

120. नेत्रहीनो यथा ह्येकः कृच्छाणि लभतेऽध्वनि।
ज्ञानहीनस्तथा लोके तस्माज्ज्ञानविदोऽधिकाः।। वही, 207/4

121. शान्ति., 195/4, 308/40, 46

122. ज्ञानान्मोक्षो जायते पुरुषाणां
नास्त्यज्ञानादेवमाहुर्नरेन्द्र।
तस्माज्ज्ञानं तत्वतोऽन्वेषितव्यं
येनात्मानं मोक्षयेज्जन्ममृत्योः।। वही, 308/84

123. मलिनाः प्राप्नुयुः शुद्धिं यथा पूर्णा नदीं नराः।
अवगाह्य सुविद्वांसो विद्धि ज्ञानमिदं तथा। शान्ति., 187/52

124. विद्ययामृतमश्नुते। ईशा., 11

125. तमेवविदित्वातिमृत्युमेति नान्य पन्था विद्यतेऽयनाय। श्वेता. उप., 6/25

126. शान्ति., 195/4

127. ज्ञानं विशिष्टं न तथा हि यज्ञा ज्ञानेन दुर्ग तरते न यज्ञैः। शान्ति., 306/105

128. वही, 306/106, 107।

129. तद्वन्मूर्तिषु मूर्तिस्थं ज्ञेयं ज्ञानेन पश्यति।। वही, 196/13

130. बृहद. उ., 2/4/5

131. आत्मानं तं विजानीहि सर्वलोकहितात्मकम्।
तस्मिन्यः संश्रितो देहे ह्यब्बिन्दुरवि पुष्करे। शान्ति. 180/23

132. एवं सर्वेषु भूतेषु गूढश्चरति संवृतः।
दृश्यते त्वगूरययाः बुद्धया सूक्ष्मया तत्त्वदर्शिभिः।। वही, 180/27

133. अनादित्वादनन्तत्वात्तदनन्तमथाव्ययम्।
अव्ययत्वाच्च निर्द्वद्वं द्वंद्वाभावत्ततः परम्।। वही, 199/19

134. हंसोक्तं चाक्षरं चैव कूटस्थं यत्तदक्षरम्।
तद्विद्वानक्षरं प्राप्य जहाति प्राणजन्मनी।। वही, 231/34

135. (क) न स्त्री पुमान्वापि नपुंसकं च
न सन्न चासत्यदसच्च तन्न।
पश्यन्ति यद्ब्रह्मविदो मनुष्या
स्तदक्षरं न क्षरतीति विद्धि।। वही, 194/24

(ख) वही, 242/22

136. ज्ञानमुत्पद्यते पुंसां क्षयात्पापस्य कर्मणः।
अथादर्शतलप्रख्ये पश्यत्यात्मानमात्मनि।। वही, 197/8

137. (क) बीजान्यग्न्युपदग्धानि न रोहन्ति यथा पुनः।
ज्ञानदग्धैस्तथा क्लेशेनात्मा सम्बध्यते पुनः।। वही, 204/16
(ख) वही, 308/33

138. तथा बुद्धिप्रदीपेन दूरस्थं सुविपश्चितः।
प्रत्यासन्नं निनीषन्ति ज्ञेयं ज्ञानाभिसंहितम्। शान्ति. 196/10

139. वही, 313/22

140. आचार्यः प्लाविता तस्य ज्ञानं प्लव इहोच्यते।। वही, 313/23

141. शान्ति., 234/4, 5

142. तेनाहं सांख्यमुख्येन सुदृष्टार्थेन तत्त्वतः।
श्रावितस्त्रिविधं मोक्षं न च राज्याद्विचालितः।। वही, 308/27
मुक्तरागश्चराम्येकः पदे परमके स्थितः।। वही, 308/28

143 वही, 185/16, 287/43

144. (क) यत्करोत्यनभिसंधिपूर्वक। तच्च निर्णुदति यत्पुरा कृतम्।
न प्रियं तदुभयं न चाप्रियं तस्य तज्जनयतीह कुर्वतः।। शान्ति. 187/56, 241/14
(ख) द्र., ओम प्रकाश रुइया–'निष्काम कर्म एवं मोक्ष', विश्व-ज्योति, मार्च 1988

145. ब्रह्मण्याधाय कर्माणिसङ. त्यक्त्वा करोति यः।
लिंप्यपे न स पापेन पत्रामवाम्भसा।। गीता, 5/10

146. काम्यानां कर्मणां न्यासं संन्यासं कवयो विदुः।
सर्वकर्मफलत्यागं प्राहुस्त्यागं विचक्षणाः।। वही, 8/2

147. कामात्मकाश्छन्दर्सि कर्मयोगा
एभिर्विमुक्तः परमश्नुवीत।
नानाविधे कर्मपथे सुखार्थी
नरः प्रवृत्तो न परं प्रयाति।। शान्ति., 194/11

148. शान्ति., 164/11, 12

149. दृष्टवा कर्म शाश्वतं चान्तवच्च
मनस्त्यागः कारणं नान्यदस्ति।। शान्ति., 194/12

150. कर्मण्येवाधिकारस्ते मा फलेषु कदाचन।
मा कर्मफलहेतुर्भूमा ते संगोस्त्वकरमणि।। गीता, 2/47

151. शान्ति., अ., 308

152. मोक्षे हि त्रिविधा निष्ठा दृष्टा पूर्वैर्महर्षिभिः।
ज्ञानं लोकोत्तरं यच्च सर्वत्यागश्च कर्मणाम्।।

ज्ञाननिष्ठां वदन्त्येके मोक्षशास्त्रविदो जनाः।
कर्मनषिठं तथैवान्ये यतयः सूक्ष्मदर्शिनः।।
प्रहायोभयमप्येतज्ज्ञानं कर्म च केवलम्।
तृतीयेयं समाख्याता निष्ठा तेन महात्मना।। शान्ति., 308/38-40

153. Bhaktiyaga, as taught in the Bhagavad Gita, is the means to moksa. It includes performance of all the duties of one's Varna and as rama, along with other forms of worship, in a attitde of devoted service to the Lord. Patricia Y. Mumme-'Bhakti and Dharma in service to the Lord' 'ब्रह्मविद्या' The Adyar Lib. Bulletion, Vol. 51, 1987, Madras, p. 126.

154. यश्चेदं शृणुयान्नित्यं यश्चेदं परिकीर्तयेत्।
नमो भगवते कृत्वां समाहितमना नरः।।
भवत्यरोगो द्युतिमान्बलरूपसमन्वितः।
आतुरो मुच्यते रोगाद्बद्धो मुच्येत बन्धनात्।। शान्ति., 327/102, 103

155. वही, 327/104-106

156. अनन्यचेताः सतत यो मां स्मरति नित्यशः।
तस्याहं सुलभः पार्थ नित्ययुक्तस्य योगिनः।। गीता., 8/14

157. चतुर्विधा मम जना भक्ता एवं हि ते श्रुतम्।
तेषामेकान्तिनः श्रेष्ठास्ते चैवानन्यदेवताः।
अहमेव गतिस्तेषां निराशीः कर्मकारिणाम्। शान्ति., 328/30

158. ये च शिष्टास्त्रयो भक्ताः फलकामा हि ते मताः।
सर्वे च्वयनधर्माणः प्रतिबुद्धस्तु श्रेष्ठभाक्।। वही, 328/31

159. शान्ति., 199/12, 13

160. तद्ब्रह्मा परम प्रोक्त तद्धास परम स्मृतम्।
तद्गत्वा कालविषयद्विषमुक्ता मोक्षमाश्रिताः।। वही, 199/14

161. योगश्चित्तवृत्ति निरोधः। यो. सू., 1।2

162. तदा द्रष्टुः स्वरूपेडवस्थानम्।। यो. सू. 1/3

163. अप्रमत्तो यथा धन्वी लक्ष्यं हन्ति समाहितः।
युक्तः सम्यक्तथा योगी मोक्षं प्राप्नोत्यसंशयम् ।। शान्ति., 286/31

164. वही, 286/53

165. नास्ति सांख्यसमं ज्ञानं नास्ति योगसमं बलम्।
तावुभावेकचर्यौ तु उभावनिधनौ स्मृतौ।। शान्ति., 304/2

166. यदेव योगाः पश्यन्ति तत्सांख्यैरपि दृश्यते। वही, 304/4

167. योगकृत्यं तु ते कृत्स्नं वर्तयिष्यामि तच्छृणु।

एकत्वं बुद्धिमनसोरिन्द्रियाणां च सर्वशः।
आत्मनो ध्यायिनस्तात ज्ञानमेतदनुत्तमम्।। शान्ति. 232/2

168. शान्ति. 294/14, 15
169. वही, 294/18
170. यो. सू., 2/29
171. यो., सू., 2/30
172. यदा न कुरुते भावं सर्वभूतेषु पापकम्।
कर्मणा मनसा वाचा ब्रह्म संपद्यते तदा।। शान्ति., 243/6, 254/17
अद्रोहः सर्वभूतेषु कर्मणा मनसा गिरा।
अनुग्रहश्च दानं च सतां धर्मः सनातनः।। वही, 156/21
173. यथा नागपदेऽन्यानि पदानि पदगामिनाम्।
एवं सर्वमहिंसायां धर्मार्थमपिधीयते।
अमृतः स नित्यं वसति योऽहिंसां प्रतिपद्यते।। वही, 237/18, 19
174. सत्ये ह्यमृताश्रितम्।। शान्ति., 169/261
175. सत्यं ब्रह्म तपः सत्यं सत्यं सृजति च प्रजाः।
सत्येन धार्यते लोकः स्वर्गं सत्येन गच्छति। वही, 183/1
176. शान्ति. 156/1
177. सत्यं नामाव्ययं नित्यमविकारि तथैव च। शान्ति., 156/10
178. शान्ति., 156/7-9
179. नास्ति सत्यात्परो धर्मो नानृतात्पातकं परम्।। वही, 156/24
180. अश्वमेघसहस्रं च सत्यं च तुलया धृतम्।
अश्वमेधसहस्राद्धि सत्यमेवातिरिच्यते।। वही, 156/26
181. अमृतं चैव मृत्युश्च द्वयं देहे प्रतिष्ठितम्।
मृत्युमापद्यते मोहात्सत्येनापद्यतेऽमृतम्।। वही, 169/28
182. यो. सू., 2।30 व्यास भाष्य
183. शान्ति., अ., 24
184. न हर्तव्यं परधनमिति धर्मः सनातनः। शान्ति., 251/12
185. यो. सू., 2।30, व्यास भाष्य
186. ब्रह्मचर्येण वै लोकांजयन्ति परमर्षयः। शान्ति., 234/6
187. गीता, 2/62, 63
188. कामक्रोधौ वशे कृत्वा ब्रह्मचारी जितेन्द्रियः। शान्ति., 213/18
189. शान्ति., 207/11-14
190. यदिदं ब्रह्मणो रूपं ब्रह्मचर्यमिति स्मृतम्।
परं तत्सर्वभूतेभ्यस्तेन यान्ति परां गतिम्।। शान्ति., 207/7

191. वही, 207/86,10

192. यो., सू., 2/30 पर व्यास भाष्य

193. दुरन्तेष्विन्द्रियार्थेषु सक्ताः सीदन्ति जन्तवः।
ये त्वसक्ता महात्मानस्ते यान्ति परमां गतिम्।। शान्ति., 208/1

194. शान्ति., 316/15, 16

195. शान्ति., 236/29

196. शौचसन्तोषतपः स्वाध्यायेश्वरप्रणिधानानिनियमाः। यो. सू., 2/32

197. शान्ति., 232/23, 26

198. शान्ति., अ., 192

199. (क) वही, 192/118
(ख) द्र., महाभारत–मीमांसा, पृ. 460

200. शान्ति., 198/11

201. वही, 232/8,13, 294/13

202. एवं परिमितं कालमाचरन्संशितव्रतः।
आसीनो हि रहस्येको गच्छेदक्षरसात्म्यताम्।। शान्ति., 232/20

203. शान्ति., 232।23, 26

204. श्वासप्रश्वासयोर्गतिविच्छेदः प्राणायामः। यो. सू., 2/49

205. द्विगुणं योगकृत्यं तु योगानां प्राहुरुत्तमम्।
सगुणं निर्गुणं चैव यथा शास्त्रनिदर्शनम्।।
प्राणायामो हि सगुणं निर्गुणं धारणं मनः।। शान्ति., 304/8, 6

206. शान्ति., 304/13-17

207. देशबन्धचित्तस्य धारणा। यो. सू., 3/1

208. शान्ति., 188/4-10

209. जलबिन्दुर्यथा लोलः पर्णस्थः सर्वतश्चलः।
एवमेवास्य तच्चितं भवति ध्यानवर्त्मनि।। शान्ति., 188/12

210. अनिर्वेदो गतक्लेशो गततन्द्रीरमत्सरः।
समादध्यात्पुनश्चेतो ध्यानेन ध्यानयोगवित्। वही, 188/14

211. वही, 286।36-41

212. विचारश्च वितर्कश्च विवेकश्चोपजायते।
मुनेः समादधानस्य प्रथमं ध्यानमादितः।। शान्ति., 188/15

213. निर्वाते तु यथा दीपो ज्वलेत्स्नेहसमन्वितः।
निश्चलोर्ध्व शिखस्तद्वद्युक्तमाहुर्मनीषिणः।। वही, 304/19

214. निवाते तु यथा दीपो ज्वलेत्स्नेहसमन्वितः।
निश्चलोर्ध्वशिखस्तद्वद्युक्तमाहुर्मनीषिणः।। वही, 304/19

215. वही, 228/8-14

216. द्रुमं यथा वाप्युदके पतन्त
मुत्सृज्य पक्षी प्रपत्तत्यसक्तः।
तथा ह्यसौ सुखदुःखे विहाय
मुक्तः पराद्धर्या गतिमेत्यलिंगः।। शान्ति., 212/49

217. धर्मराजध्वरीन्द्र, वेदान्तपरभिषा, प्रयोजन परिच्छेद, पृ. 404, 405

218. (क) शान्ति., 17/18
(ख) अपि च भवति मैथिलेन गीतं
नगरमुपाहितमग्निनाभिवीक्ष्य।
न खलु मम तुषोऽपि दहतेऽत्र
स्वयमिदमाह किल स्म भूमिपालः।। वही, 212/50

219. शान्ति., 172/5, 7

220. नावर्तन्ते पुनः पार्थ मुक्ताः संसारदोषतः।
जन्मदोषपरिक्षीणाः स्वभावे पर्यवस्थिताः।। शान्ति., 188/3

221. वही, 172/33

222. क्षुत्पिपासादयों भावा जिता यस्येह देहिनः।
क्रोधो लोभस्तथा मोहः सत्त्ववान्मुक्त एव सः।। शान्ति., 277/25

223. निर्ममश्चानंहकारो निर्दन्द्वश्छिन्नसंशयः।
नैव क्रुध्यति न द्वेष्टि नानृता भाषते गिरः।। वही, 228/33

224. (क) पन्थानौ पितृयानश्च देवयानश्च विश्रुतौ ।
ईजानाः पितृयानेन देवयानेन मोक्षिणः।। शान्ति., 17/14
(ख) देवयान चरो विष्णोः पितृयानश्च तामसः।
द्वावेतौ प्रेत्य पन्थानौ दिवं चाधश्च गच्छः।। वही, 315/30

225. ये चेमेऽरण्ये श्रद्धा तप इत्युपासते तेऽर्चिषमभिसंभवन्त्यर्चिषोऽहरहन आपूर्यमाणपक्षमापूर्यमाणपक्षाद्यान्षड्डुदंगेति मासांस्तान्। मासेभ्यः संवत्सरं संवत्सरादादित्यमादित्याच्चन्द्रमसं चन्द्रमसो विद्युतं तत्पुरुषोऽमानवः स एनान्ब्रह्म गमयत्येष देवयानः पन्था इति।। छान्दोग्य., 5/101, 2

226. आवृत्ते भगवत्यर्के स हि लोकान्गमिष्यति। शान्ति., 46/29

227. निवृत्तमात्रे त्वयन उत्तरे वै दिवाकरे।
समावेशयदात्मानमात्मन्येव समाहितः।। वही, 47/3

228. व्यावृत्तमात्रे भगवत्युदीचीं सूये दिशं कालवशात्प्रपन्ने।
गन्तासि लोकान्पुरुषप्रवीर नावर्तते यानुपलभ्य विद्वान्।। वही, 51/16

229. उत्तरेण तु पन्थानमार्या विषयनिग्रहात्।
अबुद्धिजं तमस्त्यक्त्वा लोकांस्त्यागवतां गताः।। वही, 19/13

230. दक्षिणेन तु पन्थानं यं। भास्वन्तं प्रपश्यसि।
एते क्रियावतां लोका ये शमशानानि भेजिरे।। वही, 19/14

231. प्रयाति संहिताध्यायी ब्रह्माणं मरमेष्ठिनम्।
अथवाग्निं समायाति सूर्यमाविशतेऽपि वा।। शान्ति., 192/118

232. अथ तत्र विरागी स गच्छति त्वथ संशयम्।
परमव्ययमिच्छन्स तमेवाविशते पुनः।। शान्ति, 192/121

233. अमृताच्चमृतं प्राप्त शीतीभूतो निरात्मवान्।
ब्रह्मभूतः स निर्द्धद्वः सुखी शान्तो निरामयः।।
ब्रह्मस्थानममावर्तमेकमक्षरसंज्ञकम्।
अदुःखमजरं शान्तं स्थान तत्प्रतिपद्यते।। वही, 192/122, 123

सप्तम अध्याय

उपसंहार

7.1 शान्तिपर्व में धर्म के स्वरूप का मूल्यांकन

महाभारत ज्ञान का अक्षय भण्डार है। शान्तिपर्व, उसी विशाल ग्रन्थ का द्वादश पर्व है जिसमें भीषण युद्ध के पश्चात् शान्ति की स्थापना का मार्ग प्रदर्शित किया गया है। युद्ध की विभीषिकाओं से क्लान्त मानव-मन को शान्ति प्रदान करने वाला यह पर्व 'धर्म' के स्वरूप का सर्वांग रूप से प्रतिपादन करता है। महाभारत, जिसे 'पंचम-वेद' एवं 'धर्मशास्त्र' की संज्ञा से विभूषित किया गया है, के द्वादश पर्व के आधार पर 'धर्म के स्वरूप' का विशद विवेचन करना ही प्रस्तुत ग्रन्थ का मुख्य उद्देश्य है।

'धर्म' जैसे बहुआयामी शब्द का अभिप्राय शान्तिपर्व में भी व्यापक रूप से दृष्टिगोचर होता है। धारणात्मक 'धृ' धातु से निष्पन्न 'धर्म' को प्रजा का धारक कहकर उसकी व्यापकता एवं सार्वभौमिकता को सिद्ध किया गया है। प्राणियों के प्रभव (कल्याण) का हेतु यह धारक धर्म-व्यक्ति, समाज तथा राष्ट्र के सम्पूर्ण जीवन का संस्पर्श करता है। शान्तिपर्व में धर्म का मुख्य अर्थ है—मानव के वे कर्त्तव्य-कर्म जो मानवता के आधार हैं, समाज के व्यवस्थापक हैं एवं राष्ट्र की समृद्धि के हेतु हैं।

मानव जीवन की श्रेष्ठता का आधार सत्य, अहिंसा, दान, अध्ययन, अक्रोध, क्षमा आदि वे विशिष्ट गुण हैं जो शान्तिपर्व में धर्मलक्षण के रूप में स्वीकार किये गये हैं। वस्तुतः इन नौ गुणों से युक्त व्यवहार ही सद्-आचरण है तथा सद्-आचरण ही धर्म का मूल है। धर्म का एक अन्य अर्थ भी है—भगवद्भक्ति अर्थात् ईश्वर की उपासना, जिसके अन्तर्गत कर्मपरक भक्ति भी समाहित है तथा ज्ञानपरक भक्ति भी और इन दोनों का समुच्चय भी। इस रूप में 'धर्म' मानव जीवन के ऐहिक तथा पारलौकिक सभी पक्षों का संस्पर्श करता है तथा उसे सर्वथा नियन्त्रित एवं सुव्यवस्थित करता हुआ जगत् को धारण करता है।

प्रस्तुत अध्ययन से धर्म के स्वरूप के विषय में जो मुख्य तथ्य उपलब्ध होते हैं उनका निम्न प्रकार से मूल्यांकन किया जा सकता है—

1. 'धारण' क्रिया से सम्पन्न जीवन की धारक शक्ति का ही नाम 'धर्म' है। धर्म की वृद्धि से ही प्राणी समूह की उन्नति होती है तथा धर्म के ह्रास से सबका क्षय होता है। सबको धारण करने वाला यह धर्म—कार्य तथा अकार्य की विभाजक रेखा है।

2. शान्तिपर्व में धर्म का स्वरूप भिन्न-भिन्न रूपों में अभिव्यक्त हुआ है। यहाँ 'धर्म'—धारणकर्ता, कर्त्तव्य-कर्म, वेदोक्तयज्ञादि कर्म, सदाचरण (जिसके अन्तर्गत सत्य, अहिंसा जैसे नौ गुणों का समावेश है) एवं भगवद्भक्ति जैसे अर्थों में प्रयुक्त हुआ है। पितामह-भीष्म ने जिस शाश्वत् धर्म का उपदेश युधिष्ठिर को दिया वह अपने व्यापक अर्थ के कारण व्यक्ति, समाज तथा राष्ट्र की लौकिक एवं पारलौकिक प्रगति का आधार है। अतः यहाँ धर्म का व्यावहारिक स्वरूप दृष्टिगत होता है।

3. एक विशेष उल्लेखनीय तथ्य यह ज्ञात होता है कि यद्यपि मौलिक रूप में 'धर्म' शाश्वत् है तथापि उसका स्वरूप देश, काल एवं परिस्थिति के अनुरूप परिवर्तनशील है। अवस्था-विशेष में सत्य, अहिंसा आदि धर्म भी अधर्म बन जाते हैं, जब वे मानव अथवा समाज के लिए घातक हो जाते हैं। इसके विपरीत हिंसा, असत्य रूपी अधर्म भी प्राण-रक्षा के निमित्त यदि किए जाएँ तो 'धर्म' कहे जा सकते हैं। अतः यहाँ धर्म को देशकाल सापेक्ष कहकर उसकी व्यावहारिकता का प्रतिपादन किया गया है।

4. शान्तिपर्व के आधार पर यह भी कहा जा सकता है कि किन्हीं संकीर्ण विचारधारओं में बँधे मतवाद या सम्प्रदायवाद को धर्म नहीं कहा जा सकता, यह तो मत, पन्थ या सम्प्रदाय से सर्वथा भिन्न है। देशकाल सापेक्ष होने पर भी धर्म वह पारमार्थिक तत्त्व है जो मानव-मात्र को अपने व्यापक क्षेत्र में समाविष्ट कर लेता है। सद्-आचरण पर आधारित यह धर्म सार्वकालिक एवं सार्वभौमिक होता है।

5. धर्म के मूल स्रोतों में वेद, स्मृति, सदाचार के साथ-साथ हृदयानुमोदन पर भी विशेष बल दिया गया है। सभी धर्मग्रन्थों ने वेद को ही धर्म का मूल स्वीकार किया है। तदनन्तर धर्म के स्रोत के रूप में 'स्मृति' की चर्चा की गयी है। स्मृति से अभिप्राय धर्म विषयक वे सभी शास्त्र ग्रन्थ हैं जिनमें वेदोक्त धर्म की विशद व्याख्या की गयी है यथा—षड् वेदांग, इतिहास-पुराण, मनुस्मृति आदि। वेदशास्त्र के अतिरिक्त सदाचार को भी धर्म का मूल कहा गया है। शिष्ट जन आचार व शास्त्राचार ही धर्म का स्रोत है, शिष्ट को ही सर्वज्ञ व सर्वधर्मवित् की संज्ञा दी जाती है। हृदयानुमोदन को धर्मज्ञान का साधन कहा गया है क्योंकि वेदोक्त कर्म, शास्त्र-वचन, शिष्टजनाचार तभी ग्राह्य बन सकता है जब कर्ता अपने हृदय द्वारा उसका अनुमोदन करे। धर्म के अन्धानुकरण की अपेक्षा विवेकपूर्ण आचरण ही विहित माना गया है।

6. लक्ष्य भेद के आधार पर शान्तिपर्व में धर्म के मुख्यतः दो रूप उपलब्ध होते हैं—प्रवृत्ति-लक्षण धर्म तथा निवृत्ति-लक्षण धर्म। संसार में प्रवृत्त कराने वाले धर्म को प्रवृत्ति-लक्षण धर्म तथा संसार से निवृत्ति अथवा मोक्ष की ओर अग्रसर कराने वाले

धर्म को निवृत्ति-लक्षण धर्म कहा गया है। प्रवृत्ति-लक्षण धर्म के पुनः दो भेद किये जा सकते हैं—सामान्य एवं विशिष्ट। सत्य, अहिंसा, दान, अध्ययन, यज्ञ रूप धर्म सभी मनुष्यों द्वारा समान रूप से आचरणीय होने के कारण सबके सामान्य-धर्म हैं तथा विशेष परिस्थिति, अवस्था एवं काल में विशिष्ट व्यक्ति द्वारा आचरित धर्म विशिष्ट धर्म कहे गये हैं, जिनके अन्तर्गत वर्ण-धर्म, आश्रम-धर्म, नारी-धर्म एवं राजधर्म आ जाते हैं। इनके आपत्ति काल में आचरित आपद्धर्म तथा प्रायश्चित्त की भी चर्चा यहाँ उपलब्ध होती है। इन दोनों के विपरीत जीवन के चरम लक्ष्य मोक्ष की प्राप्ति कराने के साधन भूत ज्ञान, भगवद्भक्ति, निष्काम कर्म रूप धर्म को निवृत्ति-लक्षण धर्म कहा गया है।

7. सद्-आचरण रूप जिन सामान्य गुणों की चर्चा यहाँ धर्मलक्षण के रूप में की गयी है उनमें मुख्य हैं—सत्य, अहिंसा, अस्तेय, अक्रोध, स्वाध्याय, तप, दान, क्षमा, एवं इज्या (यज्ञ)। शान्तिपर्व में इन गुणों के वास्तविक स्वरूप का प्रतिपादन उल्लेखनीय है—

सत्य—सत्य और असत्य से आवृत्त इस संसार में विवेक पूर्वक उन दोनों का निर्णय करना ही धर्म कहा गया है। सत्य अव्यय और अविकारी नित्य वस्तु है। सत्य, प्रिय एवं हितकर वचन पर विशेष बल दिया गया है जो प्राणियों के कल्याण के हेतु हैं। यही उत्तम प्रिय और सत्यवाणी ही जगत् व्यवहार का आधार तथा स्वर्ग एवं मोक्ष का साधन है।

अहिंसा—मन, वचन तथा कर्म से किसी प्राणी को कष्ट न देना अहिंसा कहलाता है। इस अहिंसा धर्म को प्राणियों के जीवन का मूल आधार होने के कारण परमधर्म कहा गया है, किन्तु शान्तिपर्व में स्पष्ट शब्दों में यह भी कह दिया है कि आत्यन्तिक अहिंसा सम्भव नहीं है। इसका प्रमाण देते हुए कहा है कि धर्म का नाश करने वाले तथा प्राणियों को कष्ट पहुँचाने वाले आततायी का वध करना भी धर्मविहित माना गया है।

अस्तेय—बिना दिये किसी की वस्तु को ग्रहण न करना ही अस्तेय अथवा अदत्तस्यानुपादान कहलाता है। यह वस्तुतः त्याग, संयम एवं सन्तोष वृत्ति का परिचायक है। शान्तिपर्व में ऐसा भी उदाहरण मिलता है जहाँ आपत्ति काल में प्राण रक्षा के निमित्त दूसरे से अन्न याचना को भी धर्मविहित कहा गया है।

अक्रोध—क्रोध न करना इन्द्रिय-संयम का लक्षण है। क्रोध को नाश का कारण कहा जाता है क्योंकि उस अवस्था में विवेक नहीं रहता। काम, क्रोध, लोभ, मोह, भय, स्वप्न को मानव के दुख एवं बन्धन का हेतु कहा गया है। एक-दूसरे से उद्भूत ये भाव मानव व समाज के लिए घातक सिद्ध होते हैं। अतः इनके त्याग द्वारा ही मानव-प्रेम व सद्भावना की स्थिति सम्भव है। आपसी द्वेष, कटुता, ईर्ष्या, क्रोध जैसे दुर्गुणों को नष्ट कर सद्गुणों का विकास ही धर्म का आधार है।

तप—धर्म के स्वरूप में तप का विशेष महत्त्व है। शान्तिपर्व में उस तप के वास्तविक स्वरूप की विवेचना की गयी है। शरीर को उपवास द्वारा कष्ट देना तप नहीं क्योंकि 'शरीरमाद्यं खलु धर्मसाधनम्' के अनुसार शरीर ही निश्चय से धर्म का विशेष साधन कहलाता है। यहाँ मनोनिग्रह रूपी शम को तथा बाह्य इन्द्रिय-निग्रह रूपी दम को ही तप का मूल कहा गया है, जिससे रजोगुण तथा तमोगुण को अभिभूत करके सत्त्वगुण की वृद्धि होती है। अहिंसा व ब्रह्मचर्य को ही शारीरिक तप तथा मनोनिग्रह को मानसिक तप कहा गया है।

दान—धार्मिक विधि-विधान में दान का विशेष स्थान माना जाता है। धर्मोपार्जित धन का सद्पात्र में श्रद्धा से समर्पण ही दान कहलाता है। केवल द्रव्यदान को ही दान नहीं कहा गया अपितु अतिथि, देवता, पितर तथा कुटुम्बी-जन के लिए समर्पित अन्न भी दान कहलाता है। दान के विभिन्न रूपों में अभयदान को श्रेष्ठ दान कहा गया है क्योंकि अभयदान के द्वारा ही जगत् के प्राणी निभय होकर सृष्टि में विचरण कर सकते हैं। अतः अभयदान व जीवनदान ही प्रमुख है। साथ ही दान के विषय में उल्लेखनीय बात यह कही है कि कुसमय में कुपात्र को दिया गया किसी भी प्रकार का दान आधार दोष के कारण निष्फल हो जाता है।

क्षमा—दया या क्षमा को ही धर्म का मूल कहा जाता है। वस्तुतः, यह अहिंसा का ही रूप है जिसका अभिप्राय है—किसी प्राणी को मन, वचन व कर्म से कष्ट न देना, उसके अपराध करने पर अथवा कटु वचन कहने पर, दुष्कर्म करने पर उसे क्षमा कर देना। यही क्षमाशीलता यद्यपि उदारता की मूल है तथापि कभी-कभी इसे दोष भी माना गया है क्योंकि लोग क्षमाशील को असमर्थ समझने लगते हैं।

इज्या—'धर्म' को विधि-विधान रूप भी माना जाता है। कामना सिद्धि हेतु देवोपासना रूप यज्ञ विधि-रूप धर्म है। शान्तिपर्व में वेदोक्त यज्ञों के विधान होने पर भी श्रद्धा रूप विशेष यज्ञ को ही धर्म कहा गया है। धर्मशास्त्रों में प्रतिपादित विभिन्न प्रकार के यज्ञों के विवेचन के अतिरिक्त यहाँ यज्ञ वस्तुतः त्याग, कर्त्तव्य-कर्म तथा आत्मबोध के अर्थ में प्रयुक्त हुआ है। यज्ञ में होने वाली हिंसा को यहाँ स्पष्ट रूप से निन्दनीय माना गया है।

इस प्रकार शान्तिपर्व में धर्म के इन उपरोक्त तत्त्वों के वास्तविक स्वरूप का प्रतिपादन किया गया है जिनके यथार्थ ज्ञान के अनन्तर ही मानव उसे जीवन में धारण करने में समर्थ होता है। इन गुणों से युक्त मानव का सद्-आचरण ही धर्म की कसौटी है। सद्भावना, सद्गुणों एवं सद्-आचरण से रहित मानव धर्महीन ही नहीं, मानव कहलाने का भी अधिकारी नहीं होता। 'धर्म' के जिस सामाजिक पक्ष को आधार बनाकर यहाँ धर्म का प्रतिपादन किया गया है वह वस्तुतः मानव, समाज एवं राष्ट्र सभी का मूलाधार है।

8. शान्तिपर्व में धर्म का जो एक अन्य विशिष्ट अर्थ उपलब्ध होता है, वह सर्वजनोपयोगी एवं सर्वसम्मान्य कहा जा सकता है। मानव अपने अस्तित्व की रक्षा के लिए, समाज में अपने स्थायित्व के लिए, राष्ट्र में अपनी नागरिकता बनाये रखने के लिए जिन कर्त्तव्य-कर्मों को करता है वे कर्त्तव्य-कर्म ही वस्तुतः 'धर्म' हैं। अतः शान्तिपर्व के आधार पर 'धर्म' का कर्त्तव्य-कर्म अर्थ ही मुख्यतः दृष्टिगोचर होता है। जन्म ग्रहण करते ही प्रकृति से उत्पन्न होने के कारण प्राणी सदैव क्रियाशील रहता है। बाल्यावस्था से मृत्युपर्यन्त जीवन की विभिन्न अवस्थाओं एवं स्थितियों के अनुसार उसके द्वारा सम्पादित उसके कर्त्तव्य ही धर्म कहे गये हैं। चाहे वे कर्त्तव्य वैयक्तिक जीवन से सम्बद्ध हों, चाहे सामाजिक जीवन से या राष्ट्रीय जीवन से।

9. वर्ण-धर्म के विषय में शान्तिपर्व में मुख्य तथ्य यह उपलब्ध होता है कि प्रारम्भ में सम्पूर्ण सृष्टि ब्रह्मा द्वारा निर्मित होने के कारण एक समान थी। तदनन्तर गुण-कर्म के आधार पर उनमें ब्राह्मण, क्षत्रिय, वैश्य, शूद्र—ये वर्ण बने। कर्म एवं स्वभाव की विभिन्नता को ही वर्ण-व्यवस्था का आधार माना गया है। सत्त्वगुण प्रधान प्राणी (ब्राह्मण) समाज रूपी विराट् पुरुष के मुख रूप, रजोगुण प्रधान प्राणी (क्षत्रिय) उसकी भुजाओं के रूप में, रजोगुण-तमोगुण प्रधान प्राणी (वैश्य) उसके ऊरू के रूप में तथा तमोगुण प्रधान प्राणी (शूद्र) ही उसके पाद रूप में प्रतिष्ठित माने गये हैं। जो अपने-अपने कर्त्तव्य-कर्मों के द्वारा मानव समाज को सुव्यवस्थित एवं समुन्नत करते हैं। षट्कर्म सम्पन्न ब्राह्मण, बलशक्ति सम्पन्न क्षत्रिय, धन-व्यापार का आधार वैश्य तथा सेवा परिचर्या युक्त शूद्र ही समाज की आध्यात्मिक, बौद्धिक, आर्थिक, सुरक्षात्मक सभी प्रकार की उन्नति करते हैं। अपने गुण एवं स्वभाव के आधार पर वरण किया गया कर्म ही स्वधर्म है जिसके सम्यग् परिपालन द्वारा समाज का अस्तित्व स्थायी एवं सुदृढ़ होता है। समाज का विभाजन चाहे गुणों के आधार पर हो या कर्मों के आधार पर यही धर्म समाज का पोषक है।

10. शान्तिपर्व में 'वर्ण' एवं 'जाति' की भिन्नता को भी स्पष्ट किया गया है। गुण-कर्म-स्वभाव के आधार पर बने 'वर्ण' 'जाति' से सर्वथा भिन्न हैं। 'जाति' का सम्बन्ध जन्म से माना गया है। जातियों का प्रादुर्भाव अन्तर्वर्ण के सम्बन्धों का परिणाम कहा गया है। एक वर्ण के पुरुष के अन्य वर्ण की स्त्री के सम्बन्ध से जातियाँ अस्तित्व में आयीं, ऐसा सूतपुत्र कर्ण के कथन से संकेत मिलता है। यहाँ जाति को वर्णसंकरता का परिणाम कहा गया है।

11. आश्रम-धर्म मानव के वैयक्तिक जीवन को सुव्यवस्थित करने का मूल आधार है। धर्म, अर्थ, काम, मोक्ष रूप पुरुषार्थ चतुष्ट्य पर बल देने वाला यह धर्म आश्रम-धर्म पालन द्वारा इन चारों की प्राप्ति कराता है। स्वाध्याय एवं ज्ञान प्राप्ति

का आधार ब्रह्मचर्याश्रम, अर्थ, काम एवं सन्तानवृद्धि का आधार गृहस्थाश्रम; त्याग, तप एवं संयम रूप वानप्रस्थ एवं संन्यासाश्रम वस्तुतः मानव को जीवन के परम पुरुषार्थ मोक्ष की ओर अग्रसर करते हैं। जीवन की विभिन्न अवस्थाओं के अनुरूप मानव का सर्वांगीण विकास करने वाला आश्रम-धर्म भी पूर्णतया वैज्ञानिक कहा जा सकता है। मानव की सौ वर्ष की आयु की कामना द्वारा उसे चार भागों में विभक्त कर तदनुरूप अवस्था एवं मनोवृत्तियों के अनुसार मानव के धर्म, अर्थ, काम एवं मोक्ष रूप पुरुषार्थ की सिद्धि कराना ही आश्रम-धर्म का उद्देश्य है।

12. पुरुष और नारी समाज रूपी रथ के दो पहिये हैं। अतः उस समाज को सुचारु रूप से चलाने के लिए पुरुष के साथ-साथ नारी का भी कर्त्तव्यपरायणा होना परम आवश्यक है। उसी नारी के कन्या, भार्या एवं माता के रूप में वांछनीय विभिन्न कर्त्तव्य-कर्म ही नारी-धर्म कहलाते हैं, जिसका विशद विवरण शान्तिपर्व में प्राप्य है। कन्या के रूप में वह माता-पिता के स्नेह की भाजन अवश्य थी, समाज में भी उसे शुभलक्षणा माना जाता था किन्तु पुत्री की अपेक्षा पुत्र को ही अधिक महत्त्व दिया जाता था। कन्या के रूप में अतिथि-सत्कार ही उसका मुख्य धर्म था। उसकी शिक्षा गृह में ही सम्पन्न होती थी किन्तु अपवाद के रूप में सुलभा जैसी ब्रह्मवादिनी नारियों के उदाहरण भी मिलते हैं। विवाह के लिए स्वयंवर-प्रथा अधिक प्रचलित थी। भार्या एवं माता के रूप में पातिव्रत्य धर्म तथा सन्तान का भरण-पोषण उसका परम धर्म कहा गया है।

13. राष्ट्र के शासक के रूप में निर्दिष्ट राजा का कर्त्तव्य ही राजधर्म कहा गया है, जो सम्पूर्ण समाज, राष्ट्र तथा वर्ण-आश्रम सभी का आधार माना गया है। पूर्ववर्ती-वाङ्मय में जिस राजधर्म का संकेत यत्र-तत्र मिलता है उसका विशद प्रतिपादन शान्तिपर्व में भी उपलब्ध होता है। वही राजधर्म महान् कहा गया है जिसके मूल में त्याग की भावना होती है। प्रजा द्वारा राजा का वरण मानो इन्द्र का ही वरण है। वही देव रूप है जो पापी को दण्ड देने के कारण 'अग्नि-देव', प्रजापुंज के क्षेम के कारण 'भास्कर देव', अधर्मियों के नाश के कारण 'यम' रूप तथा पापी को नष्टश्री एवं निर्धन को प्राप्त श्री कराने के कारण 'वैश्रवण' (कुबेर) के समान माना गया है।

14. राजा की उत्पत्ति के विषय में दैवी उत्पत्ति, राजा के पूर्व जन्मकृत पुण्य का फल तथा राजा प्रजा के परस्पर समझौते के सिद्धान्त का प्रतिपादन मिलता है। सत्त्वगुणावलम्बी, बुद्धिमान्, दण्डनीतिज्ञ, राजनीतिज्ञ, धर्मनिष्ठ, बल एवं पौरुषसम्पन्न, समस्वभाव तथा सद्व्यवहार का आधार राजा ही मानवों में देव तुल्य पूज्य एवं प्रजा का रक्षक हो सकता है। प्रजापालन, प्रजारक्षण, दण्डधारण, आर्थिक, सामाजिक, राजनीतिक तथा प्रशासनिक सुव्यवस्था के लिए राजा के कर्त्तव्य-कर्म ही वस्तुतः 'राजधर्म' के नाम से अभिहित होते हैं। राजा की परराष्ट्र नीति भी उसके धार्मिक कर्त्तव्यों में ही आती है। राजा में प्रतिष्ठित बल, प्रभुता एवं शक्ति प्रजा-पालन एवं प्रजा-रक्षण के

कारण होते हैं। धर्म की स्थापना, समाज की रक्षा, आततातियों के वध हेतु युद्ध की अनिवार्यता को भी स्वीकार किया गया है। कालानुकूल नीति-कुशलता को ही राजधर्म का मूल कहा गया है जिससे सम्पूर्ण समाज के धर्म का परिरक्षण होता है।

15. मानव जीवन का चरम लक्ष्य 'मोक्ष' प्राप्ति है एवं तत्प्राप्ति हेतु आचरित कर्त्तव्य-कर्म ही 'मोक्ष-धर्म' है। दुख रूप संसार के आवागमन रूप बन्धन से पूर्णतया निवृत्त हो जाना ही 'मोक्ष' है। दुखों की आत्यन्तिक निवृत्ति ही मुक्ति, अपवर्ग अथवा निःश्रेयस् कहलाती है, जिसकी प्राप्ति ऋषियों को भी अभीष्ट होती है; परन्तु यह मोक्ष सहज साध्य न होकर दुष्कर ही कहा गया है। अज्ञान एवं शुभाशुभ कर्म ही बन्धन के कारण हैं जिनसे वही पुरुष मुक्त हो सकता है जो तत्त्वज्ञाता, प्रशान्त, संयमी, मोक्ष अभिलाषी तथा मोक्ष विषयक जिज्ञासा से युक्त होता है। मोक्षविषयक जिज्ञासा एवं तदनुकूल संयमपूर्ण आचरण के बिना मानव 'मोक्ष' का अधिकारी नहीं हो सकता। मोक्ष के लिए किसी विशेष अवस्था अथवा समय की कोई अपेक्षा नहीं। ज्ञान एवं वैराग्य ही इसका हेतु है।

16. मोक्ष-धर्म में उन कर्त्तव्य-कर्मों अथवा उपायों का निरूपण है जो मोक्ष-प्राप्ति के साधन हैं। आत्मज्ञान को ही मोक्ष का मूल साधन कहा गया है। आत्मा के शुद्ध, बुद्ध, नित्य-मुक्त स्वरूप का ज्ञान, स्वरूप में अवस्थिति रूप आत्मसाक्षत्कार ही मोक्ष का हेतु है। जिस आत्मज्ञान का उदय इन्द्रिय एवं मन को विषयों से निगृहीत करने से, वैराग्य से तथा पापकर्म के क्षय से होता है। विशुद्ध ज्ञान ही मोक्ष का द्वार है जिसके लिए गुरुपदेश का अपना विशिष्ट महत्त्व है।

17. आत्मज्ञान के अतिरिक्त 'निष्काम-कर्म' भी मोक्ष का साधन कहा गया है। कर्म को बन्धन का कारण तथा इसके विपरीत निष्काम-कर्म को मुक्ति का हेतु कहा गया है, जो निष्काम-कर्म पूर्वकृत पाप कर्मों का क्षय करने वाला भी है। आसक्ति रहित होकर कर्म करना ही निष्काम-कर्म है। फल की इच्छा त्यागकर किये गये कर्म ही सनातन कर्म हैं जिसका स्पष्ट प्रतिपादन भगवद्गीता में भी किया गया है।

18. केवलमात्र ज्ञान अथवा केवल निष्काम-कर्म ही मोक्ष के साधन नहीं अपितु 'ज्ञान-कर्म समुच्चय रूप तृतीय निष्ठा' ही मोक्ष का साधन या हेतु है। केवल ज्ञान तथा केवल कर्म दोनों एकांगी मार्ग हैं। कर्म के फल से निरपेक्ष होते हुए लोकोत्तर ज्ञान रूप तृतीया निष्ठा ही मोक्ष-प्राप्ति का सुन्दरतम साधन है।

19. इन उपरोक्त साधनों से युक्त 'भगवद्भक्ति' ही मुक्ति प्रदायिनी है। भगवान् की अनन्य भक्ति ही सम्पूर्ण कामनाओं को सिद्ध करने वाली है। जिज्ञासु, आर्त्त, अर्थार्थी और ज्ञानी इन चार प्रकार के भक्तों में ज्ञानी ही मोक्ष के अधिकारी माने गये हैं; जो अनन्य भाव से भगवान् के प्रति अनन्य श्रद्धा द्वारा उसी को प्राप्त होते हैं।

20. ज्ञान, भक्ति, कर्म रूप साधनों के अतिरिक्त 'योगसाधना' को भी मोक्ष-प्राप्ति का हेतु स्वीकार किया है। चित्त की असंख्य वृत्तियों से जाग्रत काम, क्रोध, लोभ,

मोह आदि योग दोषों को पूर्णतया निगृहीत कर चित्त को परब्रह्म में स्थित करना ही योगसाधना है। यम, नियम, आसन आदि योगसाधना के मार्ग हैं जिनका सम्यक् परिपालन ही मोक्ष-धर्म कहलाता है।

21. शान्तिपर्व में दो प्रकार की मुक्ति—जीवन्मुक्ति तथा विदेहमुक्ति के भी सन्दर्भ उपलब्ध होते हैं। यहाँ क्रम मुक्ति के द्वारा पूर्ण कैवल्य की चर्चा भी मिलती है। साधकों के लिए देवयान तथा पितृयान का निरूपण करते हुए सकाम पुरुषों के लिए पितृयान तथा निष्काम कर्म करने वाले मोक्षार्थी के लिए देवयान का वर्णन किया है। देवयान तथा पितृयान को क्रमशः उत्तरायण एवं दक्षिणायन मार्ग कहा है। उत्तरायण मार्ग ही मोक्षप्रद तथा दक्षिणायन पुनरावृत्ति प्रदान करने वाला कहा गया है।

इस प्रकार शान्तिपर्व में धर्म का वह व्यापक रूप उपलब्ध होता है जो अन्यत्र दुर्लभ है। इसमें व्यष्टि रूप धर्म और समष्टि रूप धर्म दोनों का विशद विवेचन है, जिसका पालन यदि किया जाये तो संसार में कल्याण तथा संसार के पार मोक्ष को प्राप्त किया जा सकता है।

7.2 आधुनिक परिप्रेक्ष्य में शान्तिपर्व के 'धर्म' की प्रासंगिकता एवं उपयोगिता

महात्मा गाँधी ने एक बार विचार प्रकट किये थे कि सत्य और अहिंसा पर चलने का उनका प्रयास इसलिए नया नहीं कि सत्य और अहिंसा कोई नये जीवन-मूल्य हैं, ये तो सदा से ही भारतीय जीवन-मूल्य रहे हैं, हाँ सार्वजनिक जीवन में किये गये उनके प्रयोगों को यदि कोई चाहे तो मौलिक कह सकता है। शान्तिपर्व में भी युद्ध के परिणामों से अशान्तचित्त हुए युधिष्ठिर को भीष्म पितामह ने जो शान्तिपथ का दर्शन कराया वह आज भी प्रत्येक सुधीजन के लिए हितकारी और प्रासंगिक कहा जा सकता है।

जो स्थिति कभी अर्जुन की महाभारत के युद्ध के पूर्व थी तथा जो युद्धोपरान्त युधिष्ठिर की थी वही किंकर्त्तव्यविमूढ़ता आज भी मानव को अपने नित्य प्रति के जीवन में पग-पग पर अनुभव होती है। संसार की विभीषिकाओं से क्लान्त हुआ मनुष्य पूर्णतः मोहग्रस्त हो गया है। ऐसी मोहग्रस्त एवं विषादमय स्थिति में श्रीकृष्ण द्वारा दिया गया भगवद्गीता का उपदेश जिस प्रकार आज के मानव के लिए उपयोगी सिद्ध हो सकता है, उसी प्रकार शरशय्या पर स्थित भीष्म पितामह द्वारा युधिष्ठिर को दिया गया धर्मोपदेश भी आधुनिक परिप्रेक्ष्य में कम प्रासंगिक एवं उपादेय नहीं है। सदाचरण पर आधारित यह धर्म सार्वकालिक तथा सार्वजनोपयोगी है। आवश्यकता है उसके यथार्थ स्वरूप को जानने तथा उसे जीवन में अपनाने की।

वर्तमान समय में तथाकथित धर्म के नाम पर किया जाने वाला व्रिदोह एवं अत्याचार वस्तुतः धर्म के कारण नहीं अपितु विभिन्न मतों एवं सम्प्रदायों की संकीर्ण

वृत्ति के कारण ही होता है। जिसमें किसी संकुचित धारणा वाले व्यक्तियों या समुदाय का स्वार्थ निहित होता है वह 'धर्म' का वास्तविक स्वरूप नहीं है। 'धर्म' तो स्वार्थ एवं संकीर्णता से ऊपर जीवन की वह धारक शक्ति है जो मानव मात्र को अपने में समाविष्ट कर लेती है, जिसमें अपने और पराये का भेद नहीं, सिख-ईसाई का भेद नहीं। शान्तिपर्व में जो 'धारणात् धर्म' कहा गया है वही धर्म का वास्तविक अर्थ है और इसी अर्थ को आज के युग में स्वीकार करने की महती आवश्यकता है।

आधुनिक लोकतांत्रिक युग में 'धर्म' की उपयोगिता और भी अधिक बढ़ जाती है क्योंकि लोकतन्त्र में सामान्य या विशिष्ट कोई भी व्यक्ति शासन का उच्च से उच्च अधिकारी बन सकता है। उच्चासन पर बैठकर धर्म रूप शासन वह तभी चला सकता है जबकि वास्तविक धर्म का उसे ज्ञान हो, इस दृष्टि से यदि विचार करें तो कहा जा सकता है कि आधुनिक राजनीति को शुद्ध और पवित्र रखने के लिए धर्मज्ञान की और धर्मज्ञान के लिए पितामह भीष्म के उपदेश की उतनी ही प्रासंगिकता है जितनी कि पाँच हजार वर्ष पूर्व युधिष्ठिर को थी।

आज के वैज्ञानिक युग ने मानव-जीवन को अत्यधिक प्रभावित किया है। आग्नेय अस्त्रों से मानवता को समाप्त करने वाली पाशविक वृत्ति जहाँ बीसवीं शती में बलवती हो रही है वहाँ मानवता की रक्षा करने वाला 'धर्म' अनिवार्य कहा जा सकता है। तृतीय विश्वयुद्ध तथा 'स्टारवार' के कगार पर खड़ी मानव की सभ्यता व संस्कृति का कहीं यहीं पटाक्षेप न हो जाये ऐसा प्रत्येक चिन्तनशील प्राणी को भय है। संयन्त्र एवं कम्प्यूटर के इस युग में मानव कहीं संवेदनाओं तथा भावनाओं को भुलाकर निर्जीव व हृदयहीन न हो जाये इसके लिए आवश्यकता है संजीवनी स्वरूप उस 'धर्म' की जो उसे सजीव एवं प्राणवान् बना सके, उसे जीवन की सच्ची राह दिखा सके। शान्तिपर्व का 'शान्ति' और 'धर्म' का सन्देश निःसन्देह सर्वांग रूपेण निर्वाह कर सकता है यदि उसे यथार्थ रूप में समझा और प्रयोग किया जाए।

महाभारत की प्रासंगिकता इससे अधिक और क्या हो सकती है कि अंग्रेज नाट्य निर्देशक पीटर ब्रुक ने हाल ही में यूरोपीय देशों में महाभारत के नाट्य प्रस्तुतीकरण का बृहत्तर कार्य सम्पन्न कर दिखाया है। नौ घण्टे तक चलने वाली इस नाट्य प्रस्तुति को पेरिसवासियों ने रात-रात भर देखा एवं आनन्द उठाया है तथा उसकी भूरि-भूरि प्रशंसा की है।

परिशिष्ट

ग्रन्थानुक्रमणिका

(क) आधार ग्रन्थ

अथर्ववेद—दयानन्द भाष्य, दयानन्द संस्थान, नयी दिल्ली-5, सं. 2031।

आपस्तम्ब-धर्मसूत्रम्—चौखम्बा संस्कृत सीरीज आफिस, वारावणी, सं. 1969।

ईशादि नौ उपनिषद्—हरिकृष्णदास गोयन्दका, गीता प्रेस, गोरखपुर, सं. 2043

ईशादिविंशोत्तरशतोपनिषद—निर्णयसागर मुद्रणालय, मुम्बई-2, सन् 1948।

ऋग्वेद—भाषा-भाष्य, महर्षि दयानन्द सरस्वती, दयानन्द संस्थान, नयी दिल्ली-5 प्रथम भाग सं. 2030, द्वितीय भाग सं. 2033।

ऋग्वेद-संहिता—सम्पादक दामोदर सातवलेकर, स्वाध्याय मण्डल, पारडी, चतुर्थ संस्करण।

ऋग्वेद संहिता—सायण भाष्य, वैदिक संशोधन मण्डल, पुण्यपत्तनम्, प्रथमो भागः 1972, चतुर्थो भागः, 1983।

ऋग्वेदादि भाष्य भूमिका—श्रीमद्दयानन्दसरस्वती, सार्वदेशिक आर्य प्रतिनिधि सभा, नयी दिल्ली-1, सं. 2039।

ऐतरेय-ब्राह्मण—मार्टिन हाग, भारतीय पब्लिशिंग हाउस, दिल्ली-वाराणसी, 1976।

ऐतरेय-ब्राह्मणम्—श्रीमत्सायणाचार्य भाष्य, आनन्दाश्रम मुद्रणालय, 1979।

कामन्दकीयनीतिसार—आनन्दाश्रम संस्कृत ग्रन्थावलि (136) आनन्दाश्रम-मुद्रणालये, पूना, 1958।

कौटिलीय अर्थशास्त्रम्—मेहरचन्द लक्ष्मनदास पब्लिकेशन्स्, नयी दिल्ली, 1988।

गृह्य-सूत्र-संग्रह—सम्पा. श्रीराम शर्मा आचार्य, संस्कृति संस्थान, वेदनगर, बरेली, 1972।

गौतमधर्मसूत्राणि—चौखम्बा संस्कृत सीरीज ऑफिस, वाराणसी, 1966।

ताण्ड्यमहाब्राह्मणम्—काशी संस्कृत सीरीज ग्रन्थमाला (105), चौखम्बा संस्कृत सीरीज आफिस, बनारस, 1991।

तैत्तिरीयारण्यकम्—सायण भाष्य, प्रथम भाग, आनन्दाश्रम मुद्रणालय, पुण्यपत्ततम्, 1981।

तैत्तिरीय-संहिता—सम्पा. दामोदर सातवलेकर, स्वाध्याय मण्डल, पारडी, 1983।

तैत्तिरीयब्राह्मणम्—भट्टभास्करमिश्र विरचित भाष्य सहितम्, मोतीलाल बनारसीदास, दिल्ली, 1985।

धर्मशास्त्र संग्रह—सम्पा. वाचस्पति उपाध्याय, नवरंग, नयी दिल्ली, 1982।

निरुक्तम्—छज्जूराम शास्त्री, मेहरचन्द्र लक्ष्मणदास, दिल्ली, सं. 1963।

नीतिप्रकाशिका (वैशम्पायन)—सम्पा. चन्द्रशेखरन, गवर्नमेण्ट ओरियण्टल लाइब्रेरी, मद्रास, 1953।

पातंजल योग दर्शनम्—व्यासभाष्य, श्रीमत् स्वामी हरिहरानन्द आरण्य, मोतीलाल बनारसी दास, 1974।

पारस्करगृह्यसूत्रम्—हरिहरभाष्य, चौखम्बा अमरभारती प्रकाशन वाराणसी, 1980।

बृहदारण्यकोपनिषद्—शाङ्करभाष्य, उपनिषद् भाष्य खण्ड 4, गीता प्रेस, गोरखपुर, सं. 2014।

बृहद्धर्म पुराणम् (प्रथमं पुष्पम्)—सम्पा. महामहोपाध्याय—हरप्रसादशास्त्री, चौखम्बा अमरभारती प्रकाशन, वाराणसी, 1974।

बौधायन-धर्मसूत्रम्—गोविन्दस्वामी प्रणीत विवरण टीका, चौखम्बा संस्कृत सीरीज आफिस, वाराणसी, 1972।

भागवतमहापुराणम्—गीता प्रेस, गोरखपुर, सं. 2010।

महाभारत, 12 शान्तिपर्व—जिल्द 13 भाग राजधर्म, जिल्द 14 आपद्धर्म, जिल्द 15, 16 मोक्षधर्म, सं. वी. एस. सुकंथकर, श्रीपाद कृष्ण वेलवलकर, भण्डारकर रिसर्च ओरियण्टल इन्स्टीट्यूट, पूना।

महाभारत (पंचम खण्ड) शान्तिपर्व—गीता प्रेस, गोरखपुर।

महाभारत (शान्तिपर्व) भाग 1, भाग 2—सम्पा. दामोदर सातवलेकर, स्वाध्याय मण्डल, पारडी।

महाभारतम् (आदिपर्व)—श्री नीलकण्ठकृत भारतभावदीप टीका, सनातन शास्त्रम् प्रकाशन, नयी दिल्ली, 1983।

महाभारतम् (शान्तिपर्व)—श्रीमन् नीलकण्ठ विरचित भारत भावदीपाख्य टीका, चित्रशाला प्रेस, पुणे शहर, 1932।

मनुस्मृति—कुल्लूकप्रणीत मन्वर्थ मुक्तावली टीका, चौखम्बा संस्कृत सीरीज आफिस, वाराणसी, 1970।

यजुर्वेद सामवेद—दयानन्द भाषा भाष्य, दयानन्द संस्थान, नयी दिल्ली, सं. 2030।

याज्ञवल्क्य स्मृति—मिताक्षरा सहित, चौखम्बा संस्कृत सीरीज आफिस, वाराणसी।

वायुपुराणम्–आनन्दाश्रम संस्कृत ग्रन्थावलि (49), आनन्दाश्रम मुद्रणालय, पूना, 1905।

वाल्मीकीय रामायण (प्रथम एवं द्वितीय भाग)–गीता प्रेस, गोरखपुर, षष्ठम् संस्करण, सं. 2044, सं. 2043।

विष्णु पुराण–गीता प्रेस, गोरखपुर, सं. 2009।

वेदान्त परिभाषा–धर्मराजध्वरीन्द्र, चौखम्बा विद्याभवन, वाराणसी, 1977।

वैयाकरण सिद्धान्त कौमुदी (तृतीयो भाग)–भट्टोजिदीक्षितविरचिता, चौखम्बा सुरभारती प्रकाशन, वाराणसी, 1981।

शपतथब्राह्मणम्–सम्पा. पण्डित चिन्नस्वामी शास्त्री, चौखम्बा संस्कृत संस्थान, वाराणसी, सं. 2040।

शुक्रनीति–चौखम्बा संस्कृत सीरीज आफिस, वाराणसी, 1968।

श्रीमद्भगवद्गीता–शांकरभाष्य, अनु. हरिकृष्ण दास गोयन्दका, गीता प्रेस, गोरखपुर, सं. 2024।

षड्दर्शनसूत्र संग्रह–सम्पा. द्वारिकादास शास्त्री, सुधीप्रकाशनम्, वाराणसी, 1984।

सर्वदर्शन संग्रह–श्रीमन्माधवाचार्यकृत, चौखम्बा विद्याभवन, वाराणसी, 1964।

Das Gopatha Brahmana–Dieuke Gaastra, Buchhandlung Und Druckerei, Vormals E-I Bril Leiden, 1919.

Gopath Brahmana–Ed. by Rajendra Lal Mitra, Indological Book House, Delhi, 1972.

(ख) सहायक ग्रन्थ

अग्रवाल, वासुदेवशरण–भारत-सावित्री, सत्साहित्य प्रकाशन, नयी दिल्ली, 1957।

अनेजा, हरिवंश–शान्तिपर्व में नैतिक मूल्य, कादम्बरी प्रकाशन, नयी दिल्ली, 1986।

आत्रेय, भीखनलाल–भारतीय नीतिशास्त्र का इतिहास, काशी हिन्दू विश्वविद्यालय, लखनऊ, 1964।

उपाध्याय, बलदेव–1. भारतीय दर्शन, चौखम्बा ओरियन्टालिया, वाराणसी, 1973। 2. वैदिक साहित्य और संस्कृति, शारदा संस्थान, वाराणसी, 1973।

काणे, पाण्डुरंग वामन–धर्मशास्त्र का इतिहास, अनु. अर्जुन चौबे काश्यप, उत्तर प्रदेश हिन्दी संस्थान, लखनऊ, प्रथम भाग : 1980, द्वितीय भाग : 1982।

गैरोला, वाचस्पति–1. संस्कृत साहित्य का संक्षिप्त इतिहास, चौखम्बा विद्याभवन, वाराणसी, 1967। 2. वैदिक साहित्य और संस्कृति, संवर्तिका प्रकाशन, इलाहाबाद, 1969।

गौड़, रामदास–हिन्दुत्व, ज्ञानमण्डल यन्त्रालय, काशी, सं. 1995।

घाटे–ऋग्वेद पर व्याख्यान (अनु.) संस्कृत-विभाग, दिल्ली विश्व. दिल्ली, 1976।

ठाकुर, आद्यादत्त–वेदों में भारतीय संस्कृति, हिन्दी समिति, सूचना विभाग, लखनऊ, 1967।

दासगुप्त, एस. एन.–भारतीय दर्शन का इतिहास, अनु. कलानाथशास्त्री, सुधीर कुमार, राजस्थान हिन्दी ग्रन्थ अकादमी, जयपुर, 1978।

दिनकर, रामधारी सिंह–संस्कृति के चार अध्याय, राजपाल एण्ड सन्स, दिल्ली, 1956।

दीक्षित, प्रेम कुमारी–रामायण में राज्य-व्यवस्था, अर्चना प्रकाशन, लखनऊ, 1971।

दीक्षित, हरिनारायण–संस्कृत साहित्य में राष्ट्रिय भावना, (प्रथम खण्ड), देववाणी परिषद्, दिल्ली, 1983।

पाण्डेय, रामसुरेश–महाभारत और पुराणों में सांख्य दर्शन, नैशनल पब्लिशिंग हाउस, दिल्ली, 1972।

भगवद्दत–वैदिक वाङ्मय का इतिहास, प्रणव प्रकाशन, नयी दिल्ली, 1974।

भट्ट, जगदीश चन्द्र–रामायणकालीन समाज एवं संस्कृति, भारतीय विद्या प्रकाशन, दिल्ली, 1984।

भवालकर, वनमाला–महाभारत में नारी, अभिनव साहित्य प्रकाशन, सागर (म. प्र.), सं. 2021।

महाभारतस्थ श्लोकपादसूची–सम्पा. परशुराम लक्ष्मण वैद्य, भाण्डारकर ओरियण्टल रिसर्च इन्स्टीच्यूट, पूना, 1968।

मुकर्जी, राधाकुमुद–हिन्दू-सभ्यता, अनु. वासुदेवशरण अग्रवाल, राजकमल प्रकाशन, दिल्ली, सं. 1958।

मूइर, जे.–मूल संस्कृत उद्धरण (अनु) भाग 1-4, चौखम्बा विद्याभवन, वाराणसी, 1965।

मैक्डोनेल, एण्टनी–संस्कृत साहित्य का इतिहास, प्रथम भाग, वैदिक युग, अनु. चारुचन्द्रशास्त्री, चौखम्बा विद्याभवन, वाराणसी, 1962।

मैक्डोनेल और कीथ–वैदिक इण्डेक्स, अनु. रामकुमार राय, चौखम्बा विद्याभवन, वाराणसी, 1962।

राधाकृष्णन, सर्वपल्ली–1. धर्म और समाज, राजपाल एण्ड सन्ज़, दिल्ली, 1961। 2. पूर्व और पश्चिम, अनु. रमेश वर्मा, राजपाल एण्ड सन्ज़, दिल्ली, 1981, 3. भारतीय दर्शन, भाग-1, राजपाल एंड संज़, दिल्ली, 1973।

वर्मा, विश्वनाथ प्रसाद–वैदिक राजनीति-शास्त्र, बिहार हिन्दी ग्रन्थ अकादमी, पटना, 1975।

विद्यावाचस्पति, धर्मदेव–स्त्रियों का वेदाध्ययन और वैदिक कर्मकाण्ड में अधिकार, सार्वदेशिक आर्य प्रतिनिधि सभा, 1948।

विद्यालंकार, सत्यकेतु–प्राचीन भारतीय इतिहास का वैदिक युग, श्री सरस्वती सदन, मसूरी, 1970।

विदेह, विद्यानन्द–वेदालोक, वेद संस्थान, अजमेर, 1976।

विण्टरनिट्स–1. प्राचीन भारतीय साहित्य, प्रथम खण्ड, प्रथम भाग, हिन्दी रूपान्तर, मोतीलाल बनारसीदास, 1907, 2. प्राचीन भारतीय साहित्य, प्रथम खण्ड, द्वितीय भाग, अनु. रामचन्द्र पाण्डेय, मोतीलाल बनारसीदास, दिल्ली, 1966।

वैद्य, सी.वी–महाभारत मीमांसा, अनु. पण्डित माधवराव सप्रे, बालकृष्ण पाण्डुरंग ठकार, बुधवार पेठ नं. 103, पूना, 1920।

शर्मा, कुन्दनलाल–कल्पसूत्र, वैदिक वाङ्मय का बृहद् इतिहास, विश्वेश्वरानन्द वैदिक शोध संस्थान, होश्यारपुर, 1981।

शर्मा, मोतीलाल–सांस्कृतिक-व्याख्यान-पंचक, श्रीराजस्थान वैदिकतत्त्वशोध संस्थान मानवाश्रम, दुर्गापुरा, सं. 2013।

शास्त्री, शिवराज–ऋग्वेदिक काल में पारिवारिक सम्बन्ध, लीला-कमल प्रकाशन, मेरठ, 1962।

सातवलेकर, श्रीपाद दामोदर–1. महाभारत की समालोचना, स्वाध्याय मण्डल, पारडी, 1976, 2. वेद का स्वयं शिक्षक–द्वितीय भाग, स्वाध्याय मण्डल, पारडी, 1978।

सूर्यकान्त–वैदिक देवशास्त्र, मेहरचन्द लक्ष्मणदास, नयी दिल्ली, 1982।

Altekar A.S.–'The Position of Women in Hindu Civilization! Motilal Banarsi Dass, Reprinted, Delhi, 1978.

Bhattacharya, Tarokeswar–The Date of The Bharta War, Journal of Ganganath Jha, Research Inst., Nov. 1950.

Macdonell, Arthur A–A History of Sanskrit Literature, Motilal Banarsi Dass, 1965.

Majumdar, Ramesh Chander, Swami Madhavanand–Great Women of India, Advaita Ashrama, Mayavati, Almora Himalyas, 1953.

Mullick, P.N.–The Mahabharata As it was is and Ever Shall be. The Pioneer Press Allahabad, Ist Edn., Calcutta, 1934.

Radhakrishnan, S.–The Spirit of Religion, Pankaj Publications, New Delhi, Ist Edn., Sept. 1980.

Roy, Brajdeo Prasad–Political Ideas and Instituions in the Mahabharata, Punthi Pustak, Calcutta, 1975.

Sathe, Shri Ram–Search for the Year of Bharata War, Navabharti Publications, Hyderabad, 1983.

Sukthankar, V.S. –On the Meaning of the Mahabharata. The Asiatic Society of Bombay, 1957.

Trikha, Urmila Rani–The Concepts of Religion in the Mahabharata. Nag Publishers, Delhi, 1980.

Vaidya, C.V.–The Mahabharata : A Criticism, Mehar Chand Lachman Dass, New Delhi, 1966.

Varadachari, V.–A History of the Samskrta Literature, Ram Narain Lal Beni Prasad, Allahabad, 2nd Edn., 1960.

(ग) पत्र-पत्रिकाएँ

अग्रवाल, वासुदेव शरण—-'नमो धर्माय महते', कल्याण धर्मांक, जनवरी, 1966, गीता प्रेस, गोरखपुर, पृ. 89।

ओंकारनाथ, सीताराम—'धर्म' कल्याण धर्मांक, जनवरी, 1966, गीता प्रेस, पृ. 21-22।

गुप्त, सत्यपाल—'धार्मिक नैतिक शिक्षा' विश्व-ज्योति, अप्रैल-मई 1987, नयी राष्ट्रीय शिक्षा नीति अंक 1, विश्वेश्वरानन्द वैदिक शोध संस्थान, होश्यारपुर।

पटयाल, हुकुम चन्द—'वेदों में अहिंसा' ऋतम् (RTAM) Journal of Akhila Bhartiya Sanskrit Parisad, Vol. VIII., Jul 1976, Jan. 77, No. I & II, Mahatma Gandhi Marg, Hazratganj, Lucknow, pp. 39-49.

भार्गव, दयानन्द–'धर्म' शब्द का अर्थ, दार्शनिक त्रैमासिक V. 15, 1965, अखिल भारतीय तकनीकी संस्थान, कानपुर, पृ. 33-38।

रुईया, ओम प्रकाश—'निष्काम कर्म एवं मोक्ष', विश्व-ज्योति, मार्च 1988, विश्वेश्वरानन्द वैदिक शोध संस्थान, होश्यारपुर।

विदेह, विद्यानन्द–'धर्म के लक्षण' कल्याण धर्मांक, जनवरी, 1966, गीता प्रेस, गोरखपुर, पृ. 40-41।

विद्यामार्तण्ड, धर्मदेव–'महाभारत में वर्ण व्यवस्था', विश्व-ज्योति, महाभारत अंक, अप्रैल, 1970, विश्वेश्वरानन्द वैदिक शोध संस्थान, होश्यारपुर, पृ. 108-10।

विश्वबन्धु–सम्पादकीय, विश्व-ज्योति, वही।

शर्मा, छाजूराम, राजेश्वरदयाल—'नारी उत्थान और आर्य समाज', आर्य-संसार, आर्यसमाज कलकत्ता, जुलाई 1987, पृ. 1-8।

शास्त्री, देवदत्त—'कुन्ती' विश्व-ज्योति, महाभारत अंक, अप्रैल, 1970, विश्वेश्वरानन्द वैदिक शोध संस्थान, होश्यारपुर, पृ. 59।

स्मृतितीर्थी, श्रीवाणी चक्रवर्ती–'संहितायुगे नारीणां स्थानम्', संस्कृत साहित्य परिषद् Vol LVI No. 11-12, मार्च-अप्रैल 1974, संस्कृत साहित्य परिषद्, कोलकाता, पृ. 241-252

Atreya J.P.–'Religion and Culture' Darshana International, Vol. VII, No. 1-4, Oct, 1967, Moradabad, pp. I & IV.

D' Souza C. Mervyn–'Religious Traditions and Truth', Journal of Dharma, Vol. VI, No. 4, Oct-Dec. 1981, Dharma Research Association, Banglore, p. 365-383.

Hazarika, BN–'Women in the Brahmana Literature', Proc. of V World Sanskrit Conference pp. 727-728, Varanasi, 1981, Ed. by R.N. Dandekar, P.D. Navathe Rashtriya Sanskrit Sansthan, New Delhi, 1985.

Kane, P.V.–The Two Epics, Annals Bhandarkar Oriental Research Inst., V. 47, 1966, BORI, Poona, 1967, pp. 1-58.

Kapur, Karma Narayan–'Respect your Parents', Vedic Light, april, 1978. Sarvadeshik Arya Pratinidhi Sabha, M.D. Bhawan, New Delhi, pp. 17-19.

Mumme, Patricia Y.–'Bhakti and Dharma in Service to the Lord' 'ब्रह्मविद्या' The Adyar Lib. Bulletion, Vol. 51, 1987, The Theosophical Society, ADYAR, Madras, p. 126.

Muriy, K. Satchidananda–'Ethics and values : A Hindu View' 'ब्रह्मविद्या' Golden Jublee Vol. 1986. The Adyar Lip. Bulletin, 1986, Adyar, Madras, pp. 314-315.

Nath, Bhupendra–'Religion and Social Change', The Vedic Path, Vol. XLX, No. 3, 1982, Gurukul Kangari Vishwavidyalya, Haridwar.

Sharma, Ramkrishan–'Ashram Vyastha' in Proceedings of the Fifth World Sanskrit Conf. Varanasi Oct. 1981, pp. 760-763.

Verma, Satyapal–'The Indian Concept of Dharma', Research J. Vol. IX, June, 1975, Kurukshetra Univ. Kurukshetra.

(घ) कोश ग्रन्थ

अमर कोश–सुधाव्याख्या, द्वितीय काण्डम्, मोतीलाल बनारसीदास, वाराणसी। दाक्षिणात्यव्याख्योपेतः आड्यार लाइब्रेरी सीरीज, वाल्यूम 101, 1971।

ज्ञान शब्दकोश–सम्पा. मुकुन्दीलाल श्रीवास्तव, ज्ञानमण्डल लि., बनारस, ज्येष्ठ 2013।

पुराण सन्दर्भ कोश–पद्मिनी मेनन, ग्रन्थम, रामबाग कानपुर, दिसम्बर, 1969।

महाभारत कोश–सम्पा. डॉ. रामकुमार राय, चौखम्बा संस्कृत सीरीज आफिस, वाराणसी, 1981।

वाचस्पत्यम–सम्पा. तारानाथ तर्कवाचस्पति भट्टाचार्य, चौखम्बा संस्कृत सीरीज आफिस, 1962।

वैदिक कोश–सूर्यकान्त, बनारस हिन्दू यूनिवर्सिटी, 1963।

वैदिक पदानुक्रम कोश–विश्वबन्धु विश्वेश्वरानन्द वैदिक शोध संस्थान, होश्यारपुर, वि. सं. 2018।

शब्दकल्पद्रुम–राजा राधाकान्त देव बहादुर, चौखम्बा संस्कृत सीरीज आफिस, वाराणसी, 1961।

संस्कृत-शब्दार्थ-कौस्तुभ–सम्पा. स्व. चतुर्वेदी द्वारका प्रसाद शर्मा तथा पण्डित तारिणीश झा, रामनारायण लाल बेनी प्रसाद, इलाहाबाद, वि. 2024।

संस्कृत-हिन्दी कोश–आप्टे, वामन शिवरामन, मोतीलाल बनारसीदास, दिल्ली-7, 1981।

हिन्दी विश्व कोश (खण्ड 6)–चक्रवर्ती राजगोपालाचार्य, नागरी प्रचारिणी सभा, वाराणसी, 1966।

हिन्दी विश्व कोश (खण्ड 11)–सम्पा. नगेन्द्रनाथ वसु, विश्वकोश लेन, कलकत्ता, 1926।

हिन्दू धर्म कोश–सम्पा. राजबली पाण्डेय, उ. प्र. हिन्दी संस्थान (हिन्दी समिति प्रभाग), लखनऊ, 1978।

Encyclopedia of Religion and Ethics–Ed. by James Hastings, Vol. 4, Edindburgh, New York, Jan. 1955.

Encyclopedia of Women in India–Ed. B.K. Vashistha, Parveen Encyclopedia Publication, New Delhi. Sponsored by All India Women's Conference, New Delhi, 1976.

Sanskrit-English Dictionary–Sir Monier Williams, Munshiram Manohar Lal Publishers Pvt. Ltd., 1976.